喀斯特高原峡谷生态产业经营原理与技术

喻阳华　王忠云　盈 斌　杨丹丽　著

中国环境出版集团・北京

图书在版编目（CIP）数据

喀斯特高原峡谷生态产业经营原理与技术/喻阳华等著.
—北京：中国环境出版集团，2021.1
ISBN 978-7-5111-4501-7

Ⅰ. ①喀… Ⅱ. ①喻… Ⅲ. ①喀斯特地区—高原—生态经济—产业发展—研究—中国②喀斯特地区—峡谷—生态经济—产业发展—研究—中国 Ⅳ. ① F127

中国版本图书馆 CIP 数据核字（2020）第 225257 号

出 版 人　武德凯
责任编辑　周　煜
责任校对　任　丽
封面设计　宋　瑞

出版发行　中国环境出版集团
（100062　北京市东城区广渠门内大街 16 号）
网　　址：http://www.cesp.com.cn
电子邮箱：bjgl@cesp.com.cn
联系电话：010-67112765（编辑管理部）
010-67175507（第六分社）
发行热线：010-67125803，010-67113405（传真）
印　　刷　北京建宏印刷有限公司
经　　销　各地新华书店
版　　次　2021 年 1 第 1 版
印　　次　2021 年 1 月第 1 次印刷
开　　本　787×1092　1/16
印　　张　19
字　　数　402 千字
定　　价　68.00 元

序

我国是世界上生态环境比较脆弱的国家之一，由于气候、地貌等自然属性的影响，形成了包括西南喀斯特在内的生态脆弱区。加之人地矛盾突出和开发活动不合理，导致喀斯特石漠化发育，使生态系统结构缺失、功能降低，开展生态系统恢复与重建成为一项紧迫的任务。贵州省作为长江与珠江流域的上游地区和生态屏障，岩溶土地广泛分布，岩溶生态系统极为脆弱，基岩裸露率较高，贫困人口的比重相对较大，因此基于生态经济效益提升视角开展生态系统恢复工作尤为重要，主要途径是发展生态产业。

目前，生态产业发展面临产业选择不合理、土壤水肥管理措施不得当、可持续经营技术缺乏、产业链不完整等诸多问题，影响了生态产业的稳定性，限制了其生态经济功能的发挥，不利于石漠化治理成果的巩固，亦不利于贫困地区百姓脱贫致富奔小康。贵州喀斯特高原峡谷区已有多年发展顶坛花椒、火龙果等产业的历史，形成了较大的规模并取得了显著成效，在生态经济建设方面做出了突出的贡献，但当前产业面临局部衰退的状况，亟须对关键问题进行研究和攻关。因此，开展生态产业经营原理与技术研究，可以回答当前研究中的一些重要科学问题，填补该研究领域中的部分空白，推动生态系统研究领域不断深入。

实施乡村振兴战略是我国构建现代化经济体系的重要基础，是新时代农业、农村和农民工作的总抓手。产业兴旺是乡村振兴的关键所在，是巩固脱贫成效的重要推手，发展生态产业是推动乡村振兴的首要途径。生态产业的发展，应当以习近平总书记的“两山”理论为指导，旨在构建产业兴、百姓富、生态美的乡村新景象，描绘产业兴旺、生态宜居、乡风文明、治理有效、生活富裕的农村新画卷。本专著正是在国家大力建设生态文明社会和实施乡村振兴战略的背景下出版的，具有鲜明的时代特征和特殊意义。

本专著是在诊断生态产业衰退的基础上，从水肥耦合亏缺效应出发，以改善植物与环境尤其是土壤环境的关系为桥梁，优化土壤水肥配置与提高生态系统自我调控能力，构建典型生态产业可持续经营原理与技术体系。在生态环境特征及其生态产业主要物种生物学、生理学和生态学等特性研究的基础上，以土壤质量诊断为主要方法，优化植物与环境的关系，集成生态产业可持续经营技术体系，提出生态系统恢复策略。本专著在推动生态系统关键技术研究方面进行了有益探索，对生态产业的发展起到了积极的促进作用，必将为乡村振兴提供一定的理论指导和技术支撑。

本专著的出版，不仅为地理学、生态学、环境学等学科的科研和教学工作者提供有益的参考，也为我国生态产业、生态工程等相关领域的工作者提供参考。希望此书的出版可以解答相关科研人员和工作者的疑惑，为推动生态文明建设和乡村振兴奠定坚实的理论基础。

著　者

2019 年 12 月

前言

生态产业经营是实现乡村振兴的重要措施，是推进生态文明社会和新农村建设的有效途径。在山区发展生态产业，能够遏制生态环境退化趋势，增加百姓收入，实现生态效益、经济效益和社会效益的统一与耦合。因此，对生态产业经营原理与技术进行研究，具有较强的时效性、时势性和现实性，能够促进石漠化综合治理向生态产业、生态扶贫方向转变，推动山区生态经济良性循环发展。

石漠化是指在脆弱喀斯特生态环境下人类不合理的社会经济活动造成人地矛盾突出、生态退化、土地生产力衰退等现象，地表出现类似于荒漠化景观的演变过程或结果。我国西南喀斯特地区位于世界三大连片喀斯特发育地区之一的东亚片区中心，面积约 54 万 km^2，人地矛盾较为突出、贫困人口相对集中、生态功能总体较低。贵州省作为我国西南喀斯特地区的中心，在世界喀斯特地区中占有突出的地位，人口超载、毁林开荒、水土流失等加剧了脆弱生态环境的退化，生态经济发展滞后，因此贵州省开展了一系列的石漠化综合治理工程。

石漠化治理以植被恢复为主要措施，尤其以经济林为主，在提升生态系统功能的同时，获得了一定的经济效益。但是，由于人工林为纯林，且长期连作，受结构单一、化感效应、水肥耦合亏缺、管理不当、产业链不完善等诸多因素影响，人工林分出现生长衰退现象，因而需要开展可持续经营原理与技术研究。贵州喀斯特高原峡谷地区的石漠化发展较为典型，自“七五”时期以来，开展了一系列卓有成效的治理研究工作，培育了顶坛花椒、火龙果等生态产业，在脱贫攻坚中发挥了坚实作用。但是，近年来亦存在土壤质量退化、技术运用不当、产量和品质波动等问题，迫切需要采取生态调控措施，本书作者正是在这样的背景下开展生态产业经营技术攻关。

本书以贵州喀斯特高原峡谷地区的顶坛花椒、火龙果等生态产业衰退为切入点，以水肥耦合效应为基础，以土壤质量提升为突破口，以植物适应性和服务功能高效为前提，以生态产业稳定、持续为主导目标，在土壤质量性状及植物生长与环境关系研究的基础上，以植物适应与生境改良为主线，揭示了喀斯特高原峡谷区典型生态产业的可持续经营原理，集成了技术体系，为相关生态产业生产力提升提供科学参考，巩固石漠化治理成效。

本书第1章、第2章介绍了生态环境的基本特征，第3章阐述了顶坛花椒和火龙果的生物学、生理学、生态学等特性，第4章、第5章、第6章介绍了顶坛花椒林地土壤质量、生长衰退原因及复合经营技术，第7章、第8章主要分析了不同套种模式的火龙果地土壤质量特征并介绍了新的套种、修枝技术，第9章、第10章阐述了主要生态产业的土壤质量性状、调控措施与恢复策略。各章节在结构上相互支撑、互为关联，既紧密联系，又相对独立。

本书在写作时，以土壤性状、植物与土壤关系为基础数据支撑，以可持续经营技术集成为目标，通过系列基础理论研究，集成针对性强、区域特色明显的技术体系，促进喀斯特高原峡谷区生态经济效益的提升。本书所形成的多功能、多效益的生物技术体系，在提高土地资源利用效率的同时，满足人们对生态产业多层次、多目标、多功能的需求。

感谢贵州师范大学蓝家程、罗晶、李红、宋燕平、侯堂春、肖正婷、袁发英、钟欣平、王芊姿、侯春兰、郭松、王颖、郑维、陈志霞、李亭等人对本书出版所做的贡献。

由于本书所涉及的领域较多，并且利用和参考了诸多资料，加之编写时间有限、编写人员专业技术水平存在局限，所以错误和不当之处在所难免，希望有关学者和广大读者批评指正。

喻阳华等

2019年12月

目 录

第1章 绪论

喀斯特是指由高溶解度的岩石和充分发育的次生孔隙相结合而形成的特殊地形（福特等，1990）。石漠化来源于荒漠化研究，荒漠化（Desertification）是指土地生物潜力的下降或破坏，并最终导致类似于荒漠景观条件的出现，其概念作为第一个荒漠化定义被联合国正式采纳（朱震达，1994）。后来，国内部分学者提出了湿润地区荒漠化问题，并指出石灰岩风化壳上发育的荒漠化土地主要分布在四川、贵州、云南、广东、广西、湖南，又称石漠化土地（朱震达等，1996）。Yuan（1997）首先采用石漠化（Rocky desertification）概念来表征植被、土壤覆盖的岩溶地区转变为岩石裸露的岩溶景观、土地贫瘠化的过程。罗中康（2000）认为，喀斯特地区的森林植被一旦遭到破坏，不仅难以恢复，而且必然造成水土流失、土层变薄、土地退化、岩石出露，形成奇特的石漠化景观。王世杰（2002）提出比较经典的喀斯特石漠化（Karst rocky desertification）定义，认为它是在亚热带脆弱的喀斯特环境背景下，受人类不合理经济活动的干扰破坏，造成土壤严重侵蚀、基岩大面积出露、土地生产力严重下降、地表出现类似荒漠景观的土地退化过程。熊康宁等（2002）认为喀斯特石漠化是在喀斯特脆弱生态环境下，人类不合理的社会经济活动以及过度干预，造成植被破坏、水土流失、土壤肥力衰退等生态问题，地表出现类似于荒漠化景观的生态系统退化过程，导致土地生产力下降，加剧了人地矛盾。该过程以脆弱的生态地质环境为基础、人为干扰为主要驱动力、植被退化为诱因、土地生产力退化为本质（宋同清等，2014），实质是生态系统的逆向演替，根源是社会经济结构协调性低（王荣等，2010）。虽然我国南方喀斯特生态系统面临着人口压力大、耕地质量低、水土流失、生物多样性退化、生态系统功能衰退、地质灾害频发、环境污染等主要问题（熊康宁等，2015），但喀斯特山区矿产资源、能源资源、水资源、非耕地资源、旅游资源、气候资源等较为丰富，具有综合开发并进行多种经营的潜在优势（郭芹，2013）。邓艳等（2016）认为，西南岩溶石漠化综合治理应以“结构-过程-服务”为指导框架，加强岩土组构等地质环境背景、水土与石漠化过程以及关键服务功能维持和提升机理的基础研究，加强功能型植被、自然封育、土壤资源维持、水资源有效利用的配套和优化，加强石漠化综合治理关键技术的适用性评价并推广应用，完善流域内生态系统服务主体功能区评估和生态补偿，有效准确地治理石漠化，以促进该地区的生态、经济和社会的可持续发展。熊康宁等（2016）针对西南不同喀斯特类型区土地石漠化问题，围绕生态衍生产业这一主题，开展了喀斯特高原石漠化综合治理与混农林业复合经营，生态经济集约经营，生态产业规模经营，生物医药、生物能源、山地旅游等基础理论攻关，共性关键技术与技术体系的研发。陈洪松等（2018）在分析石漠化综合治理成效、存在问题的基础上，探讨了基于民生改善的石漠化防治对策，认为今后应在系统梳理和总结前期治理经验与不足的基础上，进一步加强石漠化演变规律及其关键驱动因子、喀斯特关键带结构与功能变化、植被与水文过程相互作用等基础研究，将植被恢复与生态服务提升、民生改善有机结合，健全“造血”功能，培育和发展与生态治理方向相适应的生态衍生产业。生态产业是喀斯特石漠化综合治理工程的重要组成部分，生态产业的选择与发展模式构建对保持与巩固石漠化治理成果十分重要。因此通过生态产业化实现产业发展与生态环境保护优化整合，促进喀斯特地区产业绿色化、低碳化和生态化发展，是推动喀斯特山区经济与生态相协调、可持续发展的重要途径。

1.1 喀斯特地区生态产业发展现状

生态产业起源于西方国家。1976 年，欧共体在巴黎举行了“无废工艺和无废生产国际研讨会”，会上提出了“消除造成污染的根源”的思想。1976 年 4 月，欧共体理事会宣布推行清洁生产政策。联合国环境规划署将清洁生产定义为一种新的创造性思想，该思想将整体预防的环境战略持续应用于生产过程、产品和服务中，以增加生态效率、减少人类及环境的风险。清洁生产要求对生产过程节约能源和原材料、淘汰有毒材料、削减废物数量和毒性；对产品，减少从原材料到产品最终处置的全生命周期的不利影响；对服务，将环境因素纳入设计和所提供的服务中。这标志着生态产业进入初级阶段，开始在生产活动中缓慢扩散。1987 年，世界环境与发展委员会在《我们共同的未来》报告中第一次阐述了可持续发展的概念，得到了国际社会的广泛共识，使得产业更为坚定地走上了可持续发展的道路（World Commission on Environment and Development，1987）。同时，在可持续发展日益普及的背景下，产业界、环境学界、生态学界纷纷开展了产业生态学理论和方法的研究与实践探索，如何从产业生态系统角度评估和降低产业活动的环境响应的相关科学思想和方法研究得到不断扩展。生态产业至今没有统一的概念，目前广泛运用的概念是按生态经济原理和知识经济规律组织起来的基于生态系统承载能力、具有高效的生态过程及和谐的生态功能的集团型产业，突出了整体预防、生态效率、环境策略、全生命周期等重要概念。生态产业是可持续发展理念下形成的产业类型，是一种既发展经济又保护资源环境的人地协调发展的产业，是在生态文明理念指导下的一种新的发展道路和模式。

喀斯特地区生态系统脆弱、植被退化、水土流失、石漠化等问题突出，耕地面积小、人地矛盾突出，发展生态产业是治理石漠化的重要手段和途径。生态产业是把农业生产、农村经济发展和生态环境治理与保护、资源的培育与高效利用融为一体的具有生态合理性、功能良性循环的新型综合农业体系。改变传统生产方式、大力发展生态产业是实现喀斯特地区可持续发展的必然选择（胡正伟，2014）。

1.1.1 毕节鸭池喀斯特高原山地区生态产业发展现状

毕节鸭池模式是喀斯特高原山地区较成功的生态产业模式，其示范区位于乌江流域上游段毕节市东南部的鸭池镇和梨树镇境内，共涉及 10 个行政村，总面积达 41.5 km^2，其中喀斯特面积为 26.3 km^2；区内地势起伏大，最高海拔为 1 742.3 m，最低海拔为 1 400 m，相对高差为 342.3 m。示范区属喀斯特高原山地地貌类型区，亚热带湿润季风气候，年均温 14.03℃，年均降雨量 863 mm。区内森林覆盖率低，水土流失严重，地下水埋深大，水资源相对短缺。

根据示范区人口密度大、植被覆盖率低、水土流失严重的特点，该模式构建为混农复合经营型。其基本格局为：荒山荒坡和陡坡耕地营造水土保持林，其中土层较深厚的土地布设经济果木林。山腰及山脚 15°以下、坡度较缓、土层厚、石料充足的土地实施坡改梯配套排灌沟和蓄水池工程；坡度较缓、水土流失为轻度及中度的坡耕地实施农耕措施；有自然恢复能力，郁闭度、覆盖度在 30%～70%的疏幼林及灌木林实施封禁治理。同时针对示范区内村民的养鹅传统，根据示范区内的环境条件，在王家湾子村的半坡组实验种草养鹅，发展区域特色经济。该区生态环境以楸树、刺槐、核桃、柿子、黑麦草和白三叶长势较好，混农模式的优化配置为刺槐、核桃、黑麦草、白三叶-猪、鹅-沼气，特色产业为核桃种植（陈永毕，2008）。

通过工程的实施治理，示范区的生态环境得到了较大的改善，土地生产力得到了提高，土地利用结构趋于合理，农村产业结构从传统种植转向草食畜牧业和经果林。根据示范区生态环境监测和社会经济调查，植被覆盖度由 14.32%上升到 16.5%，土壤侵蚀模数由 827.54 t/km^2 下降到 721.63 t/km^2，下降了约 12.8%，生态效益明显（陈永毕，2008）。

1.1.2 贞丰顶坛喀斯特高原峡谷区生态产业发展现状

顶坛模式是喀斯特高原峡谷区生态产业模式之一，其示范区位于贵州省贞丰县北盘江镇顶坛片区，属生态系统脆弱的岩溶地貌区，面积为 27.24 km^2。区内碳酸盐岩广布（占90%以上），峡谷深切，地表破碎，地形由西南向东北倾斜，气候的垂直分异明显，海拔900 m 以上为中亚热带河谷气候，900 m 以下为南亚热带干热河谷气候，土壤类型以钙性石灰土为主，土层瘠薄且石旮旯土面积比重大，水土流失严重，石漠化问题突出。

熊康宁等（2006）根据人地矛盾系统协调理论，以喀斯特流域为单元，以参与型农村社区发展为依托，以不同等级石漠化综合治理为突破口，以生态经济协调、持续发展为目标，把因地制宜治理石漠化生态环境与改变传统的落后农业生产模式及调整产业结构相结合，针对石漠化环境人地系统缺水、缺土、缺林与贫困等核心问题，将生物措施、工程措施与社区发展等技术措施进行科学协调与配置，开发石漠化综合治理技术，构建了以沼气为纽带、以经济林草种植和庭院养殖为主要链环结构的农村循环经济生态产业发展模式与技术体系，取得了较好的生态经济效益。顶坛模式即“花椒-养猪-沼气”的生态农业和绿色产业模式，根据“因时因地制宜，改善生态环境，依靠种粮稳农，种植花椒致富”的治理思路，结合区内生境状况，在石漠化严重的石旮旯地上种植具有地方特色的喜钙耐旱的顶坛花椒，可实现地表快速覆盖、涵养水源和保持水土功效（刘拓等，2012）；同时以养猪为主要发展对象，可为花椒种植提供优质的农家底肥，提高花椒产量和质量，养猪发酵的沼气可为该区农村生活提供能源，有助于石漠化生态环境的保护、恢复与重建；沼气生产过程中产生的沼液、沼渣可沤制成种植花椒的优良有机肥料，为“花椒-养猪-沼气”这一循环经济模式搭建桥梁（苏维词等，2005）。

“花椒-养猪-沼气”生态农业模式中花椒林地林下植物匮乏，其保水保土效果不理想，同时因花椒地品种单一，花椒易遭受锈斑病、粉蚧病等病虫害侵害，严重影响花椒产量、质量和花椒树的寿命，因此应加强花椒林下生物多样性配置技术的研究，筛选合适的林下作物或草种，通过对花椒林地林草品种的合理搭配，增强花椒林抗病虫害能力和保水保土能力。另外，顶坛片区花椒种植已成规模，应加强花椒品种品质退化防治技术和花椒系列产品加工技术的研究，通过花椒系列产品开发，转移农业劳力，增加农民收入，实现花椒产业的持续发展。

1.1.3 清镇红枫湖喀斯特高原盆地区生态产业发展现状

红枫湖示范区位于清镇市西南部国家级风景区红枫湖上游麦翁河流域的两侧，总面积约 60.41 km^2（包括水域面积 5.16 km^2），喀斯特面积占 95.1%，最高海拔为 1 452 m，最低海拔为 1 240 m，相差 212 m，平均气温 14℃，无霜期 280 天，降雨时空分布不均，年平均降雨量 1 192.5 mm，属典型的喀斯特高原盆地生态环境。

红枫湖示范区生态产业结合高原盆地的地貌结构和生态环境实际，以生态学、生态环境经济的理论和方法为指导，充分利用其区位优势和资源优势，构建生态农业和生态畜牧业模式，形成种植-养殖-种植完整协调的农业生态循环系统。其空间格局表现为：山上以林地、灌木林地为主，实施封山育林；山腰种植经果林，并配置林下种草以提升其生态功能；在山间盆地、坝子地等着重发展生态产业，在适宜种草区配置生态畜牧业养殖奶牛，同时利用沼气解决农村生活能源短缺问题，改善农村生产生活条件，实现农村经济的可持续发展。该区生态农业与生态畜牧业的优化配置为女贞、喜树、李、梨、杏、葡萄、黑麦草、紫花苜蓿、牛鞭草-猪、鹅、奶牛、肉牛-沼气，特色产业为蔬菜产业、畜牧业（陈永毕，2008）。

通过项目实施，示范区的生态环境和生产条件得到一定的改善，使得水土资源的开发利用趋向合理，农业产业结构和土地利用结构逐渐优化，促进了该区农、林、牧的综合发展，取得了较好的生态效益、社会效益和经济效益。但是在实际实施过程中，由于奶农依赖思想严重、饲养技术不够成熟、牧草种植效果不佳等，使得该区生态畜牧业发展缓慢（陈永毕，2008）。

1.1.4　平果果化喀斯特峰丛洼地区生态产业发展现状

果化示范区是我国喀斯特峰丛洼地区石漠化综合治理的典型示范研究代表区，其以退化生态系统的恢复重建和水土资源的合理利用为主要研究方向，实施封山育林、生态农业、表层岩溶水开发、土地整理、高效农业等措施，建立了喀斯特峰丛洼地立体生态农业（罗为群等，2013），引领着相关生态产业的发展。

果化示范区以广西平果县果化镇龙河屯为中心，包括妙冠屯、布尧村的一部分，总面积为 2 000 km^2，海拔为 110～570 m。该示范区属于亚热带季风性湿润气候，年均降雨量约 1 500 mm，5—8 月降雨量占全年的 65%；属典型的喀斯特峰丛洼地，岩性主要为纯灰岩和硅质灰岩，土层瘠薄，岩石裸露率高，水土流失严重，植被覆盖率低。果化模式以发展复合式立体生态农业为主，在陡峭山坡进行封山育林、垭口发展水土功能较强的植物、山麓发展经济林果（火龙果）、洼地发展旱作粮食及种草养畜。具体配置表现为，通过土地整理将坡度为 15°～25°的坡耕地沿等高线进行梯形整理，作为药材、林果或牧草用地；将坡度为 8°～15°的坡耕地内的石牙完全清除，作为高效旱作地；将坡度小于 8°

的荒坡地修建为阶梯状拦水梯埂，梯埂以内的植被和地形都保持原有状态。在土层瘠薄的裸岩地块人工引种优良草种；在土层较厚但种源缺乏的地段补植阳性乡土树种、引种先锋阳性树种；在立地条件较好的区域选栽具有良好生态前景的常绿树种，以优化其群落结构。产业配置方面，在坡耕地种植果树及药用植物，如火龙果、桂花李、牛心李、金银花、药用木瓜、苦丁茶等，整体实现林草植被修复与农业生产条件的改善和协调发展。此外，加以秸秆还土、施用有机肥和糖厂滤泥以及土地整理等培土培肥的土壤改良技术，表层岩溶水资源开发利用并配备集水及节水灌溉系统（渗灌、滴灌等）技术等保证该区生态产业的高效可持续发展（刘拓等，2012）。该模式的开展有效抑制了区域的水土流失，石漠化扩展趋势得以抑制，生态效益较好。

1.1.5 喀斯特槽谷区生态产业发展现状

喀斯特槽谷区是我国南方喀斯特分布面积最大的“老、少、边、山、穷”地区，槽谷区石漠化区域水资源高效利用（刘声凯等，2012；尹德超等，2015）、土壤漏失和肥力保育（魏兴萍等，2010；魏兴萍等，2015）、困难立地造林、生态经济型树种和草种筛选、坡耕旱地系统整治等一些关键性技术问题亟待解决。蒋勇军等（2016）针对喀斯特槽谷区石漠化治理的主要问题，以“背斜/向斜型槽谷区水土资源分配格局及动态差异机制”以及“野生砧木及经济树种与土壤生态环境互作机制”两个科学问题为重点，研发相应的调控技术与恢复技术，构建与喀斯特槽谷生态系统生产力维持机制相匹配的生态产业示范体系。该体系将喀斯特槽谷类型与生态产业发展进行充分耦合，选取典型喀斯特槽谷构建和集成示范：“特色经济作物高效栽培、产品精加工技术与生态农林产业体系”“道地中药材高效丰产关键技术研发与精品生态药业产业体系”“武陵山区（槽谷）生态游憩资源与商品开发产业体系”“现代农业循环经济技术研发与产业链”等，全方位构建槽谷石漠化治理与经济效益相促进的多种生态产业体系，形成生态治理与生态产业协同技术方案，开展县域范围以上的应用示范，建立符合科学逻辑和可演绎的喀斯特石漠化治理与生态产业模式，为区域生态改善和贫困问题解决提供方案。

1.2 生态产业经营技术体系

1.2.1 水土保持与高效利用技术

水土流失/漏失是我国西南喀斯特区生态环境的典型特征，严重制约着该地区产业的可持续发展。喀斯特区水土流失过程特殊、复杂，需要针对其环境的特殊性研发水土保持模式和技术（蒋忠诚等，2014），已有研究包括地表侵蚀和地下漏失的阻控技术措施，其中地表侵蚀阻控措施包括工程阻控措施和耕作阻控措施，地下漏失阻控措施包括生物阻控措施。耕作阻控措施主要是通过改变地表粗糙程度以及微地形来减少降雨径流的产生，该措施往往会间接增大水土地下漏失的危险性，主要包括等高耕作、水平沟种植、地膜覆盖、轮作和林农间作、粮草间作等（周玮等，2010）；工程阻控措施是通过拦、蓄地表径流以增加入渗或直接蓄存地表径流加以利用，主要有坡改梯、小型蓄排水工程及沉砂池等（罗为群等，2013），该措施也未能起到阻控水土地下漏失的作用；生物阻控措施是利用植被对降雨的再分配作用以削弱雨滴动能和改良土壤结构，增强土壤渗透性、持水性以及抗冲刷、抗分散能力，进而减少地表水土流失的发生，主要采用退耕还林还草（宋同清等，2011）、封山育林、人工植被恢复以及其他水土保持林草措施［如扩种绿肥（龙健，2005）、裸露石芽植物篱技术、隔坡式植物篱技术等（罗为群等，2013）］。相比较而言，耕作阻控措施和工程阻控措施注重对地表径流的防控，而生态阻控措施通过植被-土壤-水之间的相互作用实现了从生态修复角度防控水土的流失，更加具有可行性（彭旭东等，2017）。

1.2.2　土壤生态环境改良技术

土壤是由矿物质、有机质、水、空气及生物有机体组成的地球陆地表面上能生长植物的疏松层。土壤是地球表层系统自然地理环境的重要组成部分，是大气圈、生物圈、岩石圈和水圈的连接纽带，土壤质量表征着其在生态系统界面内维持生产的能力，是生态环境质量的基础。在喀斯特地区，由于地表破碎、成土过程缓慢、地表生境干旱，土壤养分处于贫瘠状态（龙健等，2005）；不合理的耕作方式和过度开荒、扩荒会导致严重的水土流失，使正常土壤在短期内丧失土地生产能力，致使基岩大面积裸露，从而呈现大规模的石漠化景观。为此，许多学者从植被生态恢复与重建、土地利用方式角度研究了喀斯特石漠化区土壤生态环境改善技术，旨在为该区域土壤质量提升、养分调控、土壤资源有效利用提供参考。

（1）植被生态恢复与重建对土壤质量的影响

主要研究土壤矿质元素、有机碳、酶、微生物等随着植被演替的进程而发生的动态变化（互作效应、多样性、生态化学计量比等），以及这些变化对土壤质量的影响。如魏媛等（2009）以贵州花江喀斯特峡谷地区不同恢复阶段的植物群落为研究对象，评价退化喀斯特植被恢复过程中土壤生态肥力质量，揭示退化喀斯特植被恢复对土壤生态肥力的影响，为构建退化群落恢复技术体系提供依据。林艳等（2019）通过高通量测序的方法，探究喀斯特不同植被自然演替过程中土壤丛枝菌根真菌（Arbuscular mycorrhizal fungi，AMF）种质资源多样性，旨在为喀斯特石漠化生态恢复过程中采用菌根生物技术提供理论基础。曾江敏等（2019）以喀斯特顺、逆向坡 3 种植被恢复（林地、花椒地和灌草地）土壤为研究对象，探讨喀斯特顺、逆向坡植被恢复对土壤微团聚体的影响，阐明该区土壤微团聚体的影响因素，为喀斯特地区土壤抗蚀性研究和土壤结构改良提供理论支撑。

（2）不同农艺措施对土壤肥力特征的影响

探讨不同农艺措施（施肥结构、林草种植、覆膜、间种等）对土壤团聚体稳定性、土壤养分含量、土壤物理特性、土壤微生物群落功能多样性的影响机理，为喀斯特地区土壤肥力质量改善提供理论依据。宋敏等（2013）分析了不同土地利用方式下土壤微生物种群数量及微生物生物量碳、氮、磷的分形特征，以及土壤微生物种群数量与土壤养分、矿物质组成和植被间的关系，发现微生物种群数量均在原生林和坡耕地最高、人工林最低；3 种森林土壤的细菌比率较大，坡耕地、草丛、灌丛的放线菌比率较大，真菌的比率均很小；土壤微生物生物量碳、氮、磷的含量均很高，其中原生林最高；土壤微生物生物量碳与土壤微生物种群数量具有良好的分形关系，而土壤微生物生物量氮、磷与种群数量不存在分形关系；土壤微生物与植被、土壤养分、土壤矿物质显著相关。徐慧芳等（2014）选择典型喀斯特峰丛洼地坡面，分析了火烧、刈割、刈割除根、封育、种植玉米、种植桂牧 1 号 6 种主要土地利用方式下旱季、雨季表层土壤水分的空间异质性及其生态学过程，为提高土壤有效含水量、实现水土资源协调利用、有效指导该区农业生产和植被快速恢复提供了科学依据。卢怡等（2017）对不同土地利用方式下土壤团聚体中的有机碳、全氮、全磷含量及酶活性进行研究，探讨土壤养分和酶活性在土壤团聚体中的分布情况，结合土壤养分及酶活性在土壤中的相对含量状况，提出了喀斯特地区不同土地利用方式下更有利于土壤结构保持及土壤养分和酶活性积累的合理耕作模式。

（3）土壤信息与“3S”技术的应用

基于地理信息系统（GIS）、全球定位系统（GPS）与遥感技术（RS），通过地统计分析、遥感解译、GPS 定位等方法建立土壤信息数据库、土壤评价与监测系统、土壤施肥系统（李虹池等，2019）等，开展喀斯特地区土壤养分的空间变异性和土壤生产力等的研究，揭示喀斯特综合治理模式导向下的区域生态与土壤质量的关系。李云等（2013）开展了土壤养分和水稻产量的空间变异性研究，并采用偏相关分析法和通径分析法分析其相互关系，最后采用克里格法对土壤养分和水稻产量及产量构成因素进行插值，预测了土壤养分的空间变异分布，以期为合理利用和管理水稻资源、提高肥料利用率提供理论依据。王俊枝等（2019）利用 RS 和 GIS 技术对河套平原影像数据进行分析，构建反演模型、建立专家决策树，对 2006—2014 年耕地盐碱化进行动态监测，分析不同盐碱化程度农田的植被净初级生产力（NPP）的时空变化特征，为揭示区域盐碱化耕地变化特征和趋势提供了科学参考。

此外，土壤生态环境改善技术的研究还涉及土壤资源的开发利用与环境影响、促进成土速率技术，以及土壤的基本特性、发生分类及其对环境的影响等方面。

1.2.3　植物群落结构配置与优化调控技术

喀斯特石漠化地区植被演替过程受喀斯特地区生境异质性、地形、土壤理化性质的制约，同时与物种的生理生态特性、相互关系及微生物环境密切相关（Zimmerman et al., 1995；李先琨等，2008），因此植物群落的生态修复常常依据以下特性进行。

①岩石裸露率在 70%以上的石山地区基岩裸露、水土流失严重，土壤生产力丧失，基本不具备人工造林的条件，应进行全面封禁以避免人为干扰和牲畜破坏，利用其具备的自然资源条件，通过较长时间的封育，促进其草—灌—乔的正向演替，以保护生态环境（苏维词等，2002）。

②岩石裸露率为 50%～70%的半石山及部分条件相对较好的石山、白云质砂石山地区，可以在进行局部整地、每亩人工补植（播）30～50 株（穴）后，再采取全面封禁措施，以形成灌草或乔灌混交林，补植的树种主要有香椿、滇柏、华山松、桤木、乌桕、栎类、竹类、砂仁、马桑、白花刺等生态经济型林草（苏维词等，2002）。

③喀斯特山地中上部、裸岩率为 50%～70%的半石山地区具有部分灌木或具有天然下种的条件，采取天然更新、人工造林相结合的措施，通过“栽针、留灌、补阔”或“栽阔、抚灌”的措施形成复层乔、灌混交林，除发展滇柏、柏木、苦楝、华山松等用材树种及刺槐、栎类等薪炭林以解决本地区的用材和能源问题外，适当发展岩桂、苦丁茶、柿树、核桃、红籽等经果林（苏维词等，2002）。

④在喀斯特山地中下部、坡度相对平缓、裸岩率为 30%～50%、有一定的藤刺草灌分布且立地条件较好的地区，可主要种植李子、杜仲、金银花、花椒等经济树种；在坡度较缓、有一定土层（2～3 cm 厚）的溶蚀丘陵，可有规划地发展人工草地，如皇竹草、象草、香根草等（苏维词等，2002）。

1.2.4 农村能源开发技术

我国西南喀斯特地区生态环境问题严重，较低的资源蕴藏量和粗放型的发展模式造成了该区经济增长与资源环境之间的矛盾，农村能源的开采和使用直接或间接地对该区的石漠化造成了影响，而石漠化带来的自然资源破坏又反过来限制了该区的农村能源结构。喀斯特地区的石漠化治理和农村能源建设是相辅相成的，调整农村用能结构、缓解农村用能供求矛盾、改善生态环境、丰富石漠化治理理论成果对促进喀斯特地区的经济发展与社会进步意义重大。罗璐（2015）以喀斯特高原山地毕节撒拉溪示范区和喀斯特高原峡谷关岭-贞丰示范区作为实验示范研究对象，采用一系列研究方法，对 2 个示范区模式建设的技术体系进行归纳概括，具体为“毕节撒拉溪生物质能联动低碳社区多能互补模式技术体系”“关岭-贞丰花江清洁能源联动高效社区多能互补模式技术体系”，2 个体系以节能、生物质能及其他新能源为纽带，结合不同的石漠化环境，以能源结构优化配置为目标，最终达到农村能源的多能互补、充分利用和清洁高效。

（1）毕节撒拉溪生物质能联动低碳社区多能互补模式技术体系

根据研究区生态环境与社会经济特征，通过示范研究，毕节撒拉溪能源结构构建模式主要包括：①以节能改造为主。以节柴灶修建或土灶的节能改造为重点，配套使用秸秆半气化炉、节煤炉，使得能源设备效率得到提高。配套使用储热太阳灶，使太阳能得到较好的利用。配套改进电网，使清洁高效的商品能源得到普及。另外，从节能角度考虑，可按季节将牲畜熟喂改为生喂。②以生物质能开发为主。以农户庭院为单位，建设沼气池、节能灶炉，实施沼气池建设联动低碳社区的能源模式。以建池（沼气池）、建炉灶（节柴灶火秸秆半气化炉）为核心，以改厨、改厕、改圈、改舍及改水为主要内容，配套利用太阳能，推广太阳灶、太阳能热水器或太阳能室内照明系统的利用。另外，可以大力营造薪炭林，保证薪柴资源可持续利用。③以清洁能源配合使用为主。以电能、太阳能、风能及液化石油气 4 种清洁能源的综合利用为重点，形成 4 种能源相辅相成的多能互补模式。普及电能取暖设备、太阳能热水器、储热太阳灶等。积极开展新能源利用，调整用能结构，提高优质能源在终端消费中的比重，逐步形成多能互补的供能用能体系，促进示范区经济的持续增长（罗璐，2015）。

（2）关岭-贞丰花江清洁能源联动高效社区多能互补模式技术体系

关岭-贞丰花江能源结构构建模式包括：①以生物质充分开发为主。以新型一体式沼气池建设为主、节能设备全面建造为辅，促进新型太阳能设备的普及，并结合当地的资源禀赋，发展具有区域特点的农村能源结构模式。例如，在光热条件较好的村寨推广聚热型太阳灶，使太阳能得以充分利用，大力推广薪炭林及经果林的营造。②以清洁能源优化为主。以太阳能、水资源开发及清洁能源综合利用为重点，形成以太阳能、小水电为主，生物质能、沼气利用为辅的农村用能结构。鼓励重新利用沼气，做到深度开发利用生物质能。有重点地选择行业中和乡村中面广量大、效益好的节能技术，如普及太阳能热水器、太阳灶等技术，大力发展优质高效的能源综合建设模式（罗璐，2015）。

1.3　黔中喀斯特高原峡谷主要生态产业经营

1.3.1　花椒产业经营

顶坛花椒（*Zanthoxylum planispinum* var. *dintanensis*）属于芸香科落叶灌木或小乔木，是贵州省贞丰县顶坛片区特有的经济植物（杨德富等，2010）。在花江顶坛片区海拔约 850 m 以下的地区，喀斯特极为发育，土壤主要为钙性的石灰土，土层瘠薄且不连续、石旮旯土分布的面积比重大，地表水匮乏，传统的粮经作物在此难以生长或生长不好，而喜温耐旱耐脊、适应钙性环境的顶坛花椒可在此较好地生长（胡正伟，2014）。

1991 年前，顶坛片区的花椒处于自然生长状态。1991 年，受市场经济效益的驱动，许多农户逐渐开始自发种植花椒。1992 年，贞丰县提出将花椒生产作为顶坛片区的一大产业予以支持。1993 年，顶坛片区把生态建设与农村经济发展有机地结合起来，以种植含油量高、味麻、耐旱的优质花椒为突破口，在岩石缝地的溶蚀沟、溶蚀槽、溶蚀缝、溶蚀坑等小生境种植花椒，取得了较好的效益。1994 年，贞丰县对顶坛片区予以资金上的大力支持，采取兴建椒水配套工程、椒树投保、椒农培训、椒市培育等措施，扩大了其种植面积（李阳兵等，2005）。1997 年，通过“政府+专家+农户”的模式，引进了大量的苗本培育与种植技术。2007 年，贞丰县被中国经济林协会授予“中国花椒之乡”称号，“顶坛花椒”成为贞丰县顶坛片区的主要经济支柱产业，是国家质检总局正式批准的地理标志保护产品之一（程晓彬，2014）。顶坛花椒发展至今已近 30 年，其对石漠化治理作出了极大的贡献，而顶坛模式也成了喀斯特石漠化治理的典范。

为实现顶坛片区花椒产业的长期可持续发展，许多围绕花椒品质、产量提高以及花椒林生活空间改善而衍生的技术得到了发展。吴娅莉等（2017）利用活性筛选跟踪的方法，从抗氧化相关的生物活性方面对顶坛花椒开展深入的研究，发现顶坛花椒果皮具有显著的抗氧化作用，主要活性成分为其中的酰胺类和黄酮类组分。鲍乾等（2017）研究花江喀斯特峡谷不同恢复模式土壤时发现，花椒与金银花套种林土壤的孔隙度特征、蓄水能力和抗侵蚀性能优于花椒纯林，其土壤有机碳、全钾和速效钾的含量更高，土壤紧实度及容重相对更低。黄伟等（2018）研究了顶坛花椒树体与土壤营养，发现贵州顶坛花椒土壤中有机质含量较为丰富，土壤氮、磷、钾含量均较高，硼、铜含量差异不明显，部分树势衰退椒园的锌含量偏低，个别树体长势差的叶片中硼含量较低。王程等（2019）从土壤质量、抗虫病害等角度出发，提出了花椒的种植以及改造技术。

1.3.2 火龙果产业经营

火龙果是仙人掌科（Cactaceae）量天尺属（*Hylocereus*）和蛇鞭柱属（*Selenicereus*）植物，原产中美洲，是热带、亚热带的名优水果之一（Anderson et al.，2001；Hunt，2006）。火龙果果实外形独特、营养丰富，富含一般植物少有的花青素、植物白蛋白、水溶性膳食纤维等（Sengkhamparn et al.，2013），具有防癌、抗氧化、增强免疫力等多种功效，是近年来受到广泛关注的热带、亚热带水果。20 世纪 90 年代初，我国台湾开始引进试种，并选育出一些优良品种，后来作为优势水果产业陆续引种在广西、广东、海南、福建、云南、贵州等地区（邓仁菊等，2011）。火龙果因其耐瘠薄、耐干旱、经济价值高和生态价值高的特性，非常适宜在贵州低热岩溶石漠化山区种植，并对该区的生态重建具有重要意义（王志华等，2012），目前火龙果已成为贵州喀斯特区优势突出的主要农产品之一。

在喀斯特山区，火龙果的栽培方式以露地栽培为主，在种植时需立柱搭架让植株攀附生长，高强度水泥桩和方盘（轮胎圈+十字钢架）构成的支架是目前火龙果种植区域较为广泛的支撑方式。火龙果苗木的最佳定植时间为 4—5 月，幼树以整形修整为主，采用摘心的方法促进分枝。同时，由于火龙果是浅根系植物，耐旱怕涝，应注重其土壤管理方式，如绿肥培植、氮磷钾配比、保水固土措施、水肥一体化等（颜艳，2014）。

参考文献

[1] 鲍乾，杨瑞，李万红，等，2017．喀斯特高原峡谷区不同恢复模式的土壤生态效应[J]．水土保持学报，31（3）：154 -168.

[2] 曾江敏，何丙辉，苏锋，等，2019．喀斯特槽谷顺/逆向坡不同植被恢复下土壤微团聚体特征[J]．中南林业科技大学学报，39（10）：109-115.

[3] 陈洪松，岳跃民，王克林，2018．西南喀斯特地区石漠化综合治理：成效、问题与对策[J]．中国岩溶，37（1）：37-42.

[4] 陈永毕，2008．贵州喀斯特石漠化综合治理技术集成与模式研究[D]．贵阳：贵州师范大学．

[5] 程晓彬，2014．甘孜州花椒优质高产示范园建设研究[J]．现代园艺，（21）：29-31.
[6] 邓仁菊，范建新，蔡永强，2011．国内外火龙果研究进展及产业发展现状[J]．贵州农业科学，39（6）：188-192.
[7] 邓艳，曹建华，蒋忠诚，等，2016．西南岩溶石漠化综合治理水-土-植被关键技术进展与建议[J]．中国岩溶，35（5）：476-485.
[8] 福特・D C，威廉姆斯・P，宋林华，1990．喀斯特的定义及其发展[J]．地理译报，9（4）：6-11.
[9] 郭芹，2013．贵州喀斯特山区产业发展与生态环境保护整合的路径探索[J]．理论与当代，（1）：10-14.
[10] 胡正伟，2014．喀斯特石漠化治理的生态产业发展模式与经济效益研究[D]．贵阳：贵州师范大学.
[11] 黄伟，杨仕品，罗孝明，等，2018．贵州顶坛花椒树体与土壤营养分析[J]．安徽农业科学，46（18）：109-110.
[12] 蒋勇军，刘秀明，何师意，等，2016．喀斯特槽谷区土地石漠化与综合治理技术研发[J]．生态学报，36（22）：7092-7097.
[13] 蒋忠诚，罗为群，邓艳，等，2014．岩溶峰丛洼地水土漏失及防治研究[J]．地球学报，35（5）：535-542.
[14] 李虹池，周卫军，刘双，等，2019. GIS 技术在土壤信息管理中的研究进展[J]．湖南农业科学，（1）：110-113，118.
[15] 李先琨，蒋忠诚，黄玉清，等，2008．桂西南岩溶山地优势植物种群动态及其对岩溶作用的影响[J]．地球学报，29（2）：253-259.
[16] 李阳兵，王世杰，熊康宁，2005．花江峡谷石漠化土地生态重建及其启示[J]．中国人口・资源与环境，15（1）：138-142.
[17] 李云，冯跃华，武彪，等，2013．黔中喀斯特山区村级尺度土壤养分空间变异性及其与水稻产量的关系[J]．应用生态学报，24（11）：3169-3178.
[18] 林艳，何跃军，何敏红，等，2019．喀斯特植被演替过程土壤丛枝菌根真菌（AMF）多样性[J]．生态学报，39（11）：4127-4137.
[19] 刘声凯，周锦忠，卞兆津，等，2012．湖南龙山洗洛地区岩溶地下水开发前景探讨[J]．地下水，34（1）：58-60.
[20] 刘拓，周光辉，2012．石漠化综合治理模式[M]．北京：中国林业出版社.
[21] 龙健，2005．贵州喀斯特地区土壤障碍因素分析及其调控对策[J]．土壤通报，36（5）：795-798.
[22] 龙健，邓启琼，江新荣，等，2005．贵州喀斯特石漠化地区土地利用方式对土壤质量恢复能力的影响[J]．生态学报，25（12）：3187-3195.
[23] 卢怡，龙健，廖洪凯，等，2017．喀斯特地区不同土地利用方式下土壤团聚体中养分和酶活性的研究——以花江为例[J]．环境化学，36（4）：821-829.
[24] 罗璐，2015．石漠化农村社区能源的结构优化及多能互补技术与示范[D]．贵阳：贵州师范大学.
[25] 罗为群，蒋忠诚，欧阳然，等，2013．典型岩溶峰丛洼地水土保持技术研究[J]．中国水土保持，（1）：37-41.
[26] 罗中康，2000．贵州喀斯特地区荒漠化防治与生态环境建设浅议[J]．贵州环保科技，6（1）：7-10.
[27] 彭旭东，戴全厚，李昌兰，2017．中国西南喀斯特坡地水土流失/漏失过程与机理研究进展[J]．水土保持学报，31（5）：1-8.

[28] 宋敏，邹冬生，杜虎，等，2013．不同土地利用方式下喀斯特峰丛洼地土壤微生物群落特征[J]．应用生态学报，24（9）：2471-2478.

[29] 宋同清，彭晚霞，曾馥平，等，2011．喀斯特峰丛洼地退耕还林还草的土壤生态效应[J]．土壤学报，48（6）：1219-1226.

[30] 宋同清，彭晚霞，杜虎，等，2014．中国西南喀斯特石漠化时空演变特征、发生机制与调控对策[J]．生态学报，34（18）：5328-5341.

[31] 苏维词，杨华，2005．典型喀斯特峡谷石漠化地区生态农业模式探析——以贵州省花江大峡谷顶坛片区为例[J]．中国生态农业学报，13（4）：217-220.

[32] 苏维词，朱文孝，熊康宁，2002．贵州喀斯特山区的石漠化及其生态经济治理模式[J]．中国岩溶，21（1）：19-24.

[33] 王程，韦昌盛，2019．贞丰县顶坛花椒种植现状及改造技术要点[J]．南方农业，13（6）：35-38.

[34] 王俊枝，薛志忠，张弛，等，2019．内蒙古河套平原耕地盐碱化时空演变及其对产能的影响[J]．地理科学，39（5）：827-835.

[35] 王荣，蔡运龙，2010．西南喀斯特地区退化生态系统整治模式[J]．应用生态学报，21（4）：1070-1080.

[36] 王世杰，2002．喀斯特石漠化概念演绎及其科学内涵的探讨[J]．中国岩溶，21（2）：101-105.

[37] 王志华，潘玺，李用奇，等，2012．低热石漠化山区火龙果高效栽培试验[J]．中国南方果树，41（6）：80-81.

[38] 魏兴萍，谢德体，倪九派，等，2015．重庆岩溶槽谷区山坡土壤的漏失研究[J]．应用基础与工程科学学报，23（3）：462-473.

[39] 魏兴萍，袁道先，谢世友，2010．运用 ^{137}Cs 与土壤营养元素探讨重庆岩溶槽谷区山坡土壤的流失和漏失[J]．水土保持学报，24（6）：16-19，23.

[40] 魏媛，喻理飞，张金池，等，2009．退化喀斯特植被恢复过程中土壤生态肥力质量评价——以贵州花江喀斯特峡谷地区为例[J]．中国岩溶，28（1）：61-67.

[41] 吴娅莉，王进，李欣，等，2017．贵州顶坛花椒抗氧化活性成分研究[J]．食品科技，42（9）：211-215.

[42] 熊康宁，池永宽，2015．中国南方喀斯特生态系统面临的问题及对策[J]．生态经济，31（1）：23-30.

[43] 熊康宁，黎平，周忠发，等，2002．喀斯特石漠化的遥感：GIS 典型研究——以贵州省为例[M]．北京：地质出版社.

[44] 熊康宁，梅再美，彭贤伟，等，2006．喀斯特石漠化生态综合治理与示范典型研究——以贵州花江喀斯特峡谷为例[J]．贵州林业科技，34（1）：5-8.

[45] 熊康宁，朱大运，彭韬，等，2016．喀斯特高原石漠化综合治理生态产业技术与示范研究[J]．生态学报，36（22）：7109-7113.

[46] 徐慧芳，宋同清，黄国勤，等，2014．喀斯特峰丛洼地区坡地不同土地利用方式下土壤水分的时空变异特征[J]．生态学报，34（18）：5311-5319.

[47] 颜艳，2014．喀斯特山区火龙果栽培技术要点[J]．农技服务，31（5）：34-36.

[48] 杨德富，向安发，2010．金阳青花椒低产低效林改造技术[J]．四川林业科技，31（2）：92-94.

[49] 尹德超，罗明明，周宏，等，2015．鄂西岩溶槽谷区地下河系统水资源构成及其结构特征[J]．水文地质工程地质，42（3）：13-18，26.

[50] 周玮，熊康宁，高渐飞，等，2010．贵州毕节石桥小流域喀斯特石漠化耕地治理研究[J]．贵州农

业科学，38（9）：110-113.

[51] 朱震达，1994．中国荒漠化问题研究的现状与展望[J]．地理学报，49（增刊）：650-659.

[52] 朱震达，崔书红，1996．中国南方的土地荒漠化问题[J]．中国沙漠，16（4）：331-337.

[53] Anderson E F，Barthlott W，Brown R，2001. The Cactus Family[M]. Portland Oregon：Timber Press.

[54] Hunt D R，2006. The New Cactus Lexicon，Vols I & II[M]. Milborne Port，UK：DH Books.

[55] Sengkhamparn N，Chanshotikul N，Assawajitpukdee C，et al.，2013. Effects of blanching and drying on fiber rich powder from pitaya（*Hylocereus undatus*）peel[J]. International Food Research Journal，20（4）：1595-1600.

[56] World Commission on Environment and Development，1987. El desarrollo sostenible，una guía sobre nuestro future común：El informe de la Comisión Mundial sobre el Medio Ambiente y el Desarrollo[M]. Oxford：Oxford University Press.

[57] Yuan D X，1997. Rock desertification in the subtropical karst of south China[J]. Zeitschrift für. Geomorphologie，108：81-90.

[58] Zimmerman J K，Aide T M，Rosario M，et al.，1995. Effects of land management and a recent hurricane on forest structure and composition in the Luquillo experimental forest，Puerto Rico[J]. Forest Ecology and Management，77（1-3）：65-76.

第 2 章　黔中喀斯特高原峡谷区生态系统特征

2.1　研究区概况

研究区位于贵州西南部关岭县和贞丰县交界处的北盘江花江河段，行政隶属贞丰县北盘江镇，归属珠江流域。北盘江在此切割，形成了一宽谷套峡的叠置谷，花江喀斯特峡谷是指北盘江上西起关岭县花江镇法朗河，东至贞丰、关岭和镇宁 3 县交界的三叉河的河谷地带，呈西北向东南走向，其中心点坐标为（25°39.40′N，105°39.042′E），是典型的喀斯特高原峡谷地貌，生态系统类型为喀斯特干热河谷类型（李安定等，2011）。

干旱：①区域内气候干燥炎热，雨季集中在 5—10 月，降水量占全年总降水量的 83%，年降水量时空分布不均。②石漠化水土流失严重。区内喀斯特作用广泛而强烈，降雨沿地表裂隙、漏斗、落水洞及无地表覆盖的坡面流入地下和深切峡谷，致使该区降水利用系数低，潜在缺水危机较大（龙俐等，2005）。③工程性缺水严重。由于花江的产业以农业为主，经济基础较薄弱，政府和农民个人对水利的投入少，且水利工程维护与管理不善，因此示范区长期缺乏水利设施，致使该区缺水问题突出（贺卫等，2010）。

热量：区内气候类型为湿润亚热带季风气候，冬春温暖干旱，夏秋湿热，光照充足、热量条件好（范新瑞等，2009）；年均温为 18.4℃，年均极端最高气温为 32.4℃，年均极端最低气温为 6.6℃，年总积温达 6 542.9℃，全年无霜期在 337 d 以上，年日照时数在 2 500 h 以上，年均降水量为 1 248 mm。

河谷地貌：花江峡谷主要发育在以三叠系垄头组碳酸盐岩为主要地层的法郎向斜中，属于复合型的深切喀斯特峡谷。峡谷下部为深切河谷，中部为宽谷，上部南岸为喀斯特溶蚀侵蚀缓坡及峰丛洼地，北岸为溶蚀侵蚀陡坡，最高海拔为 1 373 m，最低海拔为 445 m，相对高差达 928 m，垂直地带性分异明显。宽谷地势较平缓，以条带状缓丘台地的形式沿河谷分布，坡度多小于 15°；其土层较厚，是峡谷内主要的居民地和农耕区。宽谷向上的北岸与坡度为 50°的陡坡相接；南岸与坡度小于 20°的缓坡相连，向下为深切 100～350 m 的箱形峡谷或嶂谷（图 2-1）。

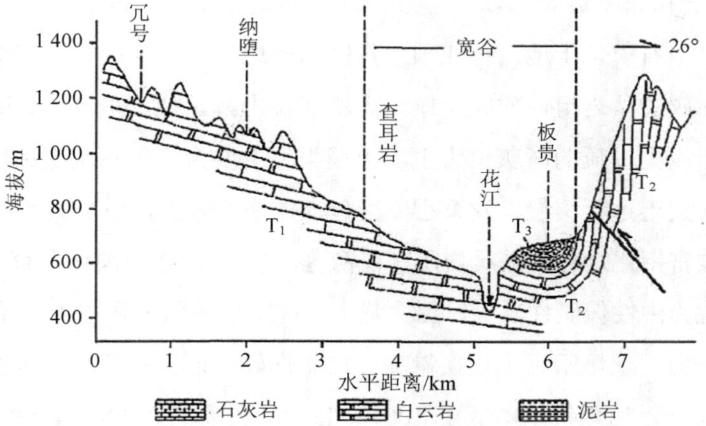

图 2-1　花江峡谷示范区的地域结构（贺卫等，2010）

石漠化：①植被覆盖率低、基岩裸露严重。区内植被类型主要为亚热带常绿落叶针阔混交林，原生植被基本上被破坏，现存植被以耐旱的次生先锋树种为主，植被覆盖率低（盛茂银等，2015），该区出露地层主要为中、上三叠统地层，岩石组成中碳酸岩占 95%以上，加之区内剥蚀、风化作用强烈，使得区内石漠化强度发育，多处于中度石漠化和强度石漠化等级。②土壤养分缺乏、生境支离破碎。区内土层瘠薄且不连续，石旮旯土分布面积比重大，地表破碎，发育有石沟、石缝、石槽、石洞等小生境（廖洪凯等，2013）；土壤类型以石灰岩和大理岩发育的石灰土居多，水土流失严重，土壤养分、肥力缺失，土地生产效率低。③人类不合理的利用。当地居民不合理的耕作制度与管理措施，使得区内作物生长态势不佳，种植模式对生态环境的修复效果下降；长期以来当地居民对土地的过度开发及超载过牧加剧了该区生态功能的退化，使其石漠化程度加剧。由于地形起伏大，成土速率极低，地表水流与地下水流的水平与垂直交替强烈，土壤侵蚀剧烈，植被生境严酷，日趋脆弱的生态系统和石漠化严重制约着当地居民的生存条件和经济发展。

2.2　生态系统特征

2.2.1　土壤生态系统

土壤由不同类型岩石在不同气候条件下风化并经过生物对成土母质的改造而形成

（刘文景等，2011）。花江峡谷发育在以强岩溶化三叠系碳酸盐岩组（石灰岩、白云质灰岩及白云岩）为主的法郎向斜构造上，上三叠系的碎屑岩组分布范围小且厚度小，喀斯特地貌广布，基岩裸露率达85%以上，坡度25°以上的土地面积占全区土地面积的40.9%，大部分为强度以上石漠化土地。花江顶坛片区出露地层主要为中、上三叠统地层，有杨柳组、垄头组、碳酸盐岩组，质纯层厚。土壤表现出薄、瘦、干、黏、碱等特性，以石灰岩、泥灰岩为成土母质的石灰土为主，土壤类型主要为黑色石灰土和棕黄色石灰土。该区土层浅薄、成土过程缓慢，发育程度受母质的影响较大，$CaCO_3$ 对该区土层石灰岩黏化过程和脱硅富铝化过程有减缓作用（杨柳等，2011）。在石漠化发育过程中，花江峡谷区内土壤表现为中性偏碱性，碳、氮含量高，C/N 值较低，多数 C/N 值≤10，具有较高的氮素供应潜力，土壤阳离子代换量高，保肥性好，但磷、钾养分普遍缺失，速效磷大多低于 10 mg/kg，速效钾基本低于 100 mg/kg（卢红梅等，2009）。贺祥等（2011）的研究表明石漠化生态治理对土壤矿质养分具有显著效应，表征土壤肥力质量特征的矿质元素全氮、全磷含量在治理后均呈明显增加趋势，全氮含量平均值增加 18%，全磷含量平均值增加约 20%，全钾含量平均值降低约 43.5%。石漠化环境下，研究区内土壤颗粒分散、土体结构被破坏，土壤通透能力下降，不同土地利用条件下的土壤容重、孔隙度差异大。土壤容重在不同土地利用类型中差异显著，大小依次为裸坡地＞坡耕地＞草地＞台耕地＞林地，这主要与土壤有机质含量、黏粒含量、结构状况、松紧度状况以及孔隙度状况有关（徐燕等，2005）；而孔隙度的变化规律为林地＞坡改梯＞灌草丛＞耕地＞撂荒地（田涟祎等，2015）。鲍乾等（2017）的研究表明在石漠化区种植构树、混交林、金银花、花椒林、火龙果的林地，土壤有机碳、全氮、全磷、速效氮、速效钾等指标较撂荒地含量有显著的促增作用。可以看出植被恢复重建对土壤生态肥力的改善具有一定效果，从裸地阶段、草本群落阶段、灌木群落阶段到乔木群落阶段，土壤综合肥力逐渐升高（魏媛等，2009）。土壤酶参与土壤的许多重要生物化学过程和物质循环，可以客观地反映土壤肥力状况（薛立等，2003）。周玮等（2008）研究了贵州花江喀斯特地区不同林龄花椒林下的土壤酶活性，发现蔗糖酶、淀粉酶、蛋白酶、过氧化氢酶活性随着林龄的增加而呈上升趋势。卢怡等（2017）研究团聚体中各粒级土壤养分及酶活性的含量时发现，1～2 mm 粒级团聚体中的养分含量和酶活性对土壤的贡献率最大，土壤团聚体脲酶、蔗糖酶及碱性磷酸酶均与土壤养分呈显著或极显著正相关。因此，在进行土壤培肥时，应给予土壤酶较多关注。土壤水分不仅是气候、植被、地形及土壤因素的综合反映（刘发民等，2002），还是影响土壤侵蚀、植被生长和植被恢复过程的主要因子，对整个生态系统的水热平衡及系统稳定起决定作用（范新瑞等，2009）。李安定等（2008）对花江流域喀斯特石质山地人工造林地不同小生境（土面、石槽、石沟）的土壤水分动态变化规律进行研究，发现不同小生境一般持续放晴 7 天就可能出现水分胁迫，石沟的土壤水分状况优于土面和石槽。王膑等（2006）研究了花江峡谷区不同植被类型下土壤水分的时空分布特征，结果表明：在空间尺度上，多年生的柚木对土壤深层水分的影响较大，花椒树对土壤水分的保持具有明显作用；在时间尺度上，各种植被类型下的土壤含水量均随降雨量的多少而升降，但在 12 月降雨量最低的情况下，花椒的土壤含水量出现升高的现象。林下植被和枯枝落叶层对改良土壤物理性质具有重要作用，因为它们是影响土壤含水量、土壤硬度、土壤温度和土壤容重等土壤物理性质的重要因子（王军等，2008；樊云龙等，2010）。

2.2.2　植被生态系统

花江顶坛片区内植被呈现旱生性、石生性和喜钙性的特点。野生植被是以窄叶火棘、刺梨、救军粮、龙须藤、鸡矢藤、铁线莲、荩草等为主的藤、刺、灌丛，以及零星分布的青冈、盐肤木、马尾松、光皮桦、油桐等。

（1）群落概况及物种组成

花江峡谷石漠化生态系统植物群落的平均植被覆盖度和木本植物密度随着石漠化程度加深而显著降低，层片数量也随之减少，优势种的生活型从乔木退化为灌木直至草本（表 2-1）。石漠化等级为无时，其群落类型为原生树林与灌丛混合型，植物优势种为清香木（*Pistacia weinmannifolia*），立地条件好，平均植被覆盖度高；潜在石漠化和轻度石漠化环境中，其优势种皆为花椒（*Zanthoxylum bungeanum*），木本植物分布相对稀疏；中度石漠化和强度石漠化环境的优势种为狗尾草（*Setaria viridis*），木本植物零星分布，在石旮旯地有少量金银花（*Lonicera japonica*）和花椒分布，群落层片数量低，平均植被覆盖度仅有 34%和 12%（温培才等，2018）。

表 2-1　不同等级石漠化环境群落概况

石漠化等级	群落类型	植物优势种	层片数量	木本植物密度/（株/m^2）	平均植被覆盖度/%
无石漠化	原生树林+灌丛	清香木	4	6.48	93
潜在石漠化	花椒+构树	花椒	3	2.14	76
轻度石漠化	花椒+金银花+构树	花椒	3	0.83	56
中度石漠化	金银花+杂草	狗尾草	2	0.52	34
强度石漠化	金银花+杂草	狗尾草	2	0.06	12

数据来源：《西南喀斯特高原峡谷石漠化生态系统植物群落特征及其与土壤理化性质的关系》（温培才等，2018）。

植物物种调查统计结果表明，花江河段峡谷两岸植物物种组成单调，草本层只有 12 科 16 属 17 种，木本层只有 11 科 15 属 15 种（表 2-2）。该区物种类型匮乏，除草本层的禾本科、菊科、凤尾蕨科和木本层的大戟科、芸香科、桑科有多属多种分布以外，多数生活型植物物种均为 1 科 1 属 1 种型。除无石漠化环境外，花椒在其他等级石漠化环境中均有较多分布，而狗尾草在除潜在石漠化和轻度石漠化外的其他等级石漠化环境中分布广泛（温培才等，2018）。

表 2-2 花江河段峡谷两岸物种调查统计

层次	科名	属名	种名
草本层	禾本科	狗尾草属	狗尾草
		大明竹属	苦竹
		荩草属	荩草
	菊科	苦荬菜属	苦荬菜
		泽兰属	紫茎泽兰
		紫菀属	紫菀
	凤尾蕨科	凤尾蕨属	井栏边草
			蜈蚣草
	鳞毛蕨科	贯众属	贯众
	乌毛蕨科	乌毛蕨属	乌毛蕨
	蓼科	何首乌属	何首乌
	酢浆草科	酢浆草属	酢浆草
	姜科	山姜属	艳山姜
	毛茛科	铁线莲属	粗齿铁线莲
	肾蕨科	肾蕨属	肾蕨
	海金沙科	海金沙属	海金沙
	铁线蕨科	铁线蕨属	铁线蕨
木本层	大戟科	野桐属	石岩枫
		山麻杆属	红背山麻杆
		油桐属	油桐
	芸香科	花椒属	花椒
		柑橘属	柑橘
	桑科	榕属	斜叶榕
		构属	构树
	忍冬科	忍冬属	金银花
	石榴科	石榴属	石榴
	苦木科	臭椿属	臭椿
	漆树科	黄连木属	清香木
	无患子科	栾树属	栾树
	鼠李科	鼠李属	鼠李
	楝科	浆果楝属	灰毛浆果楝
	茄科	茄属	假烟叶树

数据来源：《西南喀斯特高原峡谷石漠化生态系统植物群落特征及其与土壤理化性质的关系》（温培才等，2018）。

（2）群落结构特征

植物群落结构在不同等级石漠化环境中差异显著（表 2-3）。群落高度在不同石漠化等级中变化显著，由高到低依次为无石漠化、潜在石漠化、轻度石漠化、中度石漠化、强度石漠化；平均地径在无石漠化、潜在石漠化、轻度石漠化环境中无显著变化，但其值显著高于中度石漠化与强度石漠化；平均冠幅在轻度石漠化、中度石漠化、强度石漠化环境中无显著变化，但其值显著低于无石漠化和潜在石漠化；地上生物量以无石漠化环境最高且显著大于其他石漠化等级。植物群落结构相关参数整体上表现出随着石漠化程度的增加而减少的趋势，群落高度、平均地径、平均冠幅和地上生物量的最大下降幅度分别为 71.60%、53.64%、75.82%和 89.38%。可见，石漠化环境对植物生长具有明显的限制作用（温培才等，2018）。

表 2-3　不同等级石漠化环境群落结构变化

石漠化等级	群落高度/m	平均地径/cm	平均冠幅/m^2	地上生物量/（g/m^2）
无石漠化	5.88±0.25a	7.60±0.17a	11.28±0.21a	350.62±14.31a
潜在石漠化	3.08±0.10b	7.70±0.79a	17.78±0.83b	140.85±6.00b
轻度石漠化	2.30±0.19c	7.27±0.44a	4.57±0.53c	63.80±13.27cd
中度石漠化	2.12±0.45cd	4.13±0.03b	5.85±0.65c	37.22±2.56c
强度石漠化	1.67±0.17d	3.57±0.84b	4.30±0.21c	70.99±10.75d

数据来源：《西南喀斯特高原峡谷石漠化生态系统植物群落特征及其与土壤理化性质的关系》（温培才等，2018）。

不同小生境类型植被群落特征具有显著差异（表 2-4）。各小生境中，石面占比最大，无植被群落生长；其次为土面，生境面积占比为 39.94%，主要用途为耕地，也有少量草本、灌木发育；石沟主要有草本、灌木生长，并伴有乔木发育；石槽生境中有少量灌草、灌木丛生长；石缝则主要有灌木发育，同时常常发育有高大树木根系；占比最小的为石洞，在洞口边缘有蕨类植物以及小型灌木生长（白义鑫等，2018）。

表 2-4　不同小生境类型植物群落特征

生境类型	生境面积占比/%	生境外部形态		植物群落
		宽/cm	深/cm	
土面	34.94	—	—	多为耕地，也有少量草本、灌木发育
石缝	2.36	3～80 21	9～110 28	灌木发育，高大树木根系常常在此发育
石沟	7.82	6～30 36	4～76 22	草本、灌木生长，甚至有乔木发育

生境类型	生境面积占比/%	生境外部形态		植物群落
		宽/cm	深/cm	
石槽	3.29	18～160 65	7～130 53	少量灌草、灌木丛生长
石洞	0.68	13～175 40	9～400 120	在洞口边缘有蕨类植物以及小型灌木生长
石面	50.91	—	—	—

注：在“生境外部形态”栏中，宽、深指标上行为幅度，下行为平均值；“—”代表无相关值。
资料来源：《我国西南岩溶地区自然植被群落与小生境耦合关系研究》（白义鑫等，2018）。

（3）植被恢复及其生态效应

植被恢复是指运用生态学原理，通过保护现有植被、封山育林或营造人工林、灌、草植被，修复或重建被毁坏或被破坏的森林和其他自然生态系统，恢复其生物多样性及其生态系统功能的过程（胡婵娟等，2012）。研究表明植被恢复可以实现水源涵养、土壤保育、生境调控、固碳释氧、生物多样性保育等生态效应，促进喀斯特石漠化生态环境恢复。植被恢复可以改善土壤结构，通过凋落物和根系分泌物向土壤输入更多的有机质，增加土壤肥力（庞世龙等，2019）。龙健等（2006）的研究表明退耕还林或封山育林可以在一定程度上改善土壤的养分含量，提高土壤质量。卢立华等（2019）的研究发现植被恢复能提高中度石漠化生态系统的碳储量，且人工林的效果优于封育林。

2.2.3　气候资源分析

（1）不同小生境的气候资源

李安定等（2010）研究了花江峡谷不同小生境的小气候日变化规律，分析不同小生境地面温度、气温、光照强度和大气相对湿度的变化特点。结果如下：

1）光照强度变化特征

花江峡谷一天内，不同小生境光照强度变化相同，石沟、土面和石槽的光照强度变化曲线为单峰曲线，时间变化总体上表现出早晚低、午间高的特征。石槽在12时、土面和石沟在14时出现峰值，其峰值大小依次为土面＞石槽＞石沟。同时日均光照强度为土面＞石槽＞石沟，光照强度日较差为土面＞石槽＞石沟，其原因是：土面植被对光的反射、散射和折射作用增强了光照强度，石沟光照强度受阻挡，减少了光照强度（李安定等，2010）。

2）气温变化特征

一天中，几种生境气温都在8时最低，但不同生境最高气温出现的时间不同，土面在 10 时气温最高，石槽在 16 时气温最高，石沟在 14 时气温最高，其峰值大小依次为土面＞石沟＞石槽。高峰过后，随着太阳辐射的减弱，各个生境的气温都显著降低。气温日平均值大小依次为土面＞石槽＞石沟。从气温日较差看，土面＞石沟＞石槽，其原因是土面附近大气受太阳照射进而吸收热量升温，地面逆辐射使大气吸热升温，故土面上方大气温度一直都较高；而石槽虽受日光照射吸收热量，但石槽储存热量少，散热快，故日平均气温较低（李安定等，2010）。

3）空气相对湿度变化

不同小生境空气相对湿度变化规律相似，呈“U”形变化，具体为从早晨开始逐渐降低，14—16 时区间内出现 1 个最低值，然后开始回升。但不同小生境空气相对湿度最低值出现的时间不同，且值的大小也不同。土面和石槽最低值均出现在 16 时，石沟出现在 14 时。石沟沟内大气获得的太阳能最少，日均温最低，日均相对湿度最大；土面因受地面逆辐射影响，日均温最高，日均相对湿度最小。相对湿度日较差变化规律是土面＞石槽＞石沟（李安定等，2010）。

（2）不同植被恢复阶段的气候资源

卢永飞等（2014）通过对花江喀斯特高原峡谷区不同演替阶段群落（裸地、草本群落、灌木群落、乔林群落）内的光照强度、地表温度、土壤温度、湿度、土壤水分含量及空气 CO_2 浓度变化特征和差异进行了实地小气候观测和统计分析，表明在不同的演替阶段，小气候变化较为明显。

1）光照强度变化特征

研究区不同植被恢复阶段光照强度变化趋势一致，即清晨光照强度低，中午 12 时达到峰值后逐渐降低。因为不同植被群落对太阳辐射的接收与反射不同，其光照强度值变化为裸地群落＞草地群落＞乔林群落＞灌木林群落。裸地和草地群落阶段的光照强度日变化显著，灌木群落阶段的光照强度日变化较平缓，而乔林群落阶段各小生境中除石面的光照强度日变化趋势较显著以外，其他几个小生境较平缓（卢永飞等，2014）。

2）气温变化特征

研究区空气温度由高到低的顺序依次为乔林群落阶段、灌木林群落阶段、裸地群落阶段、草地群落阶段。不同植被恢复阶段在 0.5 m、1.0 m 及 1.5 m 3 个高度 24 小时的气温变化趋势为从 8 时开始上升，到 14 时达到最大值后开始下降（卢永飞等，2014）。

3）空气湿度变化

不同植被演替阶段群落内空气湿度的日变化均表现出先升后降的趋势，具体为从清晨 8 时空气相对湿度逐渐降低，到达 16 时出现最低值。8 时空气湿度值的高低表现为裸地群落阶段＞草地群落阶段＞乔林群落阶段＞灌木林群落阶段，14—16 时空气湿度变化由高到低依次为乔林群落阶段、灌木林群落阶段、裸地群落阶段、草地群落阶段，即乔林和灌木林的空气湿度高、变幅小（卢永飞等，2014）。

参考文献

[1] 白义鑫，王霖娇，盛茂银，2018．我国西南岩溶地区自然植被群落与小生境耦合关系研究[J]．世界林业研究，31（5）：58-63.

[2] 鲍乾，杨瑞，聂朝俊，等，2017．贵州喀斯特高原花江峡谷区不同恢复模式的土壤养分特征[J]．生态学杂志，36（8）：2094-2102.

[3] 樊云龙，陈浒，熊康宁，等，2010．花椒林地土壤动物多样性及其对凋落物分解的作用——以贵州花江峡谷为例[J]．地球与环境，38（3）：314-319.

[4] 范新瑞，苏维词，鄢贵权，等，2009．黔中典型喀斯特地区土壤水分时空特性分析[J]．中国岩溶，28（1）：69-73.

[5] 贺卫，李坡，2010．喀斯特峡谷区工程性缺水原因及解决途径——以贵州省花江峡谷示范区为例[J]．资源开发与市场，26（2）：129-134.

[6] 贺祥，熊康宁，李晨，等，2011．岩溶山区石漠化生态治理的土壤质量效应研究：以贵州省花江峡谷石漠化治理示范区为例[J]．贵州农业科学，39（5）：99-102.

[7] 胡婵娟，郭雷，2012．植被恢复的生态效应研究进展[J]．生态环境学报，21（9）：1640-1646.

[8] 李安定，贾申，喻理飞，2010．贵州花江喀斯特峡谷区不同小生境的小气候环境[J]．浙江林学院学报，27（3）：374- 378.

[9] 李安定，卢永飞，韦小丽，等，2008．花江喀斯特峡谷地区不同小生境土壤水分的动态研究[J]．中国岩溶，27（1）：56-62.

[10] 李安定，杨瑞，林昌虎，等，2011．典型喀斯特区不同覆盖下顶坛花椒林地生态需水量研究[J]．南京林业大学学报（自然科学版），35（1）：57-61.

[11] 廖洪凯，李娟，龙健，等，2013．贵州喀斯特山区花椒林小生境类型与土壤环境因子的关系[J]．农业环境科学学报，32（12）：2429-2435.

[12] 刘发民，张应华，仵彦卿，等，2002．黑河流域荒漠地区梭梭人工林地土壤水分动态研究[J]．干旱区研究，19（1）：27-31.

[13] 刘文景，刘丛强，赵志琦，等，2011．喀斯特地区风化与成土过程特征：黄壤和石灰土剖面 Sr 同位素地球化学研究[J]．地球环境学报，2（2）：331-336.

[14] 龙健，李娟，汪境仁，等，2006．典型喀斯特地区石漠化演变过程对土壤质量性状的影响[J]．水土保持学报，（2）：77-81.

[15] 龙俐，熊康宁，王代懿，等，2005．贵州花江喀斯特峡谷水土流失及治理效果[J]．贵州师范大学学报（自然科学版），（3）：13-18.

[16] 卢红梅，王世杰，2009．花江小流域石漠化过程中土壤化学性质变化研究[J]．安徽农业科学，37（28）：13750-13753.

[17] 卢立华，农友，李华，等，2019．植被恢复模式对石漠化生态系统碳储量的影响[J]．生态学报，39（19）：1-8.

[18] 卢怡，龙健，廖洪凯，等，2017．喀斯特地区不同土地利用方式下土壤团聚体中养分和酶活性的研究——以花江为例[J]．环境化学，36（4）：821-829.

[19] 卢永飞，喻理飞，勾伟，2014．喀斯特高原峡谷区不同植被恢复阶段小气候变化特征[J]．林业实用技术，（7）：14-17.

[20] 庞世龙，凌福诚，侯远瑞，等，2019．基于熵权灰色关联分析的喀斯特石漠化地区植被恢复效应评价[J]．中南林业科技大学学报，39（5）：70-78.

[21] 盛茂银，熊康宁，崔高仰，等，2015．贵州喀斯特石漠化地区植物多样性与土壤理化性质[J]．生态学报，35（2）：434-448.

[22] 范新瑞，苏维词，鄢贵权，等，2009．黔中典型喀斯特地区土壤水分时空特性分析[J]．中国岩溶，28（1）：69-73.

[23] 田涟祎，周忠发，闫利会，2015．人为干预下喀斯特峡谷区不同土地利用类型对土壤理化性质的影响[J]．水土保持通报，35（6）：92-96.

[24] 王腚，钱晓刚，彭熙，2006．花江峡谷不同植被类型下土壤水分时空分布特征[J]．水土保持学报，20（5）：139-141.

[25] 王军，廖庆生，丁伟民，等，2008．粤东地区速生桉树林与天然林枯枝落叶层无脊椎动物多样性比较[J]．应用生态学报，19（1）：25-31.

[26] 魏媛，喻理飞，张金池，等，2009．退化喀斯特植被恢复过程中土壤生态肥力质量评价——以贵州花江喀斯特峡谷地区为例[J]．中国岩溶，28（1）：61-67.

[27] 温培才，王霖娇，盛茂银，2018．西南喀斯特高原峡谷石漠化生态系统植物群落特征及其与土壤理化性质的关系[J]．四川农业大学学报，36（2）：175-184.

[28] 徐燕，龙健，2005．贵州喀斯特山区土壤物理性质对土壤侵蚀的影响[J]．水土保持学报，19（1）：157-159.

[29] 薛立，邝立刚，陈红跃，等，2003．不同林分土壤养分、微生物与酶活性的研究[J]．土壤学报，40（2）：280-285.

[30] 杨柳，何腾兵，舒英格，等，2011．贵州喀斯特区草地生态条件下石灰（岩）土的发生特性及系统分类研究[J]．中国岩溶，30（1）：93-99.

[31] 周玮，周运超，田春，2008．花江喀斯特地区花椒人工林的土壤酶演变[J]．中国岩溶，27（3）：240-245.

第 3 章　典型生态产业物种生物生理生态学特性

对生态经济物种资源现状、生长特性、生理生态学特征进行系统研究，有利于对资源进行合理利用和有序开发，是生态产业规模化、生态化经营的重要前提。研究生物生理生态学特性，能够充分掌握植物的生长规律，揭示生物量分配的调控策略，阐明生长发育的生理特征，为植物栽培和产业化经营奠定理论和实践基础。本章着重介绍了顶坛花椒与火龙果的生物生理生态学特性，为生态产业可持续经营提供理论基础。

3.1　顶坛花椒生物生理生态学特性

顶坛花椒（*Zanthoxylum planispinum* var. *dintanensis*）是芸香科（Rutaceae）花椒属（*Zanthoxylum*）中竹叶椒（*Zanthoxylum planispinum*）的一个变种，是一种常绿灌木或小乔木，属贵州特有的花椒品种，主要分布在河谷岩溶地区（Wang et al.，2019）。贵州喀斯特地貌占比较大，碳酸盐岩广泛分布，容易风化，诱发水土与养分元素流失，导致山地土壤贫瘠、生态脆弱，生态系统抵御外界干扰的能力降低。顶坛花椒适应性强，对水土要求不高，结果较早，易于栽培，品质优良，已经成为贵州花江峡谷喀斯特岩溶地区兼具经济效益和生态效益的重要植物种，同时在贵州喀斯特石漠化防治中发挥着重要的作用（邓伟等，2012），助推了贫困地区百姓脱贫致富奔小康。由于顶坛花椒长期生长在贵州低海拔的河谷地带，植株形态特征、生理及生态学特性已经适应了当地特殊的生境条件，但是自然状态生长的顶坛花椒产量并不高，且容易遭受病虫害，目前已发生衰退。因此，了解顶坛花椒的生理生态学特性将有助于提高顶坛花椒的产量与品质。

3.1.1　生长特性及形态特征

贞丰顶坛花椒的芽在日平均气温超过 5℃时开放，其果实在气温升至 20℃时普遍着色成熟，果实着色成熟期平均气温为 24～25℃。据试验观测统计，贞丰九叶青花椒 2 月中上旬萌芽，3 月中上旬进入开花盛期，6 月下旬至 7 月初果实着色至成熟，7 月采摘。从芽开放至果实着色成熟全生育期≥0℃积温为 2 800～3 000℃，萌芽至盛花期≥0℃积温为 400～440℃。当日平均气温达 8℃时，芽开放展叶，达 10℃时进入现蕾期，12～14℃时进入开花盛期；果实发育期适宜气温为 20～25℃。遵义市气象局根据花椒生育期的生态气候特性推测，在 800～1 000 m 海拔种植花椒时，预计 3 月上旬萌芽，4 月上旬至中旬进入盛花期，7 月下旬至 8 月上旬成熟采收，充分表明结合生境特征探讨花椒的生长特性具有重要意义。

王尧钰等（2011）的研究表明顶坛花椒由于长期生长在喀斯特干热河谷区干旱少土、热辐射强的特殊自然气候环境下，耐热并且抗旱，其形态、生理和生态学特性均具有一定的适应性及特殊性。张亦诚等（2010）通过对顶坛花椒主要栽植地区及部分引种地区环境因子的调查发现，顶坛花椒适宜生长在海拔为 500～1 200 m、年降雨量为 700～1 400 mm、年平均气温为 13～20℃、年日照长度超过 1 600 h、年极端最低温不低于–5℃、无霜期超过 300 d 的地区。顶坛花椒在中性土壤、微酸性土壤及微碱性土壤中均可正常生长，但在微碱性山地石灰质土壤中生长表现更好。同时，顶坛花椒种植在海拔 800 m 以下的地区时，椒果品质极佳，年降雨量低于 600 mm 或高于 1 500 mm 均会导致顶坛花椒的品质下降。顶坛花椒比较喜光、怕冻，因此花椒种植园应选在山坡中下部热辐射较强的阳坡或半阳坡。顶坛花椒花芽萌发时间一般在 3 月下旬，显蕾在 4 月中旬，开花时间在 5 月上旬，5 月中旬花开始凋谢（李柱军，2009）。顶坛花椒如果在开花期遇上长时间的阴雨天气或严重的干旱天气，管理措施跟不上，容易出现大量落花落果。顶坛花椒的果实成熟期一般在 9—10 月，果实成熟后应在一周左右采收完毕，否则后期落果导致产量下降，且其经济寿命一般为 5～6 年，经过矮化密植的顶坛花椒的经济寿命与产量会有一定程度的提高。因此，花椒种植园应根据栽培品种的树体状况及产量及时进行更新抚育，通过技术措施促进花椒高产、稳产、稳质。一般深厚土层种植的顶坛花椒根系发达，地上部分生长旺盛，且耐寒、耐旱能力较强。土壤养分管理与顶坛花椒的产量和品质密切相关，施肥时也应施加在树冠投影边缘，避免施加在根茎处及根系外造成肥料浪费。顶坛花椒的耐旱能力较强，但是不耐水涝，根系须根较多，吸收水分的能力较强，土壤含水量过高会严重影响花椒树体的正常生长与开花结实。

屠玉麟等（2001）根据顶坛花椒种群相对稳定的个体形态、生长发育期以及其经济性状特征，初步将顶坛花椒划分为 3 个品种，即大青椒、团椒和小青椒。

（1）大青椒

大青椒植株较为高大，高可达 5～7 m，叶为长卵形，小叶椭圆形，先端稍钝，叶片有许多腺点；枝干呈青绿色，枝刺小而短，稍稀疏；秋梢挂果，结果枝条多，果序多生于结果枝的中下部或近腋生；果穗较大，果实多，产量高，10 年生植株的单株产量可达 35～40 kg。大青椒的果实开始成熟的时间在 8 月中旬，生理成熟时间在 10 月上旬，实生苗一般 4 年开始挂果，7 年即可进入盛果期，结果期较长，可维持 17～20 年。大青椒适宜在土层深厚、养分充足且排水良好的砂壤土或壤土中生长；由于其生长极其旺盛，枝叶繁茂，必须加大对营养枝的修剪，防止植株之间过度竞争养分。大青椒品种的果皮含油丰富，香麻味浓、产量高、质量好。

（2）团椒

团椒的植株比小青椒稍大，高可达 3～4 m，长枝较多，小叶多为长椭圆形，先端渐尖，叶片边缘有许多腺点；枝刺的基部又宽又短，钝尖；果序常着生于果枝的端部，果穗长度可达 5 cm，产量较差。果实开始成熟时间在 8 月中旬，生理成熟时间在 9 月上旬，实生苗在 3～4 年即开始挂果，5 年进入盛果期，结果期长，可达 12 年。团椒耐旱，比较适宜栽植在肥力中等的壤土中。果皮含油丰富，香麻味足，品质较好，但是挂果率较低。

（3）小青椒

小青椒的植株较为矮小，高仅为 2～2.5 m，冠幅较小，枝条稍稀疏，枝刺长而尖；叶为卵状椭圆形，小叶长而尖，叶边缘及叶面上有腺点；为聚伞花序，散生在枝条上，花较少，仅有 2～10 朵，且没有明显的花果枝；果穗较为稀疏分散，果径大小参差不齐，产量较低。果实的成熟期早晚不一，实生苗 3 年即开始挂果，盛果期在 4～5 年，树体早衰，结果期仅在 7 年左右；但是该品种非常耐旱，适宜生长在土层瘠薄且水分不充足的地块。在实际生产过程中，应当根据生境特征、土壤条件等选择适宜的品种。

3.1.2 成分特征

（1）蛋白质和氨基酸

顶坛花椒的蛋白质含量较高，氨基酸种类齐全。其中，顶坛花椒中粗蛋白含量高于玉米、稻米、水果和蔬菜等主要食物，与小麦、大麦、小米等食物相当，含量为 9.10%～11.56%。经检测，顶坛花椒种子中含有 18 种氨基酸，其中有 8 种人类只能通过食物获取的必需氨基酸和 2 种人类半必需氨基酸，人类必需氨基酸为赖氨酸、异亮氨酸、亮氨酸、蛋氨酸、苯丙氨酸、苏氨酸、色氨酸、缬氨酸，人类半必需氨基酸为组氨酸、精氨酸，其氨基酸总量较玉米、稻米、小麦、土豆、白菜、甘薯、胡萝卜等食物高（屠玉麟，2000）。

顶坛花椒幼嫩茎叶的18种氨基酸中不含精氨酸，必需氨基酸组成合理，营养价值高，第一限制氨基酸为蛋氨酸（含胱氨酸），除酪氨酸含量较竹笋的低、谷氨酸含量较香椿的稍低外，其他氨基酸含量均高于大白菜、油菜薹、菠菜、芹菜、生菜、芫荽、茼蒿、竹笋、甘蓝、香椿这些常见蔬菜，且顶坛花椒幼嫩茎叶中人体必需的8种氨基酸含量与氨基酸总量的比值为40%，是理想的蛋白质补充食物（彭惠蓉等，2011）。

（2）维生素类

维生素是人体必需的、能够维持人体正常生理功能的有机化合物，只能通过食物获取。顶坛花椒中维生素E含量较高，约为四川汉源所产红花椒的近4倍，其中干花椒皮中维生素E的含量高达1.04 mg/g，种子中维生素E的含量达0.82 mg/g。顶坛花椒的胡萝卜素含量较高，超过大多数干鲜果类。同时，顶坛花椒幼嫩茎叶中有中等含量的维生素E和高含量的维生素B_2，维生素B_2的含量为所有新鲜植物食品含量之最，甚至其含量为动物肾脏的近5倍（杨月欣等，2002）。顶坛花椒可作为补充维生素B_2的主要食物来源，具有很好的开发利用价值（叶春等，2004），目前成为主要的调料物质。但是在对顶坛花椒幼嫩茎叶进行加工处理或烹调时，应尽量避免维生素B_2的流失和破坏，以达到良好的补充效果。

（3）活性成分

顶坛花椒富含芳香油和脂肪酸，且其芳香油和脂肪酸的含量超过多数其他种类花椒中芳香油和脂肪酸的含量，芳香油含量为四川汉源所产红花椒的近10倍。其中干椒种子的脂肪酸含量显著高于种皮，不饱和脂肪酸含量差异不大。顶坛花椒以“香味浓、麻味重”为特色，花椒中的主要麻味物质是以山椒素为代表的脂肪酰胺类物质（芮光伟等，2013）。王进等（2015）通过对不同批次贵州贞丰所产的顶坛花椒果皮中的羟基-β-山椒素的含量进行分析，发现不同批次的顶坛花椒羟基-β-山椒素含量均高于四川汉源所产的红花椒。还有研究表明，顶坛花椒果皮由于酰胺类和黄酮类等组分的存在而具有显著的抗氧化作用，其中异鼠李素-3-O-β-半乳糖苷、槲皮素-3-O-β-半乳糖苷、槲皮素-3-O-β-葡萄糖苷是顶坛花椒的主要抗氧化活性成分（吴娅莉等，2017），表明顶坛花椒的活性物质较为丰富，有较大的开发利用潜力和价值。

（4）矿质元素

矿质元素是人体必需活性酶的辅助因子，同时能够发挥构成骨骼、血红蛋白、细胞色素，维持体内的渗透压和酸碱平衡的作用。已有的研究结果表明，顶坛花椒含有人体所需的微量元素Fe、Mn、Zn、Cr、Cu、I，可作为矿质元素补充食品，具有较好的营养功能。顶坛花椒幼嫩茎叶中检测出人体必需的10种矿质元素Ca、Mg、K、Na、P、Fe、

Mn、Zn、Cu、Se，以 K 的检测含量最高，达 4.53 mg/g，其次为 Ca，含量高达 2.37 mg/g，K、Ca、Mg、Fe、Se 和 Mn 的含量均显著高于大白菜、油菜薹、菠菜、芹菜、生菜、芫荽、茼蒿、竹笋、甘蓝、香椿这些常见蔬菜；P 含量为 1.24 mg/g，仅低于香椿，显著高于大白菜、油菜薹、菠菜、芹菜、生菜、芫荽、茼蒿、竹笋、甘蓝；Zn 的含量仅低于香椿、菠菜及油菜薹，显著高于大白菜、芹菜、生菜、芫荽、茼蒿、竹笋、甘蓝、香椿，但 Na 的含量低于大白菜、油菜薹、菠菜、芹菜、生菜、芫荽、茼蒿、竹笋、甘蓝、香椿（彭惠蓉等，2011），表明顶坛花椒的矿质养分含量较为丰富。

3.1.3 顶坛花椒抵抗胁迫特征

顶坛花椒的种子油脂含量十分丰富，外种皮含有蜡质层物质，内种皮含有厚度超过内种皮一半的厚角质，种子内部还有残存的胚乳，子叶没有完全吸收胚乳中养分，且有高达 12%的种子具有双胚现象，种子萌发受到严重限制（陈训，2010）。可以通过碱水处理方式对顶坛花椒的种子进行脱脂处理，解除萌发限制；同时，施用磷肥作为苗床底肥能够显著提高顶坛花椒的种子萌发率。

喀斯特石漠化地区的土层瘠薄，缺水严重，植物的正常生长受到限制或抑制，但是顶坛花椒能够在土层浅薄、干旱胁迫的条件下正常生长，并发展为当地的主要经济作物，与其自身的抗旱耐瘠薄机制有关。顶坛花椒对抵御水分胁迫具有很强的敏感性，可以通过增加植株根系以吸收水分，通过增厚叶片角质层及栅栏组织以减少水分散失，同时通过植株自身调节生长高度、叶面积、叶片生长速率以及生物产量，吸收 Ca^{2+}保护植株细胞结构以维持正常的光合作用，调节激素和一些重要的生化物质代谢等以缓解水分胁迫所产生的不良影响（车家骧等，2008）。有研究结果表明 Zn 作为植物必需的微量元素，在消除干旱胁迫对顶坛花椒不良影响过程中起着不可忽视的作用；施用锌肥的顶坛花椒幼苗随着干旱胁迫加剧，植株叶绿素 a、叶绿素 b、叶绿素总量以及类胡萝卜素含量呈明显下降趋势，游离的脯氨酸、丙二醛的含量和超氧化物歧化酶活性均呈现增加趋势；植株发生的应急生理生化反应能够一定程度降低干旱胁迫对其造成的伤害，使其具有一定程度的抗旱性（陈训，2010），以适应栽培区域的脆弱生境。因此，在顶坛花椒种植过程中适当施用适宜浓度的锌肥，可提高其对喀斯特干旱环境的适应能力。

3.1.4 顶坛花椒生态功能特性

（1）种植顶坛花椒对土壤养分的改良作用

鲍乾（2017）对贵州喀斯特花江峡谷区种植顶坛花椒林地的土壤理化性质与荒草地

的土壤理化性质进行了对比分析，研究结果表明种植顶坛花椒能够不同程度地提高土壤有机碳、全氮、全磷、速效氮、速效钾的含量，有利于喀斯特石漠化地区土壤养分性状改良，实现土壤保育和水土保持。其中，种植顶坛花椒的林地土壤有机碳、全氮、全磷、速效氮、速效钾分别较荒草地提高了 78.2%、59.4%、78.0%、81.7%、424.1%。杨丹丽等（2018）对贵州花江河段干热河谷流域两岸不同土地利用类型的土壤质量进行评价，发现种植花椒的林地土壤质量综合指数明显高于金银花、柚木等其他经济植物林地。

（2）种植顶坛花椒对土壤水文生态功能的改良作用

已有研究结果表明，种植顶坛花椒的林地土壤容重和孔隙状况与荒草地的土壤容重和孔隙状况没有表现出显著差异，但种植顶坛花椒对土壤水文功能及抗侵蚀能力具有一定程度的改良作用。其中，种植顶坛花椒的林地土壤总蓄水量较荒草地提高了 3.5%，且土壤抗冲系数、抗蚀系数、渗透速率均高于荒草地（鲍乾等，2017a；鲍乾等，2017b），表明顶坛花椒种植具有较好的生态效益。因此，在对喀斯特地区进行植被恢复及水土流失治理时，可以选择耐旱、耐瘠薄的顶坛花椒为优势种，构建人工林分，预防水土流失，兼顾经济效益与生态效益。从长远来看，顶坛花椒种植是一个可以推广的生态产业。

3.2　火龙果生物生理生态学特性

火龙果是仙人掌科（Cactaceae）量天尺属（*Hylocereus*）量天尺（*Hylocereus undatus*）下的一个品种，又名情人果、芝麻果、红龙果等，既是园林观赏花卉，也是食用的营养果品。根据火龙果果皮与果肉的颜色，可以将其分为红皮红肉火龙果、红皮白肉火龙果和黄皮白肉火龙果 3 种类型（郑伟等，2007）。截至 2018 年，贵州省火龙果的种植面积已超 0.62 万 hm^2，主要分布在望谟、关岭、罗甸、贞丰和镇宁等县，火龙果已成为当地重要的经济作物，但是如何合理开发利用已经成为当前亟待解决的问题，尤其是火龙果种植的区划和高产栽培技术。因此，认识火龙果的生理生态学特性、了解火龙果的营养成分可以为贵州火龙果的精深加工和综合开发利用提供参考依据。

3.2.1　生长特性及形态特征

火龙果属热带水果，原产于中、南美洲热带地区，植株抗旱、抗风能力较强，但适当的降雨和灌溉利于开花坐果和果实膨大，在生产上需保持土壤湿度均衡。火龙果的耐寒能力较弱，在–2～0℃的环境中持续时间超过 2 天，火龙果的肉质枝条即会表现出明显的寒害症状，在 0℃环境中持续 20 天则会死亡，在–4℃环境中持续 2 天即会直接死亡（王宇等，2019a）。据此可见，种植火龙果需要较高的温度、充足的光照以及适量的降水，冬季尤须关注火龙果的生长环境温度，防止发生冻害。在贵州种植火龙果，应选择年均温高于 18.5℃、1 月均温高于 8℃且 0℃以下气温的持续时间低于 48 h 的地区。火龙果对土壤的适应性强，在沙土、黏壤土中均能生长，但以排水良好、肥沃、疏松、团粒结构良好又不砂质化的壤土为宜，适宜的土壤酸碱度为 5.5～7.5。

（1）肉质枝条

火龙果的肉质茎多三棱形，边缘为波浪形，呈绿色或深绿色，光滑无毛，有些品种的枝条表面附着白色粉状物。肉质茎粗而长，一般长 30～150 cm，宽 3～8 cm，枝条数量为 9～12 条。枝条内部有大量饱含黏稠液体的薄壁细胞，可以在雨季吸收较多水分，抵御漫长的旱季。枝条上长有刺座，刺座沿着枝条边缘生长，每个刺座通常有刺 1～5 根，老枝刺为锥形，呈棕黄色、灰黑色或棕黑色（欧善生等，2019）。

（2）花

火龙果的花芽分化在 3—4 月，5—10 月为开花结果期，火龙果花一般为夜间开放，花朵呈漏斗状，一般长 25～30 cm，直径为 15～25 cm，重达 250 g 以上。花托及花托筒长有绿色或黄绿色卵状披针形的花被片，花被片的边缘及尖端呈紫红色或绿色。花丝和花药均呈淡黄色，花丝一般长 4～5 cm，花药一般长 4～5 mm；花柱为黄白色，长度一般在 17～20 cm，柱头呈线型，先端渐尖，长 3 cm 左右（王宇等，2019b）。

（3）果实

火龙果的果实为圆形或椭圆形，长 7～12 cm，直径为 5～10 cm，果脐小，外果皮呈红色或黄色，果肉呈白色或红色。种子为黑色，倒卵形，长 2 mm，宽 1 mm，厚 0.8 mm，种脐小（王宇等，2019b）。

3.2.2 营养成分特征

（1）有机酸和糖类

火龙果含有丰富的糖和有机酸，酸含量较低，糖酸比达 16∶1～26∶1，糖和有机酸含量是影响果实风味品质及产品加工开发的重要因素，罗甸红心火龙果糖酸比达到 16∶1，因而口味酸甜适中（蔡永强等，2008）。火龙果中除了葡萄糖和果糖外，还含具有清除肠道毒素、预防癌症、增加免疫力作用的低聚糖。

（2）氨基酸

火龙果中氨基酸种类齐全，人体必需的 18 种氨基酸中火龙果含有 17 种，氨基酸总量显著高于苹果和甜橙，与桃子的氨基酸总量相当，谷氨酸、甘氨酸和脯氨酸的含量最高（蔡永强等，2008）。火龙果中含有的人体必需氨基酸分别为异亮氨酸、亮氨酸、苏氨酸、缬氨酸、赖氨酸、蛋氨酸+胱氨酸、苯丙氨酸+酪氨酸，除蛋氨酸+胱氨酸和赖氨酸含量占氨基酸总量的比例表现为中度缺乏外，其余氨基酸含量占氨基酸总量的比例基本符合氨基酸模式谱，且火龙果中含有的人体必需氨基酸占其氨基酸总量的 30%以上，基本符合理想蛋白质的要求，可以作为人体补充氨基酸的良好果品（王宇等，2019b）。火龙果中氨基酸的成分及含量会因为品种不同而存在一定差异，红肉火龙果的氨基酸含量相比白肉火龙果要高，红肉火龙果人体必需氨基酸占氨基酸总量的比例高于白肉火龙果的比例，必需氨基酸的营养配比更为合理，营养也更为均衡（邢晋宇等，2011）。

火龙果种仁中的氨基酸种类也很齐全，其中谷氨酸的含量占氨基酸总量的 23.36%，含量最高，精氨酸的含量仅次于谷氨酸。鲜味氨基酸含量占氨基酸总量的 31.95%，甜味氨基酸含量占氨基酸总量的 14.74%，必需氨基酸含量为 25.23%，氨基酸搭配基本合理，是较为理想的果品（潘艳丽等，2004）。

（3）脂肪酸

研究表明，火龙果籽和果仁含有丰富的脂肪酸，脂肪酸主要来源于籽和果仁。火龙果籽油中脂肪酸以不饱和脂肪酸为主，占总脂肪酸含量的 74.64%，其中亚油酸及亚油酸异构体的含量占总脂肪酸含量的 46.91%，高于菜籽油和花生油，同芝麻油相近，油酸及油酸异构体的含量占总脂肪酸含量的 25.36%；饱和脂肪酸以棕榈酸为主，棕榈酸及棕榈酸异构体的含量占总脂肪酸含量的 21.10%（王秋玲等，2012）。火龙果种仁中主要含有 8 种脂肪酸，其中包括 4 种不饱和脂肪酸，且不饱和脂肪酸的含量高达 80.83%；火龙果种仁中不饱和脂肪酸含量最高的是亚油酸，含量为 54.43%，其次是油酸，含量为 23.4%（潘艳丽等，2004）。亚油酸和油酸均是人体重要的必需脂肪酸，亚油酸的缺乏会引起皮肤干燥起皮、组织再生能力减弱等症状，造成免疫力下降。补充亚油酸可以降低血胆固醇，预防高血压和动脉粥样硬化等。油酸同样可以降低血胆固醇，也能降低甘油三酯和低密度脂蛋白胆固醇，使得高密度脂蛋白胆固醇升高，抑制心脑血管疾病的发生。正是由于亚油酸和油酸等脂肪酸的存在，经常食用火龙果能够起到降低血胆固醇、预防高血压的效果，同时降低心脑血管疾病的发生率。种仁中不仅含有动植物油中常见的偶数碳脂肪酸，还含有奇数碳脂肪酸，研究结果表明可以对火龙果进行安全健康的籽油产品开发。

（4）矿物元素

火龙果中的矿物质营养元素含量较高，富含 P、K、Mg、Ca、Zn、Fe、Cu 等多种矿物元素，经常食用火龙果可以为人体补充必需的矿物元素。火龙果果实中，不同组织所含的矿物质元素含量也存在较大差异：Ca 主要分布在果皮中，含量为果籽中 Ca 含量的 19 倍，是果肉中 Ca 含量的 36 倍；果籽中 Fe 含量最高，约为果肉中 Fe 含量的 2 倍，约为果皮中 Fe 含量的 4 倍；果籽中的 Mg 含量最高，其次为果皮中，果肉中的 Mg 含量最低；Zn 主要富集在果籽中，约为果皮中 Zn 含量的 4 倍，果肉中的 Zn 含量最低；Cu 在果籽中的含量最高，其次为果肉，果皮中的 Cu 含量最低（王宝森等，2009）。果皮由于 Ca 含量很高，可以作为动物 Ca 及其他必需矿物元素的饲料添加剂。贵州罗甸所产红肉火龙果中的 P、K、Mg、Se 含量均高于苹果、甜橙和桃子，红肉火龙果的矿质元素含量显著高于白肉火龙果（蔡永强等，2008）。

（5）其他成分

火龙果除含有丰富的糖类、有机酸和蛋白质等，还含有一般植物鲜有的植物性白蛋白、维生素、色素、水溶性膳食纤维和酚类物质。其中，研究表明火龙果果肉中含有维生素 C、维生素 B_2、维生素 B_5、维生素 B_6、维生素 B_9、维生素 E 等，维生素 C 的含量最高，维生素 B_2 的含量高于苹果、甜橙和桃等水果，具有明目、降火的功效。研究还表明，火龙果的膳食纤维含量远高于苹果、甜橙和桃子等水果，膳食纤维能够调节血糖、降低胆固醇、缓解便秘等（蔡永强等，2008）。

火龙果果皮和果肉中含有大量天然色素，主要为甜菜红素（刘小玲等，2003）。不同品种的色素分布位置不同，红皮白肉火龙果中色素主要存在于果皮中，红皮红肉火龙果中色素主要存在于果皮和果肉中（王宇等，2019b）。红色果肉火龙果中甜菜色素含量普遍较高，白色果肉火龙果中甜菜色素含量则较低。火龙果色素是一种安全、健康的天然抗氧化剂，且作为甜菜红素的来源之一，可应用于果汁饮料、酒、罐头、糖果、雪糕、果冻等食品着色，可按正常生产需求量添加。同时，火龙果的色素着色力好、颜色深，可用于研制开发口红、腮红、染发剂等化妆品。果蔬中起到抗氧化作用的功能物质为抗坏血酸和酚类物质，火龙果自身的植物色素可以增强抗坏血酸，间接提高果蔬的抗氧化能力；火龙果还含有较高的多酚化合物，果肉与果皮中多酚化合物含量相近，红色果肉火龙果中的酚类物质较白色果肉火龙果更高，因此其抗氧化性更强（周笑犁等，2018）。同时，火龙果中还含有β-胡萝卜素、花青素等抗氧化活性物质，与抗坏血酸和酚类物质的功能相同，可以通过清除自由基、阻止氧化受损、保护细胞内大分子物质等来发挥抗氧化性能（王旭旭等，2019）。综上表明，火龙果的营养成分较为丰富。因此，火龙果是开发研究抗氧化产品的潜在资源，尤其是红色果肉火龙果。

3.2.3　火龙果生态功能特性

（1）种植火龙果对土壤理化性质的改良作用

鲍乾等（2017c）对贵州喀斯特花江峡谷区种植火龙果的林地的土壤理化性质与荒草地的土壤理化性质进行对比分析，结果表明种植火龙果对土壤保育、水源涵养等功能均有一定的促进作用，其土壤有机碳、全氮、全磷、全钾、速效氮、速效磷、速效钾分别较荒草地提高了 49.3%、109.4%、44.1%、425.7%、43.6%、9.7%、26.6%，表明种植火龙果有利于土壤矿质养分的积累。李果（2017）对贵州喀斯特地区不同土地利用类型的土壤理化性质进行了研究，结果表明火龙果地的土壤理化性质明显优于人工林地和耕地，亦优于种植花椒、香椿及李子的林地。喀斯特石漠化地区土壤瘠薄，种植火龙果对土壤养分状况的改良效果显著，可通过种植火龙果来改善土壤养分，同时促进当地的经济发展。因此，本研究将火龙果作为重要的生态经济物种进行分析。

（2）种植火龙果对土壤水文生态功能的改良作用

鲍乾（2017）的研究结果表明，种植火龙果后，土壤容重和孔隙状况等物理性状、水文功能、抗侵蚀能力以及渗透性能等均有一定程度的改良，能够提高土壤总蓄水量。喀斯特石漠化地区水土流失严重，水文功能较差，种植火龙果后土壤持水能力与蓄水能力均得到改善，削弱了地表径流和水土流失状况，增强了土壤抗侵蚀能力，从而提高了土壤生态水文功能。综合表明，种植火龙果具有良好的生态经济功能，可以在生境适宜的地区推广。

参考文献

[1]　鲍乾，梁建发，王棋，等，2017a．花江喀斯特石漠化区不同经济型植物的土壤蓄水特征[J]．水土保持研究，24（1）：18-24.

[2]　鲍乾，杨瑞，李万红，等，2017b．喀斯特高原峡谷区不同恢复模式的土壤生态效应[J]．水土保持学报，31（3）：154-161.

[3]　鲍乾，杨瑞，聂朝俊，等，2017c．贵州喀斯特高原花江峡谷区不同恢复模式的土壤养分特征[J]．生态学杂志，36（8）：2094-2102.

[4]　鲍乾，2017．几种生态经济型植物经营模式的土壤生态功能效应研究[D]．贵阳：贵州大学．

[5]　蔡永强，向青云，陈家龙，等，2008．火龙果的营养成分分析[J]．经济林研究，26（4）：53-56.

[6]　车家骧，彭熙，苏维词，2008．低热喀斯特河谷顶坛花椒生态需水及抗旱机理研究——以花江峡谷为例[J]．生态经济，（6）：49-51.

[7]　陈训，2010．喀斯特地区顶坛花椒培育的生理生态特性研究[D]．长沙：中南林业科技大学．

[8] 邓伟，李辉秀，高玉锦，等，2012. 不同修剪留枝比例对顶坛花椒产量的影响[J]. 现代农业科技，（3）：168-172.

[9] 李果，2017. 贵州喀斯特地区不同土地利用方式下土壤理化性质与土壤肥力评价[D]. 重庆：西南大学.

[10] 李柱军，2009. 喀斯特地区顶坛花椒速生丰产栽培技术[J]. 山东林业科技，39（2）：88-90.

[11] 刘小玲，许时婴，王璋，2003. 火龙果色素的基本性质及结构鉴定[J]. 无锡轻工大学学报，22（3）：62-66.

[12] 欧善生，黄瀚广，苏桂花，等，2019. 4个品种火龙果植物学特性和溃疡病发生研究[J]. 安徽农业科学，47（7）：163-170.

[13] 潘艳丽，芮汉明，林朝朋，2004. 火龙果种仁的营养成分分析[J]. 营养学报，26（6）：497-498.

[14] 彭惠蓉，黄丽华，陈训，2011. 顶坛花椒幼嫩茎叶必需氨基酸质量评价[J]. 贵州科学，29（4）：33-35.

[15] 芮光伟，曹蕊，蒋珍菊，2013. 花椒麻味物质的分离纯化和高效液相色谱法的测定[J]. 中国调味品，38（9）：60-64.

[16] 屠玉麟，2000. 顶坛花椒营养成分及微量元素测试研究[J]. 贵州师范大学学报（自然科学版），18（4）：31-36.

[17] 屠玉麟，韦昌盛，左祖伦，等，2001. 花椒属一新变种——顶坛花椒及其品种的分类研究[J]. 贵州科学，19（1）：77-80.

[18] 王宝森，白红丽，郭俊明，等，2009. 火龙果矿物元素含量分析[J]. 江苏农业科学，（3）：313-314.

[19] 王进，李欣，杨龙佳，等，2015. 高效液相色谱法测定贵州顶坛花椒中麻味成分羟基-β-山椒素的含量[J]. 中国调味品，40（10）：102-105.

[20] 王秋玲，莫建光，谢一兴，2012. 响应面法优化超临界 CO_2 萃取火龙果籽油工艺[J]. 食品科学，33（10）：92-97.

[21] 王旭旭，马领领，马卓云，等，2019. 火龙果的功能及其作用机制研究进展[J]. 食品工业科技，40（21）：352-360.

[22] 王尧钰，左德川，2011. 贵州顶坛花椒的特征特性及配套栽培技术[J]. 现代农业科技，（6）：125-126.

[23] 王宇，马玉华，王彬，等，2019b. 贵州火龙果生态栽培管理技术（一）[J]. 农技服务，36（2）：17-21.

[24] 王宇，马玉华，王彬，等，2019a. 贵州火龙果生态栽培管理技术（二）[J]. 农技服务，36（3）：13-15.

[25] 吴娅莉，王进，李欣，等，2017. 贵州顶坛花椒抗氧化活性成分研究[J]. 食品科技，42（9）：211-215.

[26] 邢晋宁，陈训，樊丛令，2011. 不同品种火龙果的氨基酸含量测定及其营养评价[J]. 贵州农业科学，39（5）：193-195.

[27] 杨丹丽，喻阳华，钟欣平，等，2018. 干热河谷石漠化区不同土地利用类型的土壤质量评价[J]. 西南农业学报，31（6）：1234-1240.

[28] 杨月欣，王光亚，潘兴昌，2002. 中国食物成分表2002[M]. 北京：北京医科大学，中国协和医科大学联合出版社.

[29] 叶春，范家佑，张小明，2004. 何首乌嫩茎叶营养成分分析及评价[J]. 食品与发酵工业，30（1）：

127-130.

[30] 张亦诚，雷朝云，卢加举，等，2010．优良地方种质资源顶坛花椒的繁育与造林技术[J]．贵州农业科学，38（12）：20-22.

[31] 郑伟，蔡永强，戴良英，2007．火龙果病虫害的研究进展[J]．贵州农业科学，35（6）：139-142.

[32] 周笑犁，莫瑞，肖娜，等，2018．红肉与白肉火龙果常规营养成分及抗氧化活性比较分析[J]．食品工业科技，39（21）：248-251，319.

[33] Wang Y，Zhang L，Feng Y，et al.，2019. Insecticidal and repellent efficacy against stored-product insects of oxygenated monoterpenes and 2-dodecanone of the essential oil from *Zanthoxylum planispinum* var. *dintanensis*[J]. Environmental Science and Pollution Research，26（24）：24988-24997.

第 4 章　顶坛花椒林地土壤质量评价与管理

花椒（*Zanthoxylum bungeanum*）旧名秦椒，为芸香科（Rutaceae）花椒属（*Zanthoxylum*）的植物，原产中国，根浅、喜光、耐旱、嗜石灰性土壤，因其具有独特的食用价值、药用价值和生态功能，是我国分布广泛的经济树种（胡芳名等，2006）。花椒属植物中顶坛花椒（*Zanthoxylum planispinum* var. *dintanensis*）为竹叶椒（*Zanthoxylum planispinum*）的一个变种，是贵州喀斯特地区特有的、生态价值和经济价值均很高的香料植物，在该区生态与经济建设中发挥了举足轻重的作用（陈训，2010）。自 1992 年贵州省贞丰县大规模推广顶坛花椒种植以来，受独特的气候、土壤和地形等条件影响，形成了独具特色的花椒人工林。但是，由于管理较为粗放，特别是花椒种植后土壤有机碳存在“汇-源”的转换过程（廖洪凯等，2015b），因此应注重土壤长期管护，防止土壤养分退化。土壤为植物生长提供机械支撑和养分供给，因而土壤性状与花椒人工林产量和品质具有显著的内在关联，开展花椒人工林土壤质量评价，对立地生产力提升和花椒人工林多目标经营具有重要意义（李静鹏等，2014），能够指导土地资源的科学利用（Marzaioli et al.，2010），抑制花椒衰老退化。

4.1　花椒林母岩化学组成与元素含量随海拔的分异

母岩是形成土壤的物质，它的物理风化、化学风化和生物过程同时进行，受到水、热、空气等诸多因素的综合影响，使岩石变成了土壤（黄会前等，2016）。母岩种类、形态、大小及含量等的变化记录了土壤形成过程中物质变化的信息（庞奖励等，2015），可以作为土地评估、土壤生态、环境演变等研究的重要参考。同时，母岩具有较高的活性，是植物与土壤界面反应的基质，供给植物必需营养元素（申聪颖等，2013），是研究土壤养分来源的重要对象。不同母岩发育的土壤的元素含量差异较大，主要是由于成土母岩的“遗传”差异性造成的（何腾兵等，2008），表明成土母岩对土壤质量的影响较大。此外，不同母岩释放元素的数量和速率存在明显差异（沈钦华等，2009），表征母岩为土壤提供营养元素的潜力是有差别的（Bruce et al.，2008），对母岩的利用应当建立在性质分析的基础上。因此，研究土壤中母岩的化学组成和元素含量，可以为深入挖掘养分来源机制和途径提供科学依据，对有效管控土壤养分具有重要的理论价值和实践价值。

喀斯特干热河谷是我国特殊的生态环境类型，环境容量、承载能力和抗灾能力均较低，是典型的脆弱生态系统。近年来，由于土地利用和管理措施不当，养分输入和输出不平衡，导致土壤的物理性质、化学性质和生物性质发生了衰退，特别是经济植物的种植加剧了土壤养分退化过程（廖洪凯等，2015b），诱发水分、养分供应不同步，成为限制该地区生态产业可持续发展的关键问题，提高该区的土壤养分水平已经引起了普遍关注（廖洪凯等，2012；卢怡等，2017）。但是，现有研究注重土壤性质方面的评价（鲍乾等，2017a），对土壤养分来源缺乏探讨，难以准确掌握土壤养分挖掘的潜力；过于关注土壤污染退化（陈祖拥等，2017；喻子恒等，2017），对土壤养分退化的研究极少，限制了人们对土壤和植物营养关系的认识。对喀斯特石漠化地区不同海拔母岩发育土壤的化学组成及其元素含量进行分析的报道不多，这不利于土壤养分潜力挖掘的研究。

基于此，有必要从母岩化学组成和元素含量分析的视角，进一步探讨养分的分异规律。研究不同海拔花椒林地的母岩，采用环境矿物学的研究手段和方法，分析喀斯特干热河谷花椒林地母岩的物理性质和化学性质随海拔变化的趋势，揭示母岩化学组成与养分含量随海拔的变异规律，探讨如下 3 个问题：①母岩的基本化学性质及其变化规律；②母岩的组成特征与分异；③母岩矿质元素含量随海拔的变化。旨在为养分潜力挖掘和深度利用提供基础数据及理论依据，维护土壤健康，促进区域生态产业持续、稳定发展。

4.1.1　研究方法

（1）样品采集与制备

2017 年 7 月，在不同海拔花椒林内设置 20 m×20 m 的样地，样地的基本概况见表 4-1，按照“S”形采集母岩样品，多点采集混合至 1 kg 左右，带回实验室破碎、研磨后保存备用。所有海拔的母岩样品均为碳酸盐岩。

表 4-1 不同海拔花椒样地基本概况

样地编号	经度	纬度	海拔/m	坡度/（°）	土体连续性	土壤类型	土壤厚度/cm
1 号	105°39′33.84″	25°40′0.84″	594	8	不连续	石灰土	12
2 号	105°39′4.32″	25°39′42.14″	660	<5	连续	石灰土	10
3 号	105°38′48.48″	25°39′35.64″	705	10	不连续	石灰土	10
4 号	105°38′35.52″	25°39′23.04″	778	<5	连续	石灰土	16
5 号	105°35′15.00″	25°39′16.92″	884	18	不连续	石灰土	12

（2）基本化学指标的测定

基本化学指标的测定均采用《土壤农化分析》（鲍士旦，2008）中的方法。其中，全碳（Total carbon，TC）采用重铬酸钾-外加热法，全氮（Total nitrogen，TN）采用半微量开氏法，速效氮（Available nitrogen，AN）采用碱解扩散法，全磷（Total phosphorus，TP）采用高氯酸-硫酸消煮-钼锑抗比色-紫外分光光度法，速效磷（Available phosphorus，AP）采用氟化铵-盐酸浸提-钼锑抗比色-紫外分光光度法，全钾（Total potassium，TK）采用氢氟酸消解-火焰光度法，速效钾（Available potassium，AK）采用中性乙酸铵浸提-火焰光度法。

（3）矿物质组成及含量的测定

硼（B）、砷（As）、硒（Se）的测定按照《区域地球化学勘查规范》（DZ/T 0167—2006）进行，二氧化硅（SiO_2）、氧化钙（CaO）、氧化镁（MgO）、氧化钠（Na_2O）、三氧化二铝（Al_2O_3）、三氧化二铁（Fe_2O_3）、锰（Mn）、铜（Cu）、锌（Zn）、铅（Pb）、铬（Cr）、镉（Cd）、钛（Ti）、镍（Ni）、钴（Co）、锶（Sr）、钼（Mo）、氯（Cl）、全硫（TS）测定依据《多目标区域地球化学调查规范（1∶250 000）》（DZ/T 0258—2014）进行。

（4）数据统计与分析

采用 Excel 进行数据预处理和统计分析，采用 Origin 8.6 进行科学制图。

4.1.2 不同海拔花椒林地母岩的化学特性

（1）基本化学特征

不同海拔花椒林地母岩的基本化学性质如表 4-2 所示。TC 的变化范围是 9.81～12.36 g/kg，总体表现为随着海拔升高而下降。TN、AN、TP、AP 均未检出。TK 变化范围为 2.27～3.63 g/kg，AK 变化范围为 16.11～99.66 g/kg，均随着海拔的升高而降低，与 TC 随海拔的变化规律一致。研究表明海拔越低的花椒林地母岩元素含量更丰富，养分挖掘潜力较大。

表 4-2　不同海拔花椒林地母岩的基本化学性质

样地编号	TC/（g/kg）	TN/（g/kg）	AN/（mg/kg）	TP/（g/kg）	AP/（mg/kg）	TK/（g/kg）	AK/（g/kg）
1 号	12.36	—	—	—	—	3.63	99.66
2 号	11.87	—	—	—	—	2.55	26.70
3 号	12.10	—	—	—	—	2.27	28.29
4 号	11.98	—	—	—	—	2.48	20.74
5 号	9.81	—	—	—	—	2.28	16.11

注：“—”表示低于检测限。

（2）化学组成特征

由表 4-3 可知，SiO_2、Al_2O_3、Fe_2O_3 的质量百分数分别为 0.71%～6.26%、0.36%～2.15%、0.14%～0.90%，均随着海拔的升高而逐渐降低。CaO 的质量百分数为 39.01%～53.86%，总体表现为 1 号、3 号样地较高，而 5 号样地较低。MgO 的质量百分数为 1.41%～12.01%，表现为 3 号样地最低、5 号样地最高，与 CaO 的变化规律相反。Na_2O 的质量百分数为 0.022%～0.031%，随着海拔变化的波动较小。

表 4-3　母岩的化学组成　　单位：%

样地编号	SiO_2	CaO	MgO	Na_2O	Al_2O_3	Fe_2O_3
1 号	6.26	49.71	1.89	0.031	2.15	0.90
2 号	1.54	44.73	8.06	0.026	0.65	0.34
3 号	1.30	53.86	1.41	0.022	0.61	0.23
4 号	1.13	46.98	6.12	0.031	0.56	0.27
5 号	0.71	39.01	12.01	0.028	0.36	0.14

4.1.3　母岩矿质元素含量随海拔的变化规律

（1）母岩矿质元素 Mn、Cu、Zn、Pb、Cr、Cd 随海拔的变化

由图 4-1 可知，Mn 的含量在 2 号样地最高，为 127.80 mg/kg，4 号样地最低，为 49.60 mg/kg，大致表现出海拔较低区域含量更高的趋势；Cu 含量的变幅为 3.71～8.29 mg/kg，随着海拔的升高逐渐降低；Zn 含量的变化为 6.91～14.92 mg/kg，同样表现为 1 号样地更高、5 号样地更低；Pb 含量介于 3.05～6.76 mg/kg，随海拔梯度的分异规律不明显；Cr 含量为 4.58～17.57 mg/kg，总体变化规律是随着海拔上升而下降；Cd 含量的变化范围是 0.05～0.12 mg/kg，1 号样地、2 号样地和 3 号样地高于 4 号样地和 5 号样地。

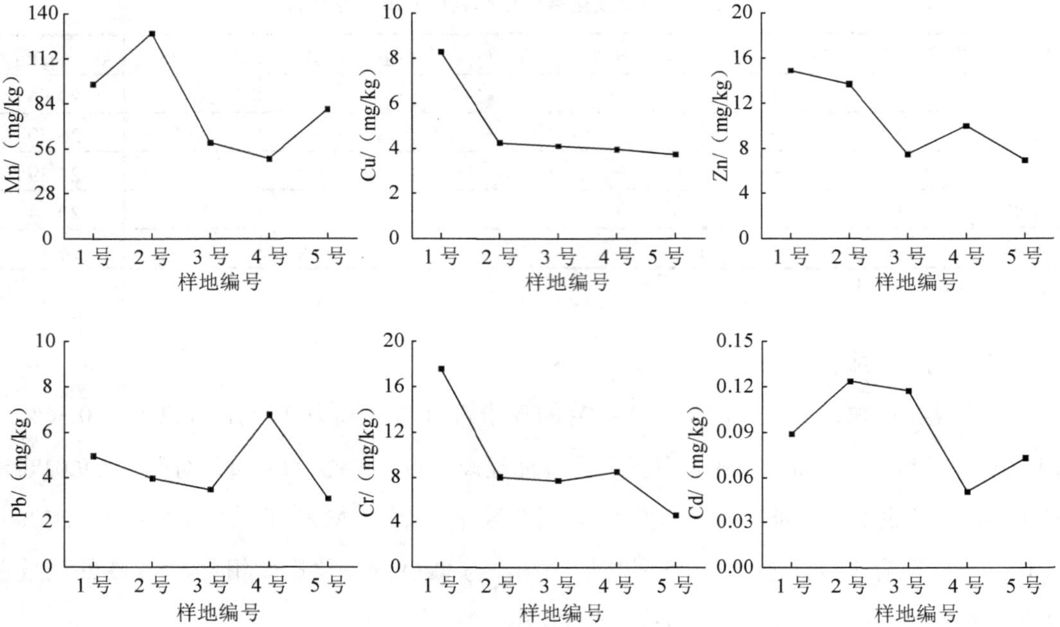

图 4-1 不同海拔花椒林的母岩矿质元素 Mn、Cu、Zn、Pb、Cr、Cd 含量

（2）母岩矿质元素 Ti、Ni、Co、Sr、Mo 随海拔的变化

Ti 含量以 1 号样地的 0.094 mg/kg 为最高，5 号样地的 0.014 mg/kg 为最低，其含量随海拔升高总体表现为下降趋势（4 号样地较 5 号样地有小幅上升）；Ni 含量的变化区间是 8.69～14.38 mg/kg，表现为 1 号样地和 3 号样地的含量更高；Co 含量变幅为 1.28～3.44 mg/kg，随着海拔的升高，含量逐渐降低；Sr 含量以 1 号样地为最高（236.67 mg/kg）、5 号样地为最低（135.93 mg/kg），随着海拔升高表现为“降低—升高—降低”的变化规律；Mo 含量变化值为 0.17～0.66 mg/kg，随着海拔变化的变异规律不明显。综上所述，矿质元素多表现出在较低海拔富集的特征。

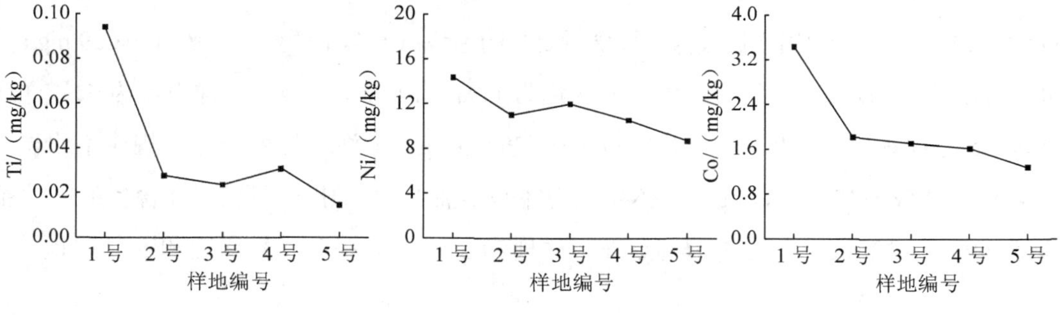

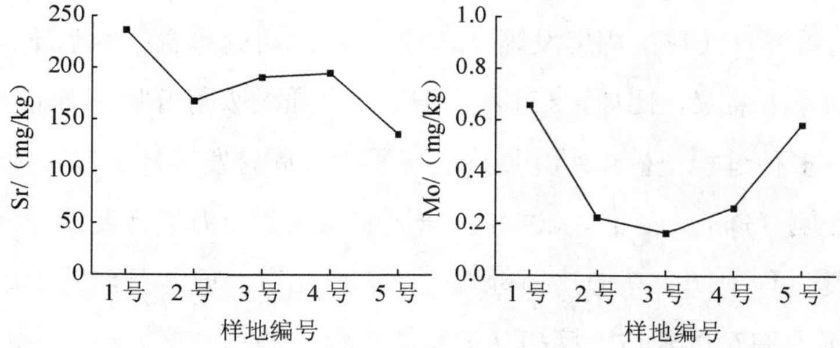

图 4-2　不同海拔花椒林的母岩矿质元素 Ti、Ni、Co、Sr、Mo 含量

（3）母岩矿质元素 Cl、TS、As、Se、B 随海拔的变化

Cl 含量为 0.019%～0.027%，与大部分矿质元素的变化规律相反，随着海拔的升高总体呈现上升趋势，但是变化范围较小；TS 含量在 2 号样地为 0.022%，4 号样地最高，为 0.025%，其他 3 个样地的含量较为接近，随着海拔变化的变异规律不明显；As 含量的波动范围是 1.81～3.56 mg/kg，2 号样地和 4 号样地较高，1 号样地最低；Se 含量在 1 号样地为 0.14 mg/kg，其余 4 个样地的含量均为 0.07 mg/kg，随着海拔变化的变异性较小；B 含量变化范围是 0.58～1.81 mg/kg，3 号样地最低，1 号样地和 2 号样地的含量高于 4 号样地和 5 号样地。

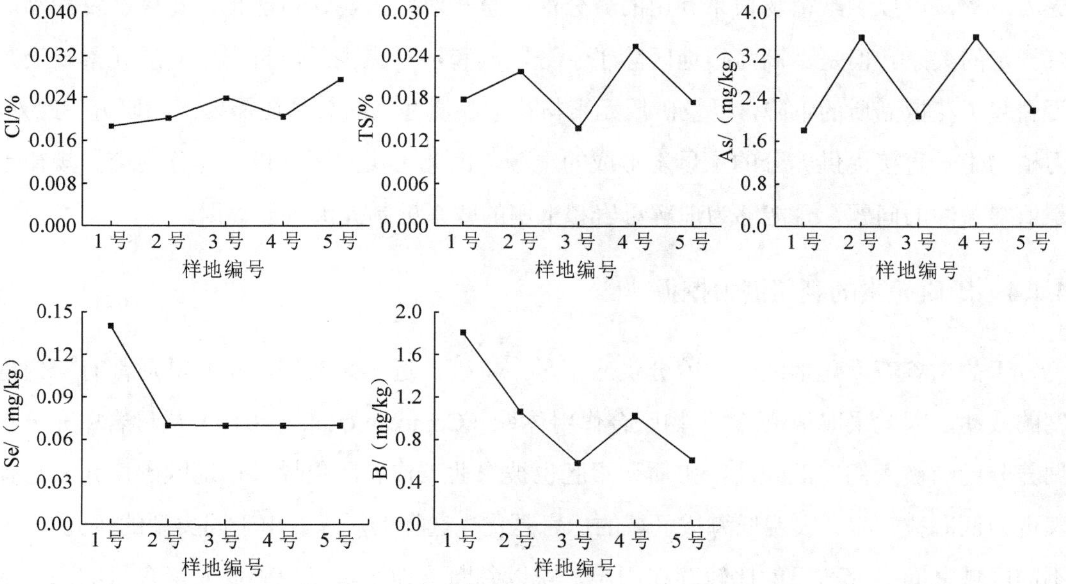

图 4-3　不同海拔花椒林的母岩矿质元素 Cl、TS、As、Se、B 含量

矿质元素对植物的生长是不可或缺的，为学者们所关注（Baxter，2009；Hänsch et al.，2009；Singh et al.，2013；高雪等，2016；周忠发等，2017）。因此研究母岩中的矿质元素对于后期植物生长调控具有重要意义，比如 As 进入土壤后，会通过吸附解吸、固定等多种途径与土壤胶体相结合，多种过程交替作用并最终实现平衡（周忠发等，2017），但该过程也会受到土壤因素的影响（Datta et al.，2004）。研究矿质元素随海拔梯度的分异规律，能够有效指导植被恢复过程中如何充分挖掘母岩中的矿质元素，但是目前关于这方面的报道较为鲜见，限制了人们对母岩与土壤相互关系的理解。特别是喀斯特干热河谷地区的水分资源和热量资源较为丰富，但是季节性差异较大（李安定等，2008），因此研究其水肥热耦合效应具有重要的理论和实践意义，可以为母岩中矿质元素的分析和养分数量与计量平衡关系（Wang et al.，2014；Tipping et al.，2016）的研究奠定基础。本节的研究结果表明，母岩元素含量多表现为随着海拔的升高逐渐降低，这可能与干热河谷地区的地质运动和岩石风化过程有关，环境条件也是影响可蚀性的因素（周秋文等，2017），但具体原因尚需进一步深入分析。

喀斯特干热河谷地区属于生态系统脆弱的岩溶地貌区，碳酸盐岩广泛分布，属于高温石灰岩河谷地带，土壤养分瘠薄，保水蓄水能力不足，花椒是典型的生态经济树种。实地调查结果显示，花椒在海拔 800 m 以上的地区产量减少（结实率、饱满程度较低海拔地区明显下降）、风味（尤其是麻味）变淡。研究结果表明，低海拔地区矿质元素含量更为丰富，可以供给植物根系利用的养分潜力也相对较大，这可能也与花椒产量和品质有一定的关系。但是，高海拔地区除了水分限制和热量减少外，母岩中矿质元素缺乏是否引起了花椒品质的下降，以及矿质元素与花椒品质性状的关系还需要深入研究。此外，为植物生长直接提供养分的是母岩形成的土壤，因此土壤元素含量随养分的分异规律也是值得关注的问题，且能够为理解母岩和土壤的联系机制提供科学数据。

4.1.4 矿质元素的利用潜力挖掘

干热河谷石漠化地区土壤养分供应不足，特别是近年来花椒产量和品质都有一定程度的波动，因此采取植物-微生物联合作用体系（Compant et al.，2010）从母岩中充分挖掘养分已经被人们广泛关注，矿质元素肥也被农业工作者所倡导。该地区矿质元素总体表现为低海拔富集，表明低海拔区域的母岩是优先选择的对象。由于同类型的研究较少，不同区域之间研究结果的比较存在困难，难以判断该地区母岩中矿质元素含量的高低水平，即对元素的丰富程度缺乏定性认识。但是，从花椒生产的角度出发，低海拔地区的母岩粉碎作为养分添加仍然是一种元素的补充途径，可以提高花椒的生产力水平。

所有母岩样品中均未检出 TN、AN、TP 和 AP，说明对母岩养分的利用是植物参与下进行的，表明喀斯特石漠化地区应当注重植被恢复和保护。该区水热条件充足，生物多样性丰富，但是由于人地矛盾突出，植被破坏严重，现有植被类型过于单一，特别是近年来大力推广顶坛花椒种植，可能会降低对矿质元素的利用速率和效率。因此，本研究预测基于生物多样性的植被恢复是提高矿质元素利用潜力的途径，这可能是该区石质生境植物适应养分贫瘠环境的策略之一。

植物对矿质元素的利用与其伴随阴离子、价态和存在形态等关系密切（沈钦华等，2009），伴随阴离子、价态和存在形态等又影响释放速率和生物有效性，这直接决定了矿质元素能否被植物直接利用。本研究着重考察了母岩中矿质元素随海拔的分异特征，未来需要对矿质元素的存在形态及其有效性、母岩对土壤发育和肥力的影响、矿质元素的释放和转化等问题进行深入研究，旨在提高养分供给的潜力，拓展养分利用的范围，促进石漠化地区植被恢复的可持续性和稳定性。

4.2　不同海拔花椒人工林土壤质量评价

土壤为植物生长提供养分供给和机械支撑，土壤质量是指土壤在生态承载阈值内，维持生物生产、环境保护质量及促进生物健康的能力，与生态安全、食品安全、人口代传质量和可持续发展密切相关（Doran et al.，2000；陈美军等，2011），能够敏感地指示土壤动态变化，揭示土壤退化的恢复能力，反映土壤管理水平（刘占锋等，2006）。

目前多以大量元素和生物类群构建土壤质量评价指标体系。张璐等（2014）以大量元素为主要指标体系，阐明自然恢复植被比人工植被更有利于土壤肥力的提高；王钰莹等（2016）采用大量元素评价得出厚朴群落土壤肥力随着林龄的增加而降低的结论；刘艳等（2014）以大量元素为依据，阐明土地利用方式的变化改变了喀斯特峰丛洼地土壤肥力特征；刘丽等（2013）采取化学和生物学指标评价杉木人工林土壤质量演变，表明细菌和真菌可能是引起土壤质量变化的关键种群；吕真真等（2017）从土壤物理性质、化学性质和生物性质揭示了有机-无机肥配施对双季稻田质量的影响机制；邓绍欢等（2016）建立了我国南方冷浸田土壤质量评价的最小数据集，表明 Fe^{2+} 和速效 Mn 等指标显著影响土壤质量。将中量、微量元素纳入评价指标体系，能够更全面地揭示土壤质量特征。海拔作为主要的地形因子，能够对土壤肥力产生多方面的影响。薛沛沛等（2013）以土壤理化性质、微生物性质和酶活性为因子，评价得出大岗山不同海拔毛竹林土壤肥力随海拔的升高而增大；麻泽宇等（2016）以土壤 pH、颗粒物和大量元素为指标体系，研究得出新疆阿尔泰山天然冷杉（*Abies Sibirica*）林地土壤质量变化随海拔分异规律不明显；焦润安等（2018）研究了白龙江流域海拔对油橄榄园土壤肥力的影响，结果显示土壤肥力总体随海拔的升高而降低。由此可见，不同研究区域得出的结论差异较大，研究不同海拔花椒人工林的土壤肥力有助于提升花椒的生产力。

综上所述，现有土壤质量评价时，对含量较低的矿质元素关注较少，而这些元素在调节渗透压、促进酶活性、合成蛋白质、提高光合作用及植物抗逆性等方面具有重要作用（江肖洁等，2016）。必需矿质元素缺乏会影响植物生长发育，出现疾病和死亡，限制植物的生长和产量（李天才等，2012）。因此，引入中量、微量矿质元素参与土壤质量评价，能更全面地揭示土壤质量状况。基于此，本节以贵州喀斯特山区不同海拔花椒人工林为研究对象，采用土壤农化分析和环境矿物学的方法，揭示土壤养分随海拔的分异规律，探讨养分质量综合特征。主要回答以下 3 个问题：①土壤养分随海拔梯度表现出什么变化规律？②矿质元素之间的相关程度如何？③不同海拔花椒人工林地土壤质量特征如何？以期为喀斯特山区制定区域合理的花椒林经营措施提供科学依据。

4.2.1 研究方法

（1）土壤样品采集与预处理方法

每一海拔样地设置 3 个 10 m×10 m 的样方（表 4-4），样方之间距离大于 10 m，每一样方采用 S 形土壤样品采集的布设方法挖取 5 个 20 cm 的土壤剖面（不足 20 cm 的以实际深度为准），将每一个样方 5 个点的土样混合，然后用四分法取出约 1 kg 样品。土样带回实验室后，剔除石砾、根系和动物残体等杂物，自然风干，研磨至 95%的样品通过 2 mm 和 0.15 mm 筛，置于玻璃瓶中保存备用。

表 4-4　花椒人工林样地基本概况

样地编号	经度	纬度	海拔/m	土壤厚度/cm	平均株高/m	植被覆盖率/%	密度/m	平均胸径/cm
HJ 1	105°39′33.84″	25°40′0.84″	594	12	3	70	2.3×2.5	3.5
HJ 2	105°39′4.32″	25°39′42.14″	660	10	2	40	4×4	1.8
HJ 3	105°38′48.48″	25°39′35.64″	705	10	2.1	75	1.2×1.2	2.4
HJ 4	105°38′35.52″	25°39′23.04″	778	16	2.6	70	2×1.8	2.5
HJ 5	105°35′15.00″	25°39′16.92″	884	12	2.5	65	2.2×2	2.1

注：HJ1～HJ5 为花椒样地 1～5。下同。

（2）样品测定方法

pH 采用土水质量比 1∶2.5 提取，电位电极法测定，其他指标具体测定方法见本章“4.1.1 研究方法”中第（2）、第（3）部分。

（3）数据处理

采用 Excel 2010 进行计算，使用 Origin 8.0 作图，使用 SPSS 21.0 进行统计分析；采用单因素方差分析（one-way ANOVA）方法，置信度为 95%，检验土壤参数在不同海拔花椒林地之间的差异显著性；运用 Pearson 相关系数法检验各土壤指标之间的相关性；运用主成分分析法提取可以反映原来多个指标的综合性指标，进行土壤质量评价。显著性水平均设定为 P=0.05。

（4）土壤综合质量指数

本节以土壤 pH、有机碳（SOC）、TN、AN、SiO_2、CaO、Cu、Zn 等 27 项因子作为花椒林地土壤养分评价的基本指标。由于这些评价指标量纲不一致，在数值上存在较大差异，研究前对各指标值进行标准化预处理。通过主成分分析，得到主成分公因子方差、载荷矩阵和贡献率；主成分特征向量为对应的载荷矩阵值除以该成分特征值的平方根（张子龙等，2013）。将主成分特征向量与标准化数据相乘得到各小生境主成分得分。采用加权法计算土壤质量综合指数（IFI），其表达式为（Jin et al.，2008）：

$$\mathrm{IFI} = \sum_{i=1}^{n} W_i \times F_i \tag{4-1}$$

式中，W_i 为各主成分贡献率；F_i 为各小生境主成分得分。

4.2.2　土壤 pH 及土壤元素含量变化

（1）土壤 pH

土壤 pH 均大于 7.0（图 4-4），呈碱性，是石灰性土壤。pH 由低海拔（pH 为 7.89）向高海拔显著升高，但最高海拔（pH 为 7.99）却显著降低，5 个样地之间均表现为显著差异。可见，在碱度较强的贵州喀斯特干热河谷地区，同一植物群落类型对于土壤 pH 的响应随地形因子变化而变化。

（2）土壤元素含量

1）大量元素

SOC、TN、AN、TP、AP 的含量见图 4-4，其中 SOC、TN、AN 以 HJ1 和 HJ5 较高，TP、AP 则表现出相反的规律。HJ2、HJ3 和 HJ4 之间的大量元素多为不显著差异（$P<0.05$，下同），但这 3 个样地与 HJ1、HJ5 的大量元素多为显著差异。结果表明海拔是影

响大量元素分异的因素之一。

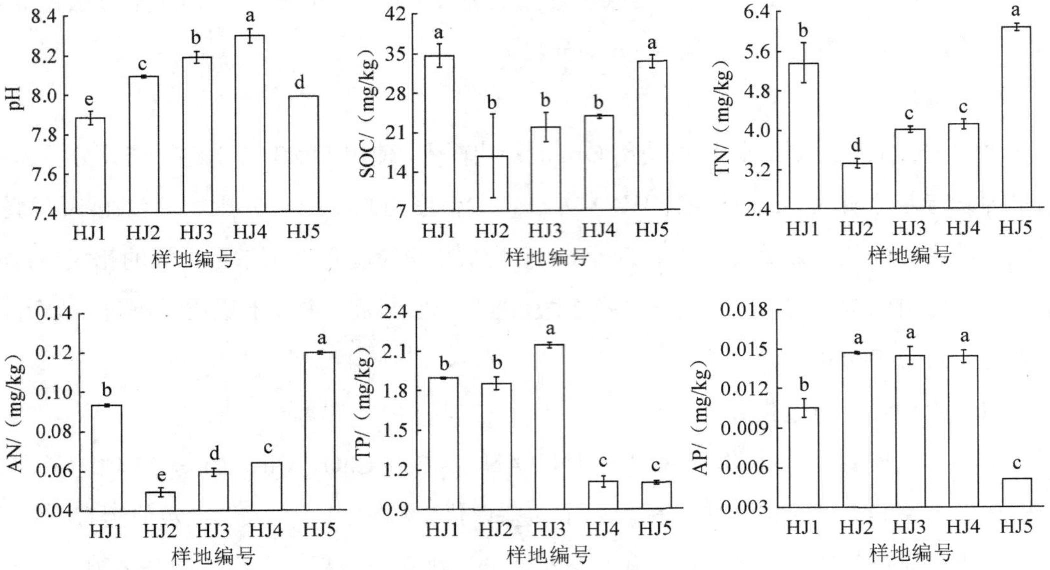

图 4-4 不同海拔花椒林地土壤 pH 和大量元素含量

注：HJ1～HJ5 为花椒样地 1～5。不同小写字母表示差异达显著水平（P<0.05）。下同。

由表 4-5 可知，花椒林地土壤大量元素含量总体高于喀斯特高原山地区不同演替阶段的植物群落样地、喀斯特槽谷不同利用方式土地和全国平均水平，低于喀斯特峰丛洼地区不同土地利用类型样地，表明花椒人工林土壤大量元素处于相对较高的水平。这主要是由于各研究区水热条件存在差异，且受到不同程度的人为干扰所致。该区属于干热河谷石漠化地区，热量丰富、空气相对湿度较高，优越的温、湿条件极有利于生物的繁衍和生长，生物自肥作用强烈（刘艳等，2014）。花椒人工林经营过程中，为了通过最小的劳务投入获得高产，需要大量施用复合肥，而该区土层浅薄，土壤保水蓄水能力较弱，因此水肥供应不同步，养分的吸收、利用效率较低，这可能也是导致土壤中大量元素较高的原因。此外，近年来花椒出现了以开黄花为典型标志的衰老退化，这也可能使花椒植株对养分的吸收能力减弱，导致外源添加的养分在土壤中聚集。但是，由于土壤中量元素和微量元素研究的公开报道较少，且缺乏全面、完整的质量评价标准，因而本节仅对大量元素进行了比较。

表 4-5　花椒林土壤大量元素与其他区域的对比

区域	SOC/（mg/kg）	TN/（mg/kg）	AN/（mg/kg）	TP/（mg/kg）	AP/（mg/kg）	文献
喀斯特干热河谷区	16.84～34.66	3.33～6.07	49.51～119.52	1.10～2.15	5.11～15.32	本书
喀斯特峰丛洼地区	76.78～116.05	4.29～6.23	331.49～505.49	1.15～1.47	3.92～10.91	刘艳等，2014
喀斯特高原山地区	9.24～55.74	0.70～3.20	72.82～280.00	0.16～0.63	1.35～9.83	秦仕忆等，2017
喀斯特槽谷地区	13.37～28.22	1.62～2.83	103.48～177.38	0.51～0.94	3.58～15.33	张润甲，2009
全国	11.2	1.1	—	0.7	—	Tian et al.，2010

注：“—”为未找到相关数据。

2）矿质元素

土壤的矿物质部分是土体的骨架，对土壤性质影响较大。花椒林地土壤矿质元素随海拔的变化而变化（图 4-5、表 4-6），但是没有明显的变化规律，其中 TS、Pb、Cd、Se 等元素波动较大，表现为高海拔地区跃变升高的趋势。

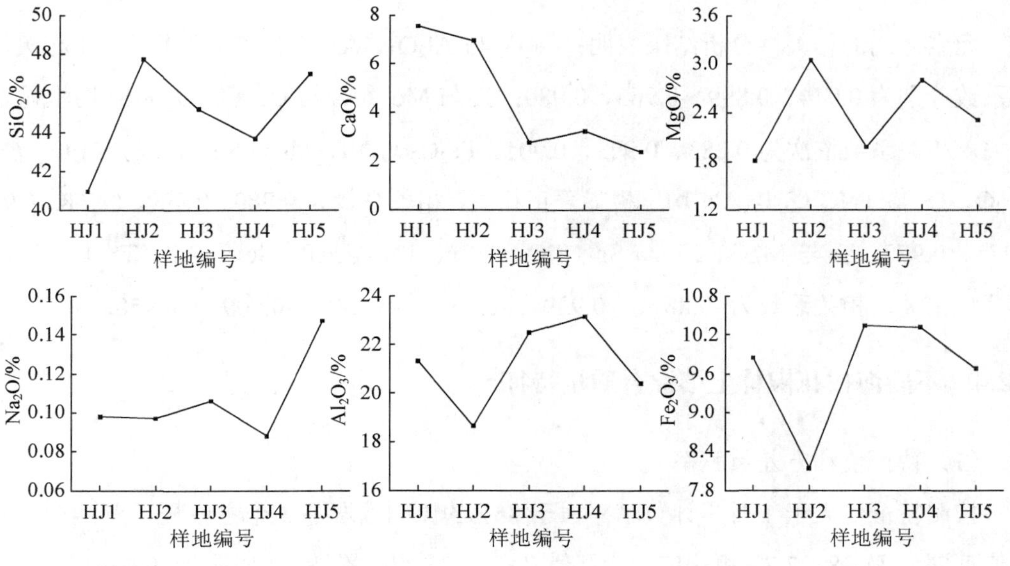

图 4-5　不同海拔花椒林地土壤无机化合物含量

表 4-6 不同海拔花椒林地土壤矿质元素含量

因子	HJ1	HJ2	HJ3	HJ4	HJ5
Ti/（mg/kg）	0.91	0.76	0.82	0.75	0.81
Cl/%	0.007	0.007	0.006	0.006	0.008
TS/%	0.079	0.031	0.058	0.056	0.116
Cu/（mg/kg）	40.87	26.16	40.14	25.09	45.96
Pb/（mg/kg）	68.33	48.17	71.02	58.47	483.25
Zn/（mg/kg）	191.32	159.00	249.44	206.80	256.93
Cr/（mg/kg）	195.66	151.89	180.84	183.84	163.36
Cd/（mg/kg）	2.29	1.32	2.47	1.47	13.52
As/（mg/kg）	37.13	24.36	38.88	45.75	22.79
Ni/（mg/kg）	76.54	57.64	87.60	83.17	79.35
Se/（mg/kg）	1.26	0.38	0.99	0.64	168.11
B/（mg/kg）	58.03	77.04	93.90	96.66	83.55
Co/（mg/kg）	28.99	25.94	29.56	32.06	27.80
Sr/（mg/kg）	81.69	101.59	58.99	61.68	50.01
Mo/（mg/kg）	5.85	1.83	2.21	2.35	2.24

4.2.3 土壤矿质元素的相关性分析

元素之间的相关性分析结果表明：Fe_2O_3与Al_2O_3、As、Ni、Co 均为显著正相关，相关系数分别为 0.944、0.899、0.963、0.980；Ti 与 Mo、As 与 Co、CaO 与 Sr 均呈显著正相关，相关系数依次为 0.883、0.993、0.901。Fe_2O_3与 Ni、Pb 与 Se、Pb 与Na_2O、Cr 与Na_2O、TS 与 TN、TS 与 AN 均呈极显著正相关，相关系数为 0.980、0.999、0.968、0.977、0.975、0.977。Ti 与 MgO、Zn 与 Sr、SiO_2与 Cr、TN 与 AP、Se 与 AP、TS 与 AP 均呈显著负相关，相关系数为–0.887、–0.939、–0.956、–0.950、–0.909、–0.950。

4.2.4 不同海拔花椒林土壤综合质量特征

（1）特征值和方差贡献率

按照特征值大于 1 且累计贡献率大于 85%的原则抽取了 3 个主成分（表 4-7），其特征值分别为 11.38、7.72 和 6.17，特征值之和为 25.27；累计贡献率达到 93.56%，说明前 3 个主成分可以反映土壤全部指标提供信息的 93.56%，表明因子分析用于评价土壤质量是可靠的。

表 4-7　主成分分析的特征值及其贡献率

主成分	特征值	贡献率/%	累计贡献率/%
1	11.38	42.14	42.14
2	7.72	28.56	70.70
3	6.17	22.86	93.56

（2）因子载荷

主成分的初始因子载荷矩阵是原始指标与各主成分的相关系数，以绝对值为准，正负只是表征影响效应的正负。由因子载荷矩阵得知（表 4-8），第 1 主成分主要受 TS、Cd、TN、AN、AP 支配，除 AP 外均表现为正效应；第 2 主成分在 Al_2O_3、Fe_2O_3、As、Co 上的负载较大，对土壤性质的影响均为正效应；第 3 主成分主要受 B、Mo 的影响较大，其中 B 为正效应、Mo 为负效应，表明 Mo 增加会导致土壤质量降低。

表 4-8　各因子的载荷矩阵

因子	主成分		
	1	2	3
SiO_2	−0.013	−0.709	0.656
CaO	−0.377	−0.371	−0.836
MgO	−0.517	−0.528	0.504
Na_2O	0.884	−0.311	0.289
Al_2O_3	−0.016	0.980	0.186
Fe_2O_3	0.296	0.945	0.137
Ti	0.446	0.247	−0.823
Cl	0.722	−0.629	−0.142
TS	0.990	0.103	0.006
Cu	0.860	0.119	−0.214
Zn	0.682	0.425	0.468
Ni	0.363	0.882	0.256
As	−0.385	0.905	−0.305
Se	0.881	−0.312	0.350
B	−0.183	0.311	0.928
Co	−0.084	0.917	0.209
Cr	0.063	0.874	−0.471
Pb	0.897	−0.278	0.339
Sr	−0.629	−0.562	−0.534
Mo	0.212	0.310	−0.913
Cd	0.913	−0.261	0.315

因子	主成分		
	1	2	3
pH	−0.573	0.351	0.738
TN	0.959	0.105	−0.204
AN	0.971	−0.107	−0.142
TP	−0.418	0.008	−0.508
AP	−0.967	0.205	0.047
SOC	0.844	0.245	−0.416

（3）土壤质量综合指数

由各样地的主成分因子得分和方差贡献率加权得到土壤质量综合指数（表 4-9），排序为 HJ5（2.16）＞HJ3（0.43）＞HJ4（0.19）＞HJ1（−0.21）＞HJ2（−2.60），高海拔花椒林地表层土壤质量总体优于低海拔，表明土壤养分随海拔变化表现出分异规律。

表 4-9 不同样地的因子得分及其土壤质量综合指数

样地编号	P_1	P_2	P_3	P	排序
HJ1	0.99	1.05	−4.06	−0.21	4
HJ2	−3.41	−4.06	−0.01	−2.60	5
HJ3	−0.88	2.18	0.79	0.43	2
HJ4	−2.00	2.44	1.49	0.19	3
HJ5	5.30	−1.61	1.69	2.16	1

4.2.5 土壤质量随海拔的变异规律

本研究利用土壤质量综合评价法探讨了贵州喀斯特山区不同海拔花椒人工林土壤质量状况，定性和定量地评价了土壤质量特征。结果表明，花椒林地土壤质量随海拔变化表现出一定的分异规律，总体为高海拔地区的土壤质量优于低海拔地区。影响花椒林地土壤元素分异的原因初步认为：一是由于该区气候垂直分带明显，海拔 850 m 以下为南亚热带干热河谷气候，900 m 以上为中亚热带河谷气候（廖洪凯等，2015b），花椒多种植在海拔 850 m 以下的地区，但是近年来受到农村劳动力外出和花椒市场起伏不定等因素影响，人为对花椒林地的养分归还逐年降低，经营管理方式愈加粗放，导致低海拔花椒林地土壤质量下降。二是该区域人口密度以海拔 680～800 m 区域最大，当地农户养殖有数量不等的畜禽，还土的有机肥多，耕作成本相对较低，人为管护更加精细，因而土壤质量更优。三是从坡度差异来看，中高海拔地区的坡度趋缓，排水通畅，土壤厚度大，养分蓄存空间大，有利于养分保持。四是中低海拔的花椒林地套种红薯现象较为普遍，在提高生物多样性和土壤水分含量的同时，是否加剧了养分竞争还有待深入研究。但是可以确定，影响土壤养分变异的因子包括母质、成土因素（孙向阳，2006）、地上植被（龙健等，2012）和地形因子等，因此这些参数对土壤质量的综合影响效应是未来需要重点研究的内容，能够为土壤养分潜力挖掘奠定科学基础，指导贵州喀斯特山区土地资源合理利用和生态恢复重建。

4.2.6　土壤质量状况诊断与土壤管理

土壤质量是评价退化生态系统生态恢复功能的关键指标（龚霞等，2013），诊断土壤质量状况的目的是进行土壤养分高效管理。本节的研究结果表明，高海拔花椒林地土壤质量状况更优，而调查发现低海拔地区花椒种植规模更大，尤其是海拔 550～800 m 区间分布广泛，因此提高养分供给水平和利用效率具有重要的现实意义。样地 HJ1 具有相对较好的土壤大量元素状况，但是花椒生长所需要的 B、Zn 等元素则较为缺乏，适量的 Zn 对不同年龄、不同海拔的顶坛花椒花粉活力及其寿命均有较大的促进作用（陈训，2010），表明应注重补充矿质元素尤其是必需微量元素，以稳定花椒的产量和品质。样地 HJ2 的大量元素和矿质元素含量均较低，调查发现该区域土壤石砾含量高、团聚结构被破坏、花椒长势较差、化肥施用量大，且偏离人口聚居区导致经营管理较为粗放，因此应注重施用有机肥，培育土壤团聚结构，营造土壤微生物活动及其物质与能量循环的主要场所（廖洪凯等，2015a）。样地 HJ3 的养分质量综合指数位列第 2（为 0.43），大量元素含量处于中等水平，但是土壤厚度约 10 cm，因此应当从土壤数量和质量两个方面同步改良，建议施用畜禽粪便等农家肥，改善养分蓄存能力和土壤保水性能，提高土地的生产功能和生态功能。样地 HJ4 的氧化物、中量矿质元素和微量矿质元素含量状况较好，但是大量元素亏缺，花椒植株表现出典型的缺素症状，主要原因可能是施用化肥导致花椒吸收养分能力受到限制，因而应调整该区域的肥料种类和比例。样地 HJ5 的大量元素和 B、Mo 等必需矿质元素含量均较高，土层较厚，但是光照、热量相对较低，导致花椒种植规模小，因而应当提高对生态因子的利用效率。

总体而言，该地区花椒种植存在土层浅薄、化肥施用量高、经营粗放、水肥供应不协调等问题，因此土壤结构被破坏、必需养分含量较低，导致花椒的适应能力下降、生理活性减弱，已经影响到农民的种植积极性和石漠化治理成果的巩固。该地区的土壤管理应施用花椒专用有机肥和矿质元素肥料，提高土壤养分供给水平和速率。但是，水分和养分供应不协调是限制花椒生长的重要原因，水分胁迫导致花椒根系生长减少（刘淑明等，2013）。水分和养分是植物生长过程中尤为重要的环境要素，也是最容易控制的两大因素，水肥管理是农林业生产中的核心问题（李廷亮等，2011），是提高作物产量和品质的重要途径，且不能单纯依靠水分或肥料（Al-Kaisi et al.，2003；Pirmoradian et al.，2004）。下一步应结合土壤含水量动态变化状况及其保水蓄水能力，研究顶坛花椒的水肥耦合效应，提出适宜顶坛花椒生长的水分和肥料配比，解决花椒衰老退化、产量和品质降低的问题。

4.3 花椒林不同小生境土壤质量特征

以贵州为中心的西南喀斯特地区生态环境脆弱，系统稳定性较低（熊康宁等，2011），复杂岩石组合的微地形构成了多种小生境（刘方等，2008），形成了喀斯特生境的高度异质性（郭柯等，2011）。土壤养分含量是评价土壤质量的重要指标，为植物生长发育提供营养来源（刘世梁等，2003；刘璐等，2010），土壤养分水平与植株生长状况密切相关。研究区已经有近40年的花椒大规模栽培历史，面临土壤退化、产量下降、品质降低等一系列问题，亟需采取多种措施对花椒人工林生态系统进行综合调控。已有研究表明，不同小生境表层土壤质量表现出较大差异，以石沟和石坑小生境的土壤质量较高，石槽和石洞的土壤质量则较低，石坑和石沟成为喀斯特山区农业生产中重点开发和利用的对象（廖洪凯等，2013；廖洪凯等，2015b）。喀斯特山区规模化种植花椒后，应当注重长期的维护管理（Güsewell，2004），防止土壤质量退化。土壤C、N、P等大量元素在土壤结构维持和养分循环中发挥着重要作用，是植物生长所需要的基本元素，一些学者围绕大量元素对土壤质量特征的影响进行研究（Güsewell，2004；王钰莹等，2016），获得了丰富的研究成果。Fe、Mn、Cu、Zn、Mo、Cl等矿质元素亦同样对土壤的结构和功能产生重要影响，是植物生长必需的营养元素（Robert et al.，2009），在维持土壤质量和提高作物品质方面具有显著作用；矿质元素也调节着不同时期的植物花芽分化，元素缺乏或积累过多均会导致植物提早衰退，开花频繁（丁兴萃，2006），在植物生理生化及生长发育过程中发挥着关键作用。将更多的矿质元素引入到土壤质量评价中，是对土壤质量评估的重要补充。土壤养分在空间上呈不同的分布格局（廖超林等，2017），其分布状况直接影响植物的生长发育，因而掌握养分随空间的变化特征有助于实现快速培肥和提升土壤质量。为此，选择贵州喀斯特山区花椒林内石槽、土面、石沟、石缝和石坑5种小生境为研究对象，探讨不同小生境土壤性质的空间变化特征，弄清其土壤养分的变化规律，为花椒种植的合理布局提供科学依据，以促进喀斯特地区石漠化的生态恢复。

4.3.1 研究方法

（1）土壤样品采集与预处理方法

本研究共采集土壤样品 15 个，采样地点位于贞丰县北盘江镇查耳岩村查耳岩组，均为 0～20 cm 的表层土壤，设置环境条件较为一致的 3 块花椒林地作为典型样地，每块样地内设置 20 m×20 m 的样方 1 个，依据岩体、植被、凋落物、土壤分布和土体等划分小生境类型，具体参照刘方等（2008）的方法，选取花椒林地中的石槽、土面、石沟、石缝和石坑 5 种小生境为研究对象，每个类型设置 3 个平行对照。其中，土面是出露的岩石中间多边状分布的土壤，石缝是出露的岩石裂隙或岩溶裂隙，石沟是出露的岩石溶蚀沟或侵蚀沟，石洞是出露的岩层或岩石水平突出构成的半开放洞穴，石槽是出露的岩石溶蚀或侵蚀的半开放凹槽，石坑是出露的岩石溶蚀凹地。由于小生境空间分布的规律性较弱，采取随机取样法采集 0～20 cm 的土壤，每个小生境类型均采集 5～7 个土壤样品组成 1 个混合样品，带回实验室（廖洪凯等，2013）；剔除土样中可见的动物残体、残根和凋落物，置于通风干燥处，避免阳光直射，自然风干后研磨至 95%以上的土壤样品通过 2 mm 和 0.15 mm 筛，装入玻璃瓶备用。

（2）指标测定及计算

本研究以土壤 pH、SOC、TN、AN 等 28 项因子作为小生境土壤质量评价的基本指标。各项指标具体测定方法见本章“4.1.1 研究方法”中第（2）、第（3）部分。土壤质量综合指数的计算方法见本章“4.1.1 研究方法”中第（4）部分。

（3）数据处理与分析方法

实验数据处理方法见本章“4.2.1 研究方法”中第（3）部分。

4.3.2 不同小生境土壤 pH、氧化物与养分含量

（1）氧化物质组成

从表 4-10 可知，不同小生境的 SiO_2、Al_2O_3、Fe_2O_3、CaO、MgO 和 Na_2O 含量的差异较小，除 CaO 和 Al_2O_3 在 5 种小生境类型之间的波动范围大于 1%外，其余指标的变幅多在 1%以内，原因可能与母质类型和成土作用相似有关。

表 4-10 不同小生境土壤各种氧化物质的组成情况　　单位：%

小生境类型	SiO_2	CaO	MgO	Na_2O	Al_2O_3	Fe_2O_3
石槽	44.63	1.77	2.47	0.10	22.91	10.66
石坑	44.09	2.99	2.53	0.10	22.26	10.25

小生境类型	SiO_2	CaO	MgO	Na_2O	Al_2O_3	Fe_2O_3
土面	44.18	1.72	2.40	0.09	23.30	10.79
石缝	44.44	2.11	2.44	0.09	22.60	10.60
石沟	44.42	1.45	2.35	0.09	23.64	10.89

（2）土壤 pH

土壤 pH 可影响土壤微生物活动、矿质元素的有效状态和有机质的矿化等。由图 4-6 可知，土壤 pH 以土面最低，为 7.86，与其余 4 种小生境类型的土壤 pH 差异显著；石坑小生境土壤 pH 为 7.95，与石沟小生境土壤差异不显著，与石缝、石槽小生境土壤差异显著；石缝、石槽、石沟小生境土壤 pH 分别为 8.06、8.05、7.99，三者之间差异不显著。

（3）C、N、P 元素

从图 4-6 还可看出，SOC 含量为土面（50.03 g/kg）＞石槽（48.14 g/kg）＞石缝（42.68 g/kg）＞石坑（38.16 g/kg）＞石沟（26.62 g/kg）；TN 的变化规律与 SOC 一致，含量分别为 8.78 g/kg、7.24 g/kg、7.17 g/kg、5.92 g/kg、5.06 g/kg；AN 含量则为石缝＞石槽，其余小生境的变化规律也较为一致；TP 含量为土面（1.68 g/kg）＞石槽（1.43 g/kg）＞石沟（1.22 g/kg）=石缝（1.22 g/kg）＞石坑（1.14 g/kg），AP 含量为土面（0.04 g/kg）＞石槽（0.016 g/kg）＞石缝（0.011 g/kg）＞石坑（0.008 8 g/kg）＞石沟（0.008 g/kg）。总体来看，土面、石槽的养分含量较高，石坑、石沟的养分含量较低。

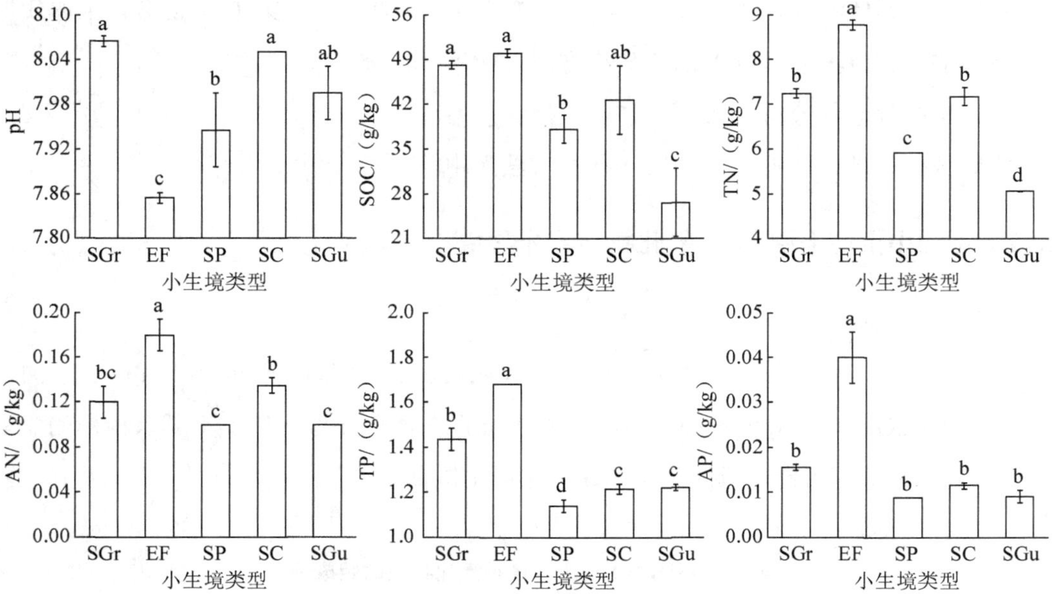

图 4-6　不同小生境土壤 pH 及 C、N、P 元素的含量

注：SGr 为石槽，EF 为土面，SP 为石坑，SC 为石缝，SGu 为石沟。不同小写字母表示差异达显著水平（$P<0.05$）。下同。

（4）中/微量元素

1）Mn、Cu、Zn、Pb、Cr、Cd

Mn 的含量为 2 911～3 306 mg/kg，以土面、石缝较高，石坑、石沟的含量较低；Cu 的含量为 28.22～32.86 mg/kg，不同小生境之间的差异较小；Zn 的含量为 217.89～226.25 mg/kg，以石沟最低、石缝最高；Pb 的含量为 57.23～81.08 mg/kg，以石沟最低、土面最高；Cr 的含量为 178.97～190.97 mg/kg，不同小生境之间变幅不大；Cd 的含量为 1.84～3.11 mg/kg，石槽、石坑较低，石沟最高。

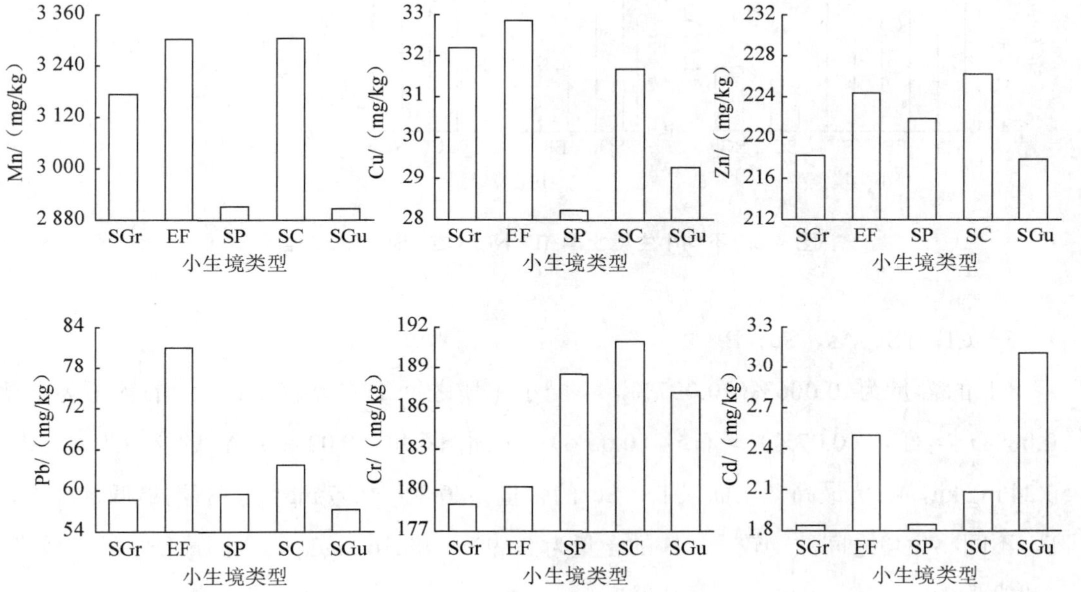

图 4-7　不同小生境土壤 Mn、Cu、Zn、Pb、Cr、Cd 的含量

2）Ti、Ni、Co、Sr、Mo

5 种小生境 Ti 的含量差异较小，为 0.73～0.74 mg/kg。Ni 的含量差异也不大，以土面最低，为 80.74 mg/kg；石沟最高，为 87.80 mg/kg。Co 的含量为 27.06～29.36 mg/kg，变异性较小。Sr 的含量为 42.32～49.08 mg/kg，石缝、石沟较低，石槽、土面较高。Mo 的含量为 4.28～4.99 mg/kg，不同小生境之间变化不大，较为稳定。

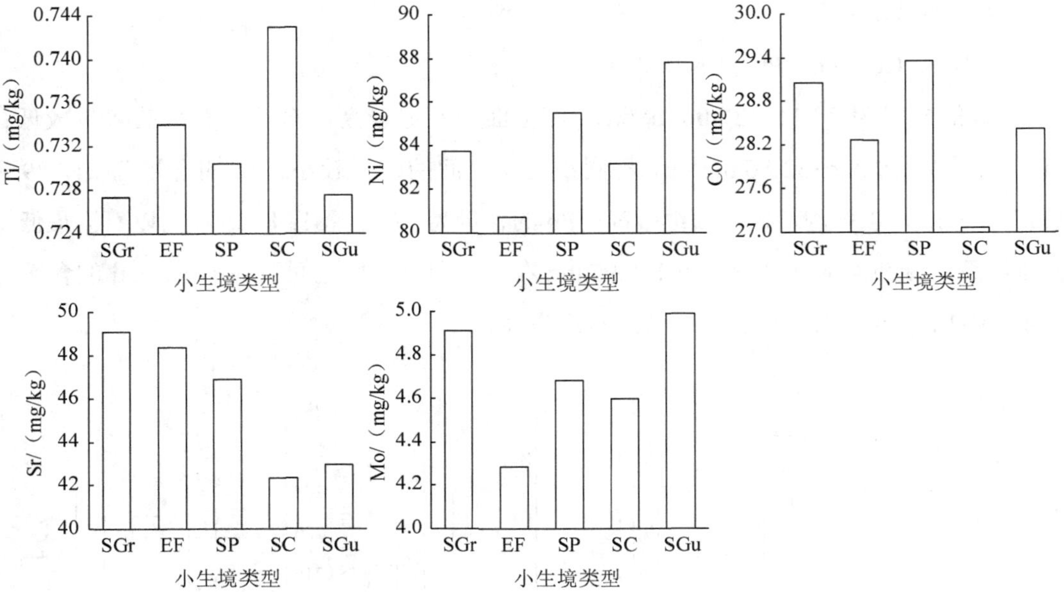

图 4-8 不同小生境土壤 Ti、Ni、Co、Sr、Mo 的含量

3）Cl、TS、As、Se、B

Cl 的含量为 0.006%～0.007%，不同小生境之间的差异较小；TS 的含量为石槽（0.08%）＞石沟（0.07%）＞石缝（0.06%）=土面＞石坑（0.02%）；As 的含量为 44.50～50.24 mg/kg，石坑最高、土面最低；Se 的含量为 0.82～9.97 mg/kg，石沟最低、土面最高，不同小生境之间波动较大；B 的含量为 80.93～108.36 mg/kg，土面最低，石缝较高。

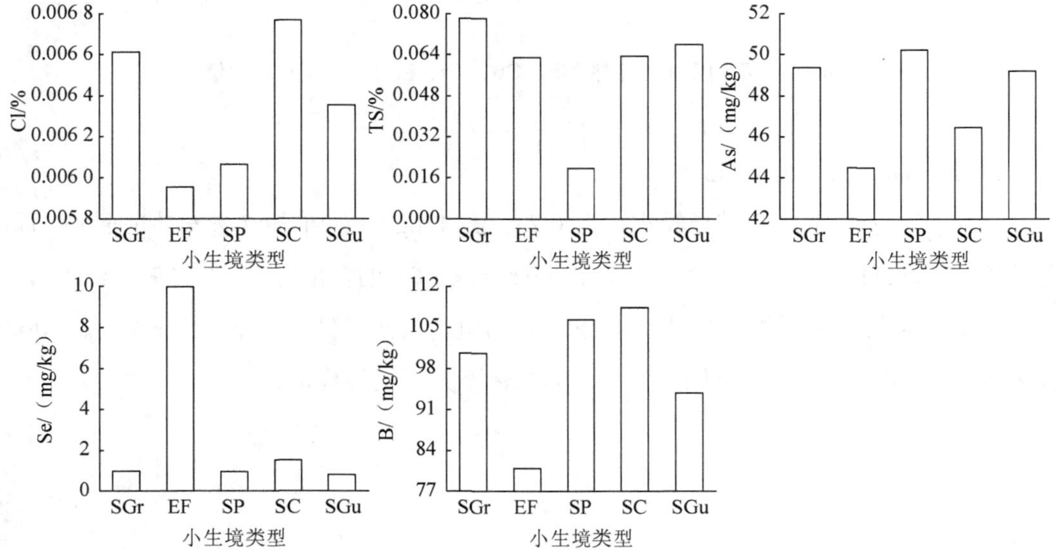

图 4-9 不同小生境土壤 Cl、TS、As、Se、B 的含量

4.3.3 土壤养分间的相关性

由表 4-11 可知，与 Fe_2O_3、CaO 和 MgO 等呈显著相关的元素较多，而与 Ti、Ni、Mn、As、Se 等元素呈显著相关的因子相对较少。SOC、AN、AP 与中量矿质元素、微量矿质元素之间的相关性较高，说明相互间存在此消彼长的关系。

表 4-11　土壤矿质元素之间的相关性

因子	SiO_2	CaO	MgO	Al_2O_3	Fe_2O_3	Ti	Mn	Ni	As	Se	Pb	TN	AN	TP
Al_2O_3	0.265	–0.910*	–0.932*	1										
Fe_2O_3	0.450	–0.984**	–0.943*	0.948*	1									
Mn	0.028	0.764	0.835	–0.945*	–0.83	0.656	1							
Ni	0.307	–0.916*	–0.972**	0.987**	0.959**	–0.480	–0.896*	1						
As	0.413	–0.915*	–0.720	0.859	0.892*	–0.639	–0.821	0.803	1					
Se	–0.668	0.943*	0.774	–0.738	–0.911*	0.202	0.560	–0.764	–0.842	1				
Co	–0.083	–0.334	–0.131	0.454	0.307	–0.880*	–0.621	0.306	0.657					
Pb	–0.663	0.984**	0.807	–0.825	–0.950*	0.369	0.660	–0.835	–0.903*	0.983**	1			
Mo	0.752	–0.939*	–0.742	0.829	0.880*	–0.561	–0.632	0.835	0.822	–0.849	–0.919*			
pH	0.939*	–0.642	–0.337	0.278	0.533	0.042	0.001	0.335	0.474	–0.803	–0.748			
TN	–0.269	0.916*	0.989**	–0.973**	–0.970**	0.392	0.890*	–0.991**	–0.806	0.474	–0.803	–0.748		
AN	–0.409	0.974**	0.883*	–0.940*	–0.981**	0.51	0.864	–0.923*	–0.960**	0.898*	0.946*	0.934*	1	
AP	–0.520	0.926*	0.859	–0.774	–0.933*	0.113	0.623	–0.814	–0.800	0.976**	0.949*	0.861	0.904*	0.946*
SOC	–0.089	0.724	0.953*	–0.879*	–0.816	0.262	0.803	–0.928*	–0.534	0.558	0.615	0.925*	0.730	0.706

注：*为相关性显著（$P<0.05$），**为相关性极显著（$P<0.01$）。下同。

4.3.4 不同小生境的土壤质量评价

依据特征值大于 1、累计贡献率大于 80%的原则提取 4 个主成分，初始特征值分别为 15.86、5.10、4.38 和 2.67，贡献率分别为 56.63%、18.20%、15.63%和 9.54%，累计贡献率为 100%，说明前 4 个主成分包含了全部评价因子的所有信息（表 4-12）。

表 4-12　主成分分析的特征值及其贡献率

主成分	特征值	贡献率/%	累计贡献率/%
1	15.86	56.63	56.63
2	5.10	18.20	74.83
3	4.38	15.63	90.46
4	2.67	9.54	100.00

从表 4-13 可以看出，第 1 主成分与 CaO、MgO、Al_2O_3、Fe_2O_3、TN、AN、AP、Pb 等显著正相关或负相关，载荷系数较大，第 2 主成分上 SiO_2、Cl、pH 的负载较大（均为正相关），第 3 主成分主要包含了 Ti、Cr 等的信息，第 4 主成分主要受 Cd 支配。表明大量元素和其他矿质元素均对土壤质量状况产生较大的影响。

表 4-13 各因子的载荷矩阵

因子	主成分			
	1	2	3	4
SiO_2	0.394	0.842	0.290	0.227
CaO	0.973	−0.188	−0.135	−0.021
MgO	0.950	0.145	0.187	−0.202
Na_2O	0.622	0.645	0.424	0.136
Al_2O_3	−0.953	−0.222	0.164	0.125
Fe_2O_3	−0.998	0.051	0.024	0.032
Ti	0.407	0.031	−0.862	0.010
Cl	0.076	0.992	−0.043	−0.095
TS	0.287	0.569	0.321	0.700
Mn	0.854	0.483	−0.188	0.054
Cu	0.884	0.466	0.163	0.212
Zn	0.558	0.025	−0.774	−0.233
Ni	−0.961	−0.161	0.049	0.218
As	−0.893	0.040	0.330	−0.302
Se	0.897	−0.423	0.043	0.126
B	−0.600	0.518	−0.376	−0.480
Co	−0.324	−0.376	0.731	−0.468
Cr	−0.521	−0.036	−0.852	−0.034
Pb	0.935	−0.333	−0.102	0.068
Sr	0.438	−0.115	0.744	−0.492
Mo	−0.850	0.310	0.360	0.227
Cd	−0.103	−0.449	−0.028	0.887
pH	−0.488	0.872	0.025	0.020
TN	0.977	0.154	0.059	−0.136
AN	0.984	−0.014	−0.131	0.124
TP	0.869	−0.084	0.456	0.174
AP	0.929	−0.284	0.210	0.109
SOC	0.826	0.326	0.195	−0.417

经过因子分析，各小生境的主成分因子得分（F_i）和方差贡献率（W_i）加权得到土壤质量综合指数函数。不同小生境的土壤质量综合评价值存在差异（表 4-14），由高到低依次为土面（0.73）、石槽（0.49）、石缝（–0.01）、石坑（–0.46）和石沟（–0.75）。可见，其与土壤养分变化规律一致，土面、石槽的土壤质量综合评价值较高。

表 4-14 不同小生境的因子得分及其综合评价值

小生境	P_1	P_2	P_3	P_4	P	排序
石槽	0.05	1.23	1.12	0.54	0.49	2
土面	1.53	–0.61	0.23	–0.65	0.73	1
石坑	–0.65	–1.28	0.30	1.02	–0.46	4
石缝	0.16	0.56	–1.61	0.50	–0.01	3
石沟	–1.09	0.04	0.03	–1.41	–0.75	5

4.3.5 土壤质量诊断与利用策略

喀斯特高原山地区花椒林不同小生境的土壤质量差异明显，由高到低依次为土面、石槽、石缝、石坑和石沟。由于喀斯特地貌基岩出露面积较大且起伏多变，微地貌十分复杂，石面、石台、土面、石沟、石槽和石洞等小生境类型及其组合构成了喀斯特生境的多样性（周游游等，2003），对其小生境进行合理、有效利用成为石漠化地区生态恢复的重要内容，而质量诊断是进行小生境合理利用的基础，为恢复措施的制定提供了科学依据。同时，分析微小尺度的生境特征能够为大尺度上的资源利用状况评价奠定理论基础，也有利于全面了解喀斯特地区耕地资源的利用格局（杜雪莲等，2011）。

土面的单位面积相对较大，土层较厚，人为活动影响频繁，是耕作的主要载体和山区农业生产的重点使用对象，养分表现出较高的含量水平，土壤质量较好，可供改造的潜力大，建议以经济价值较高且有利于恢复生态的树种为主，兼顾石漠化治理和山区社会经济发展。石槽属于相对封闭的空间，土层较厚，水土流失量少，较易进行水肥管理，具有良好的利用价值，但其分布零星，宜采用“见缝插针”的方式补植在生态位中具有优势地位的小乔木。石缝宽度小于 40 cm、土层厚度为 10～30 cm，养分含量中等，根系伸长范围以垂直空间为主，可以种植金银花等藤本植物，对石缝小生境类型的利用应提高植物根系的解磷、解钾能力。石坑面积相对较小，通常不足 3.0 m^2，土体较浅，半分解凋落物蓄积量大，土壤多分布在近水平的凹地中，土体间接连续，蓄水量有限，使用难度大，但是仍然有一些适生性强的物种，利用方式以不施加人为扰动措施、实行自然恢复为宜。石沟岩体下降深度较浅，单位面积小，水分侧流运动快，土壤流失量大，利用难度较高，建议以自然恢复为主。此次研究结果与廖洪凯等（2012）的研究结果不一致，原因可能是本研究中考虑了大量元素、中量元素和微量元素对土壤质量的影响，而廖洪凯等（2012）主要研究不同小生境表层土壤的有机碳与活性有机碳分布特征。此外，由于喀斯特地区地质背景复杂、小生境类型多样、岩溶溶蚀作用强烈、地表破碎、土体不连续、环境异质性高，为保证研究结果的可比性，对小生境类型的划分及取样技术等均应采用统一的方法。

4.3.6 土壤矿质元素在质量评价中的意义

土壤质量评价指标体系包括化学元素、生物、结构、活性、缓冲性和稳定性等，能够表征土壤维持生物生产力、环境质量以及促进生命健康的能力，是对外界环境的变化做出整体反应的体现（Brejda et al.，2000）。土壤作为植物的机械支撑和主要养分来源，其质量是评价生态恢复潜力和效应的重要依据。土壤质量评价指标体系的构建是评价结果是否具有合理性和实用性的关键因素。目前，在土壤矿质元素研究方面，一是多关注大量元素（李青等，2017），中华民族几千年的传统农业通过施用有机肥、人畜粪尿等实现矿质元素生物小循环的回补量，而现代农业主要强调向土壤补给 N、P、K 等大量元素，根据“土壤需要有机肥，植物需要矿质元素”的原理，势必要求向土壤补充更多的矿质元素，提高作物品质；二是集中关注元素富集引起的污染退化（陈祖拥等，2017；喻子恒等，2017），较少关注元素不足引起的养分退化。由于土壤微生物是土壤养分中最活跃的部分，可以通过转化有机质实现陆地生态系统碳氮循环（Xu et al.，2013；Zhou et al.，2015），因而微生物生物量及其功能也属于土壤质量评价的范畴（王薪琪等，2017；王长庭等，2017）；矿质元素还影响土壤的缓冲性和稳定性，良好的土壤性能能够为生物创造稳定的生长环境。研究结果表明，土壤矿质元素对其质量的影响作用较大，这充分表明引入更多矿质元素参与土壤质量评价具有重要意义，在下一步研究中应当予以补充和完善。

4.4 顶坛花椒不同种植基地土壤质量特征

石漠化区土地资源有限，探索经济、生态双赢的土地利用模式是石漠化治理的措施之一（李阳兵等，2017）。顶坛花椒（*Zanthoxylum planispinum* var. *dintanensis*）根系发达，具有适应性强、耐旱、易管理等特点，能保水固土，在石漠化生物治理、恢复与重建喀斯特脆弱生境和防止水土流失方面发挥显著效应（杨龙等，2016）。土壤养分含量及比例关系与树体生长、产量增加和品质提高有密切关系（张强等，2011），而土壤肥力质量的优劣通过土壤养分含量的高低来体现。花椒在生长过程中其根系需要不断吸收土壤养分，并且不断分泌物质，与土壤间形成一种耦合效应，导致土壤肥力质量处于动态变化的过程（刘伟玮等，2017）。目前，关于顶坛花椒种植基地土壤的研究主要集中在酶活性（周玮等，2010；卢怡等，2017）、蓄水能力（鲍乾等，2017a）、有机碳含量（罗友进等，2011；张文娟等，2015；杨龙等，2016）、土壤养分变化（Long et al.，2012）等方面。这些研究均表明种植花椒会对土壤产生积极效应，但均未涉及花椒栽培地土壤肥力质量的全面评价，对于花椒种植基地土壤肥力质量的评价未见报道，因此对顶坛花椒不同种植基地土壤肥力质量进行研究，对花椒增产和品质提升具有十分重要的理论和实践意义。土壤肥力质量评价过程中，评价目的和尺度不同，以及土壤本身是一种复杂的多功能实体，因此目前对于土壤肥力质量评价尚无统一的标准（黄勇等，2009；刘金山等，2012）。Larson 等（1991）提出了最小数据集（Minimum data set，MDS）的概念，并建议将所有的土壤肥力质量指标整合成一个综合的质量指标。MDS 作为能够反映土壤肥力质量所需的最少指标参数集合，在土壤肥力质量评价中已被广泛采用（贡璐等，2015；Duval et al.，2016；Cheng et al.，2016）。

为全面、综合评价土壤肥力质量，也为花椒的产量和品质提升提供科学依据，本研究以 3 个顶坛花椒不同种植基地为研究对象，测定土壤 pH、速效氮（Available nitrogen，AN）、速效磷（Availabe phosphorus，AP）等 30 个指标，进行主成分分析（Principal component analysis，PCA），构建土壤肥力质量评价的 MDS，探讨研究区花椒种植基地土壤肥力质量，以期阐明不同基地的养分变化规律，服务土壤养分科学管理和测土配方施肥。

4.4.1　研究方法

（1）样品采集方法

为了阐明顶坛花椒种植基地的土壤矿质元素特征，选择在花椒幼苗移栽前进行采样，采样时间为 2018 年 4 月上旬的晴天。共 3 个基地（表 4-15）：基地 1 是荒地，原为旱地，现处于荒芜状态，未采取任何管理措施，植被类型主要为杂草；基地 2 是复垦地，采取表土剥离、岩石挖除、覆土等土地整理方式，通过平整深翻、加深活土层等措施，增加了耕地面积，改善了耕作条件；基地 3 是农田，以种植水稻和小麦为主。每个种植基地设置 20 m×20 m 的样地，按 S 形布点采集 3 个基地的样品，采样深度为 0～30 cm，设置依据为该区域是花椒根系的主要分布范围。每个基地设置 3 个重复样。采集的土壤样品充分混匀后自然风干，剔除植物根系以及石砾，研磨过筛备用。

表 4-15 样地基本概况

基地编号	经度	纬度	海拔/m	坡位	坡度/（°）	土壤类型	土壤厚度/cm
基地 1	105°37′56.97″	25°36′42.83″	1 125	上	5	石灰土	35
基地 2	105°37′56.97″	25°36′42.83″	1 280	上	5	石灰土	35
基地 3	105°40′5.06″	25°35′5.61″	1 128	中	5	石灰土	40

（2）指标选取与测定方法

本研究土壤样品测定的指标共 30 项，指标选择的依据是：通过分析土壤大量矿质元素、中量矿质元素、微量矿质元素和有益矿质元素的本底含量，探讨土壤肥力质量特征，为后期揭示顶坛花椒产量和品质的形成机制奠定科学依据。因而在指标体系构建上，以矿质元素指标为主。土壤指标的测定方法见本章“4.1.1 研究方法”中第（2）、第（3）部分。

（3）数据分析方法

1）土壤肥力质量评价最小数据集的筛选

采用 SPSS 20.0 对贵州省贞丰县北盘江镇不同花椒种植基地土壤各项指标进行正态检验，然后进行主成分分析，根据特征值大于 1 和累计贡献率大于 85%两个原则选取主成分。选取高因子载荷指标，高因子载荷指标即因子载荷绝对值达到该主成分中最大因子载荷的 90%的指标（邓绍欢等，2016）。当 1 个主成分高因子载荷指标只有 1 个时，则该指标进入最小数据集。当 1 个主成分高因子载荷指标不止 1 个时，对其分别做相关性分析。若相关系数低（$r<0.9$），各高因子载荷指标均被选入最小数据集；若相关系数高（$r>0.9$），相关系数之和最大的高因子载荷指标被选入最小数据集。

2）土壤肥力质量评价综合指数

土壤肥力质量评价综合指数是土壤指标的集成，土壤肥力质量评价采用土壤肥力质量评价分值来计算，计算公式如下（贡璐等，2011）：

$$\mathrm{SQAV} = \sum a_i z_i \tag{4-2}$$

式中，SQAV 为土壤肥力质量评价综合指数；a_i 为各因子的方差贡献率；z_i 为因子得分，$z_i = \sum w_{ij} x_{ij}$，w_{ij} 为第 i 个变量在第 j 个因子处的因子得分系数，x_{ij} 为第 i 个变量在第 j 个因子处的标准化值。

（4）数据处理

采用 SPSS 20.0、Excel 2013、DPS 7.05 和 Origin 8.6 进行数据处理和制图。具体方法

见本章“4.2.1 研究方法”中第（3）部分。

4.4.2　顶坛花椒不同种植基地的土壤 pH 与养分特征

（1）土壤 pH

单因素方差分析表明，顶坛花椒不同种植基地的土壤 pH 有一定差异性（图 4-10）。各基地的土壤 pH 分别为 7.09、7.05、7.33，基地 3 的 pH 显著高于基地 1 和基地 2（$P<0.05$，下同），且基地 1 和基地 2 之间无显著差异。各基地土壤 pH 均大于 7，表明顶坛花椒不同种植基地的土壤呈微碱性。

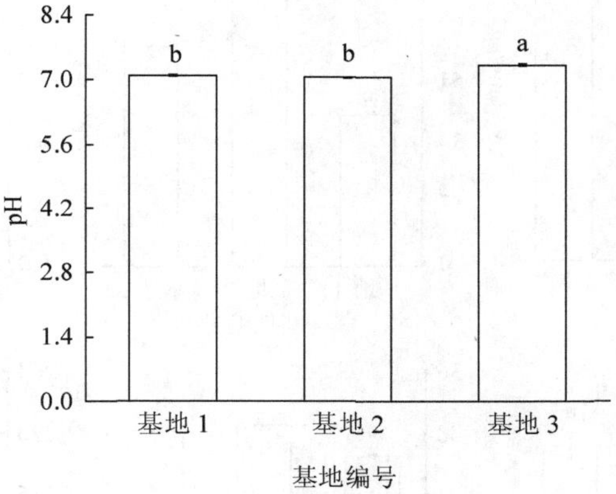

图 4-10　顶坛花椒不同种植基地土壤 pH

注：不同小写字母表示差异达显著水平（$P<0.05$）。下同。

（2）土壤大量元素含量特征

由图 4-11 可以看出，顶坛花椒不同种植基地土壤大量元素含量有显著差异。SOC 为 70.14～129.16 g/kg，TN 为 1.69～3.31 g/kg，AN 为 42.28～89.93 mg/kg，TP 为 1.20～1.97 g/kg，AP 为 2.32～10.23 mg/kg，TK 为 27.94～30.92 g/kg，AK 为 133.58～241.94 mg/kg。其中，基地 1 的 TN 和 TP 显著高于其他基地；基地 2 的 AP 显著低于其他基地；基地 3 的 SOC 显著高于其他基地；AN、TK、AK 均表现为基地 2 最高，且显著高于其他基地。结果表明了基地 2 土壤大量元素含量优于其他基地。

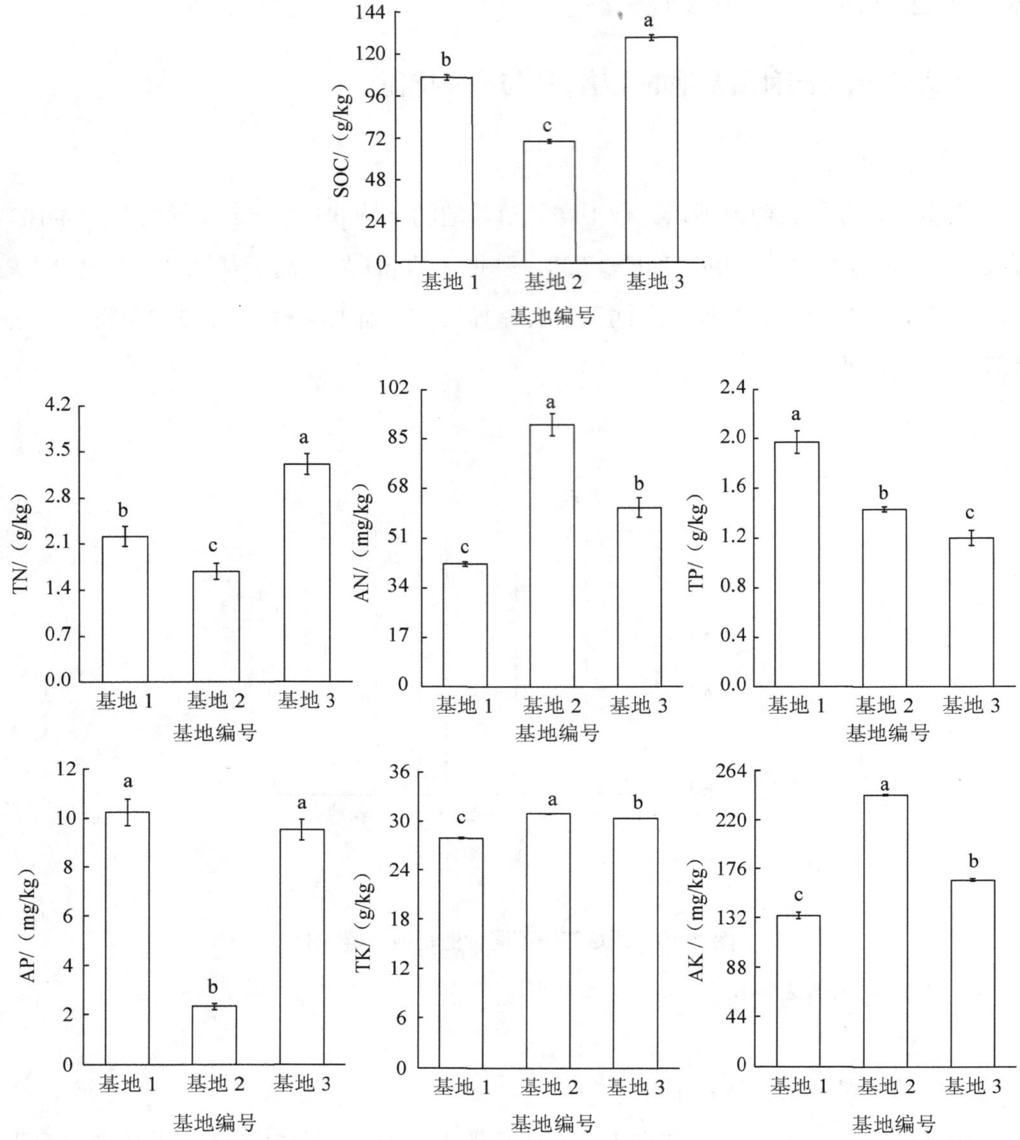

图 4-11　顶坛花椒不同种植基地土壤大量元素含量

（3）土壤中量元素含量特征

由图 4-12 可知，Ca 为 0.07～0.22 g/kg，Mg 为 0.11～0.19 g/kg，S 均为 0.01 g/kg。Ca 表现为基地 3＞基地 1＞基地 2；Mg 表现为基地 1＞基地 3＞基地 2；S 在各基地中均无显著差异。可见基地 2 的土壤中量元素含量低于其他基地。

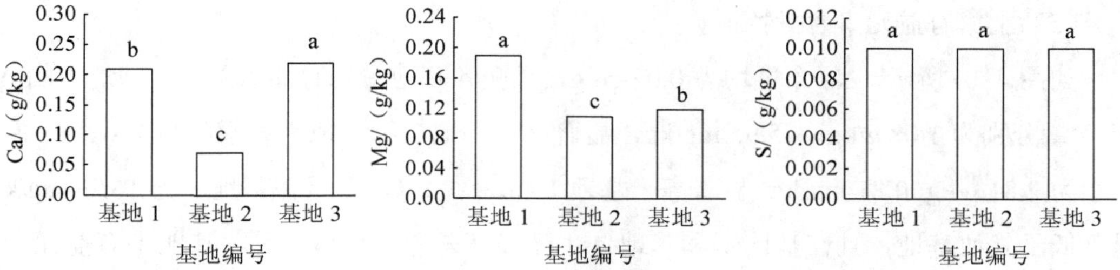

图 4-12　顶坛花椒不同种植基地土壤中量元素含量

（4）土壤微量元素含量特征

由图 4-13 可知，基地 1 的 Fe 为 0.69 g/kg，显著高于其他基地；基地 2 的 Mn、B、Mo、Zn、Cu 分别为 0.04 g/kg、99.96 mg/kg、4.32 mg/kg、319.5 mg/kg、60.45 mg/kg，显著高于其他基地；基础 2 的 Cl 为 0.003 5 g/kg，含量最高，且 Cl 在各基地中均无显著差异。由此可知，基地 2 微量元素含量高于其他基地。

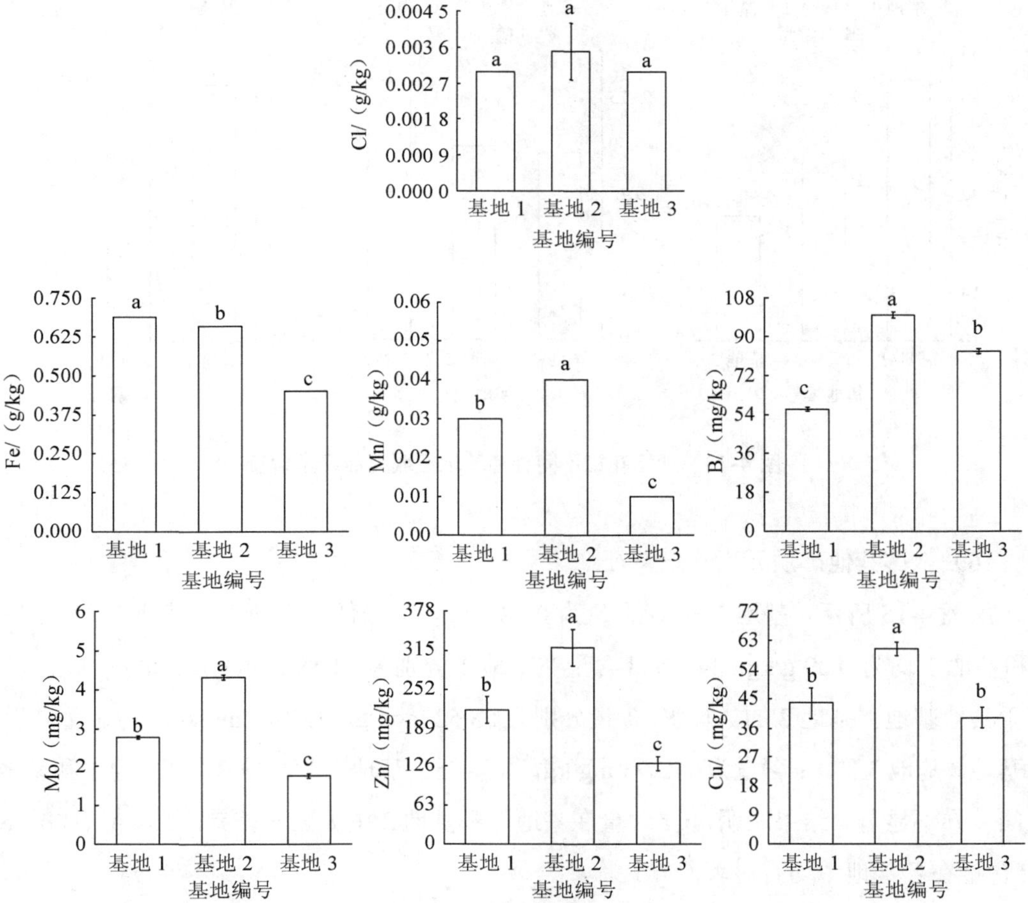

图 4-13　顶坛花椒不同种植基地土壤微量元素含量

（5）土壤有益元素含量特征

如图 4-14 所示，Na 含量均为 0.02 g/kg，且在各基地中均有显著差异。基地 1 的 Al、Ni 含量分别为 1.08 g/kg、75.95 mg/kg，显著高于基地 2 和基地 3。基地 3 的 Si、Se 含量分别为 2.81 g/kg、0.81 mg/kg，显著高于基地 1 和基地 2。Co 含量在基地 3 为 16.23 mg/kg，显著低于其他基地，且在基地 1 和基地 2 中无显著差异。总体来看，基地 1 有益元素含量最优。

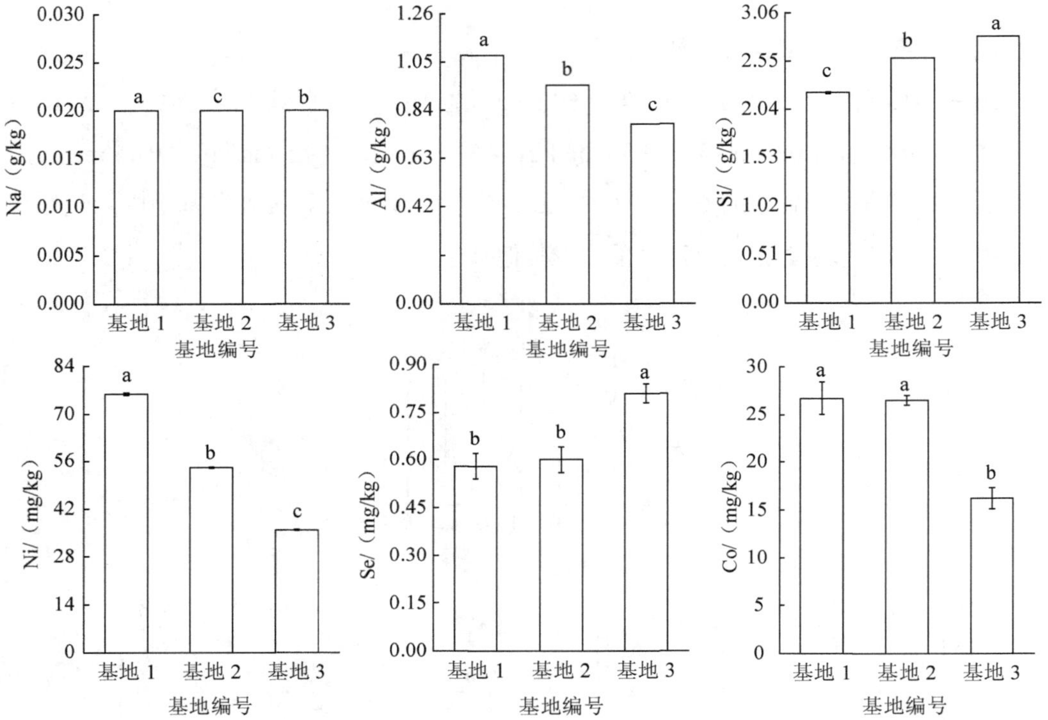

图 4-14　顶坛花椒不同种植基地土壤有益元素含量

（6）土壤其他矿质元素含量特征

如图 4-15 所示，基地 1 的 Ti 含量为 0.08 g/kg，显著低于基地 2 和基地 3，且在基地 2 和基地 3 均为 0.09 g/kg；Pb、Cd 含量在基地 1 分别为 81.89 mg/kg、2.68 mg/kg，显著高于其他基地。基地 2 的 As、Sr 含量分别为 53.52 mg/kg、127.76 mg/kg，均显著高于其他基地。基地 3 的 Cr 含量为 112.93 mg/kg，显著低于基地 1 和基地 2，且基地 1 和基地 2 之间差异不显著。结果表明，Cr 含量在基地 1 和基地 2 中无显著差异，Ti、As、Pb、Sr、Cd 含量在各基地中均有显著差异。

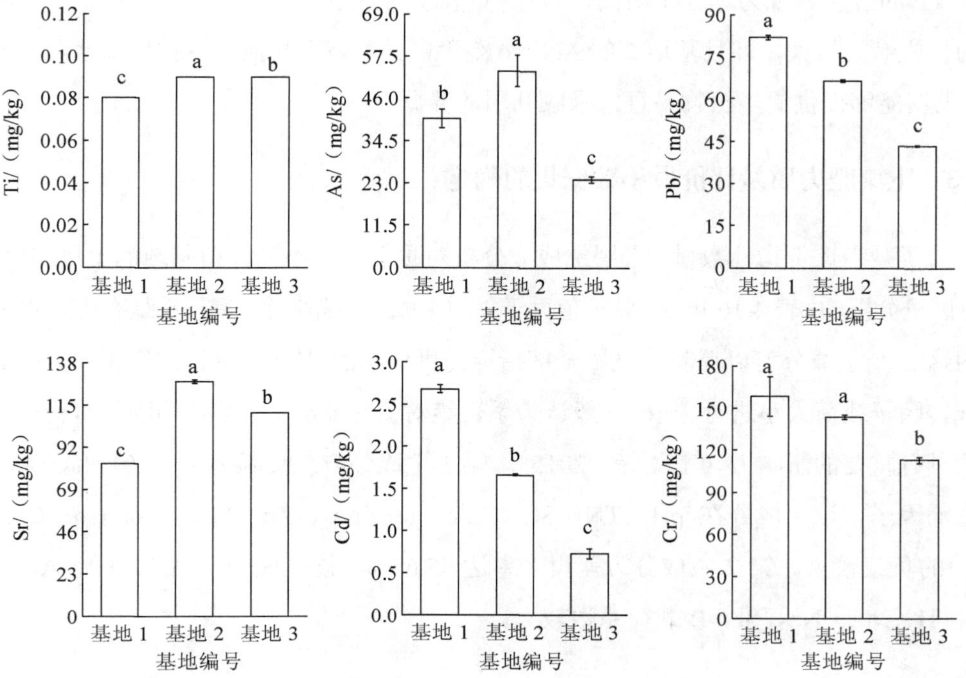

图 4-15　顶坛花椒不同种植基地土壤其他矿质元素含量

本研究中，SOC 表现为基地 3＞基地 1＞基地 2，且存在显著差异。基地 3 的 SOC 含量较高，这与靳振江等（2014）的研究结果是一致的，因为基地 3 为稻田，稻田土壤环境相对湿润，SOC 易于积累，且稻田土壤使用了农家肥，促进了矿质元素的生物小循环。基地 1 的 TN、TP 含量均显著高于基地 2 和基地 3，这可能与基地 1 前期土地利用类型为旱地有关，耕作期间进行了施肥等人为措施，土壤 TN 和 TP 含量增加，再加上弃耕之后，土壤受人为因素干扰少，没有生物量的输出，N、P 元素大量积累，因而基地 1 的 TN、TP 含量高。基地 2 受土地整理区表土剥离、回填不均及施肥管理的影响，AN 在基地 2 的含量显著高于其他基地，而 AP 含量则相反，这与廖超林等（2017）的研究基本一致。土壤中的 Fe 含量主要受风化和成土过程的控制，Mn 是较难风化和淋溶的元素，主要受母质、地形和地质构成的影响（常庆瑞等，1997），农作区风化强度高，因此基地 3 的 Fe 含量高于 Mn 含量，且 Mn 含量低至 0.01 g/kg，这与韩美荣等（2012）的研究结果基本一致。

矿质元素对作物产量、品质产生直接影响，在作物生长、生理过程中发挥着重要作用（赵青华等，2014）。全量养分一定程度上代表着土壤养分肥力的供应潜力，而速效养分则反映土壤提供植物易吸收利用的养分元素的能力（庞圣江等，2015）。在本研究中，

TN、TP 的含量表现为基地 1 最高，TK 含量表现为基地 2 最高，表明基地 1 土壤养分肥力的供应潜力较大，并且基地 2 的 AN、AK 含量显著高于其他花椒种植基地，说明基地 2 的土壤能够提供更多植物易直接吸收利用的养分。

4.4.3 土壤肥力质量评价最小数据集的确定

为了减少评价指标数量，采用主成分分析对顶坛花椒不同种植基地的土壤 30 项指标进行因子分析。由表 4-16 可知，特征值大于 1 的主成分共有 2 个，累计贡献率达到 95.662%，说明这 2 个主成分可以反映出土壤全部指标提供信息的 95%。对各变量在各个主成分上的旋转因子载荷大小进行选取，一般认为系数绝对值在 0.8 以上的初始因子对构成的评价因子具有重要的影响力（王飞等，2015）。第 1 主成分方差贡献率达 50.012%，为最重要的影响因子，该主成分在 pH、TN、SOC、Fe、Mn、Al、Zn、Mo、As、Co、Cr、Pb、Se 上的负载较大。第 2 主成分方差贡献率达 45.65%，该主成分上 AN、TP、AP、TK、AK、Ti、Mg、Na、Sr、B 载荷系数较大。

表 4-16 因子载荷矩阵及主成分的贡献率

指标	主成分	
	第 1 主成分	第 2 主成分
pH	−0.996	0.061
TN	−0.98	−0.125
AN	0.301	0.947
TP	0.569	−0.814
AP	−0.596	−0.801
TK	−0.141	0.989
AK	0.416	0.909
SOC	−0.895	−0.441
Fe	0.94	−0.338
Mn	0.998	0.024
Ti	0.009	0.999
Ca	−0.713	−0.699
Mg	0.179	−0.983
Na	−0.267	−0.934
Al	0.806	−0.592
S	−0.746	−0.353
Si	−0.663	0.748
Cl	0.431	0.491
Cu	0.777	0.585

指标	主成分	
	第 1 主成分	第 2 主成分
Zn	0.921	0.355
Mo	0.904	0.423
Ni	0.714	−0.7
As	0.957	0.255
Cd	0.73	−0.682
Co	0.956	−0.218
Cr	0.825	−0.485
Pb	0.819	−0.573
Se	−0.944	0.255
Sr	0.052	0.997
B	0.071	0.997
特征值	15.431	13.268
贡献率/%	50.012	45.65
累计贡献率/%	50.012	95.662

为从重要影响因子中选择高因子载荷指标，在第 1 主成分中高因子载荷有 pH、TN、Fe、Mn、Zn、Mo、As、Co、Se 共 9 个指标，Mn 与 pH、TN、Fe、Zn、Mo、As、Co、Se 相关系数均大于 0.9，其中 Mn 与 pH、TN、Fe、Zn、As、Co、Se 达极显著水平（表 4-17），与 Mo 达显著水平，且 Mn 与其他 8 个指标的相关系数之和最大，因此第 1 主成分中 Mn 入选最小数据集。在第 2 主成分中，高因子载荷有 AN、TK、AK、Ti、Mg、Na、Sr、B 共 8 个指标，B 与 AN、TK、AK、Ti、Mg、Na、Sr 相关系数均大于 0.9，达极显著水平（表 4-18），且 B 与 AN、AP、TK、AK、Ti、Mg、Na、Sr 的相关系数之和最大，因此 B 入选最小数据集。最终 Mn、B 进入最小数据集。结合表 4-16 和表 4-19，可从因子得分筛选对各基地具有重要影响的矿质元素。基地 1 因子 2 的因子得分最低，说明基地 1 土壤质量受 AN、AP、TK、AK、Ti、Mg、Na、Sr、B 的影响较大。基地 2 和基地 3 因子 1 的得分最低，说明基地 2 和基地 3 主要受 pH、TN、Fe、Mn、Zn、Mo、As、Co、Se 的支配。

表 4-17　第 1 主成分高因子载荷指标相关性

指标	第 1 主成分								
	pH	TN	Fe	Mn	Zn	Mo	As	Co	Se
pH	1								
TN	0.964**	1							
Fe	−0.956**	−0.879*	1						

指标	第 1 主成分								
	pH	TN	Fe	Mn	Zn	Mo	As	Co	Se
Mn	-0.989**	-0.982**	0.932**	1					
Zn	-0.902*	-0.928**		0.923**	1				
Mo	-0.870*	-0.947**		0.914*	0.973**	1			
As	-0.941**	-0.952**	0.812*	0.959**	0.993**	0.965**	1		
Co	-0.952**	-0.924**	0.977**	0.958**			0.845*	1	
Se	0.967**	0.871*	-0.970**	-0.927**	-0.812*		-0.864*	-0.922**	1

注：*为相关性显著（$P<0.05$），**为相关性极显著（$P<0.01$）。下同。

表 4-18　第 2 主成分高因子载荷指标相关性

指标	第 2 主成分								
	AN	AP	TK	AK	Ti	Mg	Na	Sr	B
AN	1								
AP	-0.934**	1							
TK	0.895*		1						
AK	0.987**	-0.977**	0.842*	1					
Ti	0.944**		0.987**	0.911*	1				
Mg	-0.877*		-0.999**	-0.820*	-0.980**	1			
Na	-0.971**	0.903*	-0.891*	-0.964**	-0.932**	0.879*	1		
Sr	0.960**	-0.831*	0.981**	0.929**	0.996**	-0.973**	-0.955**	1	
B	0.966**	-0.841*	0.976**	0.936**	0.997**	-0.968**	-0.954**	0.998**	1

表 4-19　顶坛花椒不同种植基地土壤主成分因子得分

基地	因子得分	
	因子 1	因子 2
1	1.626	-4.394
2	3.335	3.525
3	-4.969	0.926

4.4.4　顶坛花椒不同种植基地土壤肥力质量评价

分别对全部数据集指标和最小数据集指标进行主成分分析，由各因子方差贡献率和因子得分加权得到顶坛花椒不同种植基地土壤肥力质量评价综合指数（图 4-16）。其中最小数据集土壤肥力质量综合指数由大到小依次为：基地 2（0.75）＞基地 1（-0.32）＞基地 3（-0.43）。全部数据集土壤肥力质量综合指数由大到小依次为：基地 2（3.28）＞基地 1（-1.19）＞基地 3（-2.06）。可以看出，最小数据集土壤肥力质量评价结果与全部数据集土壤肥力质量评价结果一致。

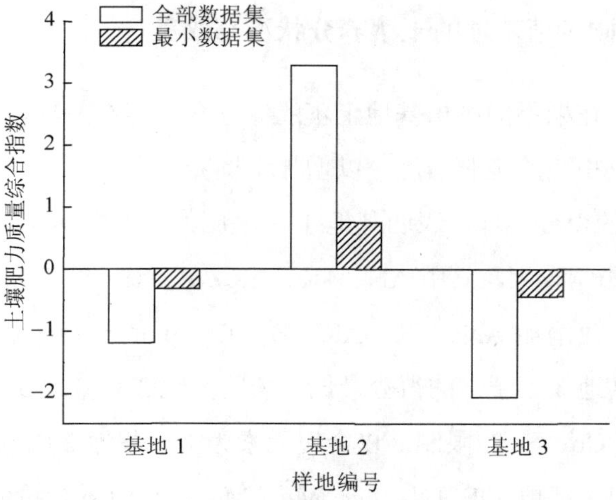

图 4-16　顶坛花椒不同种植基地土壤肥力质量评价

全部数据集和最小数据集土壤肥力质量评价结果均显示，土壤肥力质量综合指数为基地 2＞基地 1＞基地 3，说明构建的最小数据集可以表征研究区土壤肥力质量状况，研究中进入最小数据集的 Mn 和 B 这 2 个指标可以作为土壤肥力质量评价的指标体系，且 2 个指标的评价结果与 30 个指标的评价结果一致，数据无冗余，能够真实反映土壤肥力质量，也表明该区土壤肥力管理上应注重使用大量元素以外的矿质元素。对顶坛花椒不同基地进行土壤肥力质量评价时，指标过多，容易忽略土壤的特性，不利于土壤肥力质量的评价（单奇华等，2009）。筛选出的指标中，Mn 在第 1 主成分上有较高的载荷值，B 在第 2 主成分上有较高的载荷值，能够解释较多的土壤信息。Mn 与许多酶的活性有关，它是脱氢酶、脱羧酶、激酶等多种酶的成分和活化剂，可促进碳水化合物和 N 的代谢，缺 Mn 症状首先出现在幼叶上，表现为叶脉间黄化，有时出现一系列的黑褐色斑点（孙文广等，2013）。缺 B 时超氧化物歧化酶活性降低，导致超氧自由基积累，超氧自由基能加速叶绿素的降解，使得叶绿素含量降低，而植物光合作用的主要场所是叶绿体，故光合作用降低，最终影响植株的正常生长（杨凤娟等，2005）。两者既是植物生长所必需的微量营养元素，又是土壤肥力质量评价中不可或缺的指标，用这两个指标来进行土壤肥力质量评价，评价结果较为可靠。全部数据集和最小数据集评价结果均表明基地 2 土壤肥力质量综合指数最高，可能与土地整理强度大有关，也可能是土地复垦时剥离了其他地方养分含量较高的表层土。鉴于土壤肥力质量评价过程中并没有兼顾所有指标，如土壤生物、物理指标等，这些指标在未来的研究中应得以体现，以提高土壤肥力质量评价的普遍适应性。

4.4.5 顶坛花椒不同种植基地的土壤养分状况与改良

研究发现，顶坛花椒不同种植基地土壤的养分含量存在差异。各基地的矿质元素亏缺程度不同，应采取相应的施肥措施，以增加土壤养分含量，实现养分的全面性和均衡性。基地 1 因子 2 的得分最低，表明基地 1 土壤肥力质量受 AN、AP、TK、AK、Ti、Mg、Na、Sr、B 的影响较大，其中 AN、TK、AK、B、Ti、Sr 含量均显著低于基地 2 和基地 3，表明基地 1 应增加 AN、TK、AK、B、Ti、Sr 的投入，主要为有效态成分和微量元素。基地 2 和基地 3 因子 1 的得分最低，表明基地 2 和基地 3 主要受 pH、TN、Fe、Mn、Zn、Mo、As、Co、Se 的限制，以金属元素为主。基地 2 的 pH 低于基地 1 和基地 3，应该适当提高 pH。基地 3 的 TN、Fe、Mn、Mo、Zn、Co 含量低于基地 1 和基地 2，应增加 TN、Fe、Mn、Mo、Zn、Co 的投入。

4.5 顶坛花椒不同套种模式土壤质量评价

石漠化区水土流失较为严重，引起土壤养分贫乏（田小松等，2014），土壤养分是土壤化学肥力和性质的主要部分，是影响植物生长和土壤肥力的主要因素。土壤肥力是指土壤为植物生长协调和供应养分、水分、空气、热量的能力以及土壤物理、化学和生物性质的综合反映（Post et al.，1982），能够准确地指示土壤养分动态变化，反映石漠化区土壤管理水平。花椒根系发达、适应性强，具有较强的保水固土和助农增收作用（王景燕等，2016）。合理的套种模式不仅可以充分利用林地空间、填补土地粗放利用产生的经济效益空白（徐永杰等，2012），还可以提高土壤养分的含量（毛吉贤等，2009），这对石漠化区林业、土地资源利用可持续发展有着重要的指导意义。近年来，土壤养分呈现贫瘠化趋势，土壤功能发生显著变化，而不同套种模式能够促进土壤养分提高，受到诸多学者的广泛关注（Szumigalski et al.，2006；周新安等，2010）。刘鑫等（2017）研究西南地区不同套种模式对土壤肥力及经济效益的影响，认为不同套种模式能够维持或提升土壤养分含量（除速效钾外）。张华明等（2010）探讨赣北丘陵区果园不同套种模式对退化红壤理化性质的影响，发现不同套种模式对土壤理化性质的改善效果存在差异，但均可改善土壤有机质和土壤养分含量。杜洋文等（2017）分析不同桐药套种模式与土壤理化性质的关系，指出不同套种模式间和不同土层对土壤理化性质存在影响。徐永杰等（2012）研究油桐幼林不同套种模式的效益，指出油桐幼林地套种能够显著降低土壤容重、增加土壤有机质和矿质元素含量。郑灏等（2015）发现土壤养分与微生物生物量又有着紧密联系，且矿质元素含量的变化是影响土壤微生物磷脂脂肪酸的主要养分因素。由此可见，不同套种模式有助于提高土地生产能力。然而，在探讨不同套种模式与土壤养分耦合关系时，将花椒不同套种模式与土壤养分相结合，揭示土壤养分变化规律及其如何影响土地利用的研究较为鲜见。石漠化区土地资源有限，探索经济、生态双赢的土地利用模式是石漠化治理（李阳兵等，2017）、生态恢复的重要措施。花椒在生长过程中与土壤形成一种耦合效应，导致土壤质量处于动态变化过程（Jin et al.，2008），而土壤养分含量的高低可以用来表示土壤质量的优劣。因此，本节以花椒不同套种模式为研究对象，探究土壤养分特征与土地利用间的关系，阐明花椒不同套种模式的土壤养分变化规律，以期为黔中石漠化区土壤养分管理与土地利用建立科学理论依据。

4.5.1　研究方法

（1）样品采集方法

为阐明花椒不同套种模式的土壤养分特征，于 2018 年 7 月通过实地走访对研究区进行调查，依据研究区不同土地利用方式，选取 4 种花椒不同套种模式为研究对象（表 4-20）。YD1 为花椒+大豆套种模式；YD2 为花椒+金银花套种模式；YD3 为花椒+山豆根套种模式；YD4 则为花椒纯林地。样地内设置 3 个 10 m×10 m 的重复样方，采样时，先将土体表面的枯枝落叶除掉，取样深度为 0～20 cm，尽量保持土壤原状结构，样品于室内适当风干后沿样品自然裂隙掰成 10 mm 左右的小块，并仔细剔除土样中可见的土壤动植物残体，于室温下风干备用（廖洪凯等，2015b）。

表 4-20　不同套种模式样地的基本特征

样地编号	经度	纬度	海拔/m	树高/m	冠幅/m	土壤厚度/cm
YD1	105°64′221″	25°65′605″	794	1.8	2×2	25
YD2	105°64′288″	25°65′627″	780	2.7	3×4	20
YD3	105°67′221″	25°65′716″	789	3.5	2×2.5	25
YD4	105°64′319″	25°65′64″	708	4.5	4×5	20

注：YD1 为样地 1，YD2 为样地 2，YD3 为样地 3，YD4 为样地 4。下同。

（2）样品测定方法

土壤指标的测定方法见本章“4.1.1 研究方法”中第（2）部分。

（3）数据处理与分析

数据处理方法见本章“4.2.1 研究方法”中第（3）部分。

（4）土壤质量综合评价指数

本研究以土壤 pH、SOC、TN、AN、TP、AP、TK、AK 8 个因子作为花椒不同套种模式的土壤养分特征评价指标。土壤质量综合指数的计算方法见本章“4.1.1 研究方法”中第（4）部分。

4.5.2 花椒不同套种模式的土壤养分含量

（1）土壤 pH 特征

单因素方差分析表明，花椒不同套种模式的土壤 pH 表现出显著差异（图 4-17），其 pH 分别为 6.52、7.66、7.73、7.38，除 YD1 外其他 3 组样地均呈碱性，以 YD3 碱性最高，且显著性最高也为 YD3，显著性最低为 YD1。可见，在碱性较强的黔中石漠化区，土壤 pH 随不同套种模式而发生变化。

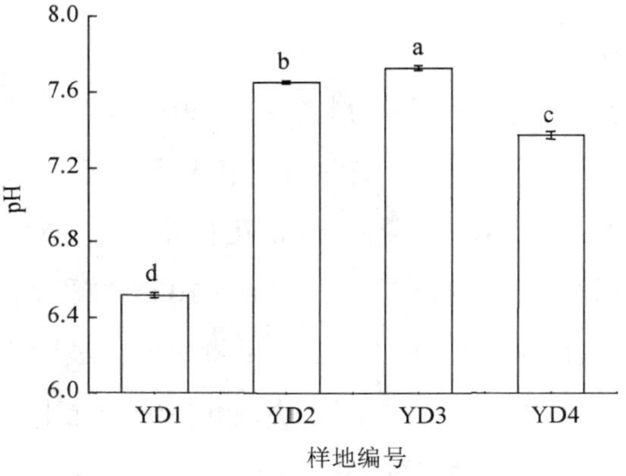

图 4-17 花椒不同套种模式土壤 pH

注：YD1 为样地 1，YD2 为样地 2，YD3 为样地 3，YD4 为样地 4。不同小写字母表示差异达显著水平（$P<0.05$）。下同。

（2）土壤元素含量特征

由图 4-18 可知，花椒不同套种模式大量元素含量分别为：TN 为 2.35～3.94 g/kg，AN 为 35.60～100.14 mg/kg，TP 为 0.04～1.66 g/kg，AP 为 2.27～2.76 mg/kg，TK 为 11.67～20.52 g/kg，AK 为 60.08～115.24 mg/kg，SOC 为 26.43～37.70 g/kg。其中 TN、AN、TP、SOC 以 YD2 含量较高，而 TP、AP、SOC 以 YD3 含量较少，TK、AK 则以 YD1 含量最少。YD1、YD2 和 YD3 中大量元素除在 AP、AK 以及 SOC 上多为不显著差异外，在其他大量元素内都表现出显著差异（$P<0.05$），且 TN、AN、TP 以 YD2 显著性为最高。结

果表明 YD2 土壤大量元素含量总体优于其他样地。

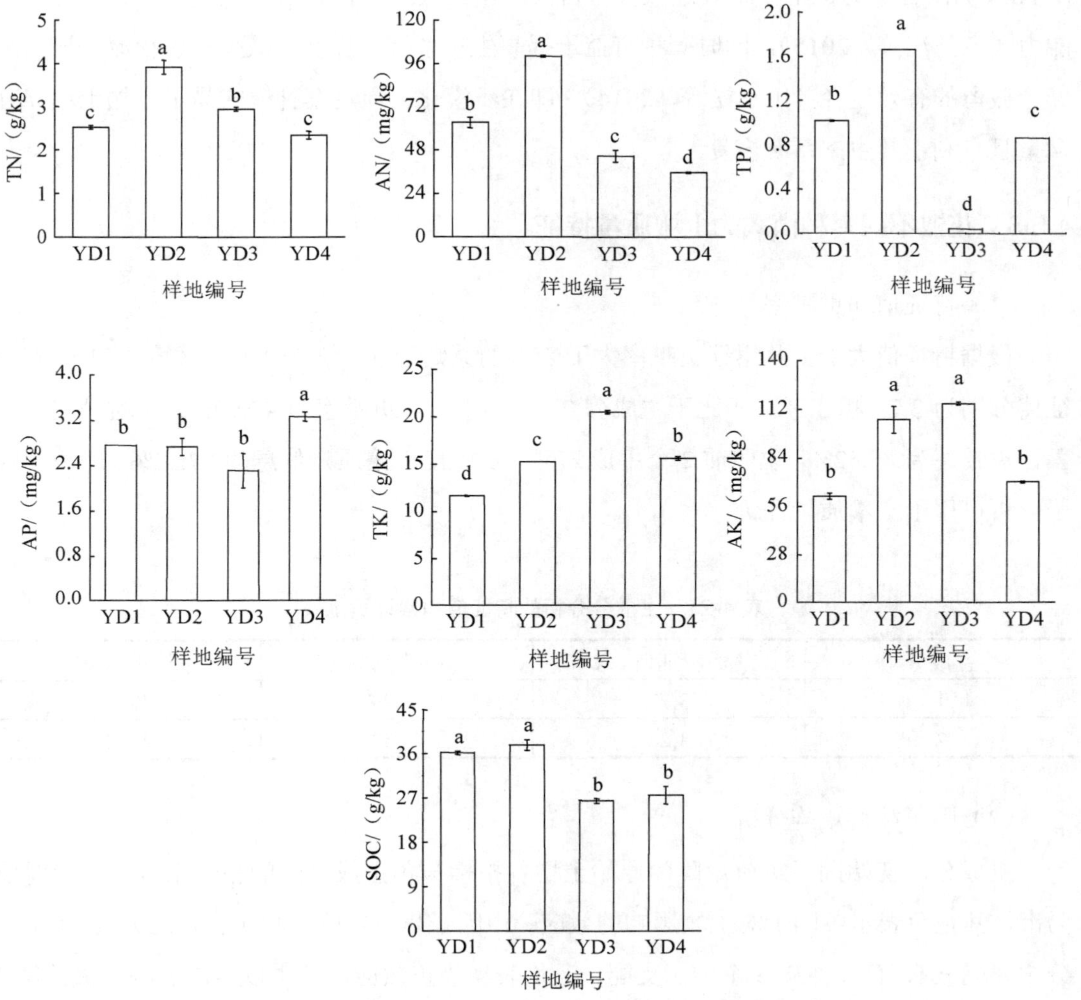

图 4-18　花椒不同套种模式土壤养分含量

土壤养分是土壤肥力的重要指标，对生境发挥着重要的生态功能，是植被生长及其恢复的关键（Ouyang et al.，2013）。研究发现，SOC、AN、TP、TN 含量以 YD2 为最高，且显著性较高，AP 含量以 YD4 最高，这与魏亚伟等（2010）研究结果是相符合的，可能是因为套种使土壤环境相对较为湿润，易于 SOC 的积累，同时人为施肥也可能是导致土壤中 SOC、TN、AN、TP、AP 累积的原因之一。TK、AK 含量以 YD3 较为突出，且显著性较高，这与鲍乾等（2017b）在土壤养分特征的分析上一致，在土地资源和环境承载力及其生产力相对有限的石漠化区，为满足人口增长所需，人为干扰土地利用较为频繁，由于缺乏科学指导，土地多为粗放经营和管理，作物种植方面多为单一耕种，导致生态系统协调失衡，土壤养分淋溶损失较为严重。研究表明，YD2、YD3 两种套种模式中 AN、AK 含量均优于 YD4，速效养分可反映出土壤提供植物易吸收利用的养分元素的能力（庞圣江等，2015），同时套种有益于提高生态系统多样性、减少地表径流冲刷，是养分截留的有效途径（田小松等，2014）。即在石漠化区通过套种模式易于增加土壤养分含量且有利于其生态系统恢复。

4.5.3 花椒不同套种模式的土壤质量特征

（1）特征值和贡献率

根据特征值大于 1 且累计贡献率大于 85%的原则选取出 2 个主成分（表 4-21），其特征值分别为 3.73 和 3.28。相比于主成分 2，主成分 1（贡献率为 43.99%）影响稍较大。累计贡献率为 87.52%，说明前 2 个主成分可以反映出土壤质量信息的 87.52%，即说明因子分析可用于土壤质量评价。

表 4-21 主成分分析的特征值和累计贡献率

主成分	特征值	贡献率/%	累计贡献率/%
1	3.73	43.99	43.99
2	3.28	43.53	87.52

（2）因子载荷矩阵分析

主成分的初始因子载荷矩阵为原始土壤各指标与各主成分间的相关系数，以绝对值为准，其正负表示各因子对土壤影响的效应。由因子载荷矩阵可知（表 4-22），第 1 主成分主要受 pH、TK、AK 3 个因子支配，且均表现为正效应，其中以 AK 影响最大；第 2 主成分在 AN、TP、SOC 上负载较大，也均对土壤性质表现为正效应，但第 2 主成分中以 AN 影响最大，说明 AN 的增加会使土壤质量得到提高。

表 4-22 因子载荷矩阵

因子	主成分	
	1	2
pH	0.87	−0.094
TN	0.653	0.753
AN	0.213	0.971
TP	−0.287	0.892
AP	−0.671	−0.006

因子	主成分	
	1	2
TK	0.845	−0.522
AK	0.993	0.084
SOC	−0.244	0.942

（3）花椒不同套种模式土壤质量综合指数

由各样地主成分因子得分和方差贡献率加权计算出样地土壤质量综合指数（表 4-23），其大小依次为 YD2（1.58）＞YD3（0.14）＞YD1（−0.64）＞YD4（−1.08），可看出，花椒不同套种模式土壤质量存在差异性，但总体优于纯花椒林地，表明土壤养分随花椒林地不同种植模式产生差异性变化。

表 4-23 不同样地因子得分及其土壤质量综合指数

样地	因子得分		土壤质量综合指数	排序
	因子 1	因子 2		
YD1	−2.11	0.67	−0.64	3
YD2	0.99	2.63	1.58	1
YD3	2.23	−1.92	0.14	2
YD4	−1.10	−1.37	−1.08	4

作物间不同套种模式会对土壤理化性质产生差异性影响（张华明等，2010；Lithourgidis et al.，2011），因而提高土壤质量和改善土壤养分的关键在于选择适应的作物种植。研究表明，花椒样地不同套种模式的土壤质量综合指数排序为 YD2（1.58）＞YD3（0.14）＞YD1（−0.64）＞YD4（−1.08），表明石漠化区不同套种模式有助于土壤养分的提高，且以花椒+金银花种植模式最佳，这与詹学齐（2018）探讨土壤肥力变化的结果一致，林农套种不仅可以充分利用光、热、水和养分等资源，同时套种的物种间存在相互促进作用。YD1 中 pH、AP、TK、AK 含量低于 YD4，pH、AP 降低可能是由于化肥施用导致土壤酸化及板结，养分淋失严重；TK、AK 降低可能因多年套种出现土壤肥力不均的问题，需根据土壤肥力变化进行科学施肥（刘鑫等，2017）。YD3 中 SOC、TP 含量也低于 YD4，SOC 减少可能由于其矿化所致（龙健等，2018），TP 降低是由于花椒和山豆根在其生长过程中会消耗大量 P 元素的缘故（姜学玲等，2001）。花椒林地套种模式一定程度上使土壤养分含量得到提升，但套种模式的选取也是影响土壤养分的重要因素。虽然唐海龙等（2017）研究指出种植花椒具有明显的培肥效应，但本研究发现，花椒套种后土壤养分显著高于纯花椒林地，能很好地填补林间土地空地，促进农村经济发展，

实现农户增收和林业增效，这对于石漠化区的协调发展有着重要意义。

4.5.4 土壤养分综合管理措施

研究发现，花椒不同套种模式的土壤养分特征存在差异。各样地间的养分含量不同，应采取相应的措施，以增加土壤养分含量，实现石漠化区养分均衡。YD1、YD2 均表现为因子 1 得分最低，表明 YD1、YD2 土壤养分含量主要受 pH、TK、AK 的影响，其中 TK 含量均显著低于 YD3、YD4，且 YD1 中 pH、AK 含量低于其他 3 组样地，表明 YD2 应增加 TK 的投入，YD1 除应增加 TK 投入外，还需适当提高 pH 及 AK 的含量。YD3、YD4 表现为因子 2 得分最低，YD3、YD4 主要受 SOC、TP、AN 的支配，且 YD3 中 SOC、TP、AN 含量均小于 YD1、YD2，表明 YD3 在土壤养分管理方面应注重 SOC、TP、AN 的投入。石漠化区花椒林地不同套种模式更易于土壤养分提升，这对该区在生态恢复及其可持续发展上具有科学性指导。同时养分和水分是生物生长的重要环境因素，生物生长不仅仅单一表现在水分或肥料（Pirmoradian et al.，2004）上，而本研究没有对水分影响进行探讨，这需要在下一步研究中结合土壤肥力进一步分析，指明土壤间水、肥耦合关系，阐明石漠化区土壤养分管理及其土地利用的可持续性，促进该区土地产出，增加农户经济收入。

4.6 小结

本章选择喀斯特高原峡谷花椒林不同海拔、不同生境、不同种植基地、不同套种模式的土壤为研究对象，测定土壤中大量元素、中量元素和微量元素的含量，分析花椒林的母岩化学组成，探讨不同尺度上土壤的质量状况。

喀斯特峡谷母岩中 TN、AN、TP、AP 均未检出，TC、TK、AK、氧化物、Mn、Cu、Zn、Cr、Cd、Ti、Ni、Co、B 多随海拔的升高而降低，Cl 随海拔升高而增加，Pb、Sr、TS、As、Se、Mo 随海拔的变异规律不明显，母岩矿质元素呈现低海拔区域富集的规律，低海拔母岩挖掘的潜力更大。

研究不同海拔花椒人工林土壤质量时发现，5 个花椒人工林样地的土壤 pH 呈显著差异，随海拔增加表现为先升高后降低的变化趋势；HJ1、HJ5 的 SOC、TN、AN 总体显著高于 HJ2、HJ3 和 HJ4，TP 与 AP 的变化则相反；除大量元素外，矿质元素在不同海拔花椒林地之间变化规律不明显。矿质元素之间表现出一定的显著性相关，表明其关系较为密切。土壤质量综合指数为 HJ5（2.16）＞HJ3（0.43）＞HJ4（0.19）＞HJ1（−0.21）＞

HJ2（–2.60），高海拔花椒人工林表层土壤质量总体较优。土壤管理上应注重养分的全面性，提高养分供给水平和利用效率。

石槽、石缝和石沟小生境的土壤 pH 显著高于石坑和土面。土面、石槽小生境土壤的 C、N、P 元素含量高，石坑、石沟则较低，其他矿质元素在不同小生境土壤之间波动较小。SOC、AN、AP 与其他矿质元素之间存在显著相关性，大量元素和中量、微量矿质元素均对土壤质量产生较大影响。土壤质量综合评价值由高到低依次为土面（0.73）、石槽（0.49）、石缝（–0.01）、石坑（–0.46）、石沟（–0.75），土面、石槽和石缝土壤可加以改造利用，石坑、石沟土壤应以自然恢复为主。

在分析花椒不同种植基地的土壤质量时发现，基地 1 的 TN、TP、AP、Mg、Fe、Al、Ni、Co、Pb、Cd、Cr 最高，基地 2 的 AN、TK、AK、Cl、Mn、B、Mo、Zn、Cu、As、Sr 最高，基地 3 的 pH、SOC、Ca、Si、Se 最高。土壤肥力质量评价最小数据集包括 Mn 与 B 两个指标，且 Mn 在第 1 主成分上有较高载荷值（0.998），B 在第 2 主成分上有较高载荷值（0.997）。最小数据集土壤肥力质量综合指数由大到小依次为：基地 2（0.75）＞基地 1（–0.32）＞基地 3（–0.43）。为改良土壤肥力质量，基地 1 需增加 AN、TK、AK、B、Ti、Sr 投入，基地 2 应适当提高 pH，基地 3 需增加 TN、Fe、Mn、MO、Zn、Co 投入。

4 种花椒林地不同种植模式的土壤 pH 呈显著差异，除 YD1 中 pH 较低外，其他样地 pH 均相对较高。YD1、YD2、YD3 中土壤 TN、AN 的含量总体上高于 YD4，且各样地间的显著性较高，AP 含量及其显著性的变化则相反。土壤质量综合指数为 YD2（1.58）＞YD3（0.14）＞YD1（–0.64）＞YD4（–1.08），花椒+金银花套种为石漠化区土壤培肥最佳模式。土壤养分管理上应注重养分间的协调性和全面性，提高土壤养分供给能力及其利用效率。

参考文献

[1] 鲍乾，梁建发，王棋，等，2017a．花江喀斯特石漠化区不同经济型植物的土壤蓄水特征[J]．水土保持研究，4（1）：18-24.

[2] 鲍乾，杨瑞，聂朝俊，等，2017b．贵州喀斯特高原花江峡谷区不同恢复模式的土壤养分特征[J]．生态学杂志，36（8）：2094-2102.

[3] 鲍士旦，2008．土壤农化分析：第 3 版[M]．北京：中国农业出版社．

[4] 常庆瑞，李新平，雷梅，等，1997．宁南地区土壤矿质元素分布规律研究[J]．水土保持通报，17（2）：7-10.

[5] 陈美军，段增强，林先贵，2011. 中国土壤质量标准研究现状及展望[J]. 土壤学报，48(5)：1059-1071.
[6] 陈训，2010. 喀斯特地区顶坛花椒培育的生理生态特性研究[D]. 长沙：中南林业科技大学.
[7] 陈祖拥，刘方，王慧，等，2017. 贵州西部煤矿区不同类型河流沉积物重金属含量及生态风险评价[J]. 安全与环境学报，17（1）：364-370.
[8] 单奇华，俞元春，张建锋，等，2009. 城市森林土壤肥力质量指标筛选——以南京市为例[J]. 土壤，41（5）：777-783.
[9] 郑灏，杨志坚，冯金玲，等，2015. 不同林下套种模式对油茶幼林根区土壤化学特性及微生物的影响[J]. 福建农林大学学报（自然科学版），44（2）：147-153.
[10] 邓绍欢，曾令涛，关强，等，2016. 基于最小数据集的南方地区冷浸田土壤质量评价[J]. 土壤学报，53（5）：1326-1333.
[11] 丁兴萃，2006. 矿质元素在保护地栽培促进早竹开花中的影响[J]. 浙江林业科技，26（4）：10-14，38.
[12] 杜雪莲，王世杰，容丽，2011. 喀斯特石漠化区不同小生境常见灌木种叶片 $\delta^{13}C$ 值特征[J]. 应用生态学报，22（12）：3094-3100.
[13] 杜洋文，曾祥福，邓先珍，等，2017. 不同桐药套种模式对土壤理化性质的影响[J]. 森林与环境学报，37（2）：181-187.
[14] 高雪，王亚男，曾希柏，等，2016. 外源 As（Ⅲ）在不同母质发育土壤中的老化过程[J]. 应用生态学报，27（5）：1453-1460.
[15] 龚霞，牛德奎，赵晓蕊，等，2013. 植被恢复对亚热带退化红壤区土壤化学性质与微生物群落的影响[J]. 应用生态学报，24（4）：1094-1100.
[16] 贡璐，张海峰，吕光辉，等，2011. 塔里木河上游典型绿洲不同连作年限棉田土壤质量评价[J]. 生态学报，31（14）：4136-4143.
[17] 贡璐，张雪妮，冉启洋，2015. 基于最小数据集的塔里木河上游绿洲土壤质量评价[J]. 土壤学报，52（3）：682-689.
[18] 郭柯，刘长成，董鸣，2011. 我国西南喀斯特植物生态适应性与石漠化治理植物[J]. 植物生态学报，35（10）：991-999.
[19] 韩美荣，宋同清，彭晚霞，等，2012. 喀斯特峰丛洼地土壤矿物质的组成特征与作用[J]. 应用生态学报，23（3）：685-595.
[20] 何腾兵，董玲玲，李广枝，等，2008. 喀斯特山区不同母质（岩）发育的土壤主要重金属含量差异性研究[J]. 农业环境科学学报，27（1）：188-193.
[21] 胡芳名，谭晓风，刘惠民，2006. 中国主要经济树种栽培与利用[M]. 北京：中国林业出版社.
[22] 黄会前，何腾兵，牟力，2016. 贵州母岩（母质）对土壤类型及分布的影响[J]. 浙江农业科学，57（11）：1816-1820.
[23] 黄勇，杨忠芳，2009. 土壤质量评价国外研究进展[J]. 地质通报，28（1）：130-136.
[24] 江肖洁，耿春女，韩建秋，等，2016. 增温对长白山苔原植物叶片和土壤矿质元素含量的影响[J]. 生态学报，36（7）：1928-1935.
[25] 姜学玲，贾才健，于波，等，2001. 花生土壤磷肥适宜值及磷肥最佳使用研究[J]. 中国农学通报，19（4）：20-22.
[26] 焦润安，李朝周，赵阳，等，2018. 海拔对陇南白龙江流域油橄榄园土壤肥力的影响[J]. 生态学

杂志，37（2）：360-365.

[27] 靳振江，程亚平，李强，等，2014．会仙喀斯特溶洞湿地、稻田和旱田土壤有机碳含量及其与养分的关系[J]．湿地科学，12（4）：485-490.

[28] 李安定，卢永飞，韦小丽，等，2008．花江喀斯特峡谷地区不同小生境土壤水分的动态研究[J]．中国岩溶，27（1）：56-61.

[29] 李静鹏，徐明锋，苏志尧，等，2014．不同植被恢复类型的土壤肥力质量评价[J]．生态学报，34（9）：2297-2307.

[30] 李青，狄晓艳，2017．晋北丘陵风沙区不同植被恢复模式的土壤化学特征与生态恢复效应[J]．水土保持研究，24（5）：88-92.

[31] 李天才，曹广民，柳青海，等，2012．青海湖北岸退化与封育草地土壤与优势植物中四种微量元素特征[J]．草业学报，21（5）：213-221.

[32] 李廷亮，谢英荷，任苗苗，等，2011．施肥和覆膜垄沟种植对旱地小麦产量及水氮利用的影响[J]．生态学报，31（1）：212-220.

[33] 李阳兵，黄娟，徐倩，等，2017．对石漠化概念及其治理的再思考[J]．贵州师范大学学报（自然科学版），35（5）：1-6+55.

[34] 廖超林，傅灵艺，张鹏博，等，2017．湘中南土地整理后烟田土壤肥力指标评价及空间变异特征[J]．水土保持研究，24（2）：105-111.

[35] 廖洪凯，李娟，龙健，等，2013．贵州喀斯特山区花椒林小生境类型与土壤环境因子的关系[J]．农业环境科学学报，32（12）：2429-2435.

[36] 廖洪凯，李娟，龙健，等，2015a．基于组内-组间主成分分析的土地利用与团聚体有机碳关系的研究[J]．自然资源学报，30（1）：141-151.

[37] 廖洪凯，龙健，李娟，2012．不同小生境对喀斯特山区花椒林表土团聚体有机碳和活性有机碳分布的影响[J]．水土保持学报，26（1）：156-160.

[38] 廖洪凯，龙健，李娟，等，2015b．花椒（*Zanthoxylum bungeamun*）种植对喀斯特山区土壤水稳性团聚体分布及有机碳周转的影响[J]．生态学杂志，34（1）：106-113.

[39] 刘方，王世杰，罗海波，等，2008．喀斯特森林生态系统的小生境及其土壤异质性[J]．土壤学报，45（6）：1055-1062.

[40] 刘金山，胡承孝，孙学成，等，2012．基于最小数据集和模糊数学法的水旱轮作区土壤肥力质量评价[J]．土壤通报，43（5）：1145-1150.

[41] 刘丽，徐明恺，汪思龙，等，2013．杉木人工林土壤质量演变过程中土壤微生物群落结构变化[J]．生态学报，33（15）：4692-4706.

[42] 刘璐，曾馥平，宋同清，等，2010．喀斯特木论自然保护区土壤养分的空间变异特征[J]．应用生态学报，21（7）：1667-1673.

[43] 刘世梁，傅伯杰，吕一河，等，2003．坡面土地利用方式与景观位置对土壤质量的影响[J]．生态学报，23（3）：414-420.

[44] 刘淑明，孙佳乾，邓振义，等，2013．干旱胁迫对花椒不同品种根系生长及水分利用的影响[J]．林业科学，49（12）：30-35.

[45] 刘伟玮，刘某承，李文华，等，2017．辽东山区林参复合经营土壤质量评价[J]．生态学报，37（8）：

2631-2641.

[46] 刘鑫，陈小容，雍太文，等，2017．西南地区不同套种模式对土壤肥力及经济效益的影响[J]．中国农学通报，33（15）：104-109.

[47] 刘艳，宋同清，蔡德所，等，2014．喀斯特峰丛洼地不同土地利用方式土壤肥力特征[J]．应用生态学报，25（6）：1561-1568.

[48] 刘占锋，傅伯杰，刘国华，等，2006．土壤质量与土壤质量指标及其评价[J]．生态学报，26（3）：901-913.

[49] 龙健，廖洪凯，李娟，等，2012．基于冗余分析的典型喀斯特山区土壤-石漠化关系研究[J]．环境科学，33（6）：2131-2138.

[50] 龙健，廖洪凯，李娟，等，2018．花椒（*Zanthoxylum bungeamun*）种植年限对土壤有机碳矿化拟合及化学分离稳定性碳的影响[J]．生态学杂志，37（4）：1111-1119.

[51] 卢怡，龙健，廖洪凯，等，2017．喀斯特地区不同土地利用方式下土壤团聚体中养分和酶活性的研究——以花江为例[J]．环境化学，36（4）：821-829.

[52] 罗友进，魏朝富，李渝，等，2011．土地利用对石漠化地区土壤团聚体有机碳分布及保护的影响[J]．生态学报，31（1）：257-266.

[53] 吕真真，吴向东，侯红乾，等，2017．有机-无机肥配施比例对双季稻田土壤质量的影响[J]．植物营养与肥料学报，23（4）：904-913.

[54] 麻泽宇，王丹，戴伟，等，2016．阿尔泰山不同海拔梯度天然冷杉林土壤特征及肥力综合评价[J]．水土保持研究，23（5）：134-140.

[55] 毛吉贤，石书兵，马林，等，2009．免耕春小麦套种牧草土壤养分动态研究[J]．草业科学，26（2）：86-90.

[56] 庞奖励，黄春长，查小春，等，2015．商丘盆地母质发育土壤的微形态特征及其诊断意义[J]．土壤学报，52（2）：272-280.

[57] 庞圣江，张培，贾宏炎，等，2015．桂西北不同森林类型土壤生态化学计量特征[J]．中国农学通报，31（1）：17-23.

[58] 秦仕忆，喻阳华，邢容容，等，2017．黔西北不同演替阶段植物群落养分质量诊断与经营策略[J]．林业资源管理，（6）：27-33.

[59] 申聪颖，赵兰坡，刘杭，等，2013．不同母质发育的东北黑土的粘粒矿物组成研究[J]．矿物学报，33（3）：382-388.

[60] 沈钦华，王火焰，周健民，等，2009．含钾矿物中钾的释放及其与溶液环境中离子种类的关系[J]．土壤，41（6）：862-868.

[61] 孙文广，甘卓亭，孙志高，等，2013．黄河口新生湿地土壤 Fe 和 Mn 元素的空间分布特征[J]．环境科学，34（11）：4411-4419.

[62] 孙向阳，2006．土壤学[M]．北京：中国林业出版社.

[63] 唐海龙，龚伟，王景燕，等，2017．川东丘陵区青花椒种植对土壤肥力的影响[J]．长江流域资源与环境，26（10）：1597-1606.

[64] 田小松，陈龙，周瑞荣，等，2014．喀斯特地区不同茎形态植物的水土保持和养分截留效果研究[J]．水土保持研究，21（4）：64-68.

[65] 王飞，李清华，林诚，等，2015．福建冷浸田土壤质量评价因子的最小数据集[J]．应用生态学报，26（5）：1461-1468.

[66] 王景燕，唐海龙，龚伟，等，2016．水肥耦合对汉源花椒幼苗生长、养分吸收和肥料利用的影响[J]．南京林业大学学报（自然科学版），40（3）：33-40.

[67] 王薪琪，韩铁，王传宽，2017．帽儿山不同林龄落叶阔叶林土壤微生物生物量及其季节动态[J]．植物生态学报，41（4）：597-609.

[68] 王钰莹，孙娇，刘政鸿，等，2016．陕南秦巴山区厚朴群落土壤肥力评价[J]．生态学报，36（16）：5133-5141.

[69] 王长庭，王根绪，李香真，等，2017．氮肥添加对高寒藏嵩草（*Kobresia tibetica*）沼泽化草甸和土壤微生物群落的影响[J]．生态学报，37（2）：405-415.

[70] 魏亚伟，苏以荣，陈香碧，等，2010．人为干扰对桂西北喀斯特生态系统土壤有机碳、氮、磷和微生物量剖面分布的影响[J]．水土保持学报，24（3）：164-169.

[71] 熊康宁，陈永毕，陈浒，等，2011．点石成金：贵州石漠化治理技术与模式[M]．贵阳：贵州科技出版社.

[72] 徐永杰，汪阳东，周席华，等，2012．油桐幼林不同套种模式效益分析[J]．中国农学通报，28（1）：103-106.

[73] 薛沛沛，王兵，牛香，2013．大岗山不同海拔毛竹林土壤肥力的灰色关联度分析[J]．浙江农业学报，25（6）：1354-1359.

[74] 杨凤娟，刘世琦，王秀峰，2005．土壤硼水平对大蒜生理生化及产量和品质的影响[J]．中国农业科学，38（5）：1011-1016.

[75] 杨龙，熊康宁，肖时珍，等，2016．花椒林在喀斯特石漠化治理中的碳汇效益[J]．水土保持通报，36（1）：291-297.

[76] 喻阳华，王璐，钟欣平，等，2018．贵州喀斯特山区不同海拔花椒人工林地土壤质量评价[J]．生态学报，38（21）：7850-7858.

[77] 喻子恒，黄国培，张华，等，2017．贵州丹寨金汞矿区稻田土壤重金属分布特征及其污染评估[J]．生态学杂志，36（8）：2296-2301.

[78] 詹学齐，2018．马尾松林冠下套种阔叶树 20 年间土壤肥力变化[J]．北京林业大学学报，40（6）：55-62.

[79] 张华明，王昭艳，喻荣岗，等，2010．赣北丘陵区果园不同套种模式对退化红壤理化性质的影响[J]．水土保持研究，17（4）：258-261.

[80] 张璐，文石林，蔡泽江，等，2014．湘南红壤丘陵区不同植被类型下土壤肥力特征[J]．生态学报，34（14）：3996-4005.

[81] 张强，魏钦平，刘惠平，等，2011．苹果园土壤养分与果实品质关系的多元分析及优化方案[J]．中国农业科学，44（8）：1654-1661.

[82] 张润甲，2009．重庆喀斯特槽谷土地利用模式的探讨[D]．重庆：西南大学.

[83] 张文娟，廖洪凯，龙健，等，2015．种植花椒对喀斯特石漠化地区土壤有机碳矿化及活性有机碳的影响[J]．环境科学，36（3）：1053-1059.

[84] 张子龙，王文全，缪作清，等，2013．主成分分析在三七连作土壤质量综合评价中的应用[J]．生

态学杂志，32（6）：1636-1644.

[85] 赵青华，孙立涛，王玉，等，2014．丛枝植菌根真菌和施氮量对茶树生长、矿质元素吸收与茶叶品质的影响[J]．植物生理学报，50（2）：164-170.

[86] 周秋文，罗雅雪，张思琪，等，2017．喀斯特地区土壤可蚀性因子空间估算研究进展[J]．贵州师范大学学报（自然科学版），35（6）：16-21.

[87] 周玮，周运超，2010．北盘江喀斯特峡谷区不同植被类型的土壤酶活性[J]．林业科学，46（1）：136-141.

[88] 周新安，年海，杨文钰，等，2010．南方间套作大豆生产发展的现状与对策（Ⅰ）[J]．大豆科技，（3）：1-2.

[89] 周游游，黎树式，黄天放，2003．我国喀斯特森林生态系统的特征及其保护利用——以西南地区茂兰、木论、弄岗典型喀斯特森林区为例[J]．广西师范学院学报（自然科学版），16（3）：67-72.

[90] 周忠发，田涟祎，殷超，等，2017．人为干预下喀斯特峰丛盆地区不同土地利用类型的土壤理化性质[J]．贵州师范大学学报（自然科学版），35（4）：1-6，30.

[91] Al-Kaisi M M，Yin X H，2003. Effects of nitrogen rate，irrigation rate，and plant population on corn yield and water use efficiency[J]. Agronomy Journal，95（6）：1475-1482.

[92] Baxter I，2009. Ionomics：Studying the social network of mineral nutrients[J]. Current Opinion in Plant Biology，12（3）：381-386.

[93] Brejda J J，Karlen D L，Smith J L，et al.，2000. Identification of regional soil quality factors and indicators II. northern mississippi loess hills and palouse prairie[J]. Soil Science Society of America Journal，64（6）：2115-2124.

[94] Bruce V，Alain M，2008. The origin of clay minerals in soils and weathered rocks[M]. Berlin：Spinger-Verlag.

[95] Cheng J J，Ding C F，Li X G，et al.，2016. Soil quality evaluation for navel orange production systems in central subtropical China[J]. Soil and Tillage Research，155：225-232.

[96] Compant S，Clément C，Sessitsch A，2010. Plant growth-promoting bacteria in the rhizo-and endosphere of plants：Their role，colonization，mechanisms involved and prospects for utilization[J]. Soil Biology and Biochemistry，42（5）：669-678.

[97] Datta R，Sarkar D，2004. Arsenic geochemistry in three soils contaminated with aodiumarsenite pesticide：An incubation study[J]. Environmental Geosciences，11（2）：87-97.

[98] Doran J W，Zeiss M R，2000. Soil health and sustainability：Managing the biotic component of soil quality[J]. Applied Soil Ecology，15（1）：3-11.

[99] Duval M E，Galantini J A，Martinez J M，et al.，2016. Sensitivity of different soil quality indicators to assess sustainable land management：Influence of site features and seasonality[J]. Soil and Tillage Research，159：9-22.

[100] Güsewell S，2004. N：P ratios in terrestrial plants：Variation and functional significance[J]. New Phytologist，164（2）：243-266.

[101] Hänsch R，Mendel R R，2009. Physiological functions of mineral micronutrients（Cu，Zn，Mn，Fe，Ni，Mo，B，Cl）[J]. Plant Biology，12（3）：259-266.

[102] Jin Z Z，Lei J Q，Xu X W，et al.，2008. Evaluation of soil fertility of the shelter-forest land along the Tarim Desert Highway[J]. Chinese Science Bulletin，53（S2）：125-136.

[103] Larson W E，Pierce F J，1991. Conservation and enhancement of soil quality[C]. Evaluation for sustainable Land management in the developing world：proceedings of the international Workshop on Evaluation for Sustainable Land management，Chiang Rai，Thailand，september 15-24 1991. Bangkok，Thailand：International Board for Soil Research and Management Press.

[104] Lithourgidis A S，Dordas C A，Damalas C A，et al.，2011. Annual intercrops：an alternative pathway for sustainable agriculture[J]. Australian Journal of Crop Science，5（4）：396-410.

[105] Long J，Liao H K，Li J，et al.，2012. Relationships between soil and rocky desertification in typical karst mountain area based on redundancy analysis[J]. Environmental Science，33（6）：2131-2138.

[106] Marzaioli R，D'Ascoli R，De Pascale R A，et al.，2010. Soil quality in a Mediterranean area of southern Italy as related to different land use types[J]. Applied Soil Ecology，44（3）：205-212.

[107] Ouyang W，Xu Y，Hao F，et al.，2013. Effect of long-term agricultural cultivation and use conversion on soil nutrient contents in the Sanjiang Plain[J]. Catena，104：243-255.

[108] Pirmoradian N，Sepaskhah A R，Maftoun M，2004. Deficit irrigation and nitrogen effects on nitrogen-use efficiency and grain protein of rice[J]. Agronomie，24（3）：143-153.

[109] Post W M，Emanuel W R，Zinke P J，et al.，1982. Soil carbon pools and world life zones[J]. Nature，298（5870）：156-159.

[110] Singh U M，Sareen P，Sengar R S，et al.，2013. Plant ionomics：A newer approach to study mineral transport and its regulation[J]. Acta Physiologiae Plantarum，35（9）：2641-2653.

[111] Szumigalski A R，Van Acker R C，2006. Nitrogen yield and land use efficiency in annual sole crops and intercrops[J]. Agronomy Journal，98（4）：1030-1040.

[112] Tian H Q，Chen G S，Zhang C，et al.，2010. Pattern and variation of C：N：P ratios in China's soils：A synthesis of observational data[J]. Biogeochemistry，98（1-3）：139-151.

[113] Tipping E，Somerville C J，Luster J，2016. The C：N：P：S stoichiometry of soil organic matter[J]. Biogeochemistry，130（1-2）：117-131.

[114] Wang M，Moore T R，2014. Carbon，nitrogen，phosphorus，and potassium stoichiometry in an ombrotrophic peatland reflects plant functional type[J]. Ecosystems，17（4）：673-684.

[115] Xu X F，Thornton P E，Post W M，2013. A global analysis of soil microbial biomass carbon，nitrogen and phosphorus in terrestrial ecosystems[J]. Global Ecology and Biogeography，22：737-749.

[116] Zhou Z H，Wang C K，2015. Reviews and syntheses：Soil resources and climate jointly drive variations in microbial biomass carbon and nitrogen in China's forest ecosystems[J]. Biogeosciences Discussions，12（14）：6751-6760.

第5章　顶坛花椒生长与环境的关系及衰退原因分析

顶坛花椒属芸香科落叶灌木或小乔木，喜温暖湿润气候，耐寒性较差，在年均气温18℃以上、年降水量1 000 mm以上、海拔800 m以下的地方生长较好，是贵州省关岭县花江峡谷低热河谷地带特有的生态经济树种。受地形地貌、土壤、气候等自然条件的影响，其有颗粒硕大、麻味纯正、清香扑鼻、颜色青绿的特点，含有人体必需的VB1、VB2、VE等维生素类黄酮，Mg、Fe、Zn、Se等微量元素，以及亚麻酸、亚油酸等多种不饱和脂肪酸，具有较高的药用价值；同时因其具有喜钙、耐旱、保持水土、适应性强等特点，成为该区保持水土的主要经济树种（任世超，2016）。但近年来由于土地过度经营、土壤水肥条件差、病虫害泛滥等问题使得顶坛片区花椒的生理因子与环境因子出现了不同程度的变化，并逐步表现出以开黄花等为典型标志的衰老退化，出现花椒生长能力放缓、树龄缩短、品质退化甚至植株衰退或死亡的现象（韦昌盛等，2016）。因此，分析顶坛花椒生长与环境的关系及衰退原因，探讨花椒在喀斯特石漠化脆弱生境中的生长机制，可为科学合理地恢复花椒生产力、实现花椒可持续经营提供理论依据，为该区生态环境治理、生态产业扶贫提供条件。

5.1　顶坛花椒人工林生态化学计量特征

石漠化是指在脆弱喀斯特生态环境下人类过度干扰诱发地表出现类似于荒漠化景观的演变过程或结果，导致生态系统结构退化和功能降低，植被恢复成为黔中石漠化地区生态治理的首选。贞丰县北盘江镇、关岭县花江镇自1992年起大规模种植顶坛花椒（*Zanthoxylum planispinum* var. *dintanensis*），在石漠化地区退化生态系统恢复和山区社会经济建设中发挥了显著作用，顶坛花椒被认为是喀斯特石漠化山区恢复较好的物种选择（龙健等，2012）。C是植物结构性元素，N、P是功能限制性元素（Güsewell，2004），它们作为土壤中不可替代的生源要素，是表征土壤肥力质量的重要因子（Spieles et al.，2000），作为植物基本化学元素，在其生长和各种生理调节机制中发挥着积极作用（Fan et al.，2015）。生态化学计量学是研究生态系统能量和多重化学元素平衡及其与生态系统功能效应关系的科学（陈军强等，2013），统一了不同生物学科层次，结合了物理学、化学和生物学等多种学科理论，为研究生态系统养分限制与循环提供了新思路和新手段（曾德慧等，2005；贺金生等，2010）。

诸多学者开展了人工林生态化学计量学的研究。汪宗飞等（2018）研究揭示了人工油松（*Pinus tabuliformis*）林植物、凋落物和土壤生态化学计量之间的互动关系，表明各层次生态化学计量特征随林龄的变化趋势各异。Zhang 等（2016b）研究了不同年龄梭梭（*Haloxylon ammodendron*）叶片的生态化学计量和形态特征，通过二者结合能够反映梭梭的退化趋势。Fan 等（2015）研究了亚热带桉树人工林土壤生态化学计量特征与林龄的关系，发现化学计量受到森林生长和物种组成的影响。Cao 等（2017a）研究了黄土高原刺槐林的土壤生态化学计量特征，揭示了刺槐林的生长衰退规律。在生态化学计量特征的海拔分异规律研究方面，许雪赟等（2018）研究了青藏高原火绒草叶片生态化学计量特征的海拔变异特征，结果显示其随海拔升高而降低。Feng 等（2013）的研究结果显示，海拔 2 600～3 500 m 的滇东高山栎（*Q. aquifolioides*）叶片 N 含量随海拔升高而升高，印证了海拔影响叶片生态化学计量特征（Reich et al.，2004）。付作琴等（2019）研究表明武夷山黄山松老叶较新叶对不同海拔土壤养分状况响应更敏感，更能指示土壤肥力特征；同时，黄山松细根 C、N 受海拔影响不显著，P、N∶P 受海拔影响显著（陈晓萍等，2018）。由此可见，生态化学计量可以表征植物的生态策略，是指示植物生长、生产力和生态系统功能的重要指标（Cao et al.，2017）。通过探讨元素的化学计量特征，能够在一定程度上反映植物的营养利用效率，判断限制生产力的元素类型（Elser et al.，2007；Wang et al.，2014b），在探究花椒人工林养分限制状况与生产力方面具有重要意义。

但是，目前未见同一人工林生态化学计量特征随海拔变化的报道，且植物生态化学计量特征随海拔的分异规律尚无确切定论。基于此，本节以黔中喀斯特石漠化地区顶坛花椒人工林为对象，研究其植物、凋落物和土壤的 C、N、P、K 含量，试图回答以下 3 个科学问题：①揭示顶坛花椒人工林生态化学计量特征及其海拔分异规律；②探讨顶坛花椒人工林“植物-凋落物-土壤”主要元素计量特征的内在关联；③阐明顶坛花椒人工林养分丰缺特征。这对于人们更深入地认识顶坛花椒人工林的养分循环规律和元素丰缺机制具有重要的科学价值。

5.1.1 研究方法

（1）样地设置与实验设计

于 2018 年 6 月顶坛花椒旺盛生长季节，根据海拔变化并结合植物生长状况将花椒种植区域划分为 5 个样地。每个样地内按照海拔、坡度、坡位、坡向、土壤厚度等立地条件，以及林龄、植株长势等生长条件较为近似的原则，设置 3 个 10 m×10 m 的标准样方，每个样方之间距离大于 10 m。测定样地的海拔、经度、纬度、土壤厚度、种植密度、平均树高、平均冠幅（表 5-1）。

表 5-1　各样地基本信息

样点编号	海拔/m	经度	纬度	土壤厚度/cm	平均密度/m	平均树高/m	平均冠幅/m
YD1	582	105°38′15″	25°39′16″	15	2×2	2.2	2×3
YD2	670	105°38′35.5″	25°39′23.2″	25	2×2.5	4.2	3×2.8
YD3	722	105°39′5.2″	25°39′37.4″	20	2.5×2.5	2.8	2×2.5
YD4	814	105°39′5.2″	25°39′43.2″	22	2×2.5	2.5	3×2.5
YD5	877	105°39′34.2″	25°40′2.6″	18	2×1.8	2.1	2×2.2

注：YD1～YD5 为花椒样地 1～5。下同。

（2）样品采集与指标测定

在每个标准样方内随机选取 3 株成熟花椒，分别采集 20～30 片生长健康、完全展开的成熟叶片，混合后取 60～80 g 作为一份样品。每个样方下按照梅花五点法收集凋落物，同时在采集凋落物样品的地方，采集 0～20 cm 表层土壤（由于研究区土层浅薄，不足 20 cm 的以实际深度为准）。由于顶坛花椒根系为浅根系，且多栽培于石沟、石缝、石槽等小生境，人为施肥通常在距离树干 10～30 cm 内，因而取样时尽量避开这一区域，减少施肥、除草等经营管理措施的干扰。5 个样地共采集到植物叶片、凋落物和土壤样品各 15 份（5 个样地×3 个标准样方作为重复），样品充分混合均匀后带回实验室。叶片、凋落物样品置于恒温干燥箱中 65℃烘干至恒质量，研细并充分混匀；土壤剔除可见石粒、根系及动植物残体，自然风干后研磨至 95%的样品通过 2 mm 筛。制得的样品于玻璃瓶中密封保存，用于养分分析。

叶片、凋落物和土壤有机碳（Organic carbon，OC）采用重铬酸钾外加热法测定，TN、TP、TK 测定方法见第 4 章“4.1.1 研究方法”中第（2）部分。

（3）数据处理与分析

采用 Excel 2010 软件进行数据初步整理，使用 SPSS 20.0 软件对数据进行分析，采用单因素方差分析（one-way ANOVA）对植物、凋落物、土壤养分含量以及生态化学计量比进行差异性检验，并使用最小显著差数（LSD）法进行多重比较，采用 Pearson 相关分析法探究各组分养分含量及其生态化学计量特征之间的相关关系。数据表达形式为平均值±标准差，显著性水平均设定为 P=0.05，极显著性水平均设定为 P=0.01，下同。利用 OriginPro 8.5.1 制图。

5.1.2　植物、凋落物、土壤中 C、N、P、K 含量特征

（1）植物叶片 C、N、P、K 含量特征

叶片 OC 以 YD4 最小（228.10 g/kg），显著低于 YD1、YD2、YD3 和 YD5，且除 YD4 外，其他 4 个样地之间差异不显著；TN 随海拔升高表现出先降低后显著增加的变化特征；TP 以 YD5 最低（2.16 g/kg）、YD2 和 YD3 最高，随海拔的变化趋势与 TN 相反；TK 在不同海拔样地之间差异显著，与 TP 表现出相似的变化规律（图 5-1）。

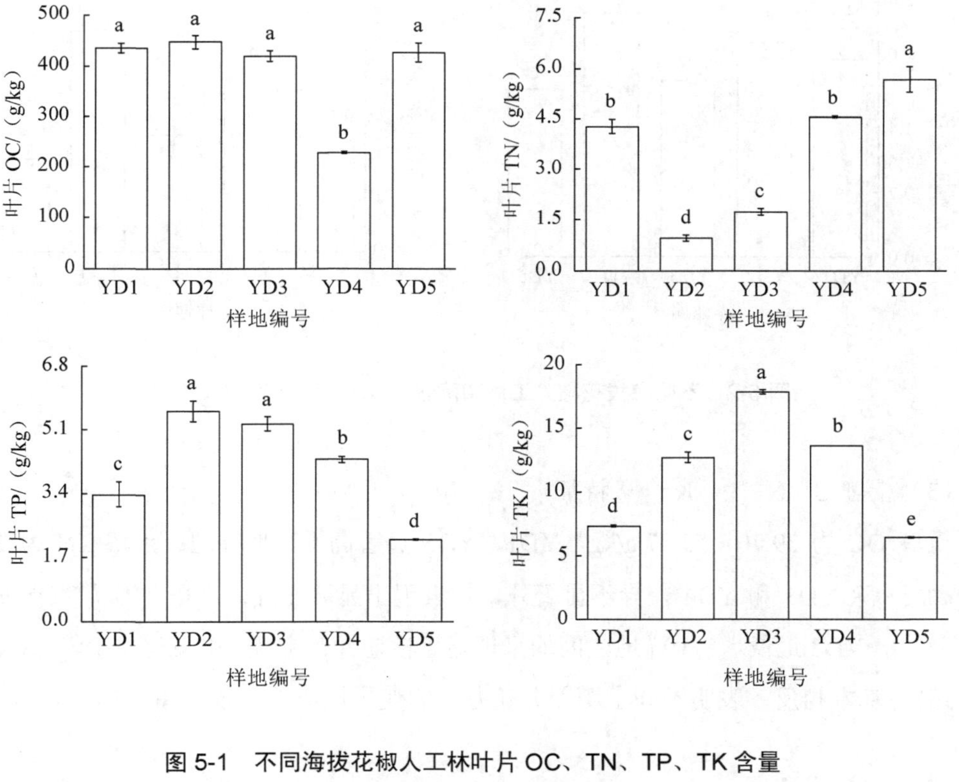

图 5-1　不同海拔花椒人工林叶片 OC、TN、TP、TK 含量

注：图中 a～e 表示养分之间的差异显著性，不同字母表示达到显著水平（P＜0.05）；YD1～YD5 为花椒样地 1～5。下同。

（2）凋落物 C、N、P、K 含量特征

凋落物 OC、TP 含量随海拔的变化规律均不明显。TN 以 YD5 为最高（4.65 g/kg）、YD3 为最低（1.31 g/kg），各样地之间均呈显著差异；TK 以 YD4 最高、YD5 最低，YD1、YD3 之间差异不显著，与其余样地均呈显著差异（图 5-2）。

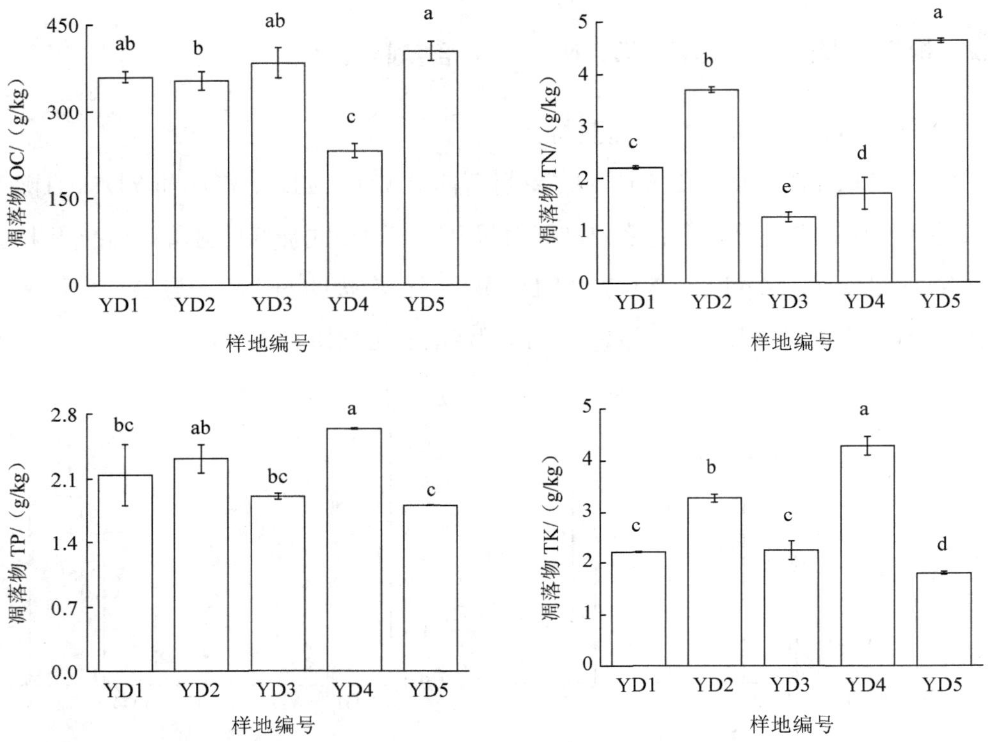

图 5-2　不同海拔花椒人工林凋落物 OC、TN、TP、TK 含量

（3）土壤 C、N、P、K 含量特征

土壤 OC 为 29.70～53.17 g/kg，YD1、YD5 显著高于其他样地；土壤 TN 为 2.99～6.41 g/kg，除 YD3 和 YD4 差异不显著外，均表现出显著差异；土壤 TP 以 YD5 最高、YD1 次之，YD2 最低，5 个样地之间均呈现显著性差异；土壤 TK 变化与土壤 OC、TN、TP 的趋势基本相反，表明不同土壤养分随海拔的变化规律不一致（图 5-3）。

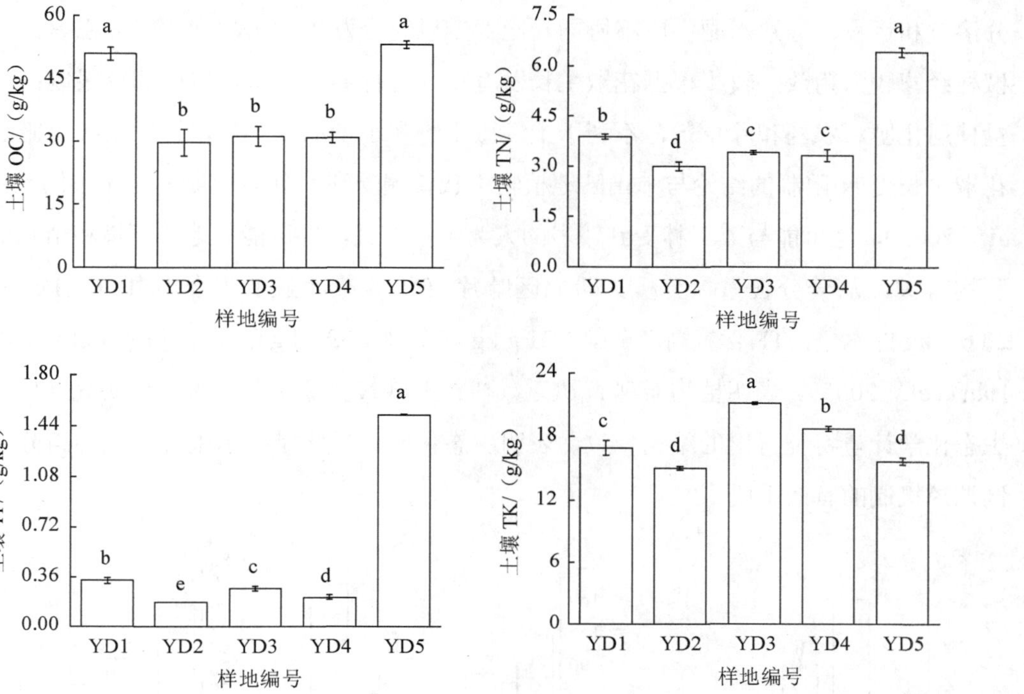

图 5-3　不同海拔花椒人工林土壤 OC、TN、TP、TK 含量

5.1.3　植物、凋落物、土壤中 C、N、P、K 化学计量特征

（1）植物叶片 C、N、P、K 生态化学计量特征

植物 C、N、P、K 含量及其生态化学计量特征受到环境和植物的共同影响，揭示了植物对养分亏缺、水分胁迫等不利生境的防御和适应策略（王凯博等，2011；肖遥等，2014），指示元素限制状况（Yamazaki et al.，2013；Pan et al.，2015）。本研究结果表明（图 5-4），叶片 C∶N 以 YD2 最高、YD3 次之，YD1、YD4 和 YD5 较低且差异不显著；C∶P、C∶K 的变化规律相似，均随海拔上升先降低后升高，并以 YD5 为最高；N∶P、N∶K 的变化规律相同，呈先降低后升高的趋势（YD2 和 YD3 之间差异不显著）；P∶K 在 YD1 和 YD2 之间、YD3～YD5 之间均呈不显著差异（图 5-4）。生态化学计量学应用的一个重要方面是根据植物叶片 N∶P 值判断其生长的养分供应状况（曾昭霞等，2015），N∶P＜14 的植物生长主要受 N 元素限制，N∶P＞16 的植物生长主要受 P 元素限制，N∶P 处于二者之间为 N、P 共同限制（Aerts et al.，1999；Koerselman et al.，1996）。本节叶片 N∶P 值为 0.17～2.62，表明顶坛花椒生长更多受到 N 元素限制，分析原因有：一

是花椒林地土层浅薄、土壤肥力退化，加之地表-地下二元漏失加剧了干旱胁迫，阻碍养分溶解和运移，导致水肥供应不协同，肥效难以充分发挥，影响叶片养分积累；二是花椒林经营较为粗放，较少根据花椒生长发育特征进行养分管理，造成养分限制；三是大量使用化肥、农药和除草剂，不利于土壤微生物和小型动物生长，抑制系统自肥能力。花椒生长受N限制的结论与中国陆地植物生长普遍受到P元素限制的结论不同（Han et al.，2005），这可能与人工林受到较多的人为干预有关，也可能与地质环境和植物的吸收利用有关。从养分含量上分析，研究区叶片 TN 含量明显低于全国 18.6 g/kg 和全球 20.6 g/kg 的水平，TP 含量高于全国 1.21 g/kg 和全球 1.99 g/kg 的水平（Elser et al.，2000a；Han et al.，2005），表明植物器官N匮乏，补充土壤N元素尤为必要。该研究结果与依据生态化学计量特征得出的结论一致，表明生态化学计量学是揭示生态系统各组分养分比例调控机制的有效手段。

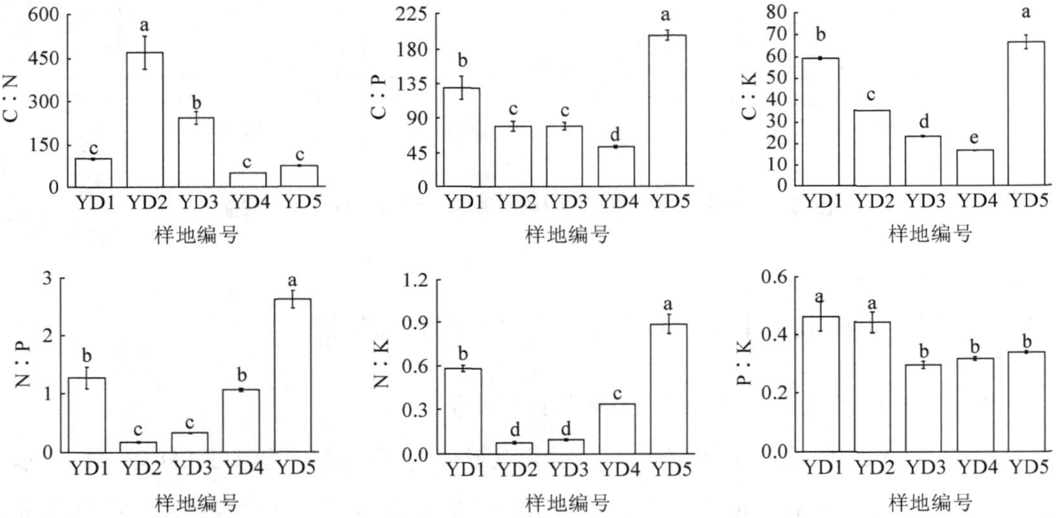

图 5-4 不同海拔花椒人工林叶片生态化学计量特征

（2）凋落物 C、N、P、K 生态化学计量特征

凋落物是生态系统中碎屑食物链的起点，作为有机碳和养分的储存库（杨玉盛等，2004），其降解为森林生长带来了 70%～90%的养分（赵其国等，1991），是矿质养分归还土壤的主要途径，是土壤养分的重要来源。研究区凋落物 C∶N 以 YD3 最大，随海拔的变异规律不明显；C∶P 在 YD3、YD5 最高，YD4 最低；C∶K、N∶K 均以 YD5 最高、YD4 最低；N∶P 以 YD5 最高、YD3 和 YD4 最低；P∶K 在 YD1、YD3 和 YD5 之间，YD2 和 YD3 之间，以及 YD2 与 YD4 之间均无显著差异（图 5-5）。研究区凋落物 TN 含

量相较于全球尺度的 10.9 g/kg 低，而 TP 含量较全球平均水平（0.90 g/kg）要高（Kang et al.，2010），结合叶片的养分含量特征综合分析，说明凋落物和叶片的 N、P 格局较为一致，表明凋落物继承了叶片的特性，这与王宝荣等（2017）在黄土高原子午岭林区的研究结果一致。已有研究表明凋落物 N：P 值是影响其分解和养分归还速率的主要因素之一，较低的 N：P 值使凋落物更易分解，凋落物 N：P＞25 则表明其分解较慢，有利于养分的存储（潘复静等，2011）。顶坛花椒人工林凋落物的 N：P 值较低，表明易于分解，原因是顶坛花椒凋落物蓄积量较少，地被草本凋落成为林分凋落物层的主体，加速了凋落物的分解速率。林下草本层的生态效应包括养分竞争、覆土保墒、促进元素循环、提高物种丰富度等，人工林经营过程中应当对这些生态效应进行权衡与协同，合理配置和调整群落结构，优化对垂直空间资源的利用。但是，较快的分解速率不利于养分存储，因此应及时向顶坛花椒人工林土壤补充养分，尤其是 1 月底—2 月初的保花保果肥、4—5 月的壮果肥、8 月的长枝肥和 11 月的催花肥。凋落物 C：N 越高，说明 N 含量越低，越不利于微生物对有机质的分解（马文济等，2014），结果表明 YD3 的土壤环境对微生物的分解作用更为不利，原因可能是该区域使用除草剂和杀虫剂的频次更高，限制了部分生物活动。

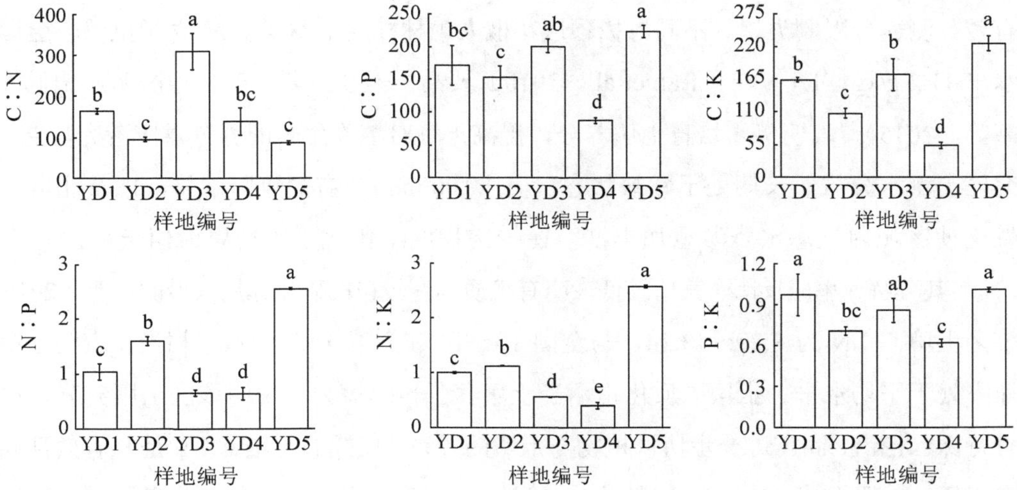

图 5-5　不同海拔花椒人工林凋落物生态化学计量特征

（3）土壤 C、N、P、K 生态化学计量特征

由图 5-6 可知，土壤 C：N 在 YD2～YD5 之间差异不显著，且均与 YD1 呈显著差异；C：P 在 YD1、YD2 和 YD4 之间，YD3 和 YD4 之间未达到显著差异；C：K、N：K、P：

K 均以 YD5 为最高；N∶P 以 YD2 和 YD4 最高、YD5 最低，随海拔的变化规律不明显。研究结果表明 P、K 来源相对稳定。

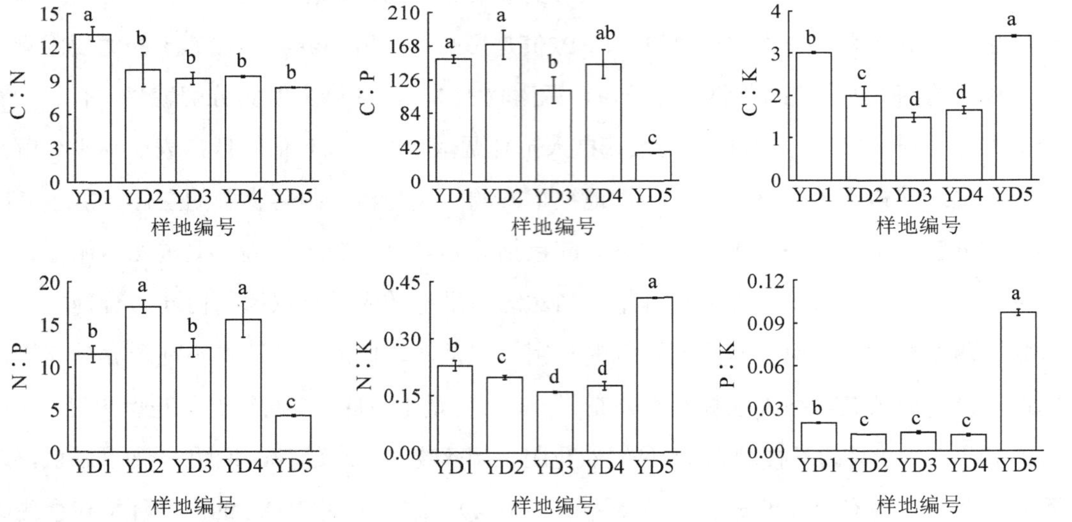

图 5-6 不同海拔花椒人工林土壤生态化学计量特征

土壤 N、P 是植物生长所必需的矿质养分和生态系统中常见的限制性元素，其比值能够有效预测养分限制类型。不同海拔顶坛花椒人工林样地土壤 C、N 含量虽然较全国平均水平 11.2 g/kg、1.1 g/kg（Tian et al.，2010）要高，但较广西喀斯特地区明显偏低（曾昭霞等，2015），表明仍需培育土壤养分，提高土壤对植物生长的养分供应潜力与能力。研究区土壤水分虽然长期处于亏缺状态，但 1 100 mm 左右的年降水量，以及北盘江蓄水发电使区域内气态水资源愈加丰富，在一定程度上优化了水热资源组合格局。土壤 C∶N 与其分解速率成反比，其值较低表明有机质具有较快的矿化作用（曾昭霞等，2015），研究区土壤 C∶N 为 8.29～13.14，与全国 10～12 和全球 14.3 的水平相当，表明土壤矿化速率处于平均水平。土壤矿质化指示了土壤养分转化潜力，说明该区土壤养分转化能力有待深入挖潜，尚需进一步协调植物与土壤的关系。较低的土壤 C∶P 是 P 有效性高的一个指标（王绍强等，2008），对植物生长发育具有重要影响。研究区土壤 C∶P 值较高，指示速效 P 的水平较低，原因是顶坛花椒属于浅根系，受生长空间限制，产生窝根现象，根系分泌物对养分的活化、提取能力较低；同时，有机肥补充数量不足，导致可供根系吸收的速效态养分含量较为有限。因此，了解顶坛花椒人工林养分吸收、利用策略以及土壤养分状况等信息，有助于深刻认识生态系统养分循环与系统稳定机制。

5.1.4　植物、凋落物、土壤养分含量与化学计量的相关性

（1）叶片与土壤养分含量及生态化学计量的相关性

由表 5-2 可知，土壤 C、N、P 与叶片 N、P、K 含量表现出显著或极显著相关，表明叶片养分与土壤养分之间存在较强的依赖关系；土壤 C、N、P 与叶片 C∶P、C∶K、N∶P、N∶K 之间呈现显著或极显著正相关关系；土壤 C∶P、C∶K、N∶P、N∶K、P∶K 与叶片 C∶P、C∶K、N∶P、N∶K 之间均表现出显著或极显著的相关关系（土壤 C∶P 与叶片 C∶K 除外），表明土壤元素动态平衡能够影响叶片养分蓄存特征。

表 5-2　花椒林地土壤及叶片 C、N、P、K 含量与生态化学计量之间的相关性

土壤	叶片									
	OC	TN	TP	TK	C∶N	C∶P	C∶K	N∶P	N∶K	P∶K
OC	0.372	0.718*	−0.908**	−0.882**	−0.531	0.899**	0.930**	0.826**	0.914**	0.253
TN	0.233	0.727*	−0.880**	−0.693*	−0.499	0.928**	0.760*	0.937**	0.895**	−0.178
TP	0.241	0.658*	−0.820**	−0.639*	−0.413	0.901**	0.714*	0.897**	0.837**	−0.209
TK	−0.353	−0.160	0.339	0.726*	−0.240	−0.486	−0.620	−0.351	−0.395	−0.624
C∶N	0.235	−0.044	−0.025	−0.290	0.006	−0.047	0.261	−0.186	0.010	0.678*
C∶P	−0.144	−0.572	0.673*	0.362	0.466	−0.746*	−0.493	−0.776**	−0.686*	0.448
C∶K	0.431	0.652*	−0.874**	−0.951**	−0.369	0.924**	0.972**	0.817**	0.894**	0.361
N∶P	−0.307	−0.659*	0.828**	0.589	0.524	−0.893**	−0.734*	−0.849**	−0.833**	0.210
N∶K	0.303	0.665*	−0.851**	−0.785**	−0.360	0.940**	0.822**	0.907**	0.877**	−0.005
P∶K	0.248	0.652*	−0.819**	−0.661*	−0.391	0.904**	0.726*	0.896**	0.837**	−0.177

注：**为极显著相关（$P<0.01$），*为显著相关（$P<0.05$）。下同。

（2）凋落物与土壤养分含量及生态化学计量的相关性

由表 5-3 可知，土壤 N、P、C∶K、N∶P、N∶K、P∶K 与凋落物 C∶K、N∶P、N∶K 之间均存在显著的相关性，说明凋落物与土壤之间存在较强的养分转换效率；但是土壤养分含量、化学计量与凋落物 C∶N、C∶P、P∶K 的相关性总体偏弱，表明土壤并非完全继承凋落物中的养分。

表 5-3　花椒林地土壤及凋落物 C、N、P、K 含量与生态化学计量之间的相关性

土壤	凋落物									
	OC	TN	TP	TK	C∶N	C∶P	C∶K	N∶P	N∶K	P∶K
OC	0.459	0.472	−0.479	−0.683*	−0.335	0.504	0.691*	0.578	0.717*	0.810**
TN	0.493	0.668*	−0.606	−0.620	−0.370	0.621	0.744*	0.807**	0.910**	0.655*
TP	0.505	0.715*	−0.591	−0.597	−0.382	0.621	0.731*	0.843**	0.931**	0.623

土壤	凋落物									
	OC	TN	TP	TK	C：N	C：P	C：K	N：P	N：K	P：K
TK	−0.197	−0.861**	0.005	0.069	0.881**	−0.094	−0.112	−0.756*	−0.642*	−0.117
C：N	−0.055	−0.264	0.223	−0.079	0.017	−0.197	−0.100	−0.330	−0.282	0.227
C：P	−0.517	−0.454	0.656*	0.618	0.040	−.667*	−0.753*	−0.630	−0.753*	−0.600
C：K	0.472	0.677*	−0.440	−0.617	−0.539	0.487	0.643*	0.742*	0.825**	0.724*
N：P	−0.600	−0.459	0.681*	0.775**	0.079	−0.709*	−0.855**	−0.633*	−0.795**	−0.819**
N：K	0.493	0.818**	−0.544	−0.566	−0.550	0.580	0.687*	0.914**	0.971**	0.600
P：K	0.499	0.748*	−0.577	−0.582	−0.424	0.608	0.715*	0.866**	0.944**	0.608

5.1.5 顶坛花椒人工林可持续经营策略

顶坛花椒人工林在石漠化地区生态和经济建设中发挥了举足轻重的作用，但是近年来发生以开黄花、出现黄叶、枯死等为典型标志的大面积快速生长衰退现象，花椒产量和品质下降，推测矿质养分数量亏缺和计量关系失衡是主要诱因，成为植被恢复建设所面临的重大生态环境问题之一，因而开展花椒人工林可持续经营研究具有重要的理论和现实意义。首先，在养分管理上，顶坛花椒生长更多地受到 N 元素限制，应当施用有机肥特别是农家肥，提高矿质养分的回补量，实现元素含量丰富和生态化学计量平衡。其次，土壤速效养分不足且矿化速率不高，这与研究区土壤有机质含量偏少、微生物活性较低有关，也与植株根系的分布范围与分泌能力相关，因而培育土壤团粒结构、形成团聚体，是提高养分储存与供应潜力的有效措施。最后，在林分结构优化调控上，现有顶坛花椒人工林凋落物层数量少、分解快，不利于养分的蓄存，加之顶坛花椒人工林树种组成单一，生态系统稳定度低、抗逆性弱，因此配置矮秆构树等落叶阔叶灌木树种，营造混交林，优化植物群落结构，能够实现基于生物多样性的林分稳定。

5.2 干热河谷石漠化区顶坛花椒叶片功能性状的海拔分异规律

植物功能性状是植物在长期进化过程中为降低外界环境干扰，适应并利用周围环境中各种资源所形成的形态、生理和物候等属性（孟婷婷等，2007），能够揭示植物适应环境的能力与策略。叶片是捕获转换光能、生产有机物最重要的器官，与植物生存发展（Wohlfahrt et al.，2010）、生态系统服务功能（Lundholm et al.，2015）等密切相关。近年来，诸多学者开展了植物功能性状随海拔变异的研究。何桂萍等（2018）研究表明摩天岭木本植物叶片功能性状在物种和群落水平上沿海拔梯度变化的规律一致；李宗杰等

（2018）发现植物叶片 TN、TP 含量在高海拔地区随海拔降低，而在低海拔地区相反，揭示了叶片功能性状对不同环境的响应；李曼等（2017）分析了不同海拔黄山松枝-叶大小的权衡关系，验证了植物的资源利用策略和权衡机制；王元元等（2016）和刘玉平等（2017）阐明随着海拔上升，土壤水分含量减少，叶片厚度和叶干物质质量逐渐增加，揭示了叶片性状变化的目的是降低植物蒸腾、提高储水能力和光合效率。上述结果均表明植物功能性状沿海拔梯度变化会发生变异，其特征、权衡与协同关系能够揭示植物利用资源环境的生存策略。故本研究通过探究植物叶片功能性状特征及其变化规律，阐明植物对环境的适应机制，揭示物种分布格局的形成机理，对生态修复的物种筛选、培育奠定科学基础。

顶坛花椒（*Zanthoxylum planispinum* var. *dintanensis*）具有喜钙、耐旱、适应性强等特点，是重要的水土保持经济树种（李安定等，2008a；鲍乾等，2017），对黔中喀斯特区石漠化治理和生态经济功能提升具有重要作用（李苇洁等，2010）。贵州关岭花江喀斯特峡谷的顶坛花椒种植年限已有 30 余年，且其种植规模达 46 km^2 以上，建植了相对稳定的人工林群落，与环境之间形成了协同耦合的互作关系，为开展基于植物功能性状的人工林适应机理研究奠定了基础。目前，顶坛花椒林存在林龄降低、产量减少和地力贫瘠等生长衰退现象（黄伟等，2018），对顶坛花椒人工林进行复壮，能够巩固来之不易的石漠化治理成果，促进当地生态经济发展。基于此，以顶坛花椒人工林为研究对象，探讨其叶片功能性状之间的内在关联及海拔分异规律，揭示顶坛花椒对不同海拔生境的适应对策，旨在为顶坛花椒人工林的生态调控、喀斯特石漠化区生态修复提供科学依据。

5.2.1 研究方法

（1）野外调查与样品采集

1）样地设置

2018 年 6 月，根据气候、河谷位置（谷底、谷坡、谷顶）、顶坛花椒种植分布现状，将种植区域划分为 5 个样地，每个样地大小为 800 m^2，依次为南亚热带干热河谷气候—谷底、南亚热带干热河谷气候—缓冲区、南亚热带干热河谷气候—谷坡、气候过渡区—谷坡、中亚热带河谷气候—谷顶，样地分别记为 YD1～YD5。在每个样地内根据花椒林立地和生长条件近似的原则，设置 3 个 10 m×10 m 的样方，样方间的间距大于 10 m。测定并记录样地的海拔、经度、纬度、土壤厚度、种植密度、平均株高和平均冠幅（表 5-1）。

2）样品采集

在设置的每个样方内选取 3～5 株生长良好、大小一致、没有遮阴的个体，作为该生境下顶坛花椒的代表植株。选择 10 片完全展开、未被损伤的成熟叶片进行采集，将采集的叶片置于两片湿润的滤纸之间，放入自封袋内，带回实验室用于植物功能性状测定；另采集约 200 g 的混合叶片制成样品，用于叶片养分测定。

每个样方按照梅花五点法进行土样采集，因人工施肥为距离树干 10～30 cm 范围内，且种植区域多在石沟、石缝、石槽等小生境中，故采样点应避开施肥区域，取土深度为 0～20 cm（不足 20 cm 的以实际为准），采样时首先剔除土体表面的凋落物、动植物残体和碎石，将样方内各样品混制成 1 个土壤样品装入自封袋保存并带回实验室，土样于室内自然风干、研磨，过 2 mm 与 0.15 mm 筛后用于后续理化性质分析。

3）指标测定方法

叶片厚度（Leaf thickness，LT）采用精度为 0.01 mm 的电子游标卡尺在叶片沿着主脉方向均匀选 3 个点（上、中、下）测量（避开叶脉）；采用 Delta-T 叶面积仪（Cambridge，UK）扫描测定叶面积（Leaf area，LA）；用精度为 0.000 1 g 的电子分析天平称取叶片鲜重（Leaf fresh weight，LFW），将叶片放入 60℃烘箱内 48 h，取出后称取叶干重（Leaf dry weight，LDW）；利用式（5-1）～式（5-3）计算比叶面积（Specific leaf area，SLA）、叶干物质含量（Leaf dry matter content，LDMC）与叶片含水率（Leaf water content，LWC）。

$$\mathrm{SLA=LA/LDW} \tag{5-1}$$

$$\mathrm{LDMC=LDW/LFW} \tag{5-2}$$

$$\mathrm{LWC=(LFW-LDW)/LFW} \tag{5-3}$$

叶片、土壤 OC 测定方法见本章“5.1.1 研究方法”中第（2）部分，TN、TP、TK、AN、AP、AK 测定方法见第 4 章“4.1.1 研究方法”中第（2）部分。pH 测定方法见第 4 章“4.2.1 研究方法”中第（2）部分。

（2）数据处理

运用软件 Excel 2010 对数据进行初步整理，采用 SPSS 19.0 对植物叶片功能性状、土壤化学性质进行单因素方差分析（one-way ANOVA）差异性检验，采用 Pearson 相关性法分析叶片功能性状间的相关性，用 Origin 8.0 制图。通过 R 语言 Vegan 包对顶坛花椒的叶片功能性状和土壤因子关系进行冗余分析（Redundancy analysis，RDA）；数据表达形式为平均值±标准差。

5.2.2 顶坛花椒叶片功能性状及其海拔分异规律与适应策略

（1）叶片功能性状随海拔的变化特征

由图 5-7 可知，各功能性状变幅为：LT 为 0.301～0.335 mm，LWC 为 59.97%～68.94%，

LA 为 8.161～13.678 cm^2，SLA 为 90.349～133.529 cm^2/g，LDMC 为 34.647%～40.029%，LTN 为 0.957～5.689 g/kg，LTP 为 2.171～5.602 g/kg，LTK 为 6.418～17.869 g/kg，LOC 为 393.256～770.195 g/kg。随着海拔升高，SLA、LTP、LTK、LWC 呈现先升高后降低的特征，依次在 YD2～YD4、YD2～YD3、YD3、YD4 达到最高水平；LT 在 YD1～YD4、LA 在 YD1～YD3 无显著差异，均随海拔的升高而增大，最大值在 YD5；LDMC、LTN 及 LOC 先降低后逐渐升高。

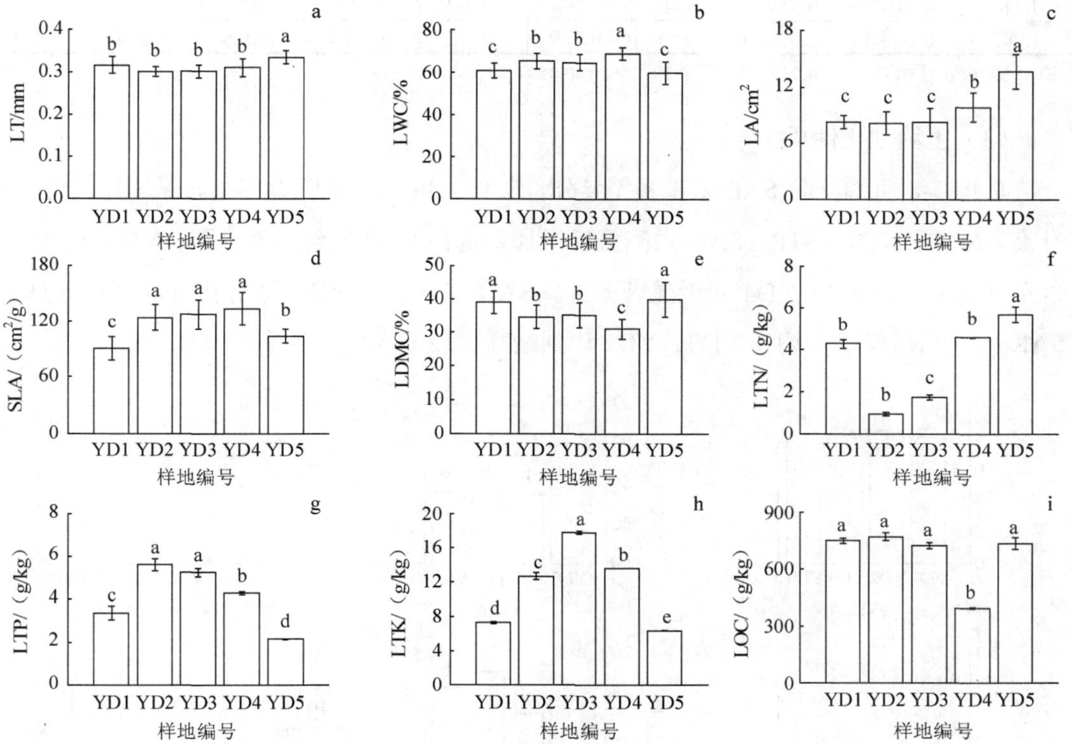

图 5-7　不同样地顶坛花椒叶片功能性状

注：LT 为叶片厚度；LA 为叶片面积；SLA 为比叶面积；LWC 为叶片含水率；LDMC 为叶干物质含量；LTN 为叶全氮；LTP 为叶全磷；LTK 为叶全钾；LOC 为叶片有机碳。不同小写字母表示差异达显著水平（$P<0.05$）。下同。

（2）叶片功能性状间的相关关系

随海拔梯度变化，LT 与 LA、LTN 呈显著正相关关系（$P<0.05$，下同），与 LTP 呈极显著负相关关系（$P<0.01$，下同）；SLA 与 LWC 呈显著正相关关系，与 LDMC 呈显著负相关关系；LTN 与 LTP 呈显著负相关关系；LWC 与 LDMC 呈极显著负相关关系；其他叶片功能性状间无显著相关性（表 5-4）。

表 5-4 顶坛花椒叶片功能性状的相关关系

	LT	LA	SLA	LWC	LDMC	LTN	LTP	LTK	LOC
LT	1								
LA	0.898*	1							
SLA	−0.606	−0.223	1						
LWC	−0.658	−0.399	0.897*	1					
LDMC	0.661	0.405	−0.893*	−1.000**	1				
LTN	0.888*	0.753	−0.474	−0.369	0.368	1			
LTP	−0.978**	−0.797	0.701	0.682	−0.682	−0.926*	1		
LTK	−0.814	−0.554	0.844	0.731	−0.729	−0.694	0.844	1	
LOC	0.048	−0.092	−0.545	−0.739	0.74	−0.347	−0.028	−0.261	1

注：**为极显著相关（$P<0.01$），*为显著相关（$P<0.05$）。下同。

（3）土壤理化性质

由图 5-8 可知，除 SAP 无显著差异外，其他土壤化学性质均存在显著差异。随海拔升高，SOC、STN、STP、SAN 先降低后增加，均在 YD5 达到最高水平、YD2 达到最低水平（SOC 在 YD2～YD4 间无显著差异，SAN 在 YD2～YD3 间无显著差异）；STK、SAK 先升高后降低，均在 YD3、YD2 达到最高、最低水平。

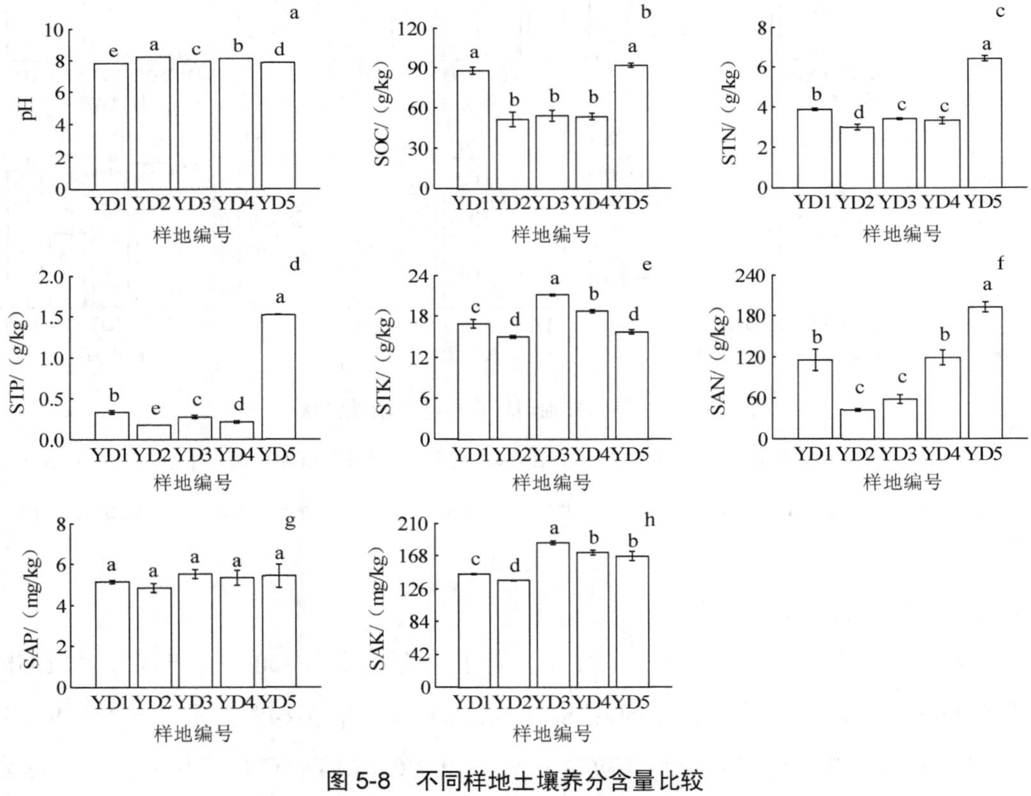

图 5-8 不同样地土壤养分含量比较

注：STP 为土壤全磷；STN 为土壤全氮；STK 为土壤全钾；SOC 为土壤有机碳；SAN 为土壤速效氮；SAP 为土壤速效磷；SAK 为土壤速效钾。下同。

在有限的资源环境中，植物会在性状间进行“此消彼长”的资源优化配置，以达到“生存、生长、繁殖”三者平衡的目的（张大勇，2004；Whitman at al.，2010）。研究表明，随海拔升高，植物 LT 增大、SLA 减小、LDMC 增多（张奇平，2011；齐威等，2012），原因是随着海拔的升高，光照辐射增强，植物生存环境变得更加严酷，为了防止过度失水和被虫食，叶片将获取的资源更多地用于构建防卫结构。在元谋干热河谷区，植物 LDMC、LT 及 SLA 均随海拔的升高而降低（杨锐等，2015），可能是干热河谷地区因焚风效应，随着海拔升高，其温度、蒸发量减少，而湿度、降水量、光照辐射等水热组合的特殊性使得植物水分胁迫减少，生存环境资源逐渐丰富。在本研究中，随着海拔的升高，顶坛花椒 LT 增大（在 YD1～YD4 无显著差异），SLA、LWC 先增大后减小，LDMC 先减少后增大，与云南元谋干热河谷区研究结果不完全一致。其原因可能是花江峡谷拥有喀斯特地貌特有的二元形态结构，高温、低湿的干热河谷气候及深切河谷地形，使得研究区不同海拔位置的土壤养分、土壤厚度、水源涵养能力、植被覆盖、水热资源等存在显著差异（彭旭东等，2016；喻阳华等，2018）。YD1～YD4 气候类型为南亚热带干热河谷气候，区域内有 1 100 mm 左右的年降水量和北盘江水电站蓄水，水热组合较好，花椒将更多的资源用于生长和繁殖，故随海拔升高，顶坛花椒 SLA、LWC 增大，LDMC 减少，LT 无显著变化。而 YD4～YD5 是南亚热带干热河谷气候过渡到中亚热带河谷气候，其气态水资源变差、光照辐射增强，此时顶坛花椒通过减少 SLA 和 LWC，不断合成 LOC，以增加 LDMC、LT 来增强对环境变化的抵御能力，提高花椒的生存力。顶坛花椒水分含量高（LWC 为 59.97%～68.94%），叶片形状为极小的鳞片状，表皮外壁上发达的角质层有效地提高了植物能量反射、降低了植物蒸腾的速率；加之花椒 LT 较大（0.301～0.335 mm），栅栏组织发达，表皮细胞气孔小且下陷，有效减少了植物的机械损伤（刘金玉等，2012）。

顶坛花椒 LTN 与 LTP 呈负相关关系，LTN 含量随海拔升高先降低后增加，LTP 则相反。植物中营养元素与土壤环境有着密切的联系，其含量的高低一般与土壤中营养元素含量呈正相关（张志才等，2016）；另外，植物为了满足生长、繁殖所需求的蛋白质和核酸，对 N 和 P 的吸收率较高，且会将更多的营养元素分配到繁殖器官，使得叶片中营养元素含量降低（孙书存等，2001）。LTN 与 LT 呈正相关，叶片 N 元素含量的增加，可以促进叶绿素的合成和叶片净光合速率（吴楚等，2005），增强叶片获取和利用资源的能力。顶坛花椒 LDMC 与 SLA、LWC 呈负相关，LDMC 增加，LWC 降低，指示叶片建成投入增多，增大了叶片内部水分向叶片表面扩散的距离或阻力（胡耀升等，2014）；SLA 减少，单位质量干物质所获得的捕光面积减少，降低了内部水分散失，增强了顶坛花椒的耐旱能力。

5.2.3 土壤养分对植物功能性状的影响

为了解土壤环境因子对花椒叶片功能性状的影响大小和机制，对叶片功能性状进行RDA分析。如图5-9所示，土壤因子对花椒叶片功能性状的解释率为97.58%，箭头表示顶坛花椒的叶性状因子或土壤因子，箭头连线越长，表明环境因子对顶坛花椒的影响越大，反之越小。箭头与箭头连线夹角表示两者间的正负相关性，锐角表示呈正相关，钝角表示呈负相关。土壤因子对顶坛花椒叶片的影响表现为SAN＞SAK＞SOC，而其他土壤因子的影响则较小。SAN与LTN、LDMC呈正相关，与LTK、LTP、SLA呈负相关；SAK与LOC呈负相关，与LA呈正相关；SOC与LA、LTN、LOC、LT和LDMC呈正相关，与LTP、LTK、LWC和SLA呈负相关。

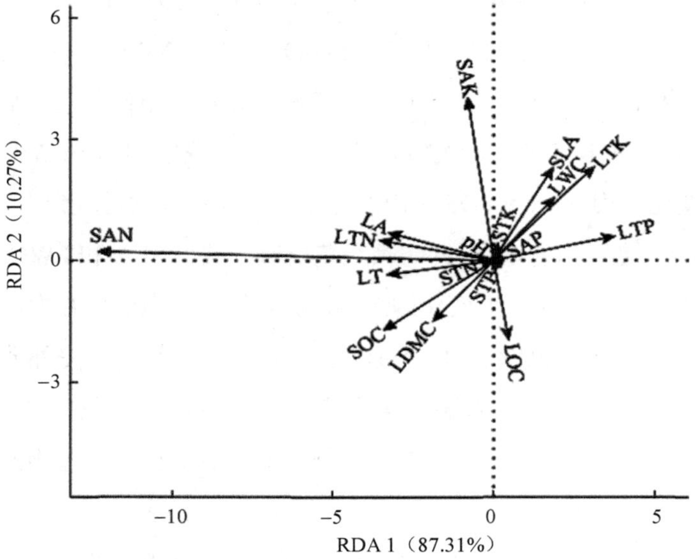

图5-9 顶坛花椒叶片功能性状与土壤因子关系的RDA二维排序图

花江峡谷在流水侵蚀和水土流失的作用下，河谷谷底C、N、P等土壤肥力相对丰富；加之中度、强度石漠化发育，其裸露的岩石可以将高海拔地区流失的土壤养分和自身溶蚀产物聚集在周围土壤，增加土壤中SOC、N等养分，在一定程度上改善了土壤质量（盛茂银等，2013），同时也导致了研究区不同小生境土壤质量具有高度的异质性。植物体内的养分主要由根系从土壤中吸收，植物根系承担着水分和养分吸收及机械固定的作用。土壤N、P含量增加能够影响LTN、LTP（宾振钧等，2015）、SLA和LDMC（万宏伟等，

2008；詹书侠等，2016），进一步影响叶片光合作用能力。AN、AK 是土壤中能够被植物直接吸收利用的营养养分，植物从土壤中吸收的 K 可以促进植物光合作用及蛋白质的合成，从而提高植物的 LA（陈超凡等，2018）。植物从土壤中吸收 N 促使叶片 N 含量增加，加强了磷脂和叶绿素的合成，使得叶片光合作用和获取资源的能力增强，使叶片建成投入增多，LDMC 增加、SLA 减少。SOC 含量高，利于叶片获取更多的 C 资源，使得 LOC 含量、LA 增大，光捕获面积增大，光合能力增强，进一步增强了植物对 N 元素的吸收（盘远方等，2018）。且研究表明 N 元素是顶坛花椒生长的主要限制元素（喻阳华等，2019），因此土壤因子中 SAN 与顶坛花椒叶片的相关性最大。另外，顶坛花椒具有强大的根系组织系统（付兴涛等，2008），具有较强的养分和水分吸收能力，其根系可以分泌有机酸（赵宽，2014）以及土壤环境中的碳酸酐酶来促进 CO_2 固定 H^+（李强等，2011），使得顶坛花椒在碱性土壤中（pH 为 7.80～8.22）有着很强的生存适应能力。

5.3　顶坛花椒叶片蒸腾速率对环境因子的响应

石漠化是指在脆弱的喀斯特生态环境下，由于不合理的人为活动导致植被破坏、水土流失、岩石裸露、土壤肥力下降、土壤生产力衰退的现象（Legrand，1973），该区 0～20 cm 土壤水分在旱季常处于植物永久萎蔫系数以下（黄成敏等，1995）。顶坛花椒属芸香科落叶小乔木，因其喜光、耐旱、适应性强等特点，成为石漠化区水土保持经济作物的首选，也是恢复和重建生态环境的重要植物（王钰等，2007）。

蒸腾作用是水分在土壤-植物-大气系统（SPAC）中传输的主要方式（Wang et al.，2014a），蒸腾速率是反映蒸腾作用的一个重要参数，通过蒸腾速率的调节能使植物适应环境变化（李洪建等，2000）。水分是植物体的重要组成部分，植物在生长过程中需要依靠植物根系对土壤水分的吸收来维持其细胞生长（Hamid et al.，2014），而蒸腾是植物耗水的主要途径（韩磊等，2015）。植物的蒸腾速率与自身生理特性有关，还受周围的环境因子的影响。Han 等（2012）以侧柏为研究对象，发现土壤水分降低导致植物蒸腾对环境因子的敏感性有较大差异；Ogburn 等（2012）研究植物蓄水的生理意义，发现光照强度较强时叶片厚度增强可降低蒸腾速率；张华等（2006）以黄土半干旱区的刺槐为研究对象，表明水分充足时刺槐的蒸腾速率随光照强度增强上升得更快；陈景玲等（2017）以光温条件和土壤湿度为影响因子，发现不同土壤水分处理的栓皮栎蒸腾速率都随太阳辐射增加而增加；谭娟等（2017）以喀斯特峰丛洼地 4 种典型植物为研究对象，发现大气温度和土壤含水量是影响蒸腾速率的重要因素；刘娜等（2016）比较不同环境因子对树木蒸腾的影响，发现不同植物蒸腾速率对光照强度、饱和水气压和土壤水势的响应存在差异。

虽然学者做了大量环境因子对蒸腾速率影响的研究（王健等，2015；李群等，2018；刘龙等，2018），但有关石漠化区生态恢复人工建植树种蒸腾速率的研究报道较为鲜见（薛沛沛等，2009；段爱国等，2009），尤其是顶坛花椒叶片蒸腾速率的研究仍未见报道，这不利于石漠化治理措施的生态调控。本节选取干热河谷石漠化区的顶坛花椒作为研究对象，通过对顶坛花椒叶片蒸腾速率与环境因子之间关系的研究，揭示顶坛花椒调节自身水分消耗对石漠化环境的适应规律，以期为干热河谷石漠化区顶坛花椒经营、管理以及生态环境恢复提供理论依据。

5.3.1 研究方法

（1）试验设计

在树龄为 3 年的花椒林中设置 10 m×10 m 的典型样地，将所选的顶坛花椒植株划分为 3 组（第 1 组位于核桃林下；第 2 组位于林分中央；第 3 组位于花椒林林缘）。试验于 2018 年 8—10 月中旬，选择晴朗无云的天气，从 8—18 时对每个样地中成熟的花椒叶片进行采集，为减小误差，选择环境条件相似的顶坛花椒（花椒树龄、树高、冠幅相似）8～12 株。每一株顶坛花椒植株上采摘 8～10 片成熟叶片，迅速对叶片鲜重进行测量记录，设置 3 个重复，测量叶片厚度和叶面积，并同步测定光照强度、大气温度、空气相对湿度、土壤温度和土壤湿度，15 min 后对叶片鲜重再次进行测量。植株基本概况见表 5-5。

表 5-5 受试植株基本概况

植株位置	树龄/a	平均树高/m	平均冠幅/m	地势
林下	3	3.5	2.8	较高
林中	3	3	2.6	较高
林缘	3	2	2.4	较低

（2）测定方法

花椒叶片鲜重、叶片厚度、叶面积测定方法见本章“5.2.1 研究方法”中第（1）部分的 3）；使用 SW-582 型便携式数字式照度计测量光照强度；使用 SW-572 型便携式高精度温湿度计测量大气温度和空气相对湿度；使用 TR-6 土壤温湿度仪测量土壤温度和湿度。各数据同步监测。

蒸腾速率（吴强盛，2018）计算方法如下：

$$蒸腾速率 = \frac{蒸腾水量}{叶面积 \times 测定时间} \tag{5-4}$$

（3）数据处理

使用 Excel 2010 对试验数据进行初步分析与整理，结合 DPS 7.05 进行通径分析，使用 SPSS 20.0 进行统计分析，采用单因素方差分析（one-way ANOVA）对林下、林中、林缘的花椒叶片性状、环境因子和蒸腾速率进行差异性检验，使用最小显著性差数（LSD）法进行多重比较，采用 Pearson 相关性分析法检验不同土壤湿度下蒸腾速率与其影响因子之间的相关性。利用 Origin 8.6 制图。

5.3.2　顶坛花椒叶片蒸腾速率对叶性状、环境因子的响应

（1）花椒叶片性状和环境因子基础数据

如表 5-6 所示，所测项目的叶厚度和土壤湿度在林下、林中、林缘处达到差异显著，其他所测项目均无显著差异。处于林下的花椒叶面积、叶厚度、光照强度、大气温度和土壤温度均最低，但空气相对湿度和土壤湿度均最高；林中的大气温度和土壤温度均最高，土壤湿度最低；林缘的花椒叶面积、叶厚度和光照强度均最高。

表 5-6　不同样地的花椒叶片性状和环境因子

项目	林下	林中	林缘
叶面积/cm^2	12.29±2.007a	12.37±1.378a	13.04±0.167a
叶厚度/mm	0.21±0.014b	0.23±0.016a	0.24±0.012a
光照强度/lx	30 245.39a	41 552.59a	43 025.77a
大气温度/℃	29.19±2.708a	29.65±3.235a	29.62±2.926a
空气相对湿度/%	66.24±10.573a	64.29±11.851a	64.58±11.651a
土壤温度/℃	27.93±2.188a	28.33±2.662a	28.32±2.598a
土壤湿度/%	33.61±3.427a	27.58±3.794b	33.60±5.600a

注：数值为平均值±标准误差（光照强度为平均值）。不同小写字母表示差异达显著水平（$P<0.05$）。

（2）蒸腾速率日进程

顶坛花椒蒸腾速率日变化进程曲线如图 5-10 所示。处于林中和林缘的顶坛花椒蒸腾速率日变化表现出相同趋势，为早晚低、中午高的单峰曲线，中午 12 时达到一天中的最大值，分别为 2.623 μg/s/cm^2 和 2.352 μg/s/cm^2。上午大气温度、土壤温度、光照强度上升快，空气相对湿度、土壤湿度逐渐降低，促使蒸腾速率增加。处于林下的顶坛花椒蒸腾速率峰值出现于上午 10 时，为 2.160 μg/s/cm^2，且 10—14 时的蒸腾速率变幅不大。总体

来看，处于林中的顶坛花椒蒸腾速率最大。

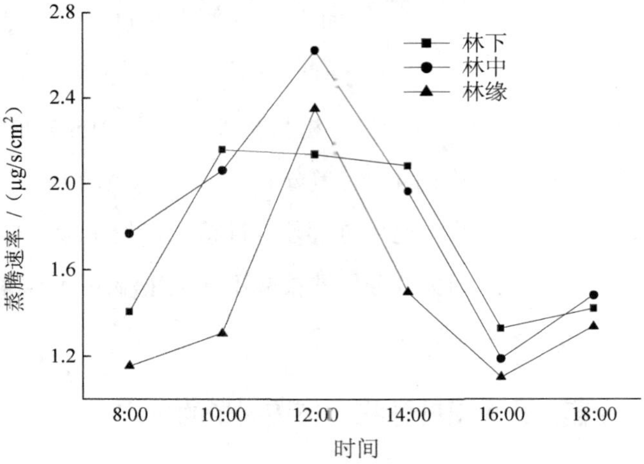

图 5-10　不同样地顶坛花椒的叶片蒸腾速率日变化

叶片蒸腾速率是植物对水分和营养物质运输、吸收的拉力（Buschmann et al.，2000），在蒸腾过程中，植物根系吸收土壤中的水分输送至叶片，以保证蒸腾的有效进行（刘温泉等，2014）。本书中，不同样地顶坛花椒叶片蒸腾速率均仅表现为单峰，为林中（2.623 μg/s/cm^2）＞林缘（2.352 μg/s/cm^2）＞林下（2.160 μg/s/cm^2），日蒸腾总量表现为林中（11.094 μg/s/cm^2）＞林下（10.542 μg/s/cm^2）＞林缘（8.753 μg/s/cm^2），因此日蒸腾速率峰值与日蒸腾速率总量并不完全一致。这是由于林缘花椒植株位于地势低洼处，根部易积水，导致水分被动吸入花椒树体内（刘龙等，2018），为午间蒸腾作用提供了水分。诸多因素共同对蒸腾速率产生影响，研究不同样地花椒蒸腾速率与叶性状和各环境因子之间变化特征的差异性，有利于了解石漠化区植物在恶劣环境下的适应机理和生存对策，对顶坛花椒种植、经营、管理具有重要意义。

5.3.3　蒸腾速率与环境因子的关系

（1）蒸腾速率与环境因子的关系研究

植物的蒸腾速率与其周围环境因子关系密切，且由多种因子相互影响决定。由图 5-11、图 5-12、图 5-13 可以看出，蒸腾速率与光照强度、大气温度、土壤温度的变化规律相同，呈先增加后降低趋势，且蒸腾速率峰值的出现早于光照强度、大气温度，与土壤温度基本保持一致。光照强度直接影响大气温度、空气相对湿度等环境因子，当光照强度增强到一定数值时，花椒叶片气孔关闭，导致蒸腾速率在 12—16 时急剧下降。大气温度随辐射强度的增大而增大，大气中的水分随之蒸发，导致空气相对湿度总体降低，16 时有波动。土壤温度的高低影响土壤水分的运移，土壤温度增加，花椒根系对土壤水分的吸收速度加快，使得蒸腾速率加快，12 时土壤温度到达一天中的最大值，土壤酶活性降低，土壤水分的蒸发量远远大于植物用于蒸腾作用的吸收量，导致植物蒸腾减弱；16 时，土壤湿度与蒸腾速率再次增大，因此也说明土壤水分与植物蒸腾速率间的关系密切。

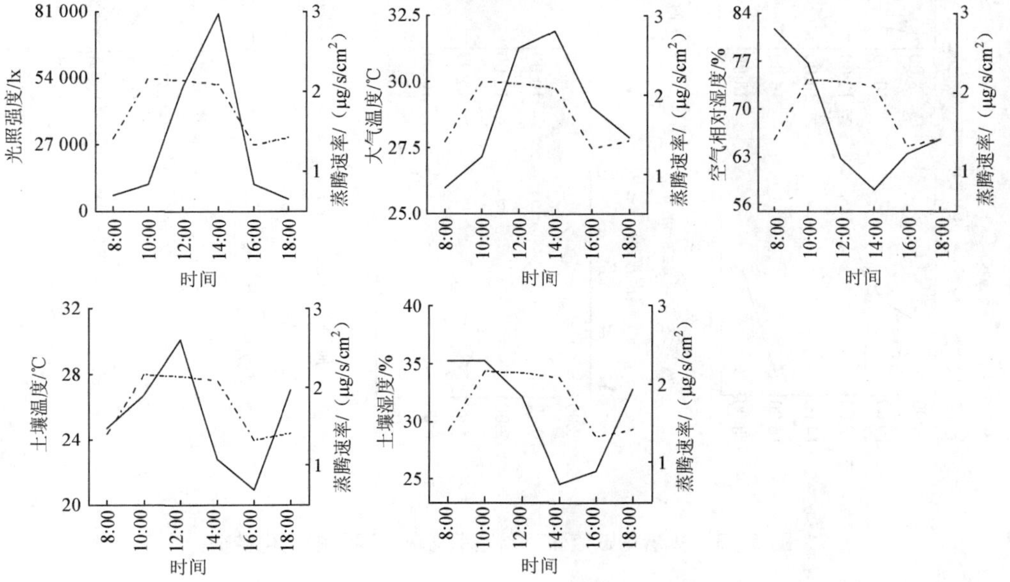

图 5-11　林下花椒植株蒸腾速率与环境因子的变化特征

注：虚线为蒸腾速率曲线，实线为相对应的环境因子曲线。下同。

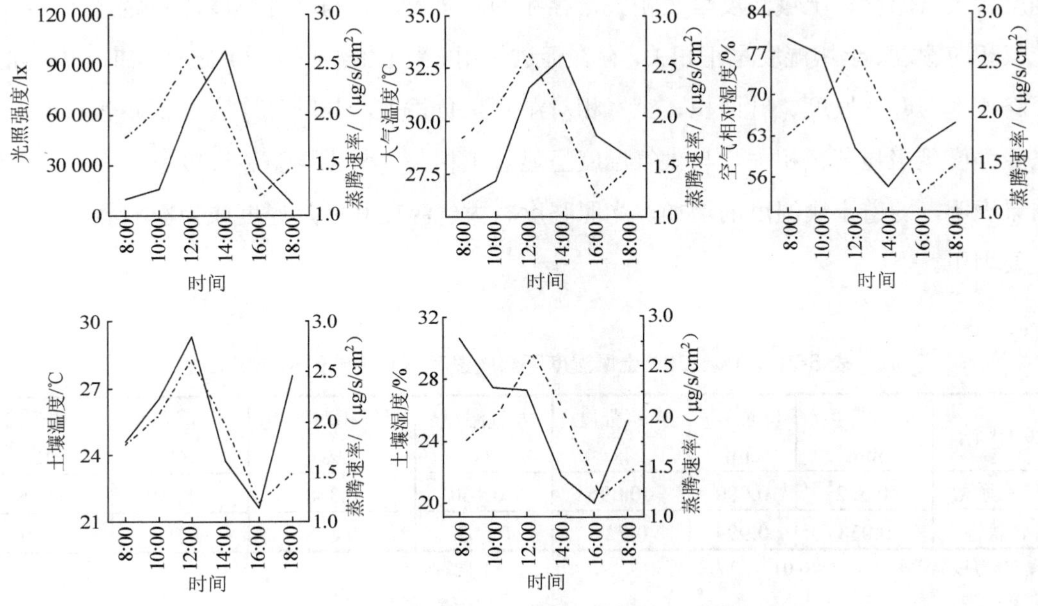

图 5-12　林中花椒植株蒸腾速率与环境因子的变化特征

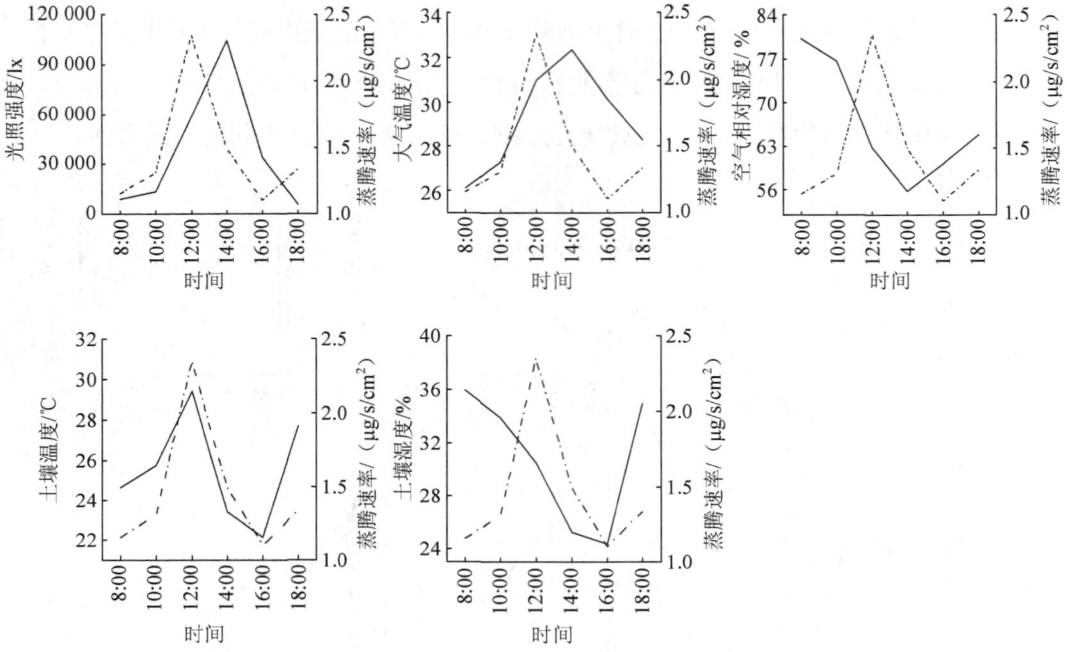

图 5-13 林缘花椒植株蒸腾速率与环境因子的变化特征

（2）不同土壤湿度下蒸腾速率与其影响因子的相关性

经相关性分析，当土壤湿度为 20%～30%时（表 5-7），蒸腾速率与叶片厚度、光照强度、大气温度、土壤温度呈负相关，存在抑制效应，且与叶片厚度达到显著水平；与空气相对湿度、土壤湿度呈正相关，存在促进作用。当土壤湿度为 30%～40%时（表 5-8），蒸腾速率与叶片厚度、叶面积、空气相对湿度呈负相关，与叶片厚度达到显著水平；与光照强度呈极显著正相关，与大气温度呈显著正相关，与土壤温、湿度呈正相关。上述结果表明，随着土壤湿度的增加，光照强度、大气温度和叶片厚度成为影响蒸腾速率的主要因子。

表 5-7 20%～30%土壤湿度下蒸腾速率与其影响因子的相关性

影响因子	叶片厚度/mm	叶面积/cm^2	光照强度/lx	大气温度/℃	空气相对湿度/%	土壤温度/℃	土壤湿度/%
相关系数	−0.522*	0.000	−0.096	−0.160	0.388	−0.330	0.216
显著性	0.038	0.999	0.724	0.553	0.138	0.212	0.421

注：**为极显著相关（$P<0.01$），*为显著相关（$P<0.05$）。下同。

表 5-8　30%～40%土壤湿度下蒸腾速率与其影响因子的相关性

影响因子	叶片厚度/mm	叶面积/cm^2	光照强度/lx	大气温度/℃	空气相对湿度/%	土壤温度/℃	土壤湿度/%
相关系数	-0.396^{*}	−0.353	0.484^{**}	0.371^{*}	−0.130	0.336	0.135
显著性	0.033	0.060	0.008	0.047	0.503	0.074	0.486

植物面临环境与资源压力时，可调整叶性状来维持稳定性（Kimball et al.，2016）。叶性状与蒸腾速率之间的联系是植物适应周围环境的有效对策（Farrish，1991）。赵夏纬等（2019）研究表明，水分充足时，植物叶片大而薄，蒸腾速率增加；较为干旱时，植物为减少水分蒸发，叶片小而厚。在本研究中，空气相对湿度和土壤湿度表现为林下＞林缘＞林中，花椒叶面积和叶厚度均表现为林缘＞林中＞林下，造成差异的原因有：①中国南方的植物生长主要受到光照强度的影响（Nemani et al.，2003）；②处于林缘的花椒树周围易积水，总体上土壤水分保持在较高范围，有足够的水分供给植物生长需求，故林缘处花椒叶面积最大；③研究区土壤土层浅薄、保水性能差，8—16 时土壤水分急剧下降，林缘处花椒为保证自身生理活动正常进行，会增加叶厚度以减少水分散失。本研究结果与赵夏纬等（2019）研究结果相一致。处于林下的花椒叶厚度为（0.21±0.014）mm，叶面积为（12.29±2.007）cm^2（表 5-6），但其蒸腾速率低于林中花椒（图 5-10）。原因可能是林下花椒被高度遮阴，光照强度成为主要影响因子，因此花椒会通过增加株长度和枝长度、减小叶厚度来竞争环境资源（Dai et al.，2009；赵连春等，2018）。李芳兰等（2005）研究表明，强光环境下叶片通常会减小叶面积、增加叶厚度，从而避免强光对叶片的伤害，有效防止水分过度蒸腾。本节研究结果与之不完全一致，林中与林缘花椒处于强光下，加之林中土壤湿度最低，受周围花椒植株影响，故存在差异。因此，植物会根据环境条件调整叶片功能性状，调控蒸腾速率，保证生理活动有效进行。

5.3.4　蒸腾速率影响因子的通径分析

采用通径分析的方法，研究了叶片厚度、叶面积、光照强度、大气温度、空气相对湿度、土壤温度和土壤湿度 7 个指标与顶坛花椒蒸腾速率的关系。由表 5-9 可知，大气温度、空气相对湿度对蒸腾速率产生直接正效应，且通径系数均大于 1；叶片厚度、叶面积、光照强度、土壤温度、土壤湿度对蒸腾速率产生直接负效应。光照强度、空气相对湿度和土壤温度对蒸腾速率的直接效应与间接效应相反，由间接通径系数可以看出，光照强度主要通过大气温度和土壤温度对蒸腾速率产生正效应；空气相对湿度主要通过光照强度、大气温度和土壤温度对蒸腾速率产生负效应；土壤温度主要通过光照强度和大气温度对蒸腾速率产生正效应。综合效应系数为直接通径系数和间接通径系数之和，通过计算可知综合效应系数表现为 X_4（3.996）＞X_5（0.564）＞X_3（0.505）＞X_6（0.424）＞X_2（−0.372）＞X_1（−0.482）＞X_7（−0.641）。分析结果表明，土壤湿度、叶片厚度、叶面积对蒸腾速率有较大的负向作用。

表 5-9 影响因子与蒸腾速率间的通径系数

自变量	与 y 的相关系数	通径系数	间接通径系数							
			X_1	X_2	X_3	X_4	X_5	X_6	X_7	合计
X_1	−0.405	−0.247		0.018	−0.067	−0.113	−0.031	−0.090	0.049	−0.235
X_2	0.124	−0.147	−0.058		0.046	−0.031	−0.043	−0.079	−0.059	−0.225
X_3	0.460	−0.413	0.059	0.012		0.383	0.118	0.285	0.061	0.918
X_4	0.420	2.912	0.109	−0.009	0.420		0.148	0.326	0.090	1.084
X_5	−0.162	1.752	−0.079	0.033	−0.335	−0.386		−0.316	−0.105	−1.188
X_6	0.334	−0.704	0.109	−0.029	0.392	0.410	0.153		0.093	1.128
X_7	−0.324	−0.374	0.062	0.023	−0.087	−0.116	−0.052	−0.096		−0.267

注：X_1～X_7 分别代表叶片厚度、叶面积、光照强度、大气温度、空气相对湿度、土壤温度和土壤湿度。

蒸腾速率在一定程度上反映植物调节水与适应周围环境的能力（曾凡江等，2002）。诸多研究表明，土壤水分对植物蒸腾速率影响显著（张华等，2006；刘娜等，2016；高浩等，2016）。王健等（2015）研究表明，虽然气象因子在土壤水分降低时胁迫植物提高蒸腾速率，但土壤水分供应不足，在一定程度上限制了植物蒸腾，本研究结果与之一致。相关性分析表明，随着土壤湿度增加，与蒸腾速率存在抑制效应的因子减少。由通径分析可知，大气温度（2.912）和空气相对湿度（1.752）对顶坛花椒叶片蒸腾速率产生直接正效应，光照强度（0.918）产生间接正效应，当土壤水分供应不足时，顶坛花椒叶片蒸腾速率受限制。王云霓等（2018）研究表明，华北落叶松蒸腾与光照强度呈显著正相关，与空气相对湿度呈显著负相关。本研究结果与之不完全一致，所测蒸腾速率与空气相对湿度未呈相关关系，当土壤湿度为 30%～40%时，蒸腾速率与光照强度和大气温度分别呈极显著和显著正相关，造成差异的原因可能是土壤水分供应不足，树种存在差别。陈景玲等（2017）研究表明，栓皮栎蒸腾速率与光照强度的升降存在一致性，蒸腾速率波动低于光照强度，且表现出滞后效应。本研究中，蒸腾速率不存在滞后性，且林缘蒸腾速率波动不低于光照强度，存在差异的原因可能是蒸腾速率的强弱与植物种类有关，可供植物吸收的土壤水分不足，强光照时，植物为保护叶片功能而降低蒸腾，减少水分消耗。综上所述，土壤湿度、光照强度和大气温度是影响顶坛花椒蒸腾速率的主要因素。在顶坛花椒种植、经营和管理过程中，可采取垄沟集雨、紫花苜蓿种植、膜覆盖（Jia et al.,

2006；宋兴阳等，2017）等技术提高土壤水分。

5.4 顶坛花椒衰老退化原因及其防治策略

花椒是石漠化地区常见的植被恢复物种，为芸香科（Rutaceae）花椒属（*Zanthoxylum*）的植物，因其具有独特的食用价值、药用价值和生态功能，是我国分布广泛的经济树种（胡芳名，2006）。花椒属植物中顶坛花椒（*Zanthoxylum planispinum* var. *dintanensis*）为竹叶椒（*Zanthoxylum planispinum*）的一个变种，是贵州喀斯特地区特有的香料植物，在该区生态建设和经济建设中发挥了举足轻重的作用（陈训，2010），被认为是喀斯特石漠化山区生态恢复较好的物种，花椒林已作为喀斯特山区农业生产或生态恢复过程中备选的植被类型之一（龙健等，2012；张文娟等，2015）。但是，目前花椒衰老退化速度在加快，其生长过程中存在如下问题：一是树龄降低，已由以前的 10～12 年缩短至 3～6 年，通常为生长 3 年、挂果 3 年，轮伐周期缩短，导致当地农民不愿意投工投劳精耕细作。二是花椒产量下降且年际间波动较大，已经成为限制农民生产积极性和经济收入水平的重要因素之一，甚至影响石漠化治理成果的持续性。三是花椒林地力贫瘠。由于花椒林凋落物分解慢，因而养分归还慢，元素供应和需求关系不平衡，导致林地土壤质量较差，限制了花椒的生长和结实。四是难以形成稳定的花椒林，小老头树多、林分郁闭度低，叶片枯萎、发黄，林分功能低效。五是生长竞争处于无序状态。由于缺乏人工科学管理，未开展整形、修枝、控梢、木质化等经营抚育措施，导致枝条生长混乱，病腐、冗余枝条多，处于无序竞争状态。培育健康稳定、效益可持续的花椒人工林是改善喀斯特石漠化地区土壤肥力和土地生产力、控制水土流失和植被退化的重要措施。加之目前对于顶坛花椒林地土壤性状和人工林培育的研究尚处于起步阶段（周玮等，2008；陈训等，2009），主要是在育种与育苗、栽培与水分管理等方面进行了一些初步探讨（李安定等，2008b）。因此，开展花椒衰老退化原因诊断及其预防策略研究，能够为其规模化生产和科学推广奠定坚实的理论基础。

5.4.1 顶坛花椒衰老退化原因

（1）水肥供应不协同

顶坛花椒种植区域为喀斯特干热河谷石漠化地区（季节性缺水严重、热量高、水热资源不同季、石漠化发育典型），地形深切、地表破碎、土被不连续、小生境类型多样，土壤供肥能力不足（廖洪凯等，2013）。水分是养分的溶剂，也是被动运输的动力，在养分分配和植物生长、生理、生态过程中发挥了重要作用，水分亏缺必然导致养分输送受到限制；养分是植物必需的营养元素，在植株生理生化、光合、固氮及其生长效应等方面具有不可或缺的作用，因此水肥耦合对植株生长和养分利用效率具有较大影响。喀斯特干热河谷石漠化地区水分、养分条件呈现先天不足的格局，导致水养供应数量不足、速率较低、时间不同步。水分和养分作为植物生长发育中不可或缺的要素，具有协同效应，适宜的土壤水分含量和养分补给量能够促进植株生长和养分吸收利用（王景燕等，2016），反之则会影响产量和品质，甚至加剧植株衰老退化。

（2）林分结构单一

目前生态经济型植被的一个主要矛盾是单一种高产稳产与生物多样性保护的矛盾。顶坛花椒种植的主要目的之一是获取经济效益、解决山区农户生计，表现为收获花椒籽粒，这就导致营林目标为人工纯林；此外，为了获得花椒高产稳产，当地农户采取诸多措施干预、调控与花椒竞争的物种，生物多样性逐年下降，生物之间的互作效应减弱，导致花椒病虫害逐年加剧。单一的林分还导致生态系统稳定性降低、抵御逆境的能力减弱、地力衰退严重等问题，对人工林可持续经营造成了影响。近年来顶坛花椒遭遇的病虫害不断增多，复杂性增加，防治效果欠佳，原因可能与长期连栽和土壤地力下降有极大关系。因此恢复人工纯林的持续性和稳定性需要更加深入的认识。目前，不断衰退的花椒产业抑制了人们的种植积极性，使石漠化治理的效果难以维持，花椒林生产力提升技术已经引起了各界人士的重视。

（3）土壤有机结构破坏

土壤有机碳作为全球最大和最重要的碳库，是全球碳循环的关键环节之一，不同土壤生态系统有机碳变化对于土壤碳库具有显著意义（秦纪洪等，2014）。土壤有机质是植物营养元素的重要来源，是土壤肥力高低的一个重要评价因子。顶坛花椒种植初期，由于土壤肥力尤其是土壤有机质充足，使得产量和品质均较稳定，也为顶坛花椒大规模推广种植提供了依据。伴随着土壤有机质的矿化作用，有机碳含量逐渐降低是必然趋势。而种植后期由于劳动力减少，土地经营愈加粗放，养分归还主要依赖氮肥、磷肥和复合肥等化肥，补给到土壤的农家肥、废弃物肥料等有机肥数量较少，导致土体有机结构破坏，土壤处于不健康或亚健康状态，主要表现在土壤容重增加、土体紧实、根系伸长空间较小、窝根严重、土壤动物较少且活动范围不大等，难以为顶坛花椒生长提供适宜的有机环境，致使其产量和品质出现波动性下降，且恢复难度较大。

（4）土壤肥力衰退

由于近几十年来人们对土壤与植物营养关系的认识出现了偏差，伴随着水培、无土栽培、砂培等农艺技术措施的发展，人们误认为农业生产已经可以脱离土壤要素。土壤为植物生长提供养分供给和机械支撑，其肥力不仅仅包括碳、氮、磷、钾等大量元素，亦包括锌、铅、钼、硼、氯等矿质元素（孙向阳，2006），是一个综合体，任何一部分的缺失都将引起土壤退化（不仅包括含量过多的污染退化，还包括含量不足的亏缺退化）。目前的研究重点关注大量元素，主要是有机碳、全氮、全磷、全钾、速效氮、速效磷、速效钾等（刘艳等，2014；王钰莹等，2016），对矿质元素尤其是必需微量元素的重视不够（江肖洁等，2016）。土壤元素亏缺可能导致顶坛花椒品质不稳定，风味下降，影响了花椒的市场竞争力，加剧了花椒的粗放经营。土壤肥力的衰退还会导致系统健康状态变差，进而影响土壤结构、微生物和动物的生长环境，应当引起农业生产上的重视，采取有效措施保护赖以生存的生产资料。

（5）过度使用除草剂和农药

目前，由于农村劳动力外出和顶坛花椒收入的波动，导致经营手段越来越粗放，科技投入不足，过度依赖化肥和除草剂。目前，当地劳动力主要以中老年妇女为主，加之土体不连续，耕作难度大、效率低，弃荒地增多；而石漠化地区水分、热量条件充足，草本植物种类繁多、数量丰富、生长迅速，这加剧了除草剂的使用需求，对生态环境产生了不利影响，突出表现在土壤结构破坏、生物数量减少，这又增加了农业的资金投入和人工成本，不利于顶坛花椒的可持续经营。

（6）化感物质及其作用效应

植物化感作用是指植物（含微生物）通过向环境释放某些特殊化学物质进而对周围植物、微生物产生直接、间接的有害或者有益作用（孔垂华等，2014）。化感植物的叶片、根系、果实、凋落物、花絮等均会释放化感物质，对自身及其他植物种子发芽产生显著抑制作用，导致生物多样性降低，对生态系统产生不利影响。顶坛花椒作为花椒的一个变种，研究其化感效应及在生态学方面的作用意义重大，已有研究表明顶坛花椒凋落物中含有烃类、醇类、烯类及其衍生物、醛及烯醛类、酮及烯酮类、苯醌类、酚类、脂酸类和大分子维生素等 38 种化合物（姬广梅等，2011）。虽然研究结果均表明化感物质呈现“低促高抑”效应，但是由于化感物质浓度通常较高，多表现为抑制作用，如影响种子活力和酶活性等（韩志军等，2011）。目前对顶坛花椒化感物质的作用规律和效应的研究还不足，如何依据化感效应建立合理的耕作制度和实现花椒林可持续经营尚需深入研究。

5.4.2 顶坛花椒衰老退化的防治策略

（1）提高顶坛花椒水肥耦合效应

盲目的水肥管理措施导致林分生产力降低、产品品质欠佳且波动较大。要防止花椒林衰老退化，关键之一是保证水肥协同供应，以肥调水、以水促肥是提高作物产量的重要途径和方法（呼红梅等，2015）。水肥同步供应是提高养分利用效率的重要措施，能够充分发挥苗木的生长功能，获得更优的生态效益、经济效益和社会效益（王梓等，2012），实现顶坛花椒高产、稳产、稳质。水肥协同供应重点需要解决 3 个问题：一是水分的来源和土壤调蓄性能，黔中喀斯特地区土壤瘠薄，土壤调蓄水分的功能较低，迫切需要优化调控功能；二是养分的来源与供肥强度，包括养分的总量、速效态和可利用态等，全面评价养分质量状况；三是养分和水分的最佳耦合效应值，即明确适宜的水分和养分供给范围。在黔中喀斯特石漠化地区，前 2 个问题尤为突出和关键，需要通过科学手段挖掘地力的潜力；第 3 个问题可以通过实验手段获取科学数据得以解决。基于水肥耦合供应可以制定顶坛花椒节水节肥措施。

（2）开展复合经营

单一林分不仅导致生物多样性丰富度降低，还导致生态系统稳定性下降，因此开展复层、异龄、混交经营（沈国舫，2001）就成为提高顶坛花椒生产力的重要途径，也能够妥善解决一系列的生态环境问题。目前，通过生物多样性配置巩固石漠化治理成果已经引起政府层面和学术界的广泛关注，顶坛花椒复合经营符合相关科学理论和技术需求。复合经营主要从以下 3 个方面来实现：一是树种的适应机制和共存机制，主要包括花椒的植物功能性状和适应能力（Linhart et al.，1996；Donovan et al.，2011），以及从物种之间的竞争、互利等关系出发的共存机制探讨，这是提高花椒适应能力、调控花椒生长性状的科学依据；二是不同优势树种之间应该存在年龄差异，构建不同的生态位和资源位，防止生态位重叠和过度交叉，这是提高生态因子利用效率的主要方法，尤其是通过植物群落结构配置调控植物对光照、温度、水分等资源的分配；三是混交方式要科学，促进树种之间的交互作用表现为正效应，提高系统的稳定性和健康状态。

（3）施用有机肥，培育土壤团粒结构

施肥是花椒增产的重要途径，对提高花椒产量有较大贡献。但是过度依赖化肥的破坏性施肥技术给农业生产带来了不利影响，目前关于不施化肥或配施化肥的需求不断增加。要实现顶坛花椒持续高产稳产，应减少化肥的施用，增施有机肥，有机肥替代化肥能够显著改善土壤性状（陶磊等，2014），且长期施用有机肥的效果优于化肥，施用高量有机肥的效果优于施用常量有机肥（宋震震等，2014）。施用有机肥更利于培育土壤团粒结构，改善土壤容重，影响根系在土壤中的分布格局、构型和水养吸收能力，影响养分有效性和供肥能力，改善土壤通气状况，形成良性循环。有机肥以未经药物消毒的畜禽粪便为主，充分腐熟，原料使用前应进行重金属和植物激素的残留检测，使其符合农用标准。有机肥中还应当添加一定量的微生物制剂等来提高肥效。此外，有机肥和无机肥配合施用也是未来需要协调的问题，能够增加总孔隙度和物理黏粒含量（He et al.，2010）。

（4）根据花椒养分需求规律补充矿质元素

植物必需矿质元素主要来源于土壤，含量受到土壤结构与理化性质的交互影响，而植物生长过程中必需矿质元素的含量变化能在一定程度上反映植物的生理和生长特性，元素缺乏会影响植物生长、发育和产量（李天才等，2011；李天才等，2012；江肖洁等，2016）。同时，矿质元素影响产品品质，是维持品质稳定的重要机制，推测花椒麻味、香味等特殊风味物质与特有的矿质元素含量有关，但具体是哪些矿质元素发挥作用及其作用机理尚需深入研究。在花椒经营过程中，应当分析花椒衰老退化与营养元素之间的关系，并根据植株的需肥规律科学补充矿质元素，实现元素的计量平衡，延缓花椒植株的衰老退化。由于元素之间的协同作用效应，在人工林经营时要同步供应充足的大量元素和微量元素，施用农家肥和矿物质粉等都是补充微量元素的有效途径。补充矿质元素时，还应当协调元素的全量和有效态之间的关系、植物与土壤之间的关系、地上器官与地下器官之间的关系，准确把握元素亏缺与超标的范围，提高元素的利用效率。

（5）采取生物措施防治病虫害和抑制杂草

由于投入与收入的矛盾，农业上的投工投劳和精细化经营越来越少，导致农药和除草剂过度使用，已经威胁到生物安全、土壤安全和食品安全，造成能源浪费和生态系统失衡，亟需停止使用除草剂并寻求替代品。生物防控技术具有易培养、生态安全、无污染等优点，是未来发展的新趋势，主要手段有昆虫除草、动物除草、病菌除草和微生物除草等，通过提高物种的多样性和丰富度，培育具有杀虫杀菌能力的专有生物，利用物种之间的竞争关系及其相生相克原理防治病虫害和抑制杂草。但是由于植物与土壤间、植物与植物间相互作用的复杂性，导致这一方面的研究进展缓慢、成果偏少。未来应从更多的生物资源中筛选能够有效除虫除草的资源，建立生物农药数据库并应用于生产领域。

（6）科学抑制化感物质

化感物质虽然具有自毒和他毒作用，但通过合理的措施能够得以有效控制或削弱。植物化感作用是生态系统中一种化学相互作用关系，掌握这一关系的本质和规律，可以构建自然化学调控的农林生态系统（孔垂华等，2014）。降低化感物质作用效应的途径包括合理确定种植密度、调整种间关系、添加化学试剂或抑制剂、加速化感物质分解或降解等，这些措施的主要原理是降低或者消除化感物质的抑制效应，也印证了花椒林物种多样性配置具有重要的理论和实践价值，说明人工纯林应当向混交林方向发展，以避免单一林分引起的生态环境问题，这为喀斯特石漠化地区植被恢复指明了方向，也表明生物多样和生态系统平衡是植被恢复的主要目标之一。从上述分析可以看出，生态系统之间具有高度关联性、耦合性和整体性，任何环节的优化均会导致整个系统功能的提高。因此，单一学科的局限性已不符合花椒林生态系统构建的需求，结合生物学、生态学、地理学、景观生态学和农学等学科理论指导植被恢复是未来的发展趋势之一。

5.4.3 研究展望

顶坛花椒衰老退化在喀斯特石漠化地区植被恢复树种衰老退化中具有典型性和代表性，使石漠化治理成果难以巩固，已经引起了科学界的重视，采取有效措施防治顶坛花椒衰老退化为学者们所关注。未来关于顶坛花椒衰老退化防治的研究重点如下：一是实现水肥协同供应，花椒经营过程中，既要解决水分和养分（大量元素与矿质元素）来源，也要实现水肥协同供应；二是施用有机肥，这有利于培育土体有机结构，补充植物必需矿质元素，提高肥料的利用效率；三是开展物种多样性配置和复合经营，提高生态系统的稳定性，有效预防病虫害、抑制杂草；四是科学抑制化感物质，包括改变植物群落结构、添加化学试剂等；五是多学科交叉研究，系统整合农学、生态学和地理学等学科理论知识，指导喀斯特石漠化地区植被恢复。此外，植物衰老机制假说还包括植物激素调控理论（Duy et al.，2016）、自由基理论（阎成士等，1999）、细胞的程序性死亡理论（付永彩等，1998）等，以及这些反应与环境因素和生物因素之间的关系，在未来的研究中均应予以考虑。

5.5 衰老退化与正常生长的顶坛花椒根区土壤质量特征

矿质元素是影响土壤质量的主要因子（Joimel et al.，2016），在植物的生长过程、生理过程和生化过程中具有重要作用，与植物产量、品质和风味物质关系尤为密切。例如，N 素输入过量会诱发植物体内元素失衡，表现为根冠比和元素比降低，导致光合 N 利用效率下降、生长放缓甚至树木寿命下降（Aber et al.，1995；Whytemare et al.，1997）。将矿质元素作为生境质量评价的指标，能够帮助探讨产品品质的地域分异规律（Zhu et al.，

2016）。不同矿质元素的作用机理存在差异，元素的过多或过少均可能表现出增效或拮抗作用。矿质元素的生态化学计量比是影响植物生长、生理和适应的机制之一（Li et al.，2017），近几十年来陆地植物受到威胁的主要原因之一就是矿质元素供应的平衡被打破，进而影响植物生长和群落组成（毛庆功等，2015）。已有公开报道显示，不同矿质元素的含量与计量比对竹子花芽分化的影响不同，在竹子衰老退化过程中发挥的功能各异（丁兴萃，2006）；增加矿质元素用量和合理配比能够提高黄瓜对养分的吸收和黄瓜产量（陈凤真，2015）；保持矿质元素的合理比例能够增加物种种类、丰富植物多样性水平（Güsewell，2005）。因此矿质元素的含量和生态化学计量比对植物生长效应、生理效应和生态效应影响显著。

土壤质量是土壤基本属性和本质特征的综合和全面反映，土壤能够为植物生长提供必需的营养元素（Gilliam et al.，2010），与全球生态安全与可持续发展密切相关（陈美军等，2011）。土壤质量与植物群落类型、种植经营方式等存在相关性（张璐等，2014；张鹏鹏等，2018），因而植物与环境的耦合关系历来是生态学、农学等学科研究的重点方向。土壤质量也受林分年龄、土层厚度等因素的影响（王钰莹等，2016），表明制约土壤质量的因素较多，进而对植物功能性状产生影响。

顶坛花椒是贵州喀斯特干热河谷石漠化地区常见的造林树种，在山区生态建设和经济建设中发挥了举足轻重的作用。近年来，顶坛花椒表现出以开黄花为典型标志的衰老退化。未衰老退化的顶坛花椒植株开绿色花，花期约为 15 d，开花后籽粒较多且饱满；衰老退化的顶坛花椒植株开黄色花的比例达 30%以上，并无明显的时间节律，花期约为 10 d，之后开始凋落，不挂果，通常是远离主干的枝条较早开黄花，且在短期内枝条逐渐死亡。同一花椒植株会同时开黄花和绿花，且开黄花比例逐渐扩大。随着种植时间的增加，顶坛花椒开黄花的范围呈扩大趋势。开黄花现象不是开花节律与物候的改变，而是典型的植株衰老退化现象。

目前，关于土壤养分如何影响顶坛花椒衰老退化的报道较为鲜见，相关机理尚不完全清楚，亟需从土壤矿质元素方面探讨顶坛花椒衰老退化的原因。基于此，本节以衰老退化和正常生长的顶坛花椒植株为研究对象，采用土壤农业化学和环境矿物学的研究方法，探讨土壤矿质元素对顶坛花椒衰老退化的影响机理。本研究能够为顶坛花椒复壮提供理论依据，实现林分稳定与可持续经营，提高顶坛花椒的生产力，巩固顶坛花椒在石漠化治理中的作用。

5.5.1 研究方法

（1）样品采集

判断顶坛花椒衰老退化的标志是开黄花比例达到30%以上。2017 年 4 月，在海拔、坡度、坡位、坡向较为一致的区域设置样地，划分为衰老退化和正常生长两种类型，每种类型再依据生长状况划分为不同的情形。选取每种情形的顶坛花椒植株 3～5 株，以单株为对象采集根区范围内 0～20 cm 的土壤样品约 1 kg（不足 20 cm 的以实际深度为准），土样混合均匀并去除植物根系、动植物残体、石砾后装入自封袋带回实验室，置于通风避光处自然风干，研磨至 95%的样品通过 2 mm 和 0.15 mm 筛，用玻璃瓶保存备用。受试植株基本特征如表 5-10 所示。

表 5-10 受试植株基本特征

植株编号	树高/m	冠幅/m	黄叶比例/%	黄花比例/%	籽粒特征
SL1	2.1	2.6×2.6	35	30	黄花不挂果，其余籽粒偏小
SL2	2.4	2.4×3.0	50	45	黄花不挂果，籽粒小、不饱满
SL3	3.5	3.0×2.5	70	40	黄花不挂果，籽粒小、色泽差
ZC1	2.5	2.3×3.0	0	0	籽粒呈绿色且饱满
ZC2	1.7	1.8×2.1	0	0	籽粒饱满
ZC3	3.0	2.4×2.2	0	0	籽粒色泽鲜艳、饱满

注：SL1～SL3 分别为衰老退化植株 1～3；ZC1～ZC3 分别为正常生长植株 1～3。下同。

（2）样品测定

SOC 测定方法见本章“5.1.1 研究方法”中第（2）部分，TN、AN、TP、AP、TK、AK、B、As、Se，SiO_2、CaO、MgO、Na_2O、Al_2O_3、Fe_2O_3、Cu、Zn、Pb、Cr、Cd、Ti、Ni、Co、Sr、Mo、Cl、S 测定方法见第 4 章“4.1.1 研究方法”中第（2）、第（3）部分。

（3）数据处理与分析方法

实验数据采用 Excel 2010 进行计算与整理，使用 OriginPro 8.5.1 作图，使用 SPSS 21.0 进行统计分析；采用单因素方差分析（one-way ANOVA）方法检验土壤参数在不同类型之间的差异性；运用主成分分析法提取可以反映原来多个指标的综合性指标，进行土壤质量综合评价。

本研究以 SOC、TN、AN 等 29 项因子作为顶坛花椒根区土壤质量评价的基本指标。由于这些指标量纲不一致，在数值上存在较大差异，评价前对各指标值进行标准化预处理。采用主成分分析方法提取对土壤质量影响较大的因子，实现对多维的土壤养分变量降维。通过主成分分析，得到主成分公因子方差、载荷矩阵和贡献率；主成分特征向量为对应的载荷矩阵值除以该成分特征值的平方根。将主成分特征向量与标准化数据相乘得到各类型的主成分得分。采用加权法计算土壤质量指数（IFI），其计算方式见第四章“4.2.1 研究方法”中第（4）部分。

5.5.2　根区土壤矿质元素含量变化

（1）大量元素

大量元素在衰老退化和正常生长的顶坛花椒植株之间表现出差异（图 5-14）。其中：SOC、TP、TK、AK 多表现为显著差异，TN、AN、AP 多呈不显著差异（$P>0.05$，下同），表明 C、P 和 K 元素是影响顶坛花椒衰老退化的矿质元素之一，且速效态养分对顶坛花椒的生长具有影响。

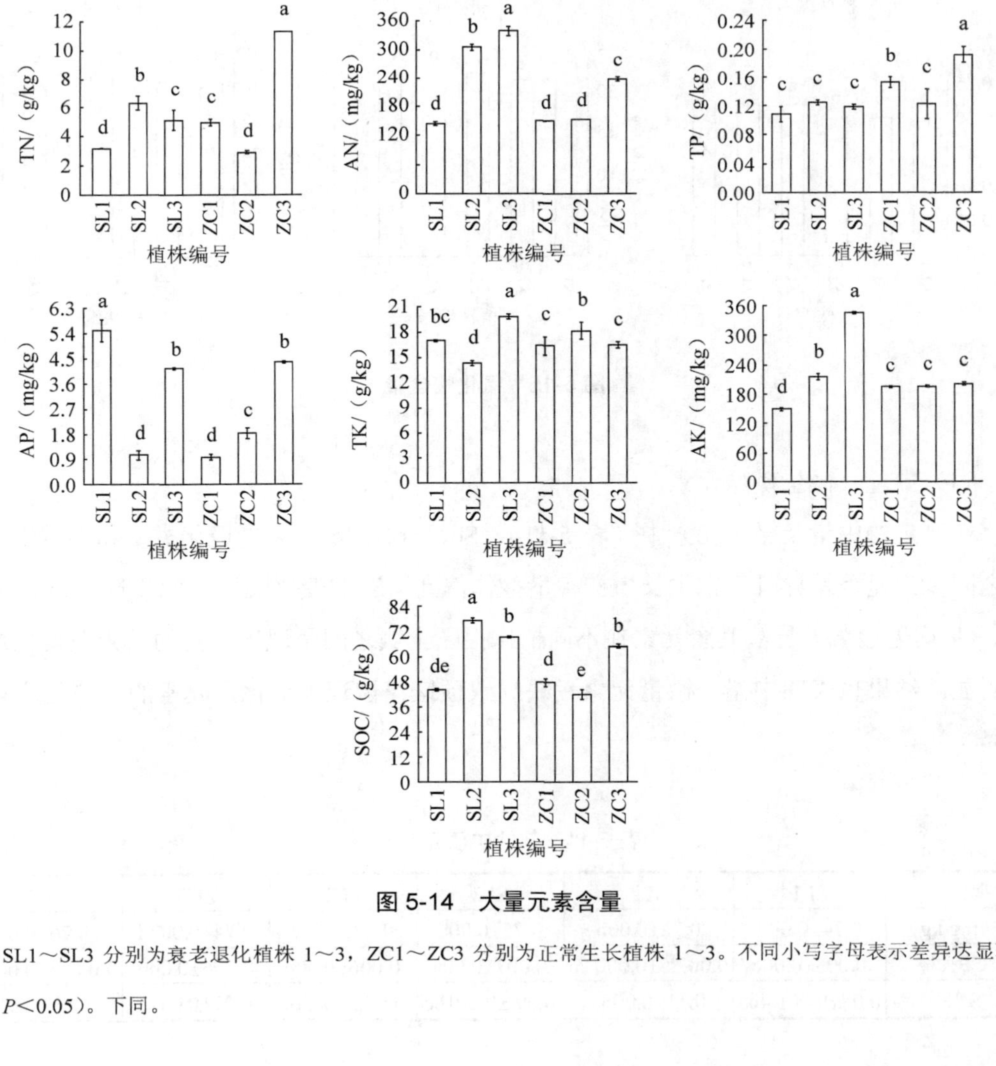

图 5-14　大量元素含量

注：SL1～SL3 分别为衰老退化植株 1～3，ZC1～ZC3 分别为正常生长植株 1～3。不同小写字母表示差异达显著水平（$P<0.05$）。下同。

（2）氧化物

在测定的 6 种氧化物中（图 5-15），Fe_2O_3、CaO、MgO、Na_2O 在衰老退化类型和正常生长类型中均呈现显著差异，Al_2O_3、SiO_2 多为显著差异，整体表现为衰老退化类型的氧化物含量更低。说明氧化物亏缺是引起顶坛花椒衰老退化的原因，表明中量、微量和有益元素同样对顶坛花椒生长、生理性状产生重要影响。

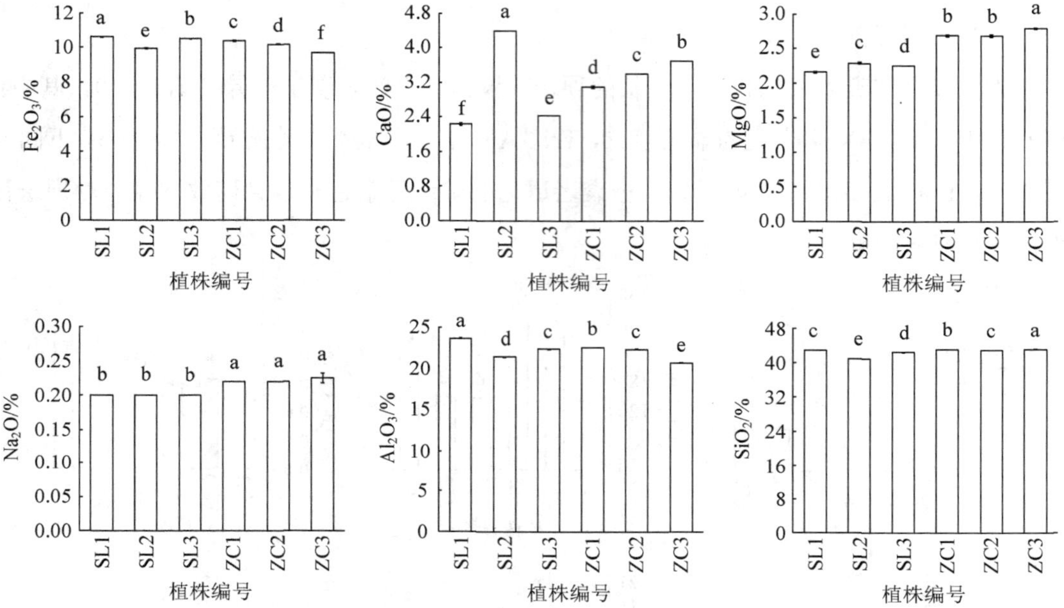

图 5-15　氧化物含量

（3）中量、微量矿质元素

在测定的中量及微量元素中（表 5-11），Se、Sr、Mo 在衰老退化类型和正常生长类型之间多为显著差异且正常生长植株含量整体偏高，S 的变化规律与此相反，Cu、Pb、Zn、Cr 均无显著差异，其余元素在不同植株根区土壤之间呈现出一定的差异但变化规律不明显。结果也表明中量、微量元素亏缺导致顶坛花椒衰老退化，元素的亏缺效应较为明显。

表 5-11　其他矿质元素含量

因子	SL1	SL2	SL3	ZC1	ZC2	ZC3
Ti/（mg/kg）	0.74±0.00d	0.72±0.00b	0.75±0.00b	0.72±0.00c	0.74±0.007d	0.76±0.01a
Cl/%	0.005±0.00c	0.007 5±0.000 7a	0.007±0.00a	0.006±0.00b	0.006±0.00b	0.007 5±0.000 7a
S/%	0.08±0.001 4cd	0.11±0.006a	0.09± 0.001bc	0.07±0.003de	0.07±0.004e	0.09±0.01b

因子	SL1	SL2	SL3	ZC1	ZC2	ZC3
Mn/（mg/kg）	0.27±0.007b	0.26±0.006b	0.28±0.00a	0.23±0.005c	0.22±0.00d	0.28±0.008a
Cu/（mg/kg）	32.67±5.22a	30.95±2.76a	31.71±2.83a	31.14±4.62a	29.12±2.99a	28.95±4.03a
Pb/（mg/kg）	59.15±4.17a	61.96±2.35a	62.54±4.26a	63.04±3.88a	60.20±3.05a	58.89±2.55a
Zn/（mg/kg）	260.63±17.68a	243.68±22.83a	253.53±19.63a	231.05±16.74a	223.91±17.80a	231.25±15.68a
Cr/（mg/kg）	174.35±12.52a	158.82±19.44a	166.15±20.97a	173.83±6.82a	169.31±11.59a	159.09±17.13a
Cd/（mg/kg）	1.57±0.02b	1.91±0.07a	1.99±0.01a	1.57±0.23b	1.59±0.02b	1.92±0.05a
As/（mg/kg）	48.05±1.68a	42.81±2.52a	46.24±3.80a	50.61±3.75a	49.34±4.24a	44.32±3.36a
Ni/（mg/kg）	87.58±1.94a	75.71±0.71c	80.88±2.13b	83.67±0.61ab	81.03±2.06b	71.31±2.54c
Se/（mg/kg）	0.62±0.02bc	0.40±0.02e	0.52±0.04cd	0.75±0.05a	0.50±0.04d	0.68±0.05ab
B/（mg/kg）	55.74±0.38b	43.46±0.30c	44.93±0.31c	58.79±0.40a	54.37±0.37b	43.44±2.64c
Co/（mg/kg）	29.01±1.41a	29.19±4.11a	29.87±3.61a	29.50±2.12a	29.00±2.83a	27.57±1.69a
Sr/（mg/kg）	56.98±0.23e	58.22±0.30d	53.43±0.42f	59.13±0.14c	62.59±0.21a	60.01±0.26b
Mo/（mg/kg）	2.11±0.03c	1.87±0.02d	1.99±0.07cd	2.61±0.08a	2.40±0.08b	1.90±0.06d

注：同行不同小写字母表示差异达显著水平（$P<0.05$）。

5.5.3　根区土壤质量评价及其质量指数

（1）根区土壤质量评价

依据特征值大于 1 和累计贡献率大于 85%两个原则，并根据旋转后的结果，抽取了 4 个主成分，其特征值依次为 10.68、6.77、4.22、3.84。这 4 个成分的累计贡献率为 87.94%，表明这 4 个主成分已经能够反映出原始数据提供的信息总量的 87.94%（表 5-12）。根据累计贡献率大于 85%的原则，表明这 4 个主成分就能够解释原始变量，故对前 4 个主成分做进一步分析。

表 5-12　主成分分析的特征值及其贡献率

主成分	特征值	贡献率/%	累计贡献率/%
1	10.68	36.82	36.82
2	6.77	23.36	60.18
3	4.22	14.54	74.72
4	3.84	13.22	87.94

由因子载荷矩阵得知（表 5-13），第 1 主成分与 SOC、AN、Cd、S、B 等指标显著相关，载荷系数较大；第 2 主成分在 MgO、Na_2O 上的负载较大；第 3 主成分主要受 Co 的支配；第 4 主成分的主要支配指标为 AP 和 Ti（因子载荷值的绝对值均大于 0.9）。不同主成分表示土壤性质的信息不同，能够综合直观地表达土壤质量变化趋势。

表 5-13 各因子的载荷矩阵

因子	主成分			
	1	2	3	4
SiO_2	−0.638	0.332	−0.008	0.559
CaO	0.477	0.583	−0.042	−0.494
MgO	−0.267	0.941	−0.026	−0.057
Na_2O	−0.162	0.973	0.013	−0.036
Al_2O_3	−0.667	−0.735	0.064	0.072
Fe_2O_3	−0.484	−0.794	0.113	0.054
Ti	0.154	0.211	−0.140	0.921
Cl	0.861	0.337	−0.080	−0.197
S	0.948	−0.112	0.091	0.012
Mn	0.761	−0.170	−0.083	0.593
Cu	−0.096	−0.434	−0.847	−0.092
Zn	0.126	−0.659	−0.722	0.146
Ni	−0.669	−0.664	0.263	−0.012
As	−0.767	−0.053	−0.535	0.132
Se	−0.416	0.259	0.190	0.295
B	−0.942	−0.161	0.074	−0.151
Co	0.018	−0.209	0.940	−0.074
Cr	−0.370	−0.187	0.874	0.099
Pb	0.145	−0.110	0.863	−0.352
Sr	−0.444	0.736	0.033	−0.151
Mo	−0.862	0.139	0.062	−0.375
Cd	0.938	0.073	0.010	0.108
TN	0.633	0.598	−0.062	0.272
AN	0.912	−0.138	−0.039	−0.089
TP	0.224	0.789	0.133	0.195
AP	0.081	−0.031	−0.046	0.940
TK	−0.232	0.144	0.038	0.419
AK	0.517	−0.163	0.058	−0.054
SOC	0.982	−0.015	−0.039	−0.163

（2）土壤质量指数

由表 5-14 可以看出，不同类型的土壤质量指数为 ZC3＞SL2＞SL3＞ZC2＞ZC1＞SL1，正常生长植株 ZC1 和衰老退化植株 SL1 分别位列第 1、第 6，但排位顺序的变化并不明显。SL3 类型在第 1 主成分上的得分最高，ZC3 在第 2 主成分、第 4 主成分上的排序最高，ZC1 在第 3 主成分上的相对得分位列第一，表明并非所有元素对顶坛花椒生长均表现为“低抑高促”现象。

表 5-14　不同类型的因子得分及其综合评价值

类型	PC1	PC2	PC3	PC4	IFI	排序
SL1	−2.78	−3.68	−0.83	1.83	−49.98	6
SL2	4.06	0.19	−0.30	−2.62	32.67	2
SL3	2.14	−2.65	0.21	1.30	9.98	3
ZC1	−3.37	0.56	1.49	−1.69	−30.59	5
ZC2	−2.97	1.16	0.74	−0.17	−23.58	4
ZC3	2.92	4.39	−1.32	2.24	61.51	1

矿质元素对作物产量、品质产生直接影响，在作物生长、生理过程中发挥着重要作用（赵青华等，2014），不同的用量和配比也会对人体健康产生影响（Zhao et al.，2017），因而矿质元素与土壤和植物营养的关系为广大学者所关注。由表 5-13 和表 5-14 可以看出，第 1 主成分对土壤质量的影响权重较大（36.82%），总体表现为衰老退化型植株的排序更高，表明大量元素、中量元素和微量元素同时对土壤质量产生影响，并且养分的可利用数量对植株生长的影响可能更大，因而应摒弃只重视 N、P、K 养分管理的粗放式经营方式。第 2 主成分、第 3 主成分多表现为正常生长植株较高，这 2 个主成分主要受 Mg、Na、Co 等元素支配，虽然喀斯特地区具有高 Ca、Mg 等特性，但土壤中的 Mg 元素含量也存在较大差异甚至成为限制因子，原因可能是土壤质量退化导致母岩中元素溶解、释放速率降低，表明顶坛花椒衰老退化极有可能影响母岩的风化。第 4 主成分在衰老退化型和正常生长型植株之间的差异规律不明显，原因可能是顶坛花椒根系对 P 的吸收能力较弱，导致 P 元素对植株生长的影响效应不显著。综上所述，本研究推测矿质元素尤其是中量、微量元素亏缺和其有效态的亏缺导致了顶坛花椒衰老退化，同时衰老退化类型的植株根系的养分吸收能力降低，说明应采取系统学和生态学的理论解决该问题。

Mg 在叶绿素合成和光合作用中起着重要作用，是构成光量子的必要结构，是进行有效光合碳同化的先决条件；Mg 缺乏可能导致顶坛花椒植株叶绿素合成能力降低。Na 是 C4 光合途径植株必需的微量元素，具有不可替代性（陆景陵，2003）；Na 缺乏导致光合作用受阻，可能是导致顶坛花椒黄叶比例较高的原因，也可能导致细胞渗透压降低，维持膨压的能力减弱，影响植株体内的养分运输和转移。Co 具有稳定叶绿体膜上脂蛋白复合体的功能（陆景陵，2003），Co 含量充足可以促进光合作用，提高果实产量。本节中，衰老退化的顶坛花椒植株黄色叶片不断增多，且从枝条顶端开始，可能与其元素亏缺导致光合能力下降有关，也可能是元素的运输动力受到影响。适当增加土壤中 Co 的含量，能够增大植株叶面积上的叶绿体数目、表面积和色素含量，促进光合作用，抑制植株衰老退化。以上分析表明，矿质元素亏缺会影响植物的生长和生理性状，导致光合能力降低，影响元素的吸收、运输和转化，进而影响植株的生长甚至寿命。

5.5.4 基于矿质元素的顶坛花椒可持续经营策略

顶坛花椒的衰老退化已经影响到石漠化治理成果的巩固，同时影响了贵州喀斯特山区农户种植顶坛花椒的积极性，不利于山区生态、经济的可持续发展，亟需采取科技手段实现顶坛花椒的健康经营。本节的研究结果表明，Mg、Na、Co 等矿质元素含量较低可能是影响顶坛花椒正常生长、生理状态的关键因子之一，进而限制光合能力和物质合成，加速顶坛花椒的衰老退化，说明补充矿质元素、创造良好的土壤结构是提高顶坛花椒生产力的重要途径。依据结构决定功能的原理，要取得较优的土壤功能，需要有良好的土壤结构，本节研究表明 SOC 是影响土壤质量的主要因子之一，说明培育良好的土壤团粒结构是提高顶坛花椒生产力的重要措施。虽然地质环境中的矿质元素含量丰富，但是其在土壤中仍然表现为亏缺状态，原因可能是养分溶解与释放速率较低，也可能受制于土壤质量退化，特别是土壤中生物的种类和数量减少。因此，协调好植物与土壤的关系是顶坛花椒林经营的重点。近年来，顶坛花椒衰老退化呈加剧趋势，与之伴随的是养分和水分管理愈加粗放，形成恶性循环，导致顶坛花椒的产量和品质逐年降低。因此，水分和养分耦合自给应成为顶坛花椒可持续经营的关键措施，对提高养分利用能力的影响显著。

本节中，由于尚未公开发布包括全部植物营养元素的土壤质量评价指标体系，因而部分元素在植物生长、生理过程中表现为污染效应还是亏缺效应尚无确切定论，进而限制了对结果的深入评价；此外，目前在研究土壤质量时学者们都认为矿质元素含量越高越好（戒上型函数），但是元素浓度超过一定范围会表现出抑制或拮抗效应，并且由于植株耐受能力的差异以及元素之间作用的综合效应，给这一质量评价和原因诊断带来诸多困难。因此，影响顶坛花椒衰老退化的矿质元素机理尚需进一步研究。

5.6 不同衰老程度顶坛花椒林土壤养分质量的评价

土壤是陆地生态系统的基础，其质量状况是全球生物圈可持续发展的重要影响因素（贡璐等，2011）。土壤质量是指土壤在生态系统范围内，促进动植物健康、维持生物生产能力及保护环境质量的能力（赵娜等，2014）。作为一个复杂的功能实体，土壤质量不可直接测定，但可以利用土壤质量指标来推测（刘占锋等，2006）。虽然土壤质量评价方面的研究已有很多（Yao et al.，2013；Askari et al.，2014；Zhang et al.，2016a），但至今还没有公认的评价指标，应根据不同区域制定合适的评价指标。花椒（*Zanthoxylum bungeamun*）是花江喀斯特地区的主要经济植物，种植花椒是喀斯特石漠化区域特色农业的可持续发展方式之一，可为喀斯特石漠化区域生态环境的恢复和重建提供有效途径（周玮等，2008）。种植花椒虽能取得良好的经济效益，但大规模连种导致花椒面临产量降低（罗广元等，2017）、轮伐期缩短、林分稳定性差、地力贫瘠等诸多衰老退化问题。土壤质量问题一直是制约花椒树生长的主要因素之一，一是由于缺乏人工科学管理，当地居民不施肥或者仅施用少量农家肥；另一个重要原因是矿质元素供应平衡被打破，N、P、K 等大量元素甚至微量元素等供应失去平衡，从而影响群落组成和植物的生长（毛庆功等，2015）。植物营养元素含量的改变，可造成植物生长发育不良及对病虫害的敏感性提高（田大伦等，2007）。土壤养分是植物营养的主要来源，土壤矿质营养状况能表征植物对矿质营养的吸收利用状况，利用土壤矿质营养状况可诊断植物潜在的营养状况，从而指导施肥。植物生长过程中，根须不断吸收土壤养分，同时也会不断地分泌物质到土壤中，与土壤形成耦合作用，故土壤质量处于一个动态的变化过程（刘伟玮等，2017）。因此，要准确评价花椒林地土壤养分的质量状况是极其复杂的，而加强对衰老花椒林地土壤养分质量的评价研究，对于其土壤肥力改良及植被恢复具有十分重要的意义。目前关于花椒林地土壤方面的研究较多，主要集中在土壤特性（何腾兵等，2000）、土壤酶演变（周玮等，2008）、土壤抗蚀抗冲性（王忠林等，2000）、土壤团聚体（罗友进等，2011；廖洪凯等，2015）等方面，但对花椒林地土壤的矿质元素的研究主要集中在 N、P、K 等大量元素方面，很少涉及中量元素及微量元素，未见关于不同衰老程度花椒土壤养分质量评价方面的研究报道。为此，本节选择花江峡谷地区 6 种不同衰老程度的顶坛花椒林地为研究对象，通过测定其 OC、TN、AN 和 TP 等 29 项土壤养分及矿质元素等化学指标，并运用主成分分析法以及构建土壤质量评价最小数据集，研究评价顶坛花椒土壤的养分质量状况，以期为喀斯特石漠化地区花椒林地土壤肥力改良及生态系统的植被恢复提供科学依据。

5.6.1　研究方法

（1）材料

土壤样品共计 18 份，采自贞丰县北盘江镇和关岭县花江镇不同衰老程度的花椒林地。

（2）样品采集

2017 年 7 月，在研究区内选择 6 种不同衰老程度的花椒林地为实验样地，每一植被类型分别在花椒林地中挑选 5 株叶片枯黄数量、挂果数量以及枝条枯死程度相近的植株，对不同衰老程度的花椒林下土壤进行取样，五点取同一层次土样组成混合样，取约 1 kg 土样装入密封袋带回实验室，土样剔除动物残体、植物根系以及石砾，自然风干、研磨、过筛后保存备用。植株基本概况见表 5-15。

表 5-15 6 种不同衰老程度的花椒植株的基本概况

植株类型	树高/m	冠幅/m	叶片颜色	植株衰老情况
Ⅰ	1.8	1.7×2.5	80%为黄色	挂果率不足正常水平的 20%
Ⅱ	1.2	0.8×1.8	30%呈黄绿色	挂果率不足正常水平的 15%，籽粒稀疏，有死枝，小老头树
Ⅲ	1.7	1.1×1.2	绿色但有病毒，有较多虫洞	几乎不挂果，幼树即开始衰老
Ⅳ	2.5	3.0×1.2	无叶片	整株衰老死亡
Ⅴ	2.2	1.7×1.5	多呈黄色	籽粒较少，花椒籽粒色泽偏黄，枝条末梢多逐渐枯死
Ⅵ	1.8	1.5×1.5	多呈黄色	一半枝条已经死亡，越往枝条末端死亡现象越严重，不挂果

注：Ⅰ为黄叶+低挂果植株；Ⅱ为低挂果植株，Ⅲ为幼树衰老植株；Ⅳ为全死亡植株；Ⅴ为 4/5 死亡植株；Ⅵ为 1/2 死亡植株。下同。

（3）指标测定

SOC 测定方法见本章“5.1.1 研究方法”中第（2）部分，TN、AN、TP、AP、TK、AK、SiO_2、CaO、MgO、Na_2O、Al_2O_3、Fe_2O_3、Cu、Zn、Pb、Cr、Cd、Ti、Ni、Co、Sr、Mo、Cl、S、B、As、Se 测定方法见第 4 章“4.1.1 研究方法”中第（2）、第（3）部分。

（4）最小数据集的构建及土壤质量评价指数

1）最小数据集的构建

对不同衰老程度的顶坛花椒土壤 29 项土壤有机质及矿质元素等化学指标进行主成分分析。选择特征值不小于 1 的主成分，选取高因子载荷指标，即选取因子载荷绝对值达到该主成分中最大因子载荷 90%的指标（邓绍欢等，2016）。当 1 个主成分只有 1 个高因子载荷指标时，则将该指标选入最小数据集。当 1 个主成分不止 1 个高因子载荷指标时，对高因子载荷分别进行相关性分析，如果相关性低（$r<0.7$），各高因子载荷指标均应选入最小数据集。如果相关性高（$r>0.7$），将相关系数之和最大的高因子载荷指标选入最小数据集，从而确定最终的最小数据集。因研究原始变量较多，选择 $r>0.8$ 为高相关性。

2）土壤质量评价指数

由于各评价指标单位不同，导致数值差异较大，故研究前需要对各指标进行标准化 PCA 处理，得到载荷矩阵及贡献率。主成分特征向量等于对应的载荷矩阵值除以该成分特征值的平方根（张子龙等，2013），进而将标准化数据与主成分特征向量相乘得到不同衰老程度花椒的主成分因子得分。采用加权法计算土壤质量评价分值，其具体计算方式见第 4 章“4.4.1 研究方法”中第（3）部分的 2）。

（5）数据处理

使用 Excel 2010 进行数据初步分析与整理；利用 SPSS 20.0 对数据进行分析，采用单因素方差分析（one-way ANOVA）对不同衰老程度的顶坛花椒土壤所测指标进行差异性检验，并使用最小显著差数（LSD）法进行多重比较，利用 Pearson 相关分析法分析高因子载荷候选指标之间的相关性，采用 Origin 8.6 制图。

5.6.2　不同衰老程度顶坛花椒土壤的化学性质

（1）养分含量

由图 5-16 可知，不同衰老程度顶坛花椒的土壤养分含量存在一定的差异性。SOC 含量为 48.12～71.26 g/kg，以全死亡植株土壤含量最高，显著高于黄叶+低挂果植株土壤、幼树衰老植株土壤、4/5 死亡植株土壤和 1/2 死亡植株土壤。TN、AN、TP、AP、TK 和 AK 含量分别为 3.03～5.32 g/kg、106.81～314.23 mg/kg、0.05～0.20 g/kg、3.80～28.18 mg/kg、10.58～17.39 g/kg 和 126.12～351.89 mg/kg，其中 TN、AN 和 TK 均表现为低挂果植株土壤含量最高；TP 以 4/5 死亡植株土壤含量最高，与其他衰老程度的花椒植株土壤含量均达显著差异水平。AP 和 AK 以幼树衰老植株土壤含量最高，显著高于其他衰老程度的花椒植株土壤。

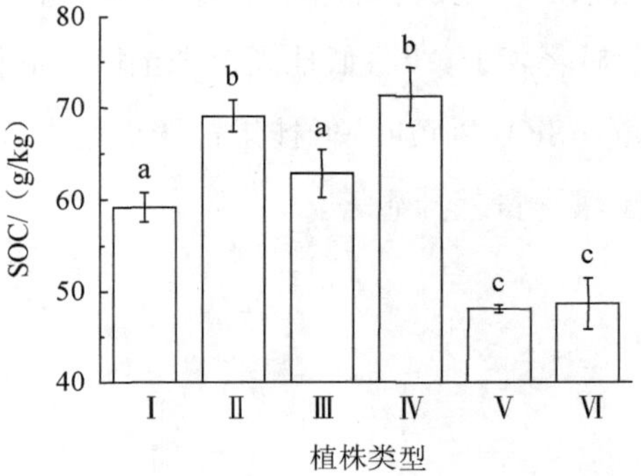

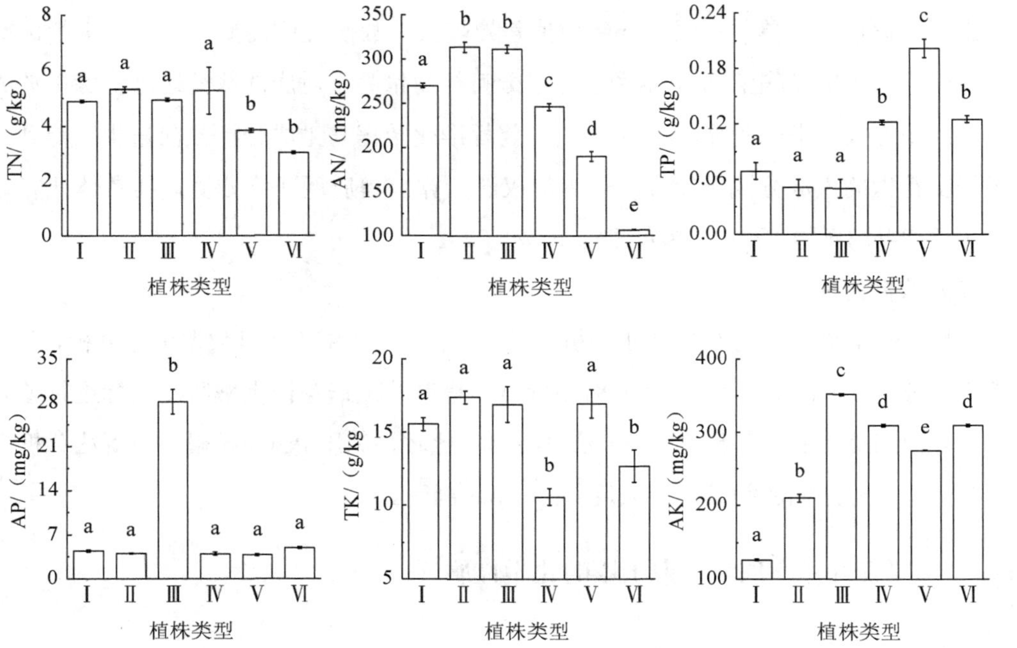

图 5-16 不同衰老程度顶坛花椒土壤的大量元素含量

注：Ⅰ为黄叶+低挂果植株，Ⅱ为低挂果植株，Ⅲ为幼树衰老植株，Ⅳ为全死亡植株，Ⅴ为 4/5 死亡植株，Ⅵ为 1/2 死亡植株。不同小写字母表示差异达显著水平（$P<0.05$）。下同。

（2）氧化物含量

由图 5-17 可知，Fe_2O_3 和 Al_2O_3 在幼树衰老植株土壤中的含量最高，分别为 10.17%、22.56%，且均显著高于其余 5 种花椒衰老植株土壤。CaO、MgO 和 Na_2O 最高含量分别为 13.97%、3.52%、0.27%，以 4/5 死亡植株土壤含量最高，其中 CaO 和 MgO 在 4/5 死亡植株土壤中的含量与在其余 5 种花椒衰老植株土壤中的含量差异达显著水平，Na_2O 在 4/5 死亡植株土壤中的含量显著高于黄叶+低挂果植株土壤、低挂果植株土壤、幼树衰老植株土壤、全死亡植株土壤；SiO_2 以黄叶+低挂果植株土壤中含量最高，为 43.02%，且与其余 5 种花椒衰老植株土壤含量差异显著。

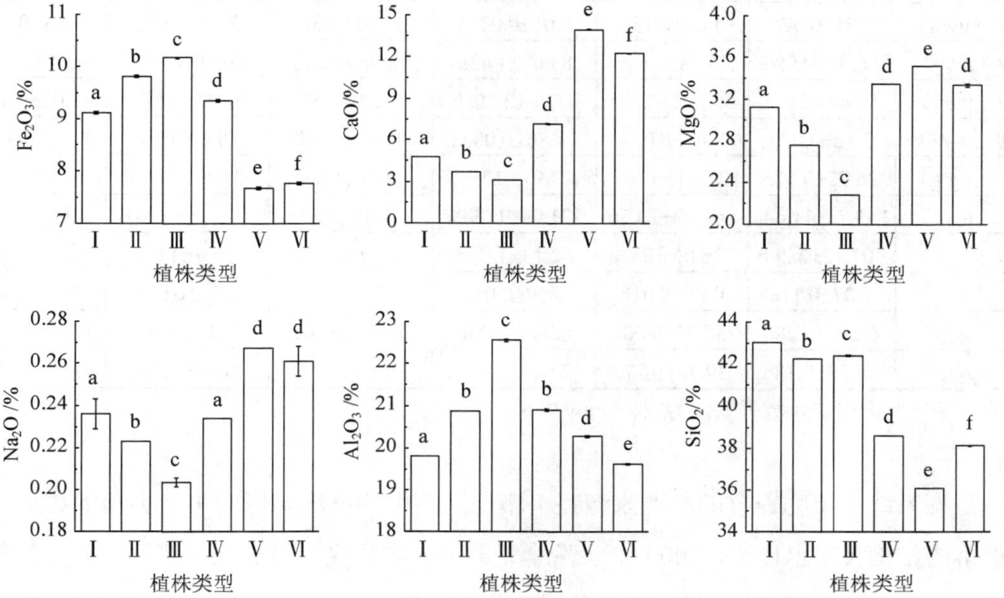

图 5-17 不同衰老程度顶坛花椒土壤的氧化物含量

（3）其他矿质元素含量

由表 5-16 可知，Ni 以幼树衰老植株土壤含量最高，为 83.02 μg/g；Mn、S、Cu、Zn、Mo、As、Cd 和 Pb 均以低挂果植株土壤含量最高，分别为 0.31%、0.14%、31.72 μg/g、443.24 μg/g、3.64 μg/g、55.42 μg/g、3.42 μg/g 和 226.06 μg/g；Ti 以黄叶+低挂果植株土壤与全死亡植株土壤含量最高，均为 0.75 mg/kg；Se 以黄叶+低挂果植株土壤含量最高，为 1.07 μg/g；Cl 在 6 种不同衰老程度的顶坛花椒土壤中含量极低，均为 0.01%；Cr 和 Co 以全死亡植株土壤含量最高，分别为 171.48 μg/g 和 28.73 μg/g；Sr 和 B 均以 1/2 死亡植株土壤含量最高，分别为 104.45 μg/g 和 69.96 μg/g。

表 5-16 不同衰老程度顶坛花椒土壤其他矿质元素的含量

其他矿质元素	Ⅰ	Ⅱ	Ⅲ	Ⅳ	Ⅴ	Ⅵ
Mn/%	0.29±0.00b	0.31±0.00a	0.27±0.00c	0.15±0.00e	0.27±0.00c	0.24±0.00d
Ti/（mg/kg）	0.75±0.00a	0.71±0.00c	0.72±0.00b	0.75±0.00a	0.58±0.00e	0.70±0.00d
S/%	0.12±0.01b	0.14±0.00a	0.10±0.00c	0.10±0.00c	0.03±0.00e	0.04±0.00d
Cl/%	0.01±0.00d	0.01±0.00d	0.01±0.00b	0.01±0.00cd	0.01±0.00a	0.01±0.00bc
Cu/（μg/g）	29.64±3.73	31.72±2.43a	31.56±4.55ab	23.00±2.83bc	29.69±3.47abc	22.80±2.54c
Zn/（μg/g）	260.72±25.95	443.24±53.44a	254.64±21.32	204.14±18.70	201.07±15.10	186.73±5.99c

其他矿质元素	Ⅰ	Ⅱ	Ⅲ	Ⅳ	Ⅴ	Ⅵ
Mo/（μg/g）	1.95±0.07d	3.64±0.13a	2.01±0.07cd	2.58±0.03b	2.16±0.07c	1.83±0.06d
Ni/（μg/g）	66.82±0.08c	75.58±0.39b	83.02±1.43a	78.75±0.22b	79.08±0.58b	63.79±3.11c
As/（μg/g）	51.47±5.47a	55.42±10.57a	47.26±3.50ab	45.09±2.54	33.16±2.58c	35.02±1.33bc
Cd/（μg/g）	2.12±0.02b	3.42±0.02a	1.80±0.08c	1.60±0.05d	1.55±0.05de	1.47±0.03e
Co/（μg/g）	26.72±0.57a	27.33±0.74a	27.91±0.39a	28.73±1.66a	24.47±2.97a	27.79±3.13a
Cr/（μg/g）	155.74±11.44a	161.82±13.50	171.09±11.99a	171.48±9.67a	145.35±7.89a	142.34±13.54a
Pb/（μg/g）	103.12±2.20b	226.06±5.84a	62.13±1.68d	73.11±0.87c	51.97±1.63e	54.83±3.36de
Se/（μg/g）	1.07±0.11a	0.88±0.01b	0.59±0.04c	0.07±0.00f	0.31±0.02e	0.46±0.02d
Sr/（μg/g）	64.62±0.28d	58.95±0.00f	62.30±1.04e	74.49±0.00c	79.12±0.00b	104.45±0.21a
B/（μg/g）	54.38±0.38b	39.78±0.27c	27.49±3.67d	39.19±0.27c	41.22±0.28c	69.96±0.48a

注：同行不同小写字母表示差异达显著水平（$P<0.05$）。

生态系统中植物养分的主要来源是土壤，土壤中养分库会影响生产力功能和地上植被群落的结构（胡忠良等，2009）。土壤全量养分一定程度上可表征土壤养分肥力的供应潜力，而有效养分可代表土壤提供植物易吸收利用的养分元素的能力（庞圣江等，2015）。研究结果表明，SOC 含量依次为全死亡植株土壤＞低挂果植株土壤＞幼树衰老植株土壤＞黄叶+低挂果植株土壤＞1/2 死亡植株土壤＞4/5 死亡植株土壤；TN 和 TK 均以低挂果植株土壤含量最高，表明低挂果植株土壤养分肥力的供应潜力较其他衰老程度的花椒土壤好；AP 和 AK 以幼树衰老植株土壤含量最高，AN 以低挂果植株土壤与幼树衰老植株土壤含量最高，说明幼树衰老植株土壤能提供更多植物易于吸收利用的养分元素；Fe_2O_3、Al_2O_3 和 Ni 均以幼树衰老植株土壤含量最高；Mn、S、Cu、Zn、Mo、As、Cd 和 Pb 均以低挂果植株土壤含量最高。总体上看，幼树衰老植株和低挂果植株土壤中营养元素含量较多，能为花椒树生长提供更多养分。4/5 死亡植株土壤中 TP、CaO、MgO 和 Na_2O 含量最丰富；黄叶+低挂果植株土壤中 SiO_2 和 Se 含量最高；Cl 含量在 6 种不同衰老程度的顶坛花椒土壤中均极低，均为 0.01%；Cr 和 Co 以全死亡植株土壤含量最高；Sr 和 B 均以 1/2 死亡植株土壤含量最高。总体来看，黄叶+低挂果植株土壤、低挂果植株土壤和幼树衰老植株土壤的养分优于全死亡植株土壤、1/2 死亡植株土壤和 4/5 死亡植株土壤，表明 6 种不同衰老程度顶坛花椒的土壤养分含量均不同，这是由于土壤养分含量的差异与生态系统的干扰程度（张平究等，2011）、凋落物产量、土壤基质质量、养分归还量等密切相关。

5.6.3 不同衰老程度顶坛花椒的土壤质量评价

（1）不同衰老程度顶坛花椒的土壤质量评价指标体系

为了减少评价指标数量，对不同衰老程度顶坛花椒土壤 29 项化学指标进行主成分分析，选取特征值大于 1 的主成分 5 个（表 5-17），其解释方差累计贡献率达 95.673%，说明这 5 个主成分可反映全部指标 95%以上的信息。对各变量在各个主成分上的旋转因子载荷大小进行选取，通常认为系数绝对值大于 0.8 的初始因子对构成的评价因子具有重要的影响力（王飞等，2015）。主成分 1 的贡献率为 30.688%，为最重要的影响因子，TP、Ti、CaO、SiO_2 和 Cl 在主成分 1 中发挥了重要作用。主成分 2 的贡献率为 21.986%，该主成分主要受 Ni 和 B 的支配。主成分 3 的贡献率为 16.665%，该主成分在 TK、Mn 和 Cu 上的负载较大。主成分 4 的贡献率为 16.307%，该主成分在 Zn、Mo、Cd 和 Pb 上的载荷系数较大。主成分 5 的贡献率为 10.027%，该主成分主要受 AP 和 AK 支配，虽然系数绝对值略小于 0.8，但仍是主成分 5 的重要影响因子。从重要影响因子中再选取高因子载荷，经对高因子载荷指标相关性分析，主成分 1 中高因子载荷有 TP、Ti、CaO 和 SiO_2 这 4 个指标，SiO_2 与 TP、CaO 的相关系数均大于 0.8，达极显著水平，且 SiO_2 与 TP、CaO 的相关系数之和最大，因此主成分 1 中 SiO_2 选入最小数据集。主成分 2 中高因子载荷有 Ni 和 B 这 2 个指标，相关系数大于 0.8，达极显著水平，且 B 因子载荷较大，因此 B 入选最小数据集。在主成分 3 中，高因子载荷有 TK、Mn 和 Cu 这 3 个指标，TK 与 Mn、Cu 相关系数均大于 0.8，达极显著水平，且 TK 与 Mn、Cu 的相关系数之和最大，因此 TK 入选最小数据集。主成分 4 中高因子载荷有 Mo 和 Pb，相关系数大于 0.8，达极显著水平，且 Mo 因子载荷较大，故 Mo 入选最小数据集。主成分 5 中高因子载荷有 AP 和 AK 这 2 个指标，因两者相关系数小于 0.8，故均选入最小数据集。因此不同衰老程度顶坛花椒土壤养分质量评价的最小数据集有 SiO_2、B、TK、Mo、AP 和 AK 这 6 个指标。

由表 5-18 可以看出，黄叶+低挂果植株和低挂果植株均为因子 5 得分最低，幼树衰老植株因子 4 得分最低，全死亡植株因子 3 得分最低，4/5 死亡植株因子 1 得分最低，1/2 死亡植株因子 2 得分最低。可从因子得分找寻出对每一类植株生长具有重要影响的营养元素，黄叶+低挂果植株和低挂果植株的重要影响元素为 AP 和 AK，幼树衰老植株的重要影响元素为 Zn、Mo、Cd 和 Pb，全死亡植株的重要影响元素为 TK、Mn 和 Cu，4/5 死亡植株的重要影响元素为 TP、Ti、CaO、SiO_2 和 Cl，1/2 死亡植株的重要影响元素为 Ni 和 B。

表 5-17　旋转后因子载荷矩阵及主成分的贡献率

指标	主成分				
	1	2	3	4	5
SOC	0.540	0.610	−0.307	0.437	−0.032
TN	0.527	0.737	−0.068	0.317	−0.145

指标	主成分				
	1	2	3	4	5
AN	0.540	0.727	0.294	0.288	0.050
TP	−0.905	−0.104	−0.167	−0.251	−0.270
AP	0.288	0.366	0.227	−0.373	0.765
TK	−0.062	0.196	0.924	0.197	0.166
AK	−0.378	0.163	−0.421	−0.221	0.758
Fe_2O_3	0.703	0.607	0.042	0.242	0.264
Mn	0.153	−0.219	0.886	0.263	0.047
Ti	0.910	0.005	−0.353	0.007	−0.003
CaO	−0.841	−0.444	−0.151	−0.225	−0.138
MgO	−0.577	−0.343	−0.344	−0.114	−0.646
Na_2O	−0.687	−0.557	−0.116	−0.129	−0.396
Al_2O_3	0.195	0.716	0.053	−0.012	0.666
S	0.780	0.345	0.067	0.495	−0.117
SiO_2	0.903	0.165	0.356	0.149	0.077
Cl	−0.813	0.114	0.249	−0.437	0.231
Cu	0.094	0.358	0.836	0.173	0.069
Zn	0.347	0.161	0.410	0.817	0.032
Mo	0.052	0.310	−0.001	0.943	−0.066
Ni	−0.244	0.881	−0.002	0.054	0.367
As	0.698	0.326	0.241	0.422	−0.121
Cd	0.374	0.112	0.355	0.840	−0.068
Co	0.509	−0.024	−0.648	0.101	0.312
Cr	0.456	0.617	−0.367	0.079	0.215
Pb	0.351	0.068	0.237	0.889	−0.125
Se	0.631	−0.230	0.660	0.197	−0.159
Sr	−0.451	−0.739	−0.396	−0.266	0.094
B	0.012	−0.938	−0.142	−0.101	−0.289
特征值	8.899	6.376	4.833	4.729	2.908
贡献率/%	30.688	21.986	16.665	16.307	10.027
累计贡献率/%	30.688	52.674	69.339	85.646	95.673

表 5-18 不同衰老程度顶坛花椒土壤主成分因子得分

植株类型	因子得分				
	因子 1	因子 2	因子 3	因子 4	因子 5
Ⅰ	2.268	−0.308	1.556	1.164	−2.079
Ⅱ	3.921	2.941	2.913	5.467	0.000
Ⅲ	2.467	3.750	1.270	0.338	4.554
Ⅳ	0.086	1.200	−3.582	−0.466	0.302
Ⅴ	−5.369	−2.420	0.242	−3.034	−0.954
Ⅵ	−3.373	−5.164	−2.398	−3.469	−1.822

（2）不同衰老程度顶坛花椒的土壤质量评价

分别对最小数据集和全体数据集利用主成分因子得分和方差贡献率进行加权计算土壤质量评价分值（SQAV）（图 5-18）。最小数据集土壤质量评价分值依次为幼树衰老植株（134.019）＞低挂果植株（70.064）＞4/5 死亡植株（–24.539）＞黄叶+低挂果植株（–33.811）＞全死亡植株（–36.508）＞1/2 死亡植株（–109.225）。全体数据集土壤质量评价分值依次为低挂果植株（315.410）＞幼树衰老植株（233.972）＞黄叶+低挂果植株（80.844）＞全死亡植株（–35.366）＞4/5 死亡植株（–268.017）＞1/2 死亡植株（–326.845）。总体表现出衰老退化较轻的花椒植株土壤质量优于衰老退化严重的花椒植株。

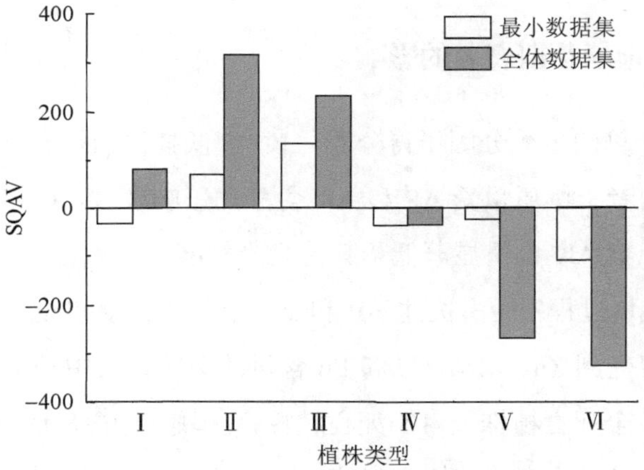

图 5-18 不同衰老程度顶坛花椒的土壤质量评价分值

全体数据集土壤质量评价分值依次为低挂果植株＞幼树衰老植株＞黄叶+低挂果植株＞全死亡植株＞4/5 死亡植株＞1/2 死亡植株。这与不同衰老程度顶坛花椒林地的土壤养分含量结果在一定程度上具有相似性，可以相互佐证。植被可通过改变凋落物的质与量和非生物环境等方式影响生态系统内土壤养分资源的循环和分布，土壤养分资源的量及空间分布也会反过来影响植被群落结构及分布（胡忠良等，2009）。植物凋落物分解是土壤物质循环和能量转换的主要途径，通过分解逐步把养分归还土壤，因而分解过程和分解速率对土壤肥力具有重要的影响（郭剑芬等，2006）。据调查，低挂果植株中 30%的叶片呈黄绿色，其余大部分叶片表现出正常特征，光合作用良好，且低挂果植株中 TN、TK、Mn、S、Cu、Zn、Mo、As、Cd 和 Pb 含量最丰富，加之凋落物数量大，释放养分多，归还土壤的养分随之增加，故低挂果植株土壤质量最好。只有幼树衰老植株叶片呈绿色，光合作用较好，郁闭度较高，土壤养分吸收利用效率较高，尤其是植物能直接吸收的速效养分含量较高，故幼树衰老植株土壤质量仅次于低挂果植株。黄叶+低挂果植株中 80%的叶片为黄色，随着叶片衰老程度的加剧，其光合能力逐渐衰退（王强等，2004），但土壤养分含量适中，故黄叶+低挂果植株土壤质量处于中等水平。全死亡植株土壤质量优于 4/5 死亡植株和 1/2 死亡植株，可能与该土壤上生长的花椒植株已完全死亡、林地土壤中养分未被吸收利用有关，故导致其土壤养分高于 4/5 死亡植株和 1/2 死亡植株。4/5 死亡植株中很多植物生长必需养分的含量均低于黄叶+低挂果植株、低挂果植株和幼树衰老植株，养分归还量少，故土壤质量亦较低。1/2 死亡植株可能是由于其生长的土壤中养分含量不足、植株个体差异以及过度的人为干扰活动导致土壤质量低于其他衰老程度的花椒植株。

5.6.4 土壤质量对顶坛花椒衰老的影响

从全体数据集计算的主成分因子得分看，黄叶+低挂果植株和低挂果植株均为因子 5 的得分最低，表明两者土壤质量受 AP 和 AK 含量的影响较大，两者土壤 AP 含量显著低于幼树衰老植株，土壤 AK 含量显著低于其他衰老程度的花椒植株，说明黄叶+低挂果植株和低挂果植株在栽培过程中应多关注 AP 和 AK 的投入。幼树衰老植株因子 4 的得分最低，其土壤质量主要受到 Zn、Mo、Cd 和 Pb 含量的影响，其中幼树衰老植株土壤 Mo 含量低于低挂果植株、全死亡植株及 4/5 死亡植株，土壤 Pb 含量低于黄叶+低挂果植株、低挂果植株和全死亡植株，表明幼树衰老植株衰老的原因可能是土壤中 Mo 和 Pb 两种矿质元素含量过低。全死亡植株因子 3 的得分最低，其土壤质量与 TK、Mn 和 Cu 含量密切相关，其土壤 TK、Mn 和 Cu 含量均低于黄叶+低挂果植株、低挂果植株、幼树衰老植株及 4/5 死亡植株，可见全死亡植株衰老死亡的原因可能与土壤中 TK、Mn 和 Cu 含量较少有关。4/5 死亡植株因子 1 的得分最低，因此其土壤质量好坏与 TP、Ti、CaO、SiO_2 和 Cl 含量丰缺关系密切，其土壤 Ti 和 SiO_2 含量显著低于其余 5 种衰老程度的花椒植株，故 4/5 死亡植株衰老退化的原因可能与其土壤 Ti 和 SiO_2 含量过低有关，在植被恢复过程中，应多关注土壤中 Ti 和 SiO_2 的含量状况。因其土壤中 Cl 含量与另外 5 种衰老程度的花椒植株 Cl 含量都极低，均为 0.01%，故不能判断 4/5 死亡植株土壤是否因为缺少 Cl 元素而导致其植株的衰老退化。1/2 死亡植株因子 2 的得分最低，可知其土壤质量受 Ni 和 B 含量影响的可能性比较大，其土壤 Ni 含量低于其余 5 种衰老程度的花椒植株，土壤 B 含量显著高于其他几类植株，表明 1/2 死亡植株土壤主要缺少 Ni 元素，实际培育过程可适当向土壤中补充 Ni 元素。

5.6.5　基于最小数据集顶坛花椒土壤养分的管理

Si、B、Mo、AP、AK 和 TK 等矿质元素是植株生长必需的营养元素。有研究指出，B 对于核酸的生物合成有重要作用，缺 B 时超氧化物歧化酶活性降低，导致超氧自由基积累，超氧自由基可加速叶绿素的降解，使得叶绿素含量降低，而植物光合作用的主要场所是叶绿体，故光合作用降低，最终影响植株的正常生长（杨凤娟等，2005）。Si 对植物的作用有许多方面，对于植物的形态结构、抗逆能力以及生长发育等均有影响（邢雪荣等，1998）。施 Si 可增加植株生物量，提高作物叶片的光合速率（张国芹等，2008）。而 K 是活跃的生命元素，P 是蛋白质的成分和能量梭子 ATP 的组成元素（李迎春等，2017）。最小数据集的构建指标与 6 种不同衰老程度的顶坛花椒植株林地土壤中可能缺少的矿质元素较为相同，可指导农民合理施肥。黄叶+低挂果植株和低挂果植株培育时应增加速效磷肥和钾肥的投入；幼树衰老植株栽培时可适当增施钼肥；为避免植株全死亡，栽培过程中注意补充富含 TK、Mn 和 Cu 养分的肥料；4/5 死亡植株植被恢复时应考虑补充硅肥及钛肥；1/2 死亡植株植被恢复时应多关注镍肥的投入。

鉴于本研究仅对研究区土壤化学指标进行质量评价且研究区域有限，下一步应开展更多土壤生物指标、土壤物理指标的研究，并开展大尺度监测研究，同时考虑施肥、灌溉等对土壤质量影响较大的因素，以提高研究区土壤质量评价的全面性。

5.7　基于生态化学计量学的顶坛花椒林土壤养分诊断与管理

生态化学计量学是研究生物系统能量平衡和多重化学元素平衡的科学，为研究 SOC、TN、TP、TK 等元素在生态系统过程中的耦合关系提供了一种综合方法（杜家颖等，2017）。C、N、P 等元素的生态化学计量学研究是生态学与生物化学、土壤化学研究领域的新方向，也是研究土壤植物相互作用与 C、N、P 循环的新思路（Güsewell，2004）。国内外学者对生态化学计量学的研究相对较多，尤其在消费者驱动的养分循环、限制性养分元素判别以及全球 C、N、P 循环等方面（李晴宇等，2016）。自 Elser 等（2000b）首次明确提出生态化学计量学的概念以来，学者们在生态系统限制养分的判断、C∶N∶P 与生物生长率的关系以及验证不同生态系统是否存在恒定的生态化学计量特征等方面开展了大量的研究。在国内，张丽霞等（2003）对生态化学计量学的概念、研究历史、基本理论、应用和发展做了详细的阐述，认为生态化学计量学研究有机体的特性及行为与生态系统间的相互关系，关注有机体 N 和 P 相对比例、个体水平上能量与 N 和 P 元素之间的维持，强调了生态化学计量学研究的本质与核心。近年来，我国学者对生态化学计量学的研究主要集中在区域和生态系统尺度上。例如，Han 等（2005）对全国范围内 127 个样点、753 种陆生植物叶片 N∶P 分布格局进行研究，通过建立一个全国性的中国陆生植物叶片 N 和 P 数据库，在中国植物物种中分析叶片 N 和 P 生态化学计量学的模式。任书杰等（2007）对中国东南部南北样带 168 个样点、654 种植物 N 和 P 生态化学计量学特征进行研究，并与全球尺度进行比较，发现中国区域植被生长更易受到 P 的限制。而我国学者对土壤养分的生态化学计量学研究则相对较少。土壤作为陆地生态系统的重要组成部分，是植物生长发育所需营养元素的主要来源，土壤 C、N、P 是主要的土壤养分成分，对植物的生长起着关键性作用（刘蓉等，2010；吕金林等，2017）。土壤养分含量是衡量土壤肥沃程度的量化指标，是土壤重要的生态功能，也是植物生长发育的基础（俞月凤等，2014）。土地利用方式的改变、人为因素的扰动、气候地区的差异等使得土壤中的养分循环具有一定的空间异质性（王晓光等，2016）。本节所选贵州花江峡谷为喀斯特地貌发育典型区域，花椒作为该地区石漠化治理的主要树种之一，具有喜钙、耐旱、保持水土等特点（韦昌盛等，2016）。研究表明土壤生态化学计量比特征的变化会影响植被的动态，对物种的生产力产生影响，植物的计量特征可以反映土壤养分的供给能力（王绍强等，2008）。因此本节拟以喀斯特石漠化地区人工花椒林为研究对象，结合当地喀斯特地貌自然生态环境特点，测定开黄花、正常生长、小老头树、不挂果、幼树衰老 5 种不同生长状态下的花椒林 SOC、TN、TP、TK 含量，通过生态化学计量学的方法，获得土壤生态化学计量特征及其养分与生态化学计量比之间的相关性，揭示土壤 C、N、P、K 与花椒生长的相互关系，以期为顶坛花椒林地养分管理提供理论依据。

5.7.1 研究方法

（1）样品采集与分析

本节选取了花椒林地中正常生长、开黄花、小老头树、幼树衰老、不挂果 5 种生长状态下的花椒林土壤为研究对象，在 5 种花椒林土壤中设置 3 块环境条件较为一致的花椒林地作为典型样地，每块样地内设置一个 20 m×20 m 的样方，按 S 形选取 5～7 个样点，各样地基本特征见表 5-19。采取随机取样法采集 0～20 cm 的土壤，将 5～7 个样点的样品组成 1 个混合样品，带回实验室（刘方等，2008）；剔除土样中可见的动物残体、残根和凋落物，置于通风干燥处，避免阳光直射，自然风干后研磨至 95%以上的土壤样品通过 2 mm 和 0.15 mm 筛，装入玻璃瓶备用。大量元素采用《土壤农化分析》中的分析方法测定（鲍士旦，2008），具体方法见第 4 章“4.1.1 研究方法”中第（2）部分。

表 5-19　样地土壤基本信息

样地类型	树高/m	冠幅/m	经度	纬度	海拔/m	坡度/（°）	土壤厚度/cm	土壤类型
开黄花	3.2	1.7	105°58′37.54″	25°39′24.18″	768	14	10	石灰土
正常	3.5	1.5	105°38′35.58″	25°37′29.22″	791	12	16	石灰土
小老头树	1.8	1.4	105°39′46.69″	25°40′29.74″	765	14	10	石灰土
不挂果	2.5	1.6	105°38′35.37″	25°39′22.62″	793	11	12	石灰土
幼树衰老	3.0	1.3	105°37′22.08″	25°41′45.6″	789	13	12	石灰土

（2）数据处理与分析

采用 Excel 2010、SPSS 20.0 和 Origin 8.6 进行数据处理和制图。在 Excel 2010 中进行数据的前期处理；使用 SPSS 20.0 进行统计分析；采用单因素方差分析法（one-way ANOVA）检验土壤 C、N、P、K 化学计量的差异性；采用最小显著性法（LSD 法）进行多重比较；采用 Pearson 相关系数法分析 C、N、P、K 含量及其生态化学计量间的相关性。

5.7.2　养分元素统计性描述

由表 5-20 可知，干热河谷石漠化区不同生长状态的花椒林的 SOC、TN、TP、TK 含量呈现较大差异。SOC 和 TN 均以正常生长状态下的花椒林地土壤中含量最高，分别为 64.87 g/kg、11.32 g/kg；SOC 以小老头树土壤中的含量最低，为 16.84 g/kg；TP 以小老头树土壤中的含量最高，为 1.86 g/kg，幼树衰老土壤中的含量最低，为 0.05 g/kg；TK 在 5 种不同生长状态花椒林土壤间以小老头树土壤中含量最高，为 20.85 g/kg。小老头树土壤的 SOC 变异系数较高（>30%），为 44.2%；不挂果和幼树衰老土壤 TP 呈中等变异（10%～30%），分别为 13.4%、20%；其余土壤养分均呈弱变异（0～10%）。

表 5-20　土壤养分元素描述性特征

元素	类型	极大值/（g/kg）	极小值/（g/kg）	极差/（g/kg）	均值/（g/kg）	标准差/（g/kg）	变异系数/%
SOC	正常	65.50	64.24	1.26	64.87	0.89	1.4
	开黄花	44.59	43.78	0.81	44.19	0.58	1.3
	小老头树	22.11	11.57	10.54	16.84	7.45	44.2
	不挂果	60.34	58.05	2.29	59.20	1.62	2.7
	幼树衰老	64.62	60.99	3.63	62.81	2.56	4.1
TN	正常	11.32	11.31	0.01	11.32	0.00	0.0
	开黄花	3.16	3.14	0.02	3.15	0.01	0.4

元素	类型	极大值/(g/kg)	极小值/(g/kg)	极差/(g/kg)	均值/(g/kg)	标准差/(g/kg)	变异系数/%
TN	小老头树	3.39	3.26	0.13	3.33	0.09	2.8
	不挂果	4.92	4.86	0.06	4.89	0.04	0.9
	幼树衰老	4.98	4.91	0.07	4.95	0.05	1.0
TP	正常	0.20	0.18	0.02	0.19	0.01	5.9
	开黄花	0.12	0.10	0.02	0.11	0.01	9.9
	小老头树	1.89	1.82	0.07	1.86	0.05	2.7
	不挂果	0.08	0.06	0.01	0.07	0.01	13.4
	幼树衰老	0.06	0.04	0.01	0.05	0.01	20.0
TK	正常	65.50	16.26	0.50	16.51	0.35	2.1
	开黄花	44.59	16.90	0.17	16.98	0.12	0.7
	小老头树	22.11	19.38	2.93	20.85	2.07	9.9
	不挂果	60.34	15.20	0.65	15.52	0.46	2.9
	幼树衰老	64.62	16.04	1.74	16.91	1.23	7.3

C 元素是构成植物体干物质的最主要元素（项文化等，2006），N 元素和 P 元素是生物体蛋白质和遗传物质的基本组成元素，对植物各种功能影响深刻（平川等，2014），植物结构性元素 C 和功能限制性元素 N、P 之间相互作用，调节着植物的生长（Güsewell，2004）。本研究中，喀斯特干热河谷石漠化地区不同生长状态的花椒林 SOC 含量平均值为 49.6 g/kg，明显高于全国 SOC 平均含量（17.12 g/kg），也大于甘肃民勤绿洲 SOC 平均含量（1.56 mg/g）（杨雪等，2011）和内蒙古草原 SOC 平均含量（25.3 mg/g）（银晓瑞等，2010）。这说明喀斯特干热河谷石漠化地区花椒林 SOC 含量较高，这是由于喀斯特地区虽然土层薄、土壤贫瘠，但处于亚热带季风气候区，光照充足、降雨充沛，因此具有较高的固 C 效率（宋同清，2015）。喀斯特干热河谷石漠化地区花椒林 SOC、N 含量高于甘肃民勤绿洲 0～20 cm 土层的 SOC、N 含量（3.0 mg/g、0.3 mg/g）（杨雪等，2011）、内蒙古草原土壤 0～10 cm 土层的 SOC、N 含量（25.3 mg/g、1.7 mg/g）（银晓瑞等，2010）。喀斯特干热河谷石漠化地区花椒林土壤 P 含量高于甘肃民勤绿洲的 P 含量（0.18 mg/g）。喀斯特地区土层虽然薄，但表层土壤中 SOC 及 N、P 养分绝对含量高，湿热的气候条件有利于土壤微生物和小型动物生长，系统自肥能力强于其他区域（曾昭霞等，2015），这与温培才等（2018）的研究结果一致。

5.7.3 生态化学计量特征

如图 5-19 所示，不同样地土壤的 C∶N、C∶P、C∶K、N∶P、N∶K 和 P∶K 均表现出较大的差异性。开黄花、不挂果和幼树衰老花椒林样地的土壤 C∶N 无显著差异，变化范围在 12.11～14.04，且均显著高于其余 2 种样地。土壤 C∶P、C∶K 均以小老头树花椒林样地最低，分别为 9.03、0.8。土壤 C∶P 在开黄花与正常生长样地间无显著差异，在其余 3 种样地间差异显著。土壤 C∶K 在开黄花与小老头树花椒林样地间差异显著，在其余 3 种样地间差异显著。土壤 N∶P 在正常生长与不挂果样地间无显著差异，在其余 3 种样地间差异显著。土壤 N∶K 在开黄花与小老头树、不挂果与幼树衰老样地间无显著差异，与正常生长样地差异显著。土壤 P∶K 以小老头树最高（0.09），以开黄花、正常生长、不挂果和幼树衰老较低（由高到低依次为正常、开黄花、不挂果、幼树衰老），且在开黄花、正常生长、不挂果、幼树衰老样地间无显著差异。

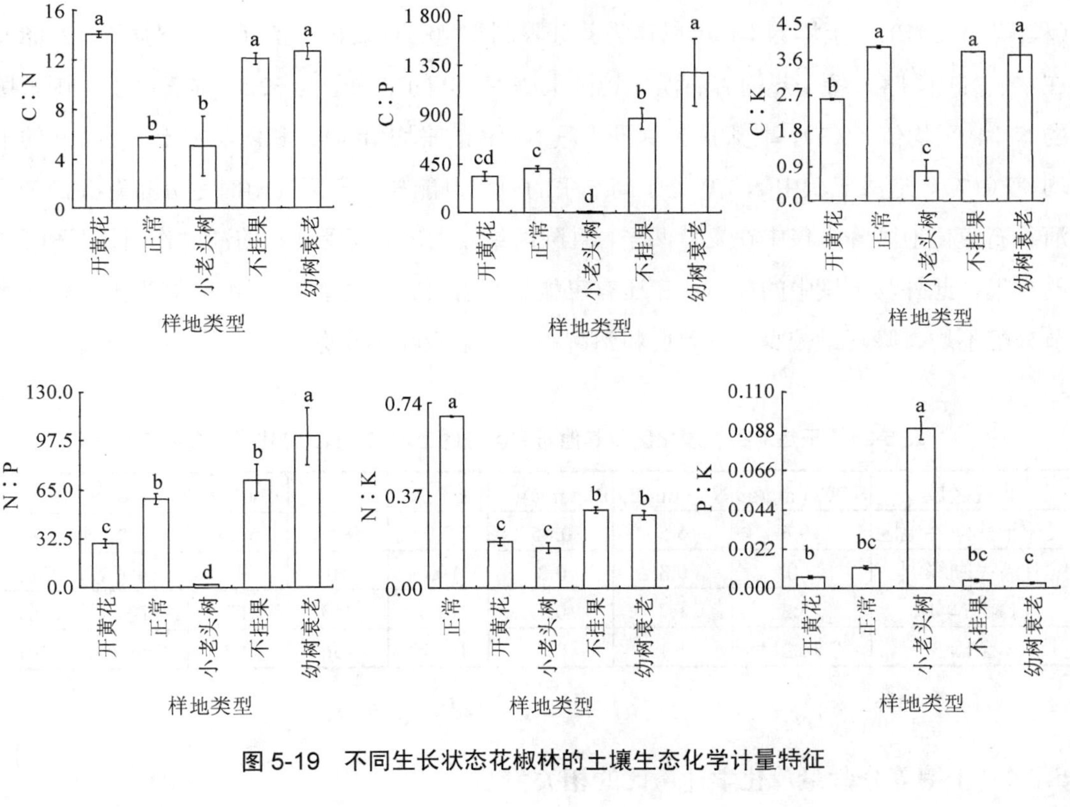

图 5-19　不同生长状态花椒林的土壤生态化学计量特征

土壤 C∶N、C∶P 和 N∶P 可在一定程度上反映有机质的分解与积累，N、P 的富集和有效性在一定范围内可以作为土壤肥力的指标（Méndez et al.，2005）。C∶N 是土壤质量的敏感指标，较低的 C∶N 对土壤微生物活动能力有一定的促进作用（李红林等，2015）。土壤有机层的 C∶N 比较低表明有机质具有较快的矿化速率。在本研究中喀斯特干热河谷石漠化地区土壤 C∶N 的平均值为 9.9，低于中国土壤的 C∶N 平均值[中国土壤的 C∶N 平均值在 10～12（Tian et al.，2010）]，有机质分解较快，特别是正常生长和小老头树花椒林土壤的 C∶N 分别为 5.7、5.1，表明研究区花椒林土壤 N 元素过剩，不利于土壤肥力的维持。

土壤 C∶P 是表示 P 有效性高低的一个指标（王绍强等，2008），低 C∶P 有利于微生物的分解，促进土壤中速效 P 含量的增加；反之，则会导致土壤微生物与植物竞争土壤无机 P，不利于植物生长（王建林等，2014）。研究区 5 种不同生长状态花椒林土壤 C∶P 的均值为 581.4，显著高于中国土壤 C∶P 平均值（136）、甘肃民勤绿洲土壤 C∶P 平均值（10）和内蒙古草原土壤 C∶P 平均值（253），过高或过低的 C∶N 都会导致微生物与植物竞争养分，不利于花椒的生长。

土壤中的 N、P 是植物生长所必需的矿质营养元素和生态系统中最常见的限制性元素（程滨等，2010）。土壤 N∶P 可以作为养分限制类型的有效预测指标（王绍强等，2008）。在本研究中，喀斯特干热河谷石漠化地区土壤 N∶P 的平均值为 52.5，显著高于中国土壤的 N∶P 平均值（9.3）、甘肃民勤绿洲土壤 N∶P 的平均值（1）和内蒙古土壤 N∶P 的平均值（17）。造成土壤中 N∶P 处于高水平的原因可能与研究区降雨时空分布有关，干热河谷石漠化地区降水集中在夏秋两季，且降雨量较大，土壤受雨水的冲刷作用，不利于 P 的积累；此外，土壤中的高 N∶P 还有可能是因为研究区主要以施用 N 肥为主，降水季节分配不均、降雨量较少，导致肥料溶解少，花椒吸收不充分。

表 5-21 干热河谷石漠化区与其他研究区域的土壤 C、N、P 化学计量特征

研究区域	SOC/（mg/g）	N/（mg/g）	P/（mg/g）	C∶N	C∶P	N∶P	参考文献
贵州干热河谷地区	49.6	5.5	0.45	9.9	581.4	52.5	本研究
甘肃民勤绿洲	3.0	0.3	0.3	10.0	10	1	杨雪等，2011
内蒙古草原	25.3	1.7	0.1	14.9	253	17	银晓瑞等，2010
全国	11.2	1.1	0.7	10–12	136	9.3	Tian et al.，2010

5.7.4 土壤养分含量及化学计量比的相关关系

（1）全量养分与化学计量比的相关关系

表 5-22 显示，SOC 除与 P∶K 呈显著正相关外，与其他化学计量比均呈负相关；T∶N 除与 P∶K 呈正相关外，与生态化学计量比均呈负相关；T∶P 与 C∶K 呈显著负相关，与 P∶K 呈极显著正相关；T∶K 除与 P∶K 呈正相关外，与其他化学计量比均呈负相关。

表 5-22　土壤养分含量与化学计量比之间的相关性分析

	C∶N	C∶P	C∶K	N∶P	N∶K	P∶K
SOC	−0.572	−0.321	−0.825	−0.547	−0.374	0.942*
TN	−0.286	−0.146	−0.679	−0.308	−0.042	0.766
TP	−0.647	−0.513	−0.915*	−0.747	−0.579	0.996**
TK	−0.493	−0.048	−0.683	−0.315	−0.22	0.824

注：**为极显著相关（$P<0.01$），*为显著相关（$P<0.05$）。下同。

（2）化学计量比间的相关分析

由表 5-23 可知，土壤中 C∶P 与 C∶K、C∶P 与 N∶P、C∶K 与 N∶P 均呈极显著正相关且相关系数较大，分别为 0.982、0.931 和 0.881；土壤中 C∶N 与 P∶K、C∶P 与 P∶K、C∶K 与 P∶K、N∶P 与 P∶K 均呈显著负相关，C∶N 与 C∶P、C∶N 与 C∶K 呈显著正相关；土壤中 C∶N 与 N∶P、N∶K 与 C∶N、C∶P、C∶K、N∶P 的相关性均不强。

表 5-23　土壤生态化学计量比间的相关系数

	C∶N	C∶P	C∶K	N∶P	N∶K	P∶K
C∶P	0.656*	1				
C∶K	0.762*	0.982**	1			
N∶P	0.45	0.931**	0.881**	1		
N∶K	−0.394	0.02	−0.073	0.379	1	
P∶K	−0.695*	−0.681*	−0.724*	−0.753*	−0.374	1

5.7.5　土壤养分含量对研究区土地资源管理的指示作用

在喀斯特地区，凋落物通过淋溶和分解作用析出的养分主要集中在土壤表层，C 作为细胞的骨架元素且在生物中含量多，一般认为它不是影响植物生长的关键因素，N、P 等营养成分很容易随着表层土的流失而流失，而土壤养分的缺乏会进一步限制植物的生长（温培才等，2018）。通常 C 在大多数植物体内含量高且变异较小，影响 C∶N、C∶P 值的最主要因素是 N、P 含量的变化（Reich et al.，2004）。在本研究中，土壤 C∶N 的平均值低于全国 C∶N 的平均值、土壤 N∶P 的平均值显著高于全国 N∶P 的平均值，说明研究区土壤总体 N 素过高。在 5 种不同生长状态下的花椒林中小老头树的土壤 N∶P 平均值过低（1.8），幼树衰老的土壤 N∶P 平均值过高（100.5），作物 N 素过多或过少都不利于花椒的生长发育，缺 N 会使得花椒生长受阻且植株矮小，N 素供应过多，花椒生长旺盛，会产生无益的养分消耗和发生病虫危害（赵义涛等，2009）。在本研究的土壤中，C∶P 显著高于全国平均水平，其中幼树衰老花椒林土壤的 C∶P 平均值最高（1 281.9），小老头树花椒林土壤的 C∶P 平均值最低（9.0），土壤中 P 含量过高或过低都不利于植物生长，P 过高会导致作物过早发育，引起作物早衰，P 过低会导致植株生长缓慢。近年来由于 N 肥、P 肥的大量施用，土壤中 N、P 得到充分补充，而 K 肥施用则相对较少。土壤中的 K 绝大部分是以难溶性矿物形态存在（赵义涛等，2009），在本研究中，5 种不同生长状态的花椒林土壤中 K 无显著差异，可能是因为 K 元素来源比较稳定，作物对 K 的吸收较好。

在本研究中，花椒林土壤 C∶P 与 C∶K、N∶P 与 C∶K 均呈极显著正相关，表明合理地施用 N 肥、P 肥、K 肥对花椒生长至关重要。当作物缺 N 时，可以采用 N、P 配施的方法以达到“以磷促氮”的效果；N 肥、P 肥的配合施用对 K 肥有明显的影响，只有在 N 肥、P 肥充分供应作物需要的情况下，施用 K 肥才能发挥较好的增收效果（赵义涛等，2009）。有研究表明化肥施用过多会导致土壤水分减少，加上季节性降水的冲刷，会加剧水土流失，土壤变得更加贫瘠。研究区还可能存在化肥分配施用不当、肥料用量不适宜、施肥方法不合理等问题，导致土壤养分比例失调，对花椒质量产生严重影响。因此在对土地质量进行管理时合理施用有机肥与无机肥对作物生产具有重要意义。

5.8　贵州省表土生态化学计量特征及其指示意义

生态化学计量学已成为生态学中研究的热点，它综合了多门学科的基本原理，是研究生态系统能量与化学元素（主要是 C、N、P 等元素）平衡的一门科学（卢同平等，2016；王绍强等，2008）。土壤中 C、N、P 比值是土壤养分的一个重要指标，反映了土壤内部的元素循环，是确定土壤 C、N、P 平衡的一个重要参数（卢同平等，2016），可以用于判断土壤养分及土壤肥力的潜在价值（王晓光等，2016）。通过利用生态化学计量对土壤元素进行分析，为土壤元素与生态系统能量的平衡关系提供理论支撑，有助于揭示陆地生态系统土壤元素循环、平衡以及植被养分限制性规律（程滨等，2010；王雪梅等，2017）。国内外学者已从全球与区域尺度、生态系统尺度及个体水平方面来阐述生态化学计量特征（曾冬萍等，2013）。Cleveland 等（2007）通过对全球 186 个表层土壤数据的观测，探讨了全球土壤 C、N、P 的生态化学计量特征，表明土壤 C∶N∶P 在不同的植被间存在差异。Bui 等（2013）研究了澳大利亚主要植被类型下的土壤 C、N、P，比较发现不同的植被类型下的土壤 N、P、C∶P 具有较大的变异性。气候因素对 C、N、P 的生态化学计量特征有重要影响。Tian 等（2010）通过研究中国不同气候带土壤的 C∶N、C∶P、N∶P，表明 C∶N∶P 值为 60∶5∶1，随着不同气候带的变化，C∶N 变异较小，而 C∶P 和 N∶P 具有较高的变异。地形因素对土壤 C、N、P 生态化学计量特征也有重要影响。李丹维等（2017）对不同海拔梯度土壤 C、N、P 含量进行分析，表明随着海拔梯度的增加，SOC、TN 呈先增后降的趋势，TP 则无明显变化趋势。朱秋莲等（2013）通过对不同坡向的土壤中 SOC、TN、TP 含量及其化学计量特征进行研究，表明不同坡向的土壤养分含量和计量特征存在明显不同，在不同的坡位间 SOC、TN 变异大而 TP 变异小。人为因素对生态化学计量特征也有着重要的影响。Zhao 等（2015）通过对人工林下土壤中 SOC、TN、TP 的研究，表明造林下的土壤与废弃土地相比，其土壤中的 SOC、TN、TP 含量显著增加。王维奇等（2010）通过对闽江河口湿地土壤 C、N、P 生态化学计量特征进行研究，表明随着干扰程度的增大，C∶N、C∶P 和 N∶P 降低。但是关于贵州省表土生态化学计量特征的研究未见报道。土壤养分是土壤肥力的核心要素，探讨土壤 C、N、P 含量，分析土壤 C、N、P 生态化学计量特征具有重要意义。目前 C、N、P 的生态化学计量特征变异规律主要是从不同尺度、植被类型、环境因素及人为活动等方面开展研究，而对区域土壤 C、N、P 生态化学计量特征的研究较少（徐沙等，2014；何俊杰等，2016；任璐璐等，2017）。为此，本节以贵州省为例，通过收集表土土壤养分的研究文献，探讨土壤 C、N、P 含量，分析土壤 C、N、P 生态化学计量特征，为改善贵州省土壤养分含量提供科学依据。

5.8.1　研究方法

（1）数据收集

本研究基于中国知网数据库（CNKI，http://www.cnki.net/），收集整理了目前贵州省内有关表土养分的相关研究文献，并根据以下标准对文献进行筛选：①至少含有 SOC、TN、TP 三种元素；②在贵州省范围内均有分布。截至 2018 年 8 月，共收集到土壤中 SOC、TN、TP 数据 99 组。所收集数据主要分布于黔东南州、安顺市、贵阳市、黔西南州，遵义市、铜仁市、黔南州、六盘水市、毕节市数据分布相对较少。

（2）数据处理

土壤中 C、N、P 及其生态化学计量比数据用 Excel 2016 进行初步整理，使用 SPSS 22.0 统计分析软件进行描述统计，采用单因素方差分析（one-way ANOVA）对土壤中 C、N、P 及其生态化学计量比进行差异性检验，对贵州省土壤中 C、N、P 含量及其比值两两之间的关系进行 Pearson 相关分析，利用 Origin 进行图形绘制。

5.8.2 表土C、N、P含量

由表5-24可知，土壤中SOC、TN、TP均值分别为27.34 g/kg、2.11 g/kg、0.74 g/kg，变异系数为71.22%、61.61%、79.73%，表明TP含量在水平空间上的变异性较大。按照变异系数的划分等级：变异系数大于100%为强变异性，变异系数在10%～100%为中变异性，变异系数小于10%为弱变异性（何俊杰等，2016），土壤C、N、P在空间上存在中等程度的变异性。

表5-24 贵州省表土中C、N、P含量

项目	样本个数	最小值/（g/kg）	最大值/（g/kg）	均值/（g/kg）	中值/（g/kg）	标准差/（g/kg）	变异系数/%
SOC	99	1.95	94.33	27.34	20.02	19.47	71.22
TN	99	0.28	8.13	2.11	1.82	1.30	61.61
TP	99	0.11	3.46	0.74	0.62	0.59	79.73

贵州省土壤中SOC含量均高于全球陆地（青烨等，2015）、中国陆地（青烨等，2015）、陕北黄土高原（曾全超等，2015）、广西喀斯特地区（俞月凤等，2014）土壤中SOC含量；土壤TN含量高于全球陆地（Zhang et al.，2005）及陕北黄土高原（曾全超等，2015）土壤TN含量，低于中国陆地（Tian et al.，2010）、广西喀斯特地区（俞月凤等，2014）土壤TN含量；土壤TP含量高于中国陆地（杨文等，2015）、陕北黄土高原（曾全超等，2015）、广西喀斯特地区（俞月凤等，2014）土壤TP含量，低于全球陆地土壤TP含量。综上所述，贵州省土壤中SOC、TP含量明显高于全国水平，TN含量低于全国水平，说明该研究区土壤中C、P元素总体较为丰富，而N元素相对匮乏（表5-25）。

表5-25 贵州省表土中C、N、P含量与其他地区的比较

研究区	SOC/（g/kg）	TN/（g/kg）	TP/（g/kg）	参考文献
贵州省土壤	27.34	2.11	0.74	本研究
全球陆地土壤	25.71	2.10	2.80	Zhang et al.，2005；青烨等，2015
中国陆地土壤	17.12	2.30	0.56	Tian et al.，2010；青烨等，2015；杨文等，2015
陕北黄土高原地区土壤	6.255	0.63	0.39	曾全超等，2015
广西喀斯特地区土壤	24.23	5.17	0.28	俞月凤等，2014

SOC作为土壤的重要组成部分，其含量高低是衡量土壤质量的重要因子（张洋洋，2017）。本研究中SOC含量均高于全球陆地（青烨等，2015）、中国陆地（青烨等，2015）、

陕北黄土高原（曾全超等，2015）、广西喀斯特地区（俞月凤等，2014）土壤中 SOC 含量，表明贵州省土壤中 SOC 含量相对较高。造成这种差异的主要原因是 SOC 受温度、降水、土壤理化性质、植被类型、人类活动等因素的综合影响（白小芳等，2015）。研究区地处低纬度高海拔的温湿地区，水热条件良好，提高了 SOC 的矿化能力，使该区具有较高的 C 储量。对于贵州省内 SOC 含量较低的区域，可采取增施有机肥料、秸秆还田、绿肥翻压（郝会军，2002）等措施，从而降低 SOC 的转化，提高土壤肥力。

土壤中 N 元素主要来自生物固氮作用、动植物残体、化肥施用等途径（张思聪等，1999）。本研究中土壤 TN 含量高于全球陆地（Zhang et al.，2005）及陕北黄土高原（曾全超等，2015）土壤 TN 含量，这与研究区的温湿条件有一定关系（俞月凤等，2014）。同时研究区土壤 TN 含量低于中国陆地（Tian et al.，2010）、广西喀斯特地区（俞月凤等，2014）土壤 TN 含量，这可能与森林覆盖率及土壤质地有关（张洋洋，2017）。对于贵州省内土壤 TN 含量较低的区域，可采取施加 N 肥、秸秆还田或减少农业用地的翻耕等措施来增加土壤 TN 含量；对于土壤 TN 含量较高的区域，应严格控制 N 肥的用量。

土壤中 P 元素主要来源于岩石风化和施肥，相对于土壤中 C、N 元素，P 元素迁移率较低（贾兴永等，2011）。其含量变化受到土壤类型、人为活动及施肥等因素的影响（汪涛等，2008）。本研究中土壤 TP 含量高于中国陆地（杨文等，2015）、陕北黄土高原（曾全超等，2015）、广西喀斯特地区（俞月凤等，2014）土壤 TP 含量，这可能与人为活动、施肥有较大关系。在贵州省内，对于土壤 TP 含量较低的区域，可提高植被覆盖率来增加土壤 P 的输入量，采取施加 P 肥、有机肥等措施来提高土壤速效 P 的含量；对于土壤 TP 含量较高的区域，应充分考虑 P 肥的效率并控制 P 肥的施加。

5.8.3　表土 C、N、P 化学计量特征

由表 5-26 可知，土壤 C∶N 均值为 14.27，变异系数为 75.54%；C∶P 均值为 50.92，变异系数为 90.67%；N∶P 均值为 3.75，变异系数为 78.93%。C∶N、C∶P、N∶P 均达到了中等变异水平。由此可见，C∶N、C∶P 和 N∶P 各指标之间表现出较大的空间变化，整体趋势为 C∶P>N∶P>C∶N。

表 5-26　贵州省表土生态化学计量特征

项目	样本个数	最小值	最大值	均值	中值	标准差	变异系数/%
C∶N	99	4.54	75.73	14.27	11.21	10.78	75.54
C∶P	99	3.61	260.87	50.92	31.00	46.17	90.67
N∶P	99	0.56	20.08	3.75	2.91	2.96	78.93

本研究表明，贵州省土壤 C∶N 高于中国陆地（Tian et al.，2010）、全球陆地（王宏燕等，2011）、陕北黄土高原（曾全超等，2015）、广西喀斯特地区（俞月凤等，2014）土壤 C∶N。贵州省土壤 C∶P、N∶P 均低于中国陆地（Tian et al.，2010）、全球陆地（王宏燕等，2011）、广西喀斯特地区土壤 C∶P、N∶P（俞月凤等，2014），高于陕北黄土高原（曾全超等，2015）土壤 C∶P、N∶P。相较于中国陆地，贵州省土壤 C∶N 处于较高的水平，C∶P、N∶P 均处于较低水平（表 5-27）。

表 5-27 贵州省土壤化学计量比与其他地区的比较

研究区	C∶N	C∶P	N∶P	参考文献
贵州省土壤	14.27	50.92	3.75	本节
中国陆地土壤	12.30	52.70	3.90	Tian et al.，2010
全球陆地土壤	12.30	72.00	5.90	王宏燕等，2011
陕北黄土高原地区土壤	9.83	14.66	1.45	曾全超等，2015
广西喀斯特地区土壤	8.50	209.2	23.8	俞月凤等，2014

由于土壤中 C、N、P 受土壤动物、植被、地貌、气候、母岩、年代等土壤形成因子和人类活动的多重影响，导致生态化学计量比变异大（王绍强等，2008）。C∶N 是土壤质量的敏感指标，而土壤中 C、N 元素的循环受其影响（冼伟光等，2015）。研究显示土壤 C∶N 与土壤 N 素矿化速率和 SOC 分解速率呈负相关（任璐璐等，2017），当土壤 C∶N 较低时，土壤中有机质的分解加快，SOC 含量下降，不利于有机质的积累（Qing et al.，2015），因此土壤质量相对较低。研究区土壤 C∶N 高于中国陆地（Tian et al.，2010）土壤 C∶N，表明贵州省土壤中有机质分解速率慢，有利于土壤肥力的维持，可能与该区温润气候、水热条件有关。

C∶P 是衡量土壤 P 素矿化能力的重要指标，其高低会影响植物的生长发育（杨文等，2015；张成霞等，2010）。若 C∶P 较高，则不利于有机质的分解且存在 P 受限，不利于植物生长；若 C∶P 较低，则有利于有机质的分解，促进土壤速效 P 的积累，利于植物的生长（王建林等，2014）。研究区土壤 C∶P 相较于中国陆地（Tian et al.，2010）土壤 C∶P 低，说明贵州省土壤速效 P 含量较高，可能与人为干扰程度不同有关。有研究表明，当 C∶P＞200 时会出现土壤微生物 C 大幅增加和有机 P 的净固持现象，当 C∶P＜200 时将会出现土壤微生物 C 的短暂增加和有机 P 的净矿化（王绍强等，2008），本研究区土壤 C∶P＜200，因此会出现有机 P 的净矿化，提高土壤速效 P 含量，促进植物生长。

N∶P 被用于判断限制性养分的阈值，可作为 N 饱和的诊断指标（朱秋莲等，2013）。

研究区土壤 N∶P 低于中国陆地（Tian et al.，2010）、全球陆地（王宏燕等，2011）、广西喀斯特地区（俞月凤等，2014）土壤 N∶P，高于陕北黄土高原（曾全超等，2015）土壤 N∶P，造成这种差异的原因可能与植被退化有关。该地区土壤 N∶P 相对较低，是因为土壤 P 含量较丰富，而土壤 N 含量相对较低。

5.8.4　表土 C、N、P 化学计量学与计量比之间的相关性

由表 5-28、表 5-29 可看出，SOC 与 TN、C∶N、C∶P、N∶P 存在极显著正相关，而与 TP 的差异不显著；土壤 TN 与 C∶N 存在极显著负相关，与 TP 存在显著正相关，与其他参数存在极显著正相关；土壤 TP 与 C∶N、C∶P、N∶P 存在极显著负相关；土壤 C∶N 与 C∶P 存在极显著正相关，与 N∶P 差异不显著。由此可见，SOC 是影响土壤 TN、C∶N、C∶P 的主要因素。

表 5-28　土壤 C、N、P 及其生态化学计量比的相关关系

	SOC	N	P	C∶N	C∶P	N∶P
SOC	1					
N	0.645**	1				
P	0.077	0.221*	1			
C∶N	0.483**	−0.201*	−0.144	1		
C∶P	0.757**	0.357**	−0.384**	0.522**	1	
N∶P	0.460**	0.644**	−0.383**	−0.081	0.710**	1

注：**为极显著相关（$P<0.01$），*为显著相关（$P<0.05$）。

表 5-29　土壤 C、N、P 及其生态化学计量比间的回归分析

x_i-y_i	方程	判定系数	显著系数
SOC-TN	$y_1=0.043x_1+0.934\ 1$	0.416 6	$P<0.01$
SOC-TP	$y_2=0.002\ 3x_2+0.675\ 8$	0.006	$P>0.05$
SOC-C∶N	$y_3=0.267\ 7x_3+6.954\ 5$	0.233 7	$P<0.01$
SOC-C∶P	$y_4=1.769\ 5x_4+1.806\ 8$	0.573 4	$P<0.01$
SOC-N∶P	$y_5=0.699x_5+1.836$	0.211 5	$P<0.01$
TN-TP	$y_6=0.100\ 3x_6+0.528\ 2$	0.048 7	$P<0.05$
TN-C∶N	$y_7=-1.670\ 4x_7+17.798$	0.040 4	$P<0.01$
TN-C∶P	$y_8=12.1x_8+24.095$	0.127 6	$P<0.01$
TN-N∶P	$y_9=1.469\ 5x_9+0.645\ 7$	0.415 4	$P<0.01$
TP-N∶P	$y_{10}=-1.922\ 1x_{10}+5.169\ 3$	0.146 9	$P<0.01$
TP-C∶N	$y_{11}=-2.626\ 9x_{11}+16.217$	0.020 7	$P<0.01$
TP-C∶P	$y_{12}=-30.061x_{12}+73.131$	0.147 1	$P<0.01$

x_i-y_i	方程	判定系数	显著系数
C：N-C：P	y_{13}=2.236x_{13}+19.005	0.272 6	P<0.01
C：N-N：P	y_{14}=−0.022 3x_{14}+4.064 7	0.006 6	P>0.05
C：P-N：P	y_{15}=0.045x_{15}+1.430 7	0.538	P<0.01

5.9 小结

顶坛花椒人工林叶片与土壤养分存在较强的依赖关系，凋落物和土壤之间存在一定的养分转换但是并非完全继承。同时，顶坛花椒人工林凋落物蓄积量低，群落出现生长衰退现象，配置落叶阔叶灌木树种，有利于群落结构优化，提高林分稳定性。随着海拔升高，顶坛花椒人工林主要通过增加叶片厚度、叶干物质含量、叶片含水率以及减小比叶面积来降低外界环境的损伤，同时通过调整叶片内部N、P等养分含量来增强获取资源的能力的策略来适应干旱、资源贫瘠的环境，其干旱适应属性为干旱避免。通过顶坛花椒叶片蒸腾速率对环境因子的响应研究得出花椒的蒸腾速率与其周围环境因子关系密切，随着土壤湿度的增加，光照强度、大气温度和叶片厚度成为影响蒸腾速率的主要因子。

C、P、K、S、Se、Sr、Mo和氧化物等物质亏缺是导致顶坛花椒衰老退化的原因之一，元素的有效态含量也对顶坛花椒植株生长产生影响。土壤综合质量对顶坛花椒衰老退化存在一定影响，衰老退化较轻的顶坛花椒植株林地土壤养分较衰老退化严重的顶坛花椒植株林地土壤养分含量高，但均需要对应增施不同肥料以改良土壤质量。顶坛花椒林地养分管理上应培育良好的土壤结构，注重养分的全面和均衡，调节养分动态平衡。为防止顶坛花椒衰老、实现高产、稳产、稳质，未来需要加强以下六个方面的工作：提高水肥耦合效应、开展林分复合经营、施用有机肥、根据需肥规律补充矿质元素、采取生物措施防治病虫害和抑制杂草、科学控制化感物质。花椒衰老退化的研究应当整合农学、地理学、生态学等学科知识，强调生态系统的整体性。

贵州省表土中SOC、TP、C：N均高于全国平均水平，而TN、C：P、N：P均低于全国平均水平。SOC、TN、TP、C：N、C：P、N：P的变异系数均介于0.1～1，分别为71.22%、61.61%、79.73%、75.54%、90.67%、78.93%，表明其存在中等程度的空间变异，其中TN的变异系数最小。SOC是影响TN、C：N、C：P的主要因素。

参考文献

[1] 白小芳，徐福利，王渭玲，等，2015．华北落叶松人工林土壤碳氮磷生态化学计量特征[J]．中国水土保持科学，13（6）：68-75.

[2] 鲍乾，梁建发，王棋，等，2017．花江喀斯特石漠化区不同经济型植物的土壤蓄水特征[J]．水土保持研究，24（1）：18-24.

[3] 鲍士旦，2008．土壤农化分析：第 3 版[M]．北京：中国农业出版社．

[4] 宾振钧，张仁懿，张文鹏，等，2015．氮磷硅添加对青藏高原高寒草甸垂穗披碱草叶片碳氮磷的影响[J]．生态学报，35（14）：4699-4706.

[5] 曾德慧，陈广生，2005．生态化学计量学：复杂生命系统奥秘的探索[J]．植物生态学报，25（9）：1007-1019.

[6] 曾冬萍，蒋利玲，曾从盛，等，2013．生态化学计量学特征及其应用研究进展[J]．生态学报，33（18）：5484-5492.

[7] 曾凡江，张希明，李小明，2002．柽柳的水分生理特性研究进展[J]．应用生态学报，13（5）：611-614.

[8] 曾全超，李鑫，董扬红，等，2015．陕北黄土高原土壤性质及其生态化学计量的纬度变化特征[J]．自然资源学报，30（5）：870-879.

[9] 曾昭霞，王克林，刘孝利，等，2015．桂西北喀斯特森林植物-凋落物-土壤生态化学计量特征[J]．植物生态学报，39（7）：682-693.

[10] 陈超凡，覃林，段艺璇，等，2018．不同经营模式对蒙古栎次生林叶功能性状和土壤理化性质的影响[J]．生态学报，38（23）：108-119.

[11] 陈凤真，2015．氮磷钾用量及配比对黄瓜矿质元素吸收和产量的影响[J]．西北农林科技大学学报（自然科学版），43（6）：174-180.

[12] 陈景玲，王佩舒，刘琳奇，等，2017．光温条件和土壤湿度对栓皮栎幼苗蒸腾潜热和叶温的影响[J]．中国水土保持科学，15（1）：62-70.

[13] 陈军强，张蕊，侯尧宸，等，2013．亚高山草甸植物群落物种多样性与群落 C、N、P 生态化学计量的关系[J]．植物生态学报，37（11）：979-987.

[14] 陈美军，段增强，林先贵，2011．中国土壤质量标准研究现状及展望[J]．土壤学报，48（5）：1059-1071.

[15] 陈晓萍，郭炳桥，钟全林，等，2018．武夷山不同海拔黄山松细根碳、氮、磷化学计量特征对土壤养分的适应[J]．生态学报，38（1）：273-281.

[16] 陈训，彭惠蓉，2009．顶坛花椒果皮及种子形态组织学研究[J]．种子，28（3）：18-20.

[17] 陈训，2010．喀斯特地区顶坛花椒培育的生理生态特性研究[D]．长沙：中南林业科技大学．

[18] 程滨，赵永军，张文广，等，2010．生态化学计量学研究进展[J]．生态学报，30（6）：1628-1637.

[19] 邓绍欢，曾令涛，关强，等，2016．基于最小数据集的南方地区冷浸田土壤质量评价[J]．土壤学报，53（5）：1326-1333.

[20] 丁兴萃，2006．矿质元素在保护地栽培促进早竹开花中的影响[J]．浙江林业科技，26（4）：10-14.

[21] 杜家颖，王霖娇，盛茂银，等，2017．喀斯特高原峡谷石漠化生态系统土壤 C、N、P 生态化学计量学特征[J]．四川农业大学学报，35（1）：45-51.

[22] 段爱国，张建国，张守攻，等，2009．干热河谷主要植被恢复树种蒸腾作用[J]．生态学报，29（12）：

6691-6701.
[23] 付兴涛，张丽萍，喻理飞，等，2008. 植物苗期根系抗侵蚀特性试验研究——以构树和顶坛花椒为例[J]. 水土保持学报，22（3）：5-9.
[24] 付永彩，丁月云，刘新仿，等，1998. 抑制衰老的嵌合基因在水稻中的转化[J]. 科学通报，43（18）：1963-1967.
[25] 付作琴，吕茂奎，李晓杰，等，2019. 武夷山不同海拔黄山松新叶和老叶氮磷化学计量特征[J]. 生态学杂志，38（3）：648-654.
[26] 高浩，秦树高，朱林峰，等，2016. 单株油蒿蒸腾耗水特征及其与环境因素的关系[J]. 水土保持通报，36（2）：76-81.
[27] 贡璐，张海峰，吕光辉，等，2011. 塔里木河上游典型绿洲不同连作年限棉田土壤质量评价[J]. 生态学报，31（14）：4136-4143.
[28] 郭剑芬，杨玉盛，陈光水，等，2006. 森林凋落物分解研究进展[J]. 林业科学，42（4）：93-100.
[29] 韩磊，孙兆军，展秀丽，等，2015. 宁夏河东沙区柠条植株叶片蒸腾对干旱胁迫的响应[J]. 生态环境学报，24（5）：756-761.
[30] 韩志军，陈静，郑寒，等，2011. 花椒叶浸提液对大豆种子萌发和幼苗生长的化感作用[J]. 应用与环境生物学报，17（4）：585-588.
[31] 郝会军，2002. 东北黑土有机无机复合体组成与土壤性质的关系[D]. 长春：吉林农业大学.
[32] 何桂萍，田青，李宗杰，等，2018. 摩天岭北坡森林木本植物叶性状在物种和群落水平沿海拔梯度的变化[J]. 西北植物学报，38（3）：553-563.
[33] 何俊杰，陈小梅，冯思红，等，2016. 城郊梯度上南亚热带季风常绿阔叶林土壤 C、N、P 化学计量特征[J]. 生态学杂志，35（3）：591-596.
[34] 何腾兵，刘元生，李天智，等，2000. 贵州喀斯特峡谷水保经济植物花椒土壤特性研究[J]. 水土保持学报，14（2）：55-59.
[35] 贺金生，韩兴国，2010. 生态化学计量学：探索从个体到生态系统的统一化理论[J]. 植物生态学报，34（1）：2-6.
[36] 贺瑞坤，彭慧蓉，陈训，2008. 海拔高度对贵州花江峡谷顶坛花椒产量与品质的影响[J]. 安徽农业科学，36（6）：2294-2295.
[37] 呼红梅，王莉，2015. 水肥耦合对谷子幼苗形态和生理指标的影响[J]. 生态学杂志，34（7）：1917-1923.
[38] 胡芳名，谭晓风，刘惠民，2006. 中国主要经济树种栽培与利用[M]. 北京：中国林业出版社.
[39] 胡耀升，么旭阳，刘艳红，2014. 长白山不同演替阶段森林植物功能性状及其与地形因子间的关系[J]. 生态学报，34（20）：5915-5924.
[40] 胡忠良，潘根兴，李恋卿，等，2009. 贵州喀斯特山区不同植被下土壤 C、N、P 含量和空间异质性[J]. 生态学报，29（8）：4187-4195.
[41] 黄成敏，何毓蓉，1995. 云南省元谋干热河谷的土壤抗旱力评价[J]. 山地研究，13（2）：79-84.
[42] 黄伟，杨仕品，罗孝明，等，2018. 贵州顶坛花椒树体与土壤营养分析[J]. 安徽农业科学，46（18）：109-110.
[43] 姬广梅，喻理飞，张传余，等，2011. 顶坛花椒枯落物化感物质初探[J]. 贵州农业科学，39（4）：45-47.

[44] 贾兴永，李菊梅，2011．土壤磷有效性及其与土壤性质关系的研究[J]．中国土壤与肥料，（6）：76-82.

[45] 江肖洁，耿春女，韩建秋，等，2016．增温对长白山苔原植物叶片和土壤矿质元素含量的影响[J]．生态学报，36（7）：1928-1935.

[46] 孔垂华，胡飞，王朋，2014．植物化感（相生相克）作用[M]．北京：高等教育出版社．

[47] 李安定，卢永飞，韦小丽，等，2008a．花江喀斯特峡谷地区不同小生境土壤水分的动态研究[J]．中国岩溶，（1）：56-61.

[48] 李安定，喻理飞，韦小丽，2008b．花江喀斯特典型峡谷区顶坛花椒林地生态需水量的初步估算[J]．土壤，40（3）：490-494.

[49] 李丹维，王紫泉，田海霞，等，2017．太白山不同海拔土壤碳、氮、磷含量及生态化学计量特征[J]．土壤学报，54（1）：160-170.

[50] 李芳兰，包维楷，2005．植物叶片形态解剖结构对环境变化的响应与适应[J]．植物学通报，22（S1）：118-127.

[51] 李红林，贡璐，朱美玲，等，2015．塔里木盆地北缘绿洲土壤化学计量特征[J]．土壤学报，52（6）：1345-1355.

[52] 李洪建，柴宝峰，王孟本，2000．北京杨水分生理生态特性研究[J]．生态学报，20（3）：417-422.

[53] 李曼，郑媛，郭英荣，等，2017．武夷山不同海拔黄山松枝叶大小关系[J]．应用生态学报，28（2）：537-544.

[54] 李强，何媛媛，曹建华，等，2011．植物碳酸酐酶对岩溶作用的影响及其生态效应[J]．生态环境学报，20（12）：1867-1871.

[55] 李晴宇，李月芬，王冬艳，等，2016．基于生态化学计量学的土壤-植物系统在退化草地群落演替中的养分响应[J]．吉林农业大学学报，38（6）：693-702.

[56] 李群，赵成卓，姚文秀，等，2018．张掖湿地芦苇蒸腾速率与叶性状关系对土壤水分的响应[J]．生态学杂志，37（4）：1095-1101.

[57] 李天才，曹广民，柳青海，等，2012．青海湖北岸退化与封育草地土壤与优势植物中四种微量元素特征[J]．草业学报，21（5）：213-221.

[58] 李天才，陈桂琛，曹广明，等，2011．青海湖北岸退化草地和封育草地中钾、钙、镁等矿质常量元素特征[J]．草地学报，19（5）：752-759.

[59] 李苇洁，汪廷梅，王桂萍，等，2010．花江喀斯特峡谷区顶坛花椒林生态系统服务功能价值评估[J]．中国岩溶，29（2）：152-154.

[60] 李迎春，陈双林，岳永德，等，2017．持续淹水对河竹器官养分元素分配格局的影响[J]．生态学报，37（10）：3482-3493.

[61] 李宗杰，田青，宋玲玲，2018．甘肃省摩天岭北坡木本植物叶性状变异及关联[J]．中国沙漠，38（1）：149-156.

[62] 廖洪凯，李娟，龙健，等，2013．贵州喀斯特山区花椒林小生境类型与土壤环境因子的关系[J]．农业环境科学学报，32（12）：2429-2435.

[63] 廖洪凯，龙健，李娟，等，2015．花椒（*Zanthoxylum bungeamun*）种植对喀斯特山区土壤水稳性团聚体分布及有机碳周转的影响[J]．生态学杂志，34（1）：106-113.

[64] 刘方，王世杰，罗海波，等，2008．喀斯特森林生态系统的小生境及其土壤异质性[J]．土壤学报，

45（6）：1055-1062.
[65] 刘金玉，付培立，王玉杰，等，2012．热带喀斯特森林常绿和落叶榕树的水力特征和水分关系与抗旱策略[J]．植物科学学报，30（5）：484-493.
[66] 刘龙，姚云峰，郭月峰，等，2018．准格尔旗砒砂岩区沙棘蒸腾耗水与环境因子的关系[J]．中国农业大学学报，23（6）：108-120.
[67] 刘娜，关华德，罗紫东，等，2016．环境因子对洞庭湖流域三种树木蒸腾的影响[J]．生态学杂志，35（6）：1460-1466.
[68] 刘蓉，张卫国，江小雷，等，2010．垂穗披碱草群落退化演替的植被特性及其与土壤性状的相关性研究[J]．草业科学，27（10）：96-103.
[69] 刘伟玮，刘某承，李文华，等，2017．辽东山区林参复合经营土壤质量评价[J]．生态学报，37（8）：2631-2641.
[70] 刘温泉，潘存德，2014．不同天气条件下‘库车白杏’树干液流变化规律及其与环境因子的关系[J]．中国农学通报，30（31）：14-18.
[71] 刘艳，宋同清，蔡德所，等，2014．喀斯特峰丛洼地不同土地利用方式土壤肥力特征[J]．应用生态学报，25（6）：1561-1568.
[72] 刘玉平，刘贵峰，达福白乙拉，等，2017．地形因子对大青沟自然保护区不同森林群落叶性状的影响[J]．林业科学，53（3）：154-162.
[73] 刘占锋，傅伯杰，刘国华，等，2006．土壤质量与土壤质量指标及其评价[J]．生态学报，26（3）：901-913.
[74] 龙健，廖洪凯，李娟，等，2012．基于冗余分析的典型喀斯特山区土壤-石漠化关系研究[J]．环境科学，33（6）：2130-2138.
[75] 卢同平，史正涛，牛洁，等，2016．我国陆生生态化学计量学应用研究进展与展望[J]．土壤，48（1）：29-35.
[76] 陆景陵，2003．植物营养学：第 2 版[M]．北京：中国农业大学出版社.
[77] 罗广元，李鸿杰，杨斌，2017．西北山地花椒-农作物复合种植的生态经济效益研究[J]．中国水土保持，（4）：31-34.
[78] 罗友进，魏朝富，李渝，等，2011．土地利用对石漠化地区土壤团聚体有机碳分布及保护的影响[J]．生态学报，31（1）：257-266.
[79] 吕金林，闫美杰，宋变兰，等，2017．黄土丘陵区刺槐、辽东栎林地土壤碳、氮、磷生态化学计量特征[J]．生态学报，37（10）：3385-3393.
[80] 马文济，赵延涛，张晴晴，等，2014．浙江天童常绿阔叶林不同演替阶段地表凋落物的 C∶N∶P 化学计量特征[J]．植物生态学报，38（8）：833-842.
[81] 毛庆功，鲁显楷，陈浩，等，2015．陆地生态系统植物多样性对矿质元素输入的响应[J]．生态学报，35（17）：5884-5897.
[82] 孟婷婷，倪健，王国宏，2007．植物功能性状与环境和生态系统功能[J]．植物生态学报，31（1）：150-165.
[83] 潘复静，张伟，王克林，等，2011．典型喀斯特峰丛洼地植被群落凋落物 C∶N∶P 生态化学计量特征[J]．生态学报，31（2）：335-343.

[84] 盘远方，陈兴彬，姜勇，等，2018．桂林岩溶石山灌丛植物叶功能性状和土壤因子对坡向的响应[J]．生态学报，38（5）：1581-1589.
[85] 庞圣江，张培，贾宏炎，等，2015．桂西北不同森林类型土壤生态化学计量特征[J]．中国农学通报，31（1）：17-23.
[86] 彭旭东，戴全厚，杨智，等，2016．喀斯特山地石漠化过程中地表地下侵蚀产沙特征[J]．土壤学报，53（5）：1237-1248.
[87] 平川，王传宽，全先奎，2014．环境变化对兴安落叶松氮磷化学计量特征的影响[J]．生态学报，34（8）：1965-1974.
[88] 齐威，郭淑青，崔现亮，等，2012．青藏高原东部 4 科植物种子大小和比叶面积随海拔和生境的变异[J]．草业学报，21（6）：42-50.
[89] 秦纪洪，李菊，孙辉，2014．冻融交替对高寒土壤轻组分有机质矿化影响的试验研究[J]．水土保持学报，28（6）：240-244，255.
[90] 青烨，孙飞达，李勇，等，2015．若尔盖高寒退化湿地土壤碳氮磷比及相关性分析[J]．草业学报，24（3）：38-47.
[91] 任璐璐，张炳学，韩凤朋，等，2017．黄土高原不同年限刺槐土壤化学计量特征分析[J]．水土保持学报，31（2）：339-344.
[92] 任世超，2016．发展顶坛花椒　加快石漠化治理[J]．农技服务，33（4）：24-25.
[93] 任书杰，于贵瑞，陶波，等，2007．中国东部南北样带 654 种植物叶片氮和磷的化学计量学特征研究[J]．环境科学，28（12）：1-9.
[94] 沈国舫，2001．森林培育学[M]．北京：中国林业出版社.
[95] 盛茂银，刘洋，熊康宁，2013．中国南方喀斯特石漠化演替过程中土壤理化性质的响应[J]．生态学报，33（19）：6303-6313.
[96] 宋同清，2015．西南喀斯特植物与环境[M]．北京：科学出版社.
[97] 宋兴阳，王琦，李富春，等，2017．覆盖材料和沟垄比对土壤水分和紫花苜蓿干草产量的影响[J]．生态学报，37（3）：98-809.
[98] 宋震震，李絮花，李娟，等，2014．有机肥和化肥长期施用对土壤活性有机氮组分及酶活性的影响[J]．植物营养与肥料学报，20（3）：525-533.
[99] 孙书存，陈灵芝，2001．东灵山地区辽东栎叶养分的季节动态与回收效率[J]．植物生态学报，25（1）：76-82.
[100] 孙向阳，2006．土壤学[M]．北京：中国农业出版社.
[101] 谭娟，王敏，郭晋川，等，2017．喀斯特峰丛洼地 4 种典型植物蒸腾作用及其影响因素[J]．水土保持通报，37（6）：16-21.
[102] 陶磊，褚贵新，刘涛，等，2014．有机肥替代部分化肥对长期连作棉田产量、土壤微生物数量及酶活性的影响[J]．生态学报，34（21）：6137-6146.
[103] 田大伦，黄智勇，付晓萍，2007．模拟酸雨对盆栽樟树（*Cinnamomum camphora*）幼苗叶矿质元素含量的影响[J]．生态学报，27（3）：1099-1105.
[104] 万宏伟，杨阳，白世勤，等，2008．羊草草原群落 6 种植物叶片功能特性对氮素添加的响应[J]．植物生态学报，32（3）：611-621.

[105] 汪涛，杨元合，马文红，2008．中国土壤磷库的大小、分布及其影响因素[J]．北京大学学报（自然科学版），44（6）：945-952.
[106] 汪宗飞，郑粉莉，2018．黄土高原子午岭地区人工油松林碳氮磷生态化学计量特征[J]．生态学报，38（19）：6870-6880.
[107] 王宝荣，曾全超，安韶山，等，2017．黄土高原子午岭林区两种天然次生林植物叶片-凋落叶-土壤生态化学计量特征[J]．生态学报，37（16）：5461-5473.
[108] 王飞，李清华，林诚，等，2015．福建冷浸田土壤质量评价因子的最小数据集[J]．应用生态学报，26（5）：1461-1468.
[109] 王宏燕，王晶莹，宋立娟，等，2011．不同培肥作用下黑土碳氮功能耦合效应的研究[J]．东北农业大学学报，42（11）：130-137.
[110] 王建林，钟志明，王忠红，等，2014．青藏高原高寒草原生态系统土壤碳磷比的分布特征[J]．草业学报，23（2）：9-19.
[111] 王健，朱仲元，宋小园，等，2015．浑善达克沙地土壤水热对黄柳蒸腾速率的影响研究[J]．干旱区资源与环境，29（1）：77-82.
[112] 王景燕，唐海龙，龚伟，等，2016. 水肥耦合对汉源花椒幼苗生长、养分吸收和肥料利用的影响[J]. 南京林业大学学报（自然科学版），40（3）：33-40.
[113] 王凯博，上官周平，2011. 黄土丘陵区燕沟流域典型植物叶片 C、N、P 化学计量特征季节变化[J]. 生态学报，31（17）：4985-4991.
[114] 王强，温晓刚，卢从明，等，2004．超高产杂交稻‘华安 3 号’冠层不同衰老程度叶片的光合功能[J]．植物生态学报，28（1）：39-46.
[115] 王绍强，于贵瑞，2008. 生态系统碳氮磷元素的生态化学计量学特征[J]. 生态学报，28(8)：3937-3947.
[116] 王维奇，曾从盛，钟春棋，等，2010．人类干扰对闽江河口湿地土壤碳、氮、磷生态化学计量学特征的影响[J]．环境科学，31（10）：2411-2416.
[117] 王晓光，乌云娜，宋彦涛，等，2016．土壤与植物生态化学计量学研究进展[J]．大连民族大学学报，18（5）：437-449.
[118] 王雪梅，闫帮国，赵广，等，2017．云南元谋不同海拔土壤微生物对车桑子碳、氮、磷化学计量特征及土壤特性的影响[J]．植物生态学报，41（3）：311-324.
[119] 王钰，杨少杰，2007．贵州喀斯特峡谷地区花椒林地土壤物理性质研究[J]．中国水土保持，（11）：48-49，55.
[120] 王钰莹，孙娇，刘政鸿，等，2016．陕南秦巴山区厚朴群落土壤肥力评价[J]．生态学报，36（16）：5133-5141.
[121] 王元元，齐丹卉，刘文胜，等，2016. 玉龙雪山不同海拔草血竭叶片形态与解剖结构的比较研究[J]. 西北植物学报，36（1）：70-77.
[122] 王云霓，曹恭祥，王彦辉，等，2018．六盘山南侧华北落叶松人工林冠层蒸腾及其影响因子的坡位差异[J]．应用生态学报，29（5）：1503-1514.
[123] 王忠林，李会科，贺秀贤，2000．渭北旱塬花椒地埂林土壤抗蚀抗冲性研究[J]．水土保持研究，7（1）：33-37.
[124] 王梓，马履一，贾忠奎，等，2012．滴灌下欧美 107 杨苗高水肥耦合效应[J]．浙江农林大学学报，

29（1）：29-34.
[125] 韦昌盛，左祖伦，2016．顶坛花椒产业衰退原因分析及对策研究[J]．贵州林业科技，44（1）：60-64.
[126] 温培才，王霖娇，盛茂银，2018．我国西南喀斯特森林生态系统生态化学计量学研究[J]．世界林业研究，31（2）：66-71.
[127] 吴楚，王政权，孙海龙，等，2005．氮磷供给对长白落叶松叶绿素合成、叶绿素荧光和光合速率的影响[J]．林业科学，41（4）：31-36.
[128] 吴强盛，2018．植物生理学实验指导[M]．北京：中国农业出版社．
[129] 冼伟光，周丽，唐洪辉，等，2015．不同林龄针阔混交林土壤生态化学计量特征[J]．广东林业科技，31（1）：1-6.
[130] 项文化，黄志宏，闫文德，等，2006．森林生态系统碳氮循环功能耦合研究综述[J]．生态学报，26（7）：2365-2372.
[131] 肖遥，陶冶，张元明，2014．古尔班通古特沙漠 4 种荒漠草本植物不同生长期的生物量分配与叶片化学计量特征[J]．植物生态学报，38（9）：929-940.
[132] 邢雪荣，张蕾，1998．植物的硅素营养研究综述[J]．植物学通报，15（2）：33-40.
[133] 徐沙，龚吉蕊，张梓榆，等，2014．不同利用方式下草地优势植物的生态化学计量特征[J]．草业学报，23（6）：45-53.
[134] 许雪赟，秦燕燕，曹建军，等，2018．青藏高原火绒草叶片生态化学计量特征随海拔的变化[J]．应用生态学报，29（12）：3934-3940.
[135] 薛沛沛，王克勤，耿养会，等，2009．金沙江干热河谷不同土壤水分对台湾青枣生理生态特性的影响[J]．水土保持研究，16（5）：186-193.
[136] 阎成士，李德全，张建华，1999．植物叶片衰老与氧化胁迫[J]．植物学通报，16（4）：398-404.
[137] 杨凤娟，刘世琦，王秀峰，2005．土壤硼水平对大蒜生理生化及产量和品质的影响[J]．中国农业科学，38（5）：1011-1016.
[138] 杨锐，张博睿，王玲玲，等，2015．元谋干热河谷植物功能性状组合的海拔梯度响应[J]．生态环境学报，24（1）：49-56.
[139] 杨文，周脚根，王美慧，等，2015．亚热带丘陵小流域土壤碳氮磷生态计量特征的空间分异性[J]．土壤学报，52（6）：1336-1344.
[140] 杨雪，李奇，王绍美，等，2011．两种白刺叶片及沙堆土壤化学计量学特征的比较[J]．中国沙漠，31（5）：1156-1161.
[141] 杨玉盛，郭剑芬，林鹏，等，2004．格氏栲天然林与人工林枯枝落叶层碳库及养分库[J]．生态学报，24（2）：359-367.
[142] 银晓瑞，梁存柱，王立新，等，2010．内蒙古典型草原不同恢复演替阶段植物养分化学计量学[J]．植物生态学报，34（1）：39-47.
[143] 俞月凤，彭晚霞，宋同清，等，2014．喀斯特峰丛洼地不同森林类型植物和土壤 C、N、P 化学计量特征[J]．应用生态学报，25（4）：947-954.
[144] 喻阳华，秦仕亿，钟欣平，2018．贵州喀斯特山区花椒林小生境的土壤质量特征[J]．西南农业学报，31（11）：2340-2347.
[145] 喻阳华，钟欣平，李红，2019．黔中石漠化区不同海拔顶坛花椒人工林生态化学计量特征[J]．生

态学报，39（15）：5536-5545.
[146] 詹书侠，郑淑霞，王扬，等，2016．羊草的地上-地下功能性状对氮磷施肥梯度的响应及关联[J]．植物生态学报，40（1）：36-47.
[147] 张成霞，南志标，2010．土壤微生物生物量的研究进展[J]．草业科学，27（6）：50-57.
[148] 张大勇，2004．植物生活史进化和繁殖生态学[M]．北京：科学出版社.
[149] 张国芹，徐坤，王兴翠，等，2008．硅对生姜叶片水、二氧化碳交换特性的影响[J]．应用生态学报，19（8）：1702-1707.
[150] 张华，王百田，郑培龙，2006．黄土半干旱区不同土壤水分条件下刺槐蒸腾速率的研究[J]．水土保持学报，20（2）：122-125.
[151] 张丽霞，白永飞，韩兴国，2003．N∶P 化学计量学在生态学研究中的应用[J]．植物学报，45（9）：1009-1018.
[152] 张璐，文石林，蔡泽江，等，2014．湘南红壤丘陵区不同植被类型下土壤肥力特征[J]．生态学报，34（14）：3996-4005.
[153] 张鹏鹏，濮晓珍，张旺锋，2018．干旱区绿洲农田不同种植模式和秸秆管理下土壤质量评价[J]．应用生态学报，29（3）：839-849.
[154] 张平究，潘根兴，2011．不同恢复方式下退化岩溶山区土壤微生物特性[J]．水土保持学报，25（2）：189-194.
[155] 张奇平，2011．天目山主要树种叶性状在海拔梯度和微地形上的分异格局[D]．上海：华东师范大学.
[156] 张思聪，吕贤弼，黄永刚，1999．灌溉施肥条件下氮素在土壤中迁移转化的研究[J]．水利水电技术，30（5）：6-8.
[157] 张文娟，廖洪凯，龙健，等，2015．种植花椒对喀斯特石漠化地区土壤有机碳矿化及活性有机碳的影响[J]．环境科学，36（3）：1053-1059.
[158] 张洋洋，2017．白龙江流域土壤碳氮磷含量及空间分布特征研究[D]．兰州：兰州大学.
[159] 张志才，黄金华，叶代全，等，2016．光皮树不同家系叶片氮、磷化学计量特征及其与土壤养分的关系[J]．西北林学院学报，31（4）：53-58.
[160] 张子龙，王文全，缪作清，等，2013．主成分分析在三七连作土壤质量综合评价中的应用[J]．生态学杂志，32（6）：1636-1644.
[161] 赵宽，2014．几种植物光合及有机酸特征及其在喀斯特逆境检测中的应用[D]．镇江：江苏大学.
[162] 赵连春，赵成章，陈静，等，2018．秦王川湿地不同密度柽柳枝-叶性状及其光合特性[J]．生态学报，38（5）：1722-1730.
[163] 赵娜，孟平，张劲松，等，2014．华北低丘山地不同退耕年限刺槐人工林土壤质量评价[J]．应用生态学报，25（2）：351-358.
[164] 赵其国，王明珠，何园球，1991．我国热带亚热带森林凋落物及其对土壤的影响[J]．土壤，（1）：8-15.
[165] 赵青华，孙立涛，王玉，等，2014．丛枝植菌根真菌和施氮量对茶树生长、矿质元素吸收与茶叶品质的影响[J]．植物生理学报，50（2）：164-170.
[166] 赵夏纬，王一峰，马文梅，2019．高寒草地不同坡向披针叶黄华蒸腾速率与叶性状的关系[J]．生

态学报，39（7）.
[167] 赵义涛，姜佰文，梁运江，2009．土壤肥科学[M]．北京：化学工业出版社．
[168] 周玮，周运超，田春，2008．花江喀斯特地区花椒人工林的土壤酶演变[J]．中国岩溶，27（3）：240-245.
[169] 朱秋莲，邢肖毅，张宏，等，2013．黄土丘陵沟壑区不同植被区土壤生态化学计量特征[J]．生态学报，33（15）：4674-4682.
[170] Aber J D，Magill A，Mcnulty S G，et al.，1995. Forest biogeochemistry and primary production altered by nitrogen saturation[J]. Water Air and Soil Pollution，85（3）：1665-1670.
[171] Aerts R，Chapin III F S，1999. The mineral nutrition of wild plants revisited：a re-evaluation of processes and patterns[J]. Advances in Ecological Research，30：1-67.
[172] Askari M S，Holden N M，2014. Indices for quantitative evaluation of soil quality under grassland management[J]. Geoderma，230-231：131-142.
[173] Bui E N，Henderson B L，2013. C∶N∶P stoichiometry in Australian soils with respect to vegetation and environmental factors[J]. Plant and Soil，373（1-2）：553-568.
[174] Buschmann C，Lambrs H，Chapin III F S，et al.，2000. Plant physiological ecology，H. Lambers，F.S Chapin III，T.L. Pons（Eds.），Springer Verlag，Berlin，Heidelberg，New York（1998）[J]. Journal of plant physiology，156（1）：141-142.
[175] Cao Y，Chen Y M，2017a. Coupling of plant and soil C∶N∶P stoichiometry in black locust（*Robinia pseudoacacia*）plantations on the Loess Plateau，China[J]. Trees，31（5）：1559-1570.
[176] Cao Y，Zhang P，Chen Y M，2017b. Soil C∶N∶P stoichiometry in plantations of N-fixing black locust and indigenous pine，and secondary oak forests in Northwest China[J]. Journal of Soils and Sediments，18（4）：1478-1489.
[177] Cleveland C C，Liptzin D，2007. C∶N∶P stoichiometry in soil：is there a "Redfield ratio" for the microbial biomass?[J]. Biogeochemistry，85（3）：235-252.
[178] Dai Y J，Shen Z G，Liu Y，et al.，2009. Effects of shade treatments on the photosynthetic capacity，chlorophyll fluorescence，and chlorophyll content of Tetrastigma hemsleyanum Diels et Gilg[J]. Environmental and Experimental Botany，65（2/3）：177-182.
[179] Donovan L A，Maherali H，Caruso C M，et al.，2011. The evolution of the worldwide leaf economics spectrum[J]. Trends in Ecology and Evolution，26（2）：88-95.
[180] Duy N，Ivo R，Celestina M，et al.，2016. How plants handle multiple stresses：hormonal interactions underlying response to abiotic stress and insect herbivory[J]. Plant Molecular Biology，91：727-740.
[181] Elser J J，Bracken M E S，Cleland E E，et al.，2007. Global analysis of nitrogen and phosphorus limitation of primary producers in freshwater，marine and terrestrial ecosystems[J]. Ecology Letters，10（12）：1135-1142.
[182] Elser J J，Fagan W F，Denno R F，et al.，2000a. Nutritional constraints in terrestrial and freshwater food webs[J]. Nature，408（6812）：578-580.
[183] Elser J J，Sterner R W，Gorokhova E，et al.，2000b. Biological stoichiometry from genes to ecosystems[J]. Ecology Letters，3（6）：540-550.

[184] Fan H B，Wu J P，Liu W F，et al.，2015. Linkages of plant and soil C：N：P stoichiometry and their relationships to forest growth in subtropical plantations[J]. Plant and Soil，392（1-2）：127-138.

[185] Farrish K W，1991. Spatial and temporal fine-root distribution in three Louisiana forest soils[J]. Soil Science Society of America Journal，55（6）：1752-1757.

[186] Feng Q H，Centritto M，Cheng R M，et al.，2013. Leaf functional trait responses of *Quercus aquifolioides* to high elevations[J]. International Journal of Agriculture and Biology，15（1）：69-75.

[187] Gilliam F S，Dick D A，2010. Spatial heterogeneity of soil nutrients and plant species in herb-dominated communities of contrasting land use[J]. Plant Ecology，29（1）：83-94.

[188] Güsewell S，2004. N：P ratios in terrestrial plants：Variation and functional significance[J]. The New Phytologist，164（2）：243-266.

[189] Güsewell S，2005. Responses of wetland graminoids to the relative supply of nitrogen and phosphorus[J]. Plant Ecology，176（1）：35-55.

[190] Hamid Č，Marija M，Mihajlo M，2014. Water balance of Mediterranean karst soil in Bosnia and Herzegovina as a water conservation and erosion control factor[J]. Soil Science and Plant Nutrition，60（1）：100-107.

[191] Han L，He K N，Hu X B，et al.，2012. Canopy transpiration response to environmental variations in Platycladus orientalis：properties and modeling[J]. Pakistan Journal of Botany，44（2）：541-545.

[192] Han W X，Fang J Y，Guo D L，et al.，2005. Leaf nitrogen and phosphorus stoichiometry across 753 terrestrial plant species in China[J]. The New Phytologist，168（2）：377-385.

[193] He X Y，Hao M D，Li H C，et al.，2010. Effects of different fertilization on yield of wheat and water and fertilizer use efficiency in the Loess Plateau[J]. Plant Nutrition and Fertilizer Science，16（6）：1333-1340.

[194] Jia Y，Li F M，Wang X L，et al.，2006. Soil water and alfalfa yields as affected by alternating ridges and furrows in rainfall harvest in a semiarid environment[J]. Field Crops Research，97（2-3）：167-175.

[195] Jin Z Z，Lei J Q，Xu X W，et al.，2008. Evaluation of soil fertility of the shelter-forest land along the Tarim Desert Highway[J]. Chinese Science Bulletin，53（S2）：125-136.

[196] Joimel S，Cortet J，Jolivet C C，et al.，2016. Physico-chemical characteristics of topsoil for constrasted forest，agricultural，urban and industeral land uses in France[J]. Sci Total Envir，545-546：40-47.

[197] Kang H Z，Xin Z J，Berg B，et al.，2010. Global pattern of leaf litter nitrogen and phosphorus in woody plants[J]. Annals of Forest Science，67（8）：811.

[198] Kimball S，Funk J L，Spasojevic M J，et al.，2016. Can functional traits predict plant community response to global change?[J]. Ecosphere，7（12）：e01602.

[199] Koerselman W，Meuleman A M F，1996. The vegetation N：P ratio：a new tool to detect the nature of nutrient limitation[J]. Journal of Applied Ecology，33（6）：1441-1450.

[200] Legrand H E，1973. Hydrological and ecological problems of karst regions：Hydrological actions on limestone regions cause distinctive ecological problems[J]. Science，179（4076）：859-864.

[201] Li X M，Ma L J，Bu N，et al.，2017. Endophytic infection modifies organic acid and mineral element accumulation by rice under Na_2CO_3 stress[J]. Plant and Soil，420：93-103.

[202] Linhart Y B，Grant M C，1996. Evolutionary significance of local genetic differentiation in plants[J].

Annual Review of Ecology and Systematics，27：237-277.

[203] Lundholm J，Tran S，Gebert L，2015. Plant Functional Traits Predict Green Roof Ecosystem Services[J]. Environment Science & Technology，49（4）：2366-2374.

[204] Méndez M，Karlsson P S，2005. Nutrient stoichiometry in pinguicula vulgaris：Nutrient availability，plant size，and reproductive status[J]. Ecology，86（4）：982-991.

[205] Nemani R R，Keeling C D，Hashimoto H，et al.，2003. Climate-driven increases in global terrestrial net primary production from 1982 to 1999[J]. Science，300（5625）：1560-1563.

[206] Ogburn R M，Edwards E J，2012. Quantifying succulence：A rapid，physiologically meaningful metric of plant water storage[J]. Plant，Cell and Environment，35（9）：1533-1542.

[207] Pan F J，Zhang W，Liu S J，et al.，2015. Leaf N∶P stoichiometry across plant functional groups in the karst region of southwestern China[J]. Trees，29（3）：883-892.

[208] Qing Y，Sun F D，Li Y，et al.，2015. Analysis of soil carbon，nitrogen and phosphorus in degraded alpine wetland，Zoige，southwest China[J]. Acta Prataculturae Sinica，24（3）：38-47.

[209] Reich P B，Oleksyn J，2004. Global patterns of plant leaf N and P in relation to temperature and latitude[J]. Proceedings of the National Academy of Sciences of the United States of America，101（30）：11001-11006.

[210] Spieles D J，Mitsch W J，2000. Macroinvertebrate community structure in high-and low-nutrient constructed wetlands[J]. Wetlands，20（4）：716-729.

[211] Tian H Q，Chen G S，Zhang C，et al.，2010. Pattern and variation of C∶N∶P ratios in China's soils：A synthesis of observational data[J]. Biogeochemistry，98（1-3）：139-151.

[212] Wang H，Guan H，Deng Z，et al.，2014a. Optimization of canopy conductance models from concurrent measurements of sap flow and stem water potential on Drooping Sheoak in South Australia[J]. Water Resources Research，50（7）：6154-6167.

[213] Wang M，Murphy M T，Moore T R，2014b. Nutrient resorption of two evergreen shrubs in response to long-term fertilization in a bog[J]. Oecologia，174（2）：365-377.

[214] Whitman T，Aarssen L W，2010. The leaf size/number trade-off in herbaceous angiosperms[J]. Journal of Plant Ecology，3（1）：49-58.

[215] Whytemare A B，Edmonds R L，Aber J D，et al.，1997. Influence of excess nitrogen deposition on a white spruce（Picea glauca） stand in southern Alaska[J]. Biogeochemistry，38（2）：173-187.

[216] Wohlfahrt G，Bahn M，Haubner E，et al.，2010. Inter-specific variation of the biochemical limitation to photosynthesis and related leaf traits of 30 species from mountain grassland ecosystems under different land use[J]. Plant，Cell and Environment，22（10）：1281-1296.

[217] Yamazaki J，Shinomiya Y，2013. Effect of partial shading on the photosynthetic apparatus and photosystem stoichiometry in sunflower leaves[J]. Photosynthetica，51（1）：3-12.

[218] Yao R J，Yang J S，Gao P，et al.，2013. Determining minimum data set for soil quality assessment of typical salt-affected farmland in the coastal reclamation area[J].Soil and Tillage Research，128：137-148.

[219] Zhang C，Tian H Q，Liu J Y，et al.，2005. Pools and distributions of soil phosphorus in China[J]. Global Biogeochemical Cycles，19（1）：1-8.

[220] Zhang G L，Bai J H，Xi M，et al.，2016a. Soil quality assessment of coastal wetlands in the Yellow River Delta of China based on the minimum data set[J]. Ecological Indicators，66：458-466.

[221] Zhang K，Su Y Z，Liu T N，et al.，2016b. Leaf C：N：P stoichiometrical and morphological traits of *Haloxylon ammodendron* over plantation age sequences in an oasis-desert ecotone in North China[J]. Ecological Research，31（3）：449-457.

[222] Zhao F Z，Kang D，Han X H，et al.，2015. Soil stoichiometry and carbon storage in long-term afforestation soil affected by understory vegetation diversity[J]. Ecological Engineering，74：415-422.

[223] Zhao Y，Feng Y N，Li L，et al.，2017. Tissue-specific regulation of the contents and correlations of mineral elements in hens by zinc oxide nanoparticles[J]. Biological Trace Element Research，177：353-366.

[224] Zhu N N，Han S，Yang C N，et al.，2016. Element-tracing of mineral matters in Dendrobium officinale using ICP-MS and multivariate analysis[J]. Spinger Plus，5：979.

第 6 章　顶坛花椒经营技术

顶坛花椒生长过程中应该重点解决以下问题：一是土壤养分供需平衡。根据土壤肥力状况，开发花椒林地专用肥料，同时补给大量元素、微量元素与植物激素，实现养分高效利用。二是合理抑制顶端优势。根据花椒生长情况进行修枝剪枝，促使花椒向水平空间生长，根据土壤水分状况和降雨条件控制蒸腾速率，提高挂果率。三是水源保障。根据地形地势，修建农田水利设施、完善灌溉系统、发展具有地方特色的灌溉技术，显著提高花椒的产量和品质。四是密度优化。通过密度调控，维持光照、温度、水分、养分等生态因子之间的合理竞争状态，达到协同供应，实现花椒高产、稳产、稳质。五是科学施用农药。开春前以补给营养为主，开春后以保花保果为主，并且依照生长发育阶段和病虫害种类及数量进行精准配方，做到科学、高效用药。六是工具先进。根据花椒生产的不同程序，设计专用工具，降低劳动力强度及其投入，节省人力、物力和财力。

此外，顶坛花椒产业发展应重点突破以下两个"瓶颈"：一是水资源缺乏。由于石漠化发育、地下漏失、水土流失、人为破坏等先天和后天因素，导致可用水资源数量较少，成为顶坛花椒发展的主要限制因素。若遇干旱年份，受灾面积更大，花椒大量减产。以 2017 年为例，由于干旱导致花椒适应能力降低，挂果率减少，花椒产量与 2016 年相比呈现下降趋势，影响到农户的收入水平和种植积极性。二是经营粗放。农村外出务工人数较多，现有壮年劳动力较少，花椒生产面临技术不够、投入不足、经营不力等诸多问题，水源、土肥、药源、病虫害防控、抚育、采摘等保障措施不到位，导致花椒挂果周期短、挂果率低、果实偏小、品质下降，限制了生态产业的发展。

基于此，本书着重介绍了顶坛花椒的可持续经营技术，以期实现顶坛花椒高产、稳产、稳质，使顶坛花椒产业呈专业化发展，助推百姓脱贫奔小康，积极响应贵州省的大生态、大扶贫战略，实现山区百姓富、生态美。

6.1 顶坛花椒专用施肥技术

6.1.1 研究背景

花椒为芸香科落叶灌木或小乔木，高 2～4 m，果、枝、叶、干均有香味，树皮呈绿色或褐色，树干上有许多瘤状突起，因其具有独特的食用价值、药用价值和生态功能，是我国分布广泛的经济树种。它的果皮是日常生活中不可或缺的调料，又是重要的医药原料，是一种丰富的含油植物资源。其用途广泛、经济价值高，是一种生态和经济兼用的树种。

花椒属植物中顶坛花椒为竹叶椒的一个变种（屠玉麟等，2001），是贵州喀斯特地区特有的、生态价值和经济价值很高的香料植物，在喀斯特地区生态和经济建设中发挥了举足轻重的作用（陈训，2010），驱动喀斯特地区朝着良性发展，增加山区农民收入（龙健等，2012）。综合考虑地上植被的生态功能和经济效益，花椒被认为是喀斯特石漠化山区生态恢复较好的物种选择，花椒林已作为喀斯特山区农业生产或生态恢复过程中备选的植被类型之一（龙健等，2012；张文娟等，2015）。顶坛花椒主要分布在贵州省贞丰县、关岭县的北盘江流域喀斯特石漠化地区，现已被人们广为种植，所产花椒含油量较高，且果皮的香麻味最浓，成为富有特色的地理标志产品。由于顶坛花椒在北盘江流域发展较快，栽培面积已突破 1 000 hm^2，部分椒农从中获得了较好的经济效益，花椒种植已经成为当地的支柱产业，有效地促进了山区经济增长。而实现矿质元素的地质大循环和生物小循环是顶坛花椒产量及品质的重要保障因素，因此顶坛花椒施肥技术在生态产业健康、可持续经营中发挥着重要作用。

近年来，由于青壮年劳动力外出务工和生态移民搬迁，该区以老年人务农为主，化肥、农药、除草剂的用量持续增加，顶坛花椒的经营管理越来越粗放，导致土壤板结、养分含量下降、微生物数量减少、酶活性降低等，严重制约了顶坛花椒的产量和品质提升，限制了石漠化治理成果的巩固。受自然和社会经济变化的影响，顶坛花椒呈现出衰退趋势（韦昌盛等，2016）。因此，亟需从生态、环保、安全、长效等角度攻克顶坛花椒科学施肥技术，提高顶坛花椒的生产力。

总体而言，北盘江流域花江段的顶坛花椒种植存在土层浅薄、化肥施用量高、经营粗放、水肥供应不协调等诸多问题，因此土壤结构被破坏、必需养分含量较低，导致顶坛花椒的适应能力下降、生理活性减弱，已经影响到椒农的种植积极性和收入稳定性。

在该地区土壤管理上，应针对顶坛花椒的生长习性、生理习性和生态习性进行施肥，提高养分供给水平，实现顶坛花椒高产、稳产、稳质。

6.1.2　技术体系

本技术的目的在于提供一种顶坛花椒专用施肥方法，以克服现有顶坛花椒施肥技术粗放、浪费、污染土壤的不足，在提高肥效的同时，实现生态产业产量提高、品质提升。该方法由底肥、地施追肥与叶面喷施追肥、生物菌肥和水肥耦合自给构成，以矿质元素的全面、均衡为供肥原则。其中，所述底肥是将活性磷肥、复合肥、栽培地新鲜土壤按照 1∶1∶2 的质量比充分混合均匀构成。

底肥的施用方法是在花椒种植时施入土壤并拌匀，用量为每株 45～55 g。在花椒栽植时，要确保肥料与土壤混合均匀，且防止根系与肥料直接接触产生烧苗。

地施追肥均使用复合肥，1 月底至 2 月初为保花保果肥、4—5 月为壮果肥、8 月为长枝肥、11 月为催花肥，每次用量均为每株 350～450 g，追施时间应为雨天或阴天的上午、傍晚，避免在太阳光直射下进行施肥。

当叶面偏黄、萎缩、病虫害发生时开展叶面喷施追肥，于阴天的上午或傍晚进行，用量以达到叶面湿润即将滴水为宜。用量过少，叶片难以充分吸收，达不到理想肥效；用量过多则容易造成肥料的浪费。

在 10 月份，对挂果花椒树施用生物菌肥，用量为每株 130～170 g，采取环状施肥，距离树干 80～120 cm。施用生物菌肥能够增加土壤微生物的数量和活性，提高土壤有机质矿化效率，增加速效养分浓度。

上述的水肥耦合自给是通过保持土壤含水量为 25%～35%来实现的。在花椒生长期间，应当保持适宜的水分含量，增加肥料的溶解性。值得注意的是，顶坛花椒不耐淹，长期淹水容易导致叶片发黄、凋落，因此应当防止水分含量过高。

本技术具有如下优点：①以少量多次、精准定量为施用原则，能够促进植株对养分的有效吸收，提高养分的利用效率，克服了传统施肥技术较为粗放的做法，可以培育稳定、健康的人工林。②符合顶坛花椒的生长特征和养分需求规律，既根据生殖生长阶段和营养生长阶段确定养分需求定额，又针对性地补充必需的矿质元素，能够提高顶坛花椒的产量与品质，保持其独特的麻香味。③安全无污染、全面可持续。本书所提到的施肥技术，以大量、中量和微量矿质养分元素为基础，以生长习性和需肥规律为依据，以安全、环保、全面、均衡为原则，肥效具有稳定性、持续性和长久性，对土壤无污染。采用本方法，能够满足顶坛花椒植株对养分的需求规律，提高肥料的利用效率，具有安全、环保等优点。

6.1.3 应用实例

实施地点位于贞丰县北盘江镇猫猫寨村，土层厚度为 30 cm 以上，实施面积约 100 hm^2。所用肥料种类包括：①复合肥为开磷牌高塔硝硫基复合肥料，购自贵州开磷有限责任公司；②叶面喷施肥为亲土 1 号大量元素水溶肥料，购自金正大生态工程集团股份有限公司；③生物菌肥为含氨基酸水溶肥，购自生丽康达（北京）科技有限公司；④活性磷肥购自贵州开磷有限责任公司。

于 8 月底至 9 月初的花椒苗移栽季节施用底肥，具体施用方法为将活性磷肥、复合肥、栽培地新鲜土壤按照 1∶1∶2 的质量比充分混合均匀，于花椒种植时施入土壤并拌匀，每穴用量为 50 g。施入底肥后，即时移栽花椒幼苗，并确保根系未与肥料直接接触。

根据顶坛花椒的生长阶段，采用复合肥进行地施追肥，2 月上旬施保花保果肥、4 月下旬施壮果肥、8 月中旬施长枝肥、11 月中旬施催花肥，用量为每株 400 g，于雨天追施。遇连续干旱 1 周以上天气时，选择阴天的上午追施，施肥后补充土壤水分至含水量为 30%左右。

按照 3～4 天的频次检查顶坛花椒的生长情况，当叶面偏黄、萎缩、病虫害发生时开展叶面喷施追肥，于阴天的傍晚进行，用量以叶面湿润即将滴水为宜。发现即喷施，无固定周期，旨在防止顶坛花椒生长衰退。

于 10 月份，对挂果树施用生物菌肥，用量为每株 150 g，采取环状施肥，距离树干 80～100 cm，具体视树形和树木大小而定，以利于顶坛花椒须根吸收为原则。施肥时，主要集中在须根系能够直接吸收的区域，提高肥料的利用效率。

培育期间要根据天气情况做好排水和灌水工作，保持土壤含水量为 30%左右，实现水肥耦合自给，提高养分利用效率。水分是确保顶坛花椒产量和品质的重要因素，保证适宜的水分含量能够实现顶坛花椒的可持续经营。

6.2 顶坛花椒矮化密植技术

6.2.1 研究背景

经过实地走访调查得知，顶坛花椒生长过程中存在如下衰老退化问题：一是树龄降低，已由以前的 10～12 年缩短至 3～6 年，轮伐周期缩短；二是花椒产量普遍下降，已经严重影响到椒农的生产积极性和经济收入水平；三是花椒林地力贫瘠，由于花椒叶片养分回归慢，导致林地土壤肥力瘠薄，限制了花椒的生长和结实；四是难以形成花椒林，小老头树多，叶片枯萎、发黄，林分功能低效。培育健康稳定、效益可持续的花椒人工林，是改善喀斯特石漠化地区土壤肥力和土地生产力、控制水土流失和植被退化的重要举措。因此，对顶坛花椒林经营技术进行创新和改进具有重要的现实意义。

近年来，顶坛花椒出现一系列生长衰退现象，如黄叶比例高、开黄花、林龄缩短、挂果率降低等。学者们认为顶坛花椒的生长衰退与土壤矿质元素亏缺有关，而未对花椒进行整形修枝是造成养分浪费的重要因素。因而改进花椒栽培技术、推行矮化密植栽培具有重要的实践价值。

6.2.2　技术体系

本技术的目的是提供一种顶坛花椒矮化密植栽培的方法，此技术不仅可以提高顶坛花椒的产量和品质，还可以实现较好的水土保持效益，达到经济效益、生态效益和环境效益的统一，推动石漠化治理成果的巩固。

为实现上述目的，采用的技术方案为：造林地清理、整地规格、施底肥、起苗、苗木处理、栽植、补植、整形、施肥、保花保果、松土除草。具体如下。

①造林地清理：选择光照条件好、土层较厚、肥沃湿润的缓坡地，窝穴状清除杂草，培育过程中不能使用除草剂等容易对生态系统造成危害的农药。

②整地规格：栽植点按正方形配置，穴距（2～2.5）m×（2.5～3.5）m，穴深 25～35 cm，直径 25～30 cm，挖好定植穴后回填表土。

③施底肥：每穴施入 0.2～0.3 kg 复合肥和 4～6 kg 有机肥，均匀分布于穴内，施后覆土 1～2 cm。

④起苗：按行取苗，以两行中间为界；挖土深度为 25～30 cm，取苗前使土壤含水率达到 30%～35%。

⑤苗木处理：将苗木主根下部用修枝剪剪平，去掉劈裂部分和损伤部分；对苗木进行分级，同级苗木栽植在同一地块。

⑥栽植：于秋季落叶后、结冻前进行；苗木放入定植穴，根系均匀舒展分布，填入表土并轻提苗后踩实；上部用心土填实再踩实；根茎高于地面 2～5 cm，于苗木四周培土埂做成树盘；栽植后浇透水，然后覆土培植。

⑦补植：春季萌芽展叶后，检查苗木成活情况，对缺株、病株、残株、死株以同龄壮苗补植，补植苗与林地幼苗生长保持一致。

⑧整形：整形时定干高度为 35 cm，树高不超过 2.5 m，枝条在空间上不重叠；定植后于 30 cm 处留第一侧枝，2～3 年可以培养成形；定植后培育 50 cm 主干，留主枝 2～3 个，基角 60°左右，每个主枝培育侧枝 2～3 个；幼龄树在栽植后第二年均匀保留主枝 2～3 个进行短截，其余枝条不进行短截，疏除密枝、弱枝、病枝、腐枝；结果树于采收后逐步疏除病虫枝、交叉枝、重叠枝、密生枝、徒长枝。

⑨施肥：每年早春和秋季各施一次肥，每株每次施用 0.2～0.3 kg 复合肥和 3～4 kg 农家肥，追施于花椒根系周围 40 cm 区域，待降雨后用土覆盖肥料 1～2 cm。

⑩保花保果：盛花期叶面喷施 10 mg/kg 的赤霉素；盛花期、中花期喷施 0.3%的磷酸二氢钾、0.5%的尿素、0.5%的硼砂水溶液；落花后每隔 10 天喷 0.3%的磷酸二氢钾、0.5%的尿素水溶液。喷施数量以叶面湿润为准。

⑪松土除草：于春、夏、秋分别进行松土除草。春季浅耕，深度为 8～12 cm；夏季、秋季松土，深度为 10～15 cm。

本技术的优点有：

①提高对资源的利用效率。通过花椒矮化、整形、修枝，可以提高花椒对光照、二氧化碳等生态资源的利用水平，减少空间重叠，增加空气的流通，增强光合作用强度；还可以增加木质化，控制植株蒸腾速率，减少土壤水分散失，提高花椒对水资源的利用效率。

②改善花椒品质和产量。通过矮化密植栽培技术能够及时清除花椒的病、腐枝条，预防和减轻病虫害的发生频率和强度，减少枝条之间对养分和生态因子的过度竞争，增加营养生长投入，达到提高花椒产量（较普通花椒提高 3 倍以上）、改善花椒品质（风味和麻味更足、更持久）的作用。

③降低生产成本，促进产业结构调整。通过精准管理，可以对水分、养分、生态等资源进行高效利用，减少资源浪费，降低生产成本，提高收益。该技术对加快产业结构调整、打造优势农产品、跨越式发展区域经济起到有力的推动作用，将成为实现农民增收的支柱产业，也是具有发展潜力的生态扶贫产业。

该方法能够助推石漠化地区严守生态与发展两条底线，实现大扶贫、大生态战略，解决顶坛花椒持续衰老退化的问题，巩固来之不易的石漠化治理成果。

6.2.3 应用实例

该实例所栽培的顶坛花椒苗来自贞丰县顶罈椒业有限公司自建苗圃基地，年生产顶坛花椒苗 100 万株以上。

①造林地清理：选择光照条件好、土层厚度大于 30 cm、土壤肥沃湿润、坡度低于 20°的缓坡地，窝穴状清除杂草。

②整地：栽植点按正方形配置，穴距 2 m×3 m，穴深 30 cm，直径 30 cm，挖好定植穴后回填表土。

③施底肥：每个定植穴施入 0.3 kg 复合肥和 5 kg 有机肥，均匀撒施于穴内，施后覆土 1～2 cm，根系不与肥料直接接触，以防烧根。

④起苗：应少伤根，尽量保留侧根和须根，减少茎干的机械损伤。按行取苗，以两行中间为界。从一端挖到另一端，挖土深度为 25～30 cm，土壤含水率低于 10%～15%时应在取苗前一天浇足水，使土壤含水率达到 30%～35%。

⑤苗木处理：将苗木主根下部用修枝剪剪平，去掉劈裂部分和损伤部分，利于苗木栽植后根系的恢复和断根处的愈合；对苗木进行严格分级，同级苗木栽植在同一地块，使栽后幼树生长一致且便于经营管理。

⑥栽植：于 8—9 月进行，苗木放入定植穴，根系均匀舒展分布，填入表土并轻提苗后踩实；上部用心土填实再踩实；根茎高于地面 2～5 cm，于苗木四周培土埂做成树盘；栽植后浇透水使土壤含水率达到 35%，然后覆土培植。

⑦补植：春季萌芽展叶后，及时检查苗木成活情况，对缺株、病株、残株、死株以同龄壮苗补植，补植苗与林地幼苗生长保持一致。本实例的幼苗补植率约为 20%。

⑧修剪整形：花椒是喜光树种，发枝力强，及时修剪整形可以保证光照足、通风好。整形时定干高度为 30～40 cm，树高不超过 2.5 m，枝条在空间上不重叠。定植后于 28～32 cm 处留第一侧枝。定植后培育 40～60 cm 主干，留主枝 2～3 个，每个主枝培育侧枝 2～3 个，加速木质化过程。幼龄树在栽植后第二年均匀保留主枝 2～3 个进行短截，其余枝条不进行短截，疏除密枝、弱枝、病枝。结果树通常于采收后逐步疏除病虫枝、交叉枝、重叠枝、密生枝、徒长枝。

⑨施肥：每年 1—2 月和 9—10 月各施一次肥，每株每次施用 0.25 kg 复合肥和 3.5 kg 农家肥，追施于花椒根系周围 40 cm 以内，待降雨后用土覆盖肥料 1 cm。

⑩保花保果：盛花期叶面喷施 10 mg/kg 的赤霉素；盛花期、中花期喷施的 0.3%磷酸二氢钾、0.5%的尿素、0.5%的硼砂水溶液；落花后每隔 10 天喷 0.3%的磷酸二氢钾、0.5%的尿素水溶液。喷施数量以叶面湿润为准。

⑪松土除草：于春、夏、秋分别进行松土除草。春季浅耕，深度为 10 cm；夏季、秋季松土，深度为 12 cm，应预防伤根。松土后灌足水，秋冬季做好培土，使花椒安全越冬。

盛果期每株平均产量可达 11.5 kg。

6.3 顶坛花椒培育种植技术体系

6.3.1 顶坛花椒栽培的条件

顶坛花椒对环境条件要求比较严格，主要有气候、土壤、地形等。只有环境条件最大限度地满足要求时，才能够达到高产、优质的栽培目的。本节着重从气候因子、土壤条件和地形介绍顶坛花椒的栽培条件。

①温度：顶坛花椒喜热，不耐严寒，年平均气温 8～16℃的地区都可栽培，但以年平均气温为 10～14℃的地区栽培较多。春季气温对顶坛花椒年产量影响最大，温度高有利于增产。生长发育期间需要较高温度，但不可过高，否则会抑制顶坛花椒的生长并影响花椒品质。花椒果实在 23～25℃时开始普遍着色，此时是花椒色泽、油腺、香气发育积累的过程，即影响花椒品质的关键生育期。要注意此时期温度的变化情况，以利于顶坛花椒品质的提高。

②光照：顶坛花椒为强阳性树种，光照条件直接影响树体的生长和果实的产量与品质。光照充足时果实产量高，着色良好，品质提高。顶坛花椒生长一般要求年日照时数不得少于 1 800 h，生长期日照时数不少于 1 200 h，若在遮阴条件下生长则会枝条细弱，分枝少，不开张，果穗和籽粒小，产量低，色泽暗淡，品质下降，有时会产生霉变。所以在生产中要做好合理密植及枝条修剪工作，以改善光照、促进产量和品质的提高。

③降水：顶坛花椒抗旱性强，适宜栽培在降水量 400～700 mm 的平原地区或丘陵山地。严重干旱时顶坛花椒叶也会萎蔫，虽然其对水分需求不大，但是要求水分相对集中在生育期内，特别是生长的前期和中期，此时降水的集中程度会对顶坛花椒产量、品质造成影响。顶坛花椒在营养生长转为生殖生长阶段，对水分十分敏感，需水量较多，在一定范围内降水增多和产量增加呈正相关，水分过多易发病虫害，且会因湿度过大造成热量减少，不利于顶坛花椒的生长与果实的膨大成熟。

④土壤结构：土壤结构会影响顶坛花椒根系水平分布和深层分布，进而影响树体正常发育及结果实。疏松土壤的孔隙度适中，空气含量适度，适宜根系的延伸和顶坛花椒的生长发育，所以顶坛花椒在湿润沙壤土和中壤土中生长最好，具有强大的根系，地上部生长健壮，结实较多。种植顶坛花椒的土壤一般翻耕深度为 15～20 cm，土壤厚度在 80 cm 左右即可基本满足花椒的生长。土层过浅，特别是干旱山地会使花椒根系缺水和缺少养分，使树体矮小、早衰，导致减产、品质降低。

⑤土壤肥力：顶坛花椒对土壤的适应性强，可生长在贫瘠土壤中，但深厚肥沃、质地疏松、保水保肥性强、各种养分比较充足的土壤更能保证顶坛花椒的生长和结果，实现连年丰产。所以要通过翻压绿肥、增施有机肥料和无机肥料来不断提高土壤肥力。在干旱缺水地区，一定要在采收后施用好基肥才可以实现稳产。

⑥土壤水分：顶坛花椒根浅，耐涝性较差。土壤含水量过高或排水不良都会影响顶坛花椒的生长和结果。生产中要注意水分的良好供给。

⑦土壤酸碱度：顶坛花椒对土壤酸碱度的适应范围较广，一般在 pH 为 6.5～8 范围的土壤上都可以栽培，但以 pH 在 7～7.5 为好。顶坛花椒喜钙，在石灰山地上生长特别好。

⑧地形：地形中坡向、坡度、海拔等因素会影响花椒的长势和产量。坡向影响光照长短，在山下地势开阔、背风向阳的地方顶坛花椒生长较好；坡度影响土壤肥力，进而对顶坛花椒的生长产生影响；海拔影响水、热、风等气候条件，进而形成不同的土壤理化性质和光照条件，对顶坛花椒生长发育产生不同的影响。

6.3.2 播种与苗期管理

（1）种子处理

按碱面（Na_2CO_3）用量与种子重量比为 1∶40 混合，加水浸泡种子，不时用棍棒搅动，浸泡 2 天后搓揉，待种子失去光泽、发涩不光滑时，再用清水清洗干净，置于阴凉处，待水分干后播种。通常选择 8 月份以前采摘的种子，因为其更容易破裂，可提高发芽率。

（2）撒播

将处理好的种子均匀撒播在整理好的苗床上，覆细土 1～2 cm，再均匀撒上 0.5 cm 厚的锯木屑、草本等，与土混合均匀后再用草覆盖，每亩播种量为 10～12 kg。推荐采取撒播方法。

（3）苗期管理

①出苗期：幼苗出土期需保持圃地土壤疏松、湿润，当幼苗出土 1/3 后陆续揭开覆盖物，出土一半后揭开全部覆盖物。要除掉圃地内的杂草，做到“除早、除小、除了”。

②幼苗期：适时松土除草，施厩肥等速效有机肥（厩肥：畜禽粪便、垫圈材料等经过充分腐熟发酵而成）。

③速生管理期：需要施用 3～4 次速效氮肥，每隔 15 天左右施用一次，每次每亩施用尿素或硫酸铵 10～15 kg，施用后要覆土、浇水。

④苗木硬化期：施用1～2次磷肥、钾肥，每隔7天施用一次，每次每亩施用磷酸二氢钾7～15 kg。

⑤间苗：应掌握“间早、间密、留强去弱、间补结合、分次实施”的原则。幼苗长到5～10 cm时开始间苗，间苗分2～3次完成，每次间隔15～20天，苗距保持10～12 cm，每亩留苗3万～4万株。

⑥水分管理：出苗期要保证覆盖苗床的稻草湿润，之后依照苗木生长于3—5月多次浇灌，一般当表土层5 cm以下出现干燥时就要浇水，6—8月少次多量浇水，一次浇透，9月中旬以后停止灌溉。如果是秋播，11—12月应注意水分供应，1—2月要减少水分供应。幼苗移栽时要将土壤浇透，防止幼苗暴晒。

6.3.3 造林

①造林地选择：选择疏松、排水良好的沙质壤土和石灰质土，土层厚度以大于30 cm为宜，土壤pH为6～8。土被连续的区域每亩植1 500～1 700株；土被不连续的区域每亩植750～900株。1年生苗造林时，若是秋播苗则在雨季造林，若是春播苗则在秋季或冬季造林。

②造林方法：开方圆40 cm的定植穴，深25～30 cm，每穴施充分腐熟的有机肥2 kg，尤其以猪粪和牛粪为佳，注意根系不要与肥料直接接触，防止烧苗。栽植的时候，需要正苗、覆土至根径处，踏实、压紧，浇足定根水。定植花椒时，应做到“穴大底平、深挖浅栽、重施底肥、熟土填穴、根展苗直、定根水足”。

6.3.4 抚育管理

①幼树：栽植后1～3年为幼树期，一年抚育两次。一次在4—5月，清除林地杂草，割草堆在林木基部，待腐熟后施用；第二次在8—9月，中耕除草及施肥，每株施农家肥3 kg。

②间作：幼林期可间作大豆、绿肥、红薯、生姜、花生等矮秆作物，以及黄精、白及等矮秆药材，以耕代抚。套种作物树高控制在60 cm以下，防止与花椒争夺生态资源。套种后，不能使用除草剂进行除草，只能选择人工除草的方式。

③整形：整形时定干高度为35 cm，树高不超过2.5 m，枝条在空间上不重叠；定植后于30 cm处留第一侧枝，2～3年可以培养成形；定植后培育50 cm主干，留主枝2～3个，基角60°左右，每个主枝培育侧枝2～3个；幼龄树在栽植后第二年均匀保留主枝2～3个进行短截，其余枝条不进行短截，疏除密枝、弱枝、病枝、腐枝；结果树于采收后逐

步疏除病虫枝、交叉枝、重叠枝、密生枝、徒长枝。

④保花保果：盛花期叶面喷施 10 mg/kg 的赤霉素；盛花期、中花期喷施 0.3%的磷酸二氢钾、0.5%的尿素、0.5%的硼砂水溶液；落花后每隔 10 天喷 0.3%的磷酸二氢钾、0.5%的尿素水溶液。喷施数量以叶面湿润为准。注意用药不宜过多，否则会使花椒品质下降、重金属超标。

⑤松土除草：于春、夏、秋分别进行松土除草。春季浅耕，深度为 8～12 cm；夏季、秋季松土，深度为 10～15 cm。

⑥打尖：在 8—9 月将发出来的新芽中较弱的部分去除，留强枝以提升来年产量和品质。打尖是影响花椒产量的关键环节，应注重时间的精准把握和枝条的选取。

⑦浇水：叶子萎蔫时要及时浇水，水浇在根部，通常早晚浇水。花椒若长期缺水，将难以恢复到正常生长状态。

6.3.5 追肥技术

每年 10—11 月施用一次农家肥，每株施 2～2.5 kg 清水粪、1.5～2 kg 干粪，需要根据花椒树体大小进行调整。6 月下旬至 7 月上旬下桩期间、9 月底至 10 月初、春节后、4 月份共追施 4 次化肥，每株每次 0.2～0.25 kg，一株花椒每年追肥 1 kg 左右。追肥施于花椒树干周围 0～40 cm 处，待雨后用土覆盖肥料 1～2 cm。

6.3.6 病虫害防治

（1）煤烟病

主要危害叶片，也危害树干。严重时叶片和嫩枝上会覆盖一层煤烟状物，妨碍花椒光合作用，造成减产，使植株逐渐枯萎。煤烟病菌多以无性世代出现在病部，由蚜虫、蚧壳虫、木虱等危害而造成，在生长季节发生。防治方法：改善椒园通风性能，及时防治蚜虫、蚧壳虫、木虱等危害，秋冬清除落叶，病叶集中烧毁，发病期用 1∶1 000 倍洗衣粉或 50%退菌特 1 500～2 000 倍液喷树冠，效果很好。

（2）根腐病

主要症状是烂根造成植株死亡，此病对花椒危害最大。防治方法：①注意排水，使土壤不积涝，保持土壤良好的通透性，减轻发病程度。夏季暴雨较多，提前在花椒树冠筑一条包围圈（埂），预防洪水浸入花椒树根封闭毛细孔，致使椒树缺氧死亡。②中耕除草时注意不要伤根。③增施磷钾肥、草木灰。④剪除病根，同时在伤处涂石硫合剂或 1∶50 倍石灰水灌根杀菌，或用 50 倍砷平液消毒。⑤化学治疗。一是在 4—5 月用 15%

粉锈宁 300～800 倍液灌根，每月灌根一次，阻止健康树发病和病株蔓延；二是在夏秋季第二次灌根时治疗，并对病株实行“凉根”（凉根即扒开患病树主根上的土，对发病主根进行晾晒）；三是冬季 12 月至第二年 1 月挖除病死根、死树，及时烧毁，消除浸染来源，同时用 15%硫酸铜 1 500 倍液灌树穴，减少病原越冬结构。在早春，用 1%硫酸铜液浇灌苗木根部，每亩 250～300 kg，再用消石灰撒于苗茎基部及根际土壤，抑制病害蔓延。据报道，及时剪除患病树的病根，在剪口处涂上索利巴尔原液消毒，再撒上根腐散农药，然后覆盖新土，效果极佳。

（3）花椒流胶病

花椒流胶病（干腐病）是常伴随天牛、吉丁虫而发生的一种严重枝干病害。该病在高温期发病率高，能迅速引起树干基部韧皮部坏死腐烂流胶液，严重影响营养运输，导致叶片黄化乃至整个枝条或树冠枯死，往往使一个建立不久的椒园毁于一旦。防治方法：①防治害虫侵染。及时做好天牛、吉丁虫等虫害的防治，保护和增强树势，减轻流胶病的发生，效果显著。②药剂保护。用快刀将溃疡性病斑彻底刮除，用流胶减速威或索利巴尔原液涂抹，也可涂抹波尔多液浆，然后敷一层稀泥，使药液被树体吸收，效果较佳。③分别于 3 月下旬和 6 月初用 40%乙磷铝或 70%代森锰锌 200～300 倍液对花椒树各灌根一次后培土，可控制病害的发生。

（4）花椒锈病

花椒锈病是花椒叶部的重要病害，可引起椒树叶子提前大量脱落，从而导致椒树再次萌发新叶。这样不仅影响了当年椒树的营养积累，而且因二次发叶消耗大量养分，直接影响第二年花椒的产量和品质，更重要的是对花椒树的寿命有很大的威胁。防治方法：①加强栽培管理，增强树体抗病能力。应适时合理施肥灌水，铲除杂草，正确修剪，促进株间和树冠内的通风透光，促进树体生长，增强抗病能力。②冬季叶落后清园清毒。③发病初期，每隔 15～20 天喷 200 倍石灰过量式波尔多液 1 次或 0.3～0.4 波美度的石硫合剂（连喷 3 次）；发病盛期每隔 10 天喷一次 65%代森锌可湿性粉剂 400～500 倍液，或每隔 10～15 天喷 1 次 50%多菌灵可湿性粉剂 800～1 000 倍液，注意该药不能与波尔多液等铜制剂混用，根据病情可连喷多次。④冬季清除落叶杂草，集中烧毁，减少菌源、虫害。对花椒危害较重的有蚜虫、凤蝶、蓑蛾、红蜘蛛等。一般虫害从 5 月上旬开始发生，应及时喷洒 50%灭蚜净乳剂 4 000 倍液，或 40%乐果 1 500 倍液，或 50%马拉松乳剂 1 000 倍液，或三氯杀螨醇 1 200 倍液，每隔 10 天左右交替喷布，不能连续使用一种药剂，以防害虫产生抗药性，降低防治效果。7 月份以后注意观察，如发现病虫应及时喷药防治。

（5）花椒天牛

天牛的种类较多，危害花椒的主要是虎天牛、星天牛、桔褐天牛、红颈天牛等。成虫咬食花椒枝叶，危害较轻；幼虫钻蛀树干，上下蛀食，引起树木枯死，造成花椒减产，危害惨重，每年有 12%的椒树受危害，花椒产量一般损失达 35%以上。防治方法：①捕捉成虫。于伏天借成虫在椒树上交尾产卵之际进行人工捕捉消灭。②消灭幼虫。在流有黄褐色液的被害部位，用小刀挑开刺杀幼虫。③药剂防治。可用 80%敌敌畏 500 倍液注射蛀孔，然后用泥封口，防治效果较好；成虫盛发期喷乐果 1 000～1 500 倍液或敌敌畏 1 000 倍液，将成虫杀灭在产卵之前。④对被害的死树要及时挖除烧毁，彻底消灭虫源。还可采用树干涂白、人工捕捉成虫、击杀虫卵、钩杀幼虫或磷化锌毒签插蛀孔等方法进行防治。

（6）花椒桑白蚧

花椒桑白蚧在陇南各县花椒产区都有发生，特别是在白龙江、白水江流域较普遍。以若虫伏于花椒树干上吸食汁液，虫害枝每平方厘米表皮上的虫口常达 54 头以上，所以常造成被害枝条枯死。防治方法：在若虫成熟期，用一种胶质覆盖物保护虫体吸收树汁危害。首先用塑料硬刷进行捣毁，再用索利巴尔+“99”杀虫净喷布，效果达 100%。将危害而枯死的树枝剪除烧毁。

（7）花椒瘿蚊

花椒瘿蚊又名椒干瘿蚊，在陇南各县产椒区都有分布，受害株率为 1.6%～100%，枝条受害后，嫩枝因受刺激引起组织增生，形成柱状虫瘿。随虫龄的增大，被害部即出现密集的小颗瘤状突起。虫瘿可长达 42 cm，有虫数达 55～335 头之多，受害枝不仅生长受阻，后期枯干，而且常致使树势衰老而死亡。防治方法：①剪去虫害枝，集中烧毁，并用索利巴尔原液消毒，若能连续修剪 1～2 年，可明显减轻和控制该虫的危害。②在花椒采收后，喷灭多威农药 500～600 倍液杀死成虫。③用棉花蘸上强力灭牛灵原液在颗瘤上点搽，效果极佳。

（8）花椒棉蚜

常群集在花椒嫩叶和幼嫩枝梢上刺吸汁液，造成叶片卷缩，引起落花落果，同时其排泄的黏性蜜露易诱发烟煤病，影响叶片的光合效能。4 月底至 5 月上旬开始产生危害，8～10 天 1 代。防治方法：在发生期每隔 10 天交替喷布 40%氧化乐果 1 500 倍液、40%水胺硫磷 1 000 倍液、50%灭蚜净乳剂 4 000 倍液，连续喷洒 2～3 次即可控制危害。

（9）跳甲类

主要危害叶片，有的幼虫还专门蛀食嫩椒果的果仁、花序梗和叶柄（如花椒红胫跳甲），是造成落果、叶片萎蔫而大量减产的主要害虫。防治方法：在花椒展叶期用杀螟松 2 000 倍液或敌杀死 2 000 倍液喷洒树冠和地面，杀灭出土的越冬成虫；也可于 5 月中下旬幼虫盛发期用氧化乐果 1 500 倍液或磷胺乳油 800～1 000 倍液喷树冠，杀灭幼虫。

（10）花椒凤蝶

以幼虫取食嫩芽和叶片，引起树势衰弱和严重减产。因花椒凤蝶幼虫体大易见，容易捕杀，故防治时应以捕杀为主。危害严重时，可喷青虫菌或苏芸金杆菌 1 000～2 000 倍液，也可喷 50%敌百虫 1 000 倍液或 50%敌敌畏乳剂 1 000 倍液毒杀。

（11）蓑蛾

又名袋蛾，吐丝以树木枝梗的表皮、叶片缀合成囊而得名。危害情况：幼虫集中为害，将叶片吃成缺刻和小孔，若食料缺乏或秋季叶片硬化，转食树皮。危害严重时花椒枝叶被食尽，全株枯死。

6.3.7 果实处理与贮藏

果实采收后应放在阴凉、通风处摊晾 1～2 天，然后铺在席上或水泥地上暴晒干燥，最好 1 天内晒干，去掉种子和杂质之后，干燥的花椒可以装入缸内密封保存。如果一天不能晒干，则要收回家中。有条件的地方可以采用烘干技术进行果实干燥。

6.3.8 家庭式生产花椒油

将新鲜菜籽油炼开片刻，转移至不锈钢桶中，自然降温至 70～80℃，放入饱满、色泽鲜艳的新鲜花椒浸泡 30～35 min 后，过滤制得花椒油。菜籽油与新鲜花椒的质量比为 1∶0.25～1∶0.35。浸泡过程中需要盖严不锈钢桶盖，无需人工搅拌，避免风味物质过度挥发。制得的花椒油冷却后分瓶包装，密封条件下室温保存，符合家庭式生产场地小的特点。

注：6.3 部分的资料主要来自贵州大学林学院编制的《顶坛花椒培育种植技术》，以及贞丰县顶罈椒业有限公司编制的《贞丰县 5 000 亩花椒标准化种植示范基地（二期）项目实施方案》，均未公开发表。

参考文献

[1] 龙健，李娟，黄昌勇，2002．我国西南地区的喀斯特环境与土壤退化及其恢复[J]．水土保持学报，16（5）：5-8.

[2]　屠玉麟，韦昌盛，左祖伦，等，2001．花椒属一新变种——顶坛花椒及其品种的分类研究[J]．贵州科学，19（1）：77-80.
[3]　陈训，2010．喀斯特地区顶坛花椒培育的生理生态特性研究[D]．长沙：中南林业科技大学．
[4]　龙健，廖洪凯，李娟，等，2012．基于冗余分析的典型喀斯特山区土壤-石漠化关系研究[J]．环境科学，33（6）：2130-2138.
[5]　张文娟，廖洪凯，龙健，等，2015．种植花椒对喀斯特石漠化地区土壤有机碳矿化及活性有机碳的影响[J]．环境科学，36（3）：1053-1059.
[6]　韦昌盛，左祖伦，2016．顶坛花椒产业衰退原因分析及对策研究[J]．贵州林业科技，44（1）：60-64.

第 7 章　火龙果地养分质量特征与调控

火龙果（*Hylocereus undatus*）为仙人掌科量天尺属多浆植物，因其果实外表具软质鳞片如龙状外卷，故称火龙果，又称红龙果、仙蜜果、仙人掌果等，原产于中美洲热带沙漠地区，属典型的热带植物，为热带、亚热带水果，喜光耐阴、耐热耐旱、喜肥耐瘠。火龙果在石漠化治理方面具有独特的优势，表现为：①对土壤的适应性较强，其茎贴在岩石上亦可生长，植株抗风力极强，适宜在石漠化山区种植；②根系十分发达，穿透力强，因而能防止径流和雨水冲刷，具有良好的水土保持功能，尤其是在山坡易冲刷地和沙荒易风蚀地效果更为显著；③可以恢复地表矮株植被，改良土壤结构，持续提高土壤有机质及肥力（许进龙等，2015）。目前，火龙果种植已经成为贵州省石漠化治理的典型生态经济型模式，促进了山区生态和经济建设。因此，研究不同养分管理方式下火龙果地的土壤肥力特征，可以为土壤质量综合调控提供科学依据，对喀斯特山区特色生态产业的发展和石漠化综合治理具有重要参考价值。

7.1　火龙果地不同耕作方式的土壤矿质元素特征

火龙果具有防癌、抗氧化、增强免疫力等多种功效（Tenore et al.，2012）。它对高温干旱气候和贫瘠土壤的适应能力强（Lyman，1982），且其生长发育过程中对 N、P、K 等矿质元素需求差异大（王彬等，2015）。矿质元素影响果实的生长发育（潘海发等，2011），其含量水平决定了果实的风味品质（曹永庆等，2015）。矿质元素供应平衡被打破，即 N、P、K、Ca、Mg 甚至微量元素等供应失衡，会对植物体的生长产生影响（毛庆功等，2015）。

宋少华等（2016）研究甜柿果实矿质元素与品质指标，表明适宜的矿质元素含量与计量比可显著提高甜柿的品质和产量。杨道富等（2012）测定与分析白肉火龙果果实生长中矿质元素的动态变化，表明火龙果在不同生长时期对矿质元素的需求量各异。黄霄等（2018）研究“白玉”枇杷果实品质与矿质元素含量的相关关系，表明矿质元素含量显著影响果实品质。不同的耕作方式在一定程度上改变了矿质元素的含量。刘群龙等（2015）研究叶面喷 Se 对梨果实矿质元素的影响，表明施用外源 Se 可显著提高果实 Se、Fe 和 Cu 的含量，但 Cu 的增加将抑制植物的生长（Xiong et al.，2006）。秦红灵等（2007）和李玉洁等（2015）研究耕作方式对土壤理化性状的影响，表明覆盖牛粪及免耕提高了根部土壤营养元素含量，且覆盖处理有助于营养物质的分解和转化（Brennan et al.，2011）。孙萌等（2017）研究地面覆盖的土壤微域生态效应，表明核桃园地面覆盖牛粪可显著提高土壤矿质元素含量，而覆盖苜蓿效果较差。综上所述，矿质元素可影响作物的品质和产量，研究耕作方式对土壤矿质元素的影响规律有利于作物生长发育和品质形成。

目前，关于干热河谷石漠化区矿质元素的研究主要集中在土壤养分（岳学文等，2016；闫帮国等，2016）、植物叶片元素含量（李艳梅等，2016）等方面，而对中量、微量等土壤矿质元素的报道较为鲜见（喻阳华等，2018）。因此，本节以干热河谷石漠化区为背景，通过测定火龙果地不同耕作方式的土壤矿质元素含量，阐明火龙果地土壤矿质元素含量随耕作方式的变化特征，以期为改善该区土壤矿质元素含量、提高火龙果产量与品质提供科学依据。

7.1.1　研究方法

（1）样品采集与处理

研究区之前以种植玉米为主，2007 年从我国台湾地区引入大红 1 号火龙果。火龙果每年可采收 5～7 次，需肥量大，受当地畜禽养殖数量减少、农村劳动力外出、石山区耕作成本较高等因素影响，向土壤施用的有机肥逐年降低。伴随土壤矿质化过程，火龙果地土壤养分呈衰退趋势，加之使用化肥与农药，导致火龙果产量和品质降低。鉴于此，研究团队于 2015 年 5 月开始在火龙果栽培基地设置套种紫花苜蓿（Alfalfa，AF）、施用有机肥（Organic fertilizer，OF）、地膜覆盖保墒（Film mulching，FM）等水肥控制性试验，并于 2017 年火龙果采摘完毕后（11 月）采样测定。其中：套种紫花苜蓿是在距离火龙果母株 40～50 cm 周围分四穴播种，深度为 2～3 cm，株高 40～50 cm 时进行采收，留茬约 5 cm，持续时间为 2.5 年；有机肥由腐熟猪粪和油枯共同发酵制得，每株用量 2～3 kg，施于火龙果母株 0～60 cm 周围，持续时间为 2.5 年；地膜覆盖保墒是使用塑料薄膜将地面全部覆盖，防止土壤水分蒸发，抑制杂草，持续时间为 2.5 年；使用化肥与农药（Chemical fertilizer and pesticides，CFP）是较为粗放的经营方式，持续时间约 10 年，农户自行根据火龙果长势和病虫害发生情况补充复合肥和喷洒农药；无措施（No measures，NM）的持续时间约 10 年，火龙果长势差，产量和养分吸收效率低。

样地地理坐标、海拔、坡度、坡向较为近似，降低了矿质元素的空间异质性。各样地大小为 10 m×10 m，每种方式设置 3 个平行。采样时，去除土体表面枯枝落叶，使用铁铲挖掘土壤剖面后，采集表层 0～20 cm 的土样，采用 S 形五点混合采样，四分法取出 1 kg 左右土样，挑出杂物，装入塑料密封袋带回实验室，自然风干、研磨，过筛备用。

（2）测定方法

B、As、Se，Si、Ca、Mg、Na、Al、Fe、Cu、Zn、Pb、Cr、Cd、Ti、Ni、Co、Sr、Mo、Cl、S 测定方法见第 4 章“4.1.1 研究方法”中第（3）部分。

（3）数据处理

使用 Excel 2010 软件对试验数据进行初步分析与整理，利用 Origin 8.6 软件制图，使用 SPSS 20.0 软件进行统计分析；采用单因素方差分析（one-way ANOVA）对土壤矿质元素含量进行差异性检验，使用最小显著性差数法（LSD 法）进行多重比较，采用 Pearson 相关性分析法检验不同耕作方式的土壤矿质元素之间的相关性。

7.1.2 不同耕作方式的矿质元素含量

（1）不同耕作方式对矿质元素 Fe、Ca、Mg、Na、Al、Si 含量的影响

由表 7-1 可知，与 NM 相比，不同耕作方式的 Si 含量增加了 2.7%～17.5%，且差异显著（P<0.05，下同）；不同耕作方式的 Fe、Mg、Al 含量分别较 NM 显著降低了 12.9%～26.0%、17.1%～42.7%、5.9%～25.9%；除 FM 处理的 Ca 含量较 NM 降低了 47.3%外，不同耕作方式的 Ca 含量均增加，均达显著水平，其中 AF 的 Ca 含量增加了 101.0%；对于 Na 而言，不同耕作方式对其含量影响不显著。由此可见，施肥及覆盖处理促进了 Si 和 Ca 的积累，抑制了 Fe、Mg 和 Al 的积累。

表 7-1 不同耕作方式的矿质元素 Fe、Ca、Mg、Na、Al、Si 含量 单位：g/kg

耕作方式	Fe	Ca	Mg	Na	Al	Si
NM	60.62±0.149a	15.08±0.101d	12.59±0.055a	1.69	109.58±0.849a	245.06±0.462e
AF	52.67±0.149b	30.33±0.035a	9.50±0.111c	1.65	103.03±0.798b	251.80±0.412d
OF	44.86±0.148d	21.47±0.101c	10.43±0.014b	1.71	81.27±0.592e	275.77±0.066b
CFP	52.78±0.149b	22.76±0.101b	9.07±0.114d	1.61	98.45±0.762c	256.46±0.066c
FM	48.87±0.317c	7.95±0.055e	7.22±0.111e	1.61	89.35±0.692d	287.93±0.430a

注：NM 为无措施；AF 为套作绿肥（紫花苜蓿）；OF 为施有机肥；CFP 为施用化肥与农药；FM 为地膜覆盖。不同小写字母表示差异显著（P<0.05）。下同。

（2）不同耕作方式对矿质元素 Mn、Cu、Zn、Cd、Cr、Pb 含量的影响

由表 7-2 可知，与 NM 相比，AF 的 Mn、Pb 分别降低了 12.2%、7.3%，且达到显著

水平，其他 3 种方式的 Mn、Pb 含量均增加，其中 Mn 含量达到显著差异；不同耕作方式均不同程度降低了土壤 Cu、Zn、Cr 含量；除 CFP 处理的 Cd 含量较 NM 显著增加 7.7%外，其他 3 种方式的 Cd 含量分别降低了 28.6%、5%和 41.8%。由此可见，施肥及覆盖处理促进了 Mn 和 Pb 的积累，抑制了 Cu、Zn 和 Cr 的积累，且 CFP 增加了重金属 Cd 的含量。

表 7-2 不同耕作方式的矿质元素 Mn、Cu、Zn、Cd、Cr、Pb 含量 单位：μg/g

耕作方式	Mn	Cu	Zn	Cd	Cr	Pb
NM	3.03±0.014c	58.03±0.891a	131.10±8.740a	1.96±0.064b	130.40±0.976a	43.12±0.028a
AF	2.66±0.014d	49.14±0.523c	104.12±7.354bc	1.40±0.014c	113.25±0.778b	39.97±0.594b
OF	3.64±0.035a	54.05±0.968b	120.62±9.412ab	1.87±0.014b	91.23±4.419d	45.23±0.594a
CFP	3.57±0.035a	52.76±0.481b	112.92±9.249ab	2.11±0.007a	110.90±1.379b	45.29±1.237a
FM	3.38±0.018b	44.32±0.969d	88.01±7.255c	1.14±0.078d	99.49±3.203c	44.30±2.008a

（3）不同耕作方式对矿质元素 S、Cl、As、Se、B 含量的影响

由图 7-1 可知，与 NM 相比，不同耕作方式的 S 和 B 含量均达显著差异，其中 OF 的 S 和 B 含量最高，与 NM 相比分别增加了 2.16%和 72.7%；FM 和 OF 的 Cl、Se 含量与 NM 相比差异显著，FM 的 Cl 含量降低，其他 3 种耕作方式的 Cl 含量增加，其中 OF 的 Cl 含量最高；Se 含量受耕作方式影响的变化趋势与 Cl 则相反；不同耕作方式的 As 含量与 NM 相比差异不显著。上述结果表明，OF 的输入显著提高了 S、Cl 和 B 的含量，但抑制了 Se 的积累。

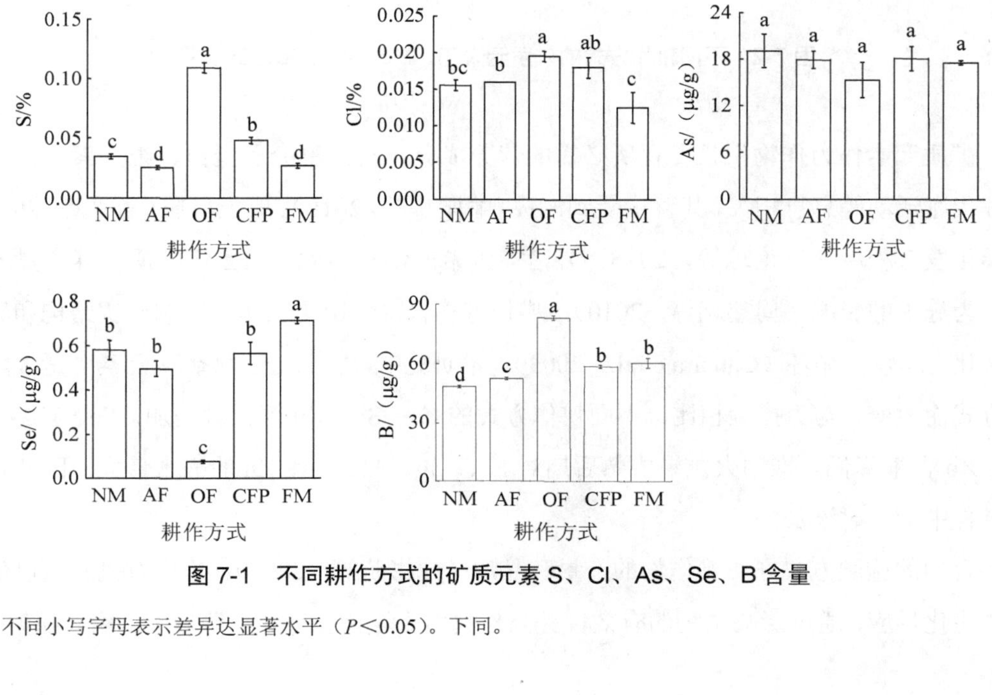

图 7-1 不同耕作方式的矿质元素 S、Cl、As、Se、B 含量

注：不同小写字母表示差异达显著水平（$P<0.05$）。下同。

（4）不同耕作方式对矿质元素 Ti、Mo、Ni、Co、Sr 含量的影响

由图 7-2 可知，与 NM 相比，OF 的 Ti 含量增加，其他 3 种耕作方式的 Ti 含量降低，均达到显著差异；Mo、Sr 的变化趋势相似，与 NM 比较，除 OF 的 Mo、Sr 含量未达显著水平外，其他 3 种方式的 Mo、Sr 含量差异显著；不同耕作方式的 Ni 含量与 NM 相比均显著降低；Co 含量差异不显著。上述结果表明，Co 含量受到不同耕作方式的影响不显著，Ti、Mo、Ni、Sr 的含量均受到不同程度的影响。

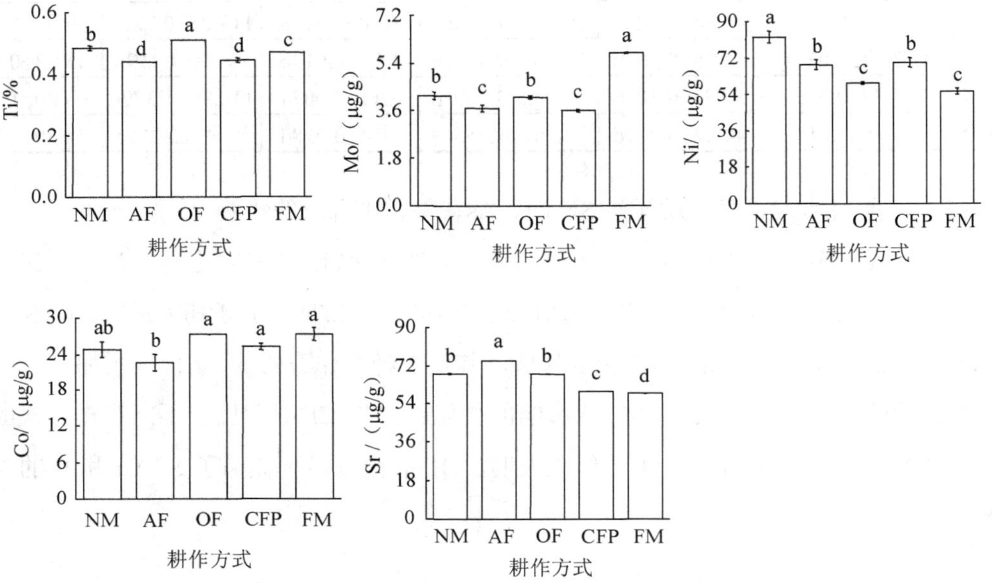

图 7-2　不同耕作方式的矿质元素 Ti、Mo、Ni、Co、Sr 含量

矿质元素作为作物生长发育所必需的营养成分，与生物分子蛋白、维生素、核酸、生理代谢活动等息息相关，其含量受到海拔（喻阳华等，2018）、成土母质（杨霖等，2017）、石漠化发育程度（李艳琼等，2016）等诸多因素的影响。此外，土壤矿质元素含量还受到人为施加的影响（周鑫斌等，2010），耕作方式直接作用于土壤，影响土壤结构和养分的转化、运输与循环（Camara et al.，2003）。本研究中，大部分土壤矿质元素含量多随耕作方式而改变，与无措施相比，不同耕作方式的 Ca、Si、Mn 等含量增加，Fe、Mg、Al、Cu、Zn 含量降低。推测火龙果成熟后期对 Fe、Mg、Al、Cu、Zn 的需求量大，因此在栽培过程中应及时添加。

合理的施肥方式亦影响作物的产量和品质（魏彬萌等，2015）。施用有机肥可以促进土壤生化反应，通过影响生物的有效性提高作物对土壤微量元素的吸收、运输和积累（高

明等，2000）。长期施用有机肥可以增加土壤供肥容量，加快腐殖酸对土壤养分的活化速度，从而提高土壤养分含量，保持供应平衡（Huang et al.，2010）。刘赫等（2009）研究表明施用有机肥增加了土壤中 Cu、Zn、Pb、Cd 的含量，本研究结果与之不完全一致，Pb 含量增加，但差异不显著，Cu、Zn、Cd 含量均降低，其中 Cu 差异显著，这可能是作物对土壤矿质元素吸收方式不同所致，也可能与不同植物的选择性吸收有关。付威等（2017）研究施肥对小麦产量的影响，表明施用氮磷化肥可增加土壤养分的含量；王飞等（2012）研究发现单施化肥会降低土壤速效态 B、Fe、Zn、Cu 的含量，本节研究结果与之不完全一致，B 含量显著增加，可能是由于火龙果果肉 B 含量降低并向土壤中转移的原因（王彬等，2015）。朱先进等（2010）研究表明，有机肥向土壤中输入的微量元素数量远大于化肥，这表明在农业生产活动中有机肥优于化肥，且有机肥对土壤的污染较低，而本研究中化肥与农药配施在对土壤生态效益造成影响的同时，也制约着火龙果的品质提升。因此，农业生产活动中施用有机肥更有利于作物生长以及品质形成，这为土壤矿质元素管理提供了理论依据和科学支撑。

干热河谷石漠化区高温干旱、土壤养分贫瘠，地膜覆盖处理可减少地表裸露，抑制土壤蒸发，提高水分利用率（付威等，2017；邓妍等，2014），促进土壤动物和微生物的活动，利于有机质的矿化和分解（毛红玲等，2010）。覆盖能够调节耕层土壤温度（Awe et al.，2015），且地膜覆盖总体上为增温效果（常磊等，2018）。江肖洁等（2016）研究表明增温能影响土壤 Al、Fe、Mn、Zn 含量。本研究中，地膜覆盖处理的土壤 Al、Fe、Zn 含量降低，Mn 含量升高，可能是由于增温效果与处理方式不同，导致土壤水、热状况，区域微生物数量，有机质矿化及损失率存在差异。

绿肥本身含有微量元素，当其翻压腐解后，由于自身的营养元素归还到土壤，使得土壤表层的矿物养分含量提高。其根系释放大量的有机酸和酶，能活化根际微生物的活性，微生物不断吸收利用矿物中的 P、K、Mg 等，利于矿物营养物质的释放和有效化（麦克拉伦，1984）。霍颖等（2011）研究表明梨园多年种植绿肥可提高土壤的 Ca、Mg、Fe、Mn、Zn、Cu 的含量。研究区套种紫花苜蓿，除 Ca 外，Mg、Fe、Mn、Zn、Cu 的含量均降低，这是因为紫花苜蓿与火龙果之间存在养分竞争，也可能是绿肥种类不同且种植年限较短，导致腐解速率和养分累积效果存在差异。

7.1.3　土壤矿质元素间的相关性

由表 7-3 可知，各矿质元素间的相关关系各异。Al、Si、S、Ni 与其他元素的相关性较密切，其次是 Fe、Mg、Na、Mn、Cu、Co。Fe 与 Al、Ni、Cr 呈极显著正相关（$P<0.01$，下同），

表 7-3 火龙果地土壤矿质元素间的相关性

元素	Fe	Si	Al	Ca	Mg	Na	Mn	S	Ti	Cl	Cu	Zn	Mo	Ni	As	Cd	Co	Cr	Pb	Se	Sr	B
Fe	1																					
Si	–0.807**	1																				
Al	0.955**	–0.867**	1																			
Ca	–0.032	–0.541	0.190	1																		
Mg	0.585	–0.700*	0.477	0.199	1																	
Na	–0.002	–0.192	–0.110	0.150	0.783**	1																
Mn	–0.548	0.568	–0.705*	–0.366	–0.234	–0.005	1															
S	–0.611	0.294	–0.699*	0.153	0.231	0.642*	0.656*	1														
Ti	–0.298	0.381	–0.515	–0.422	0.392	0.770**	0.451	0.702*	1													
Cl	–0.235	–0.269	–0.212	0.619	0.411	0.501	0.313	0.725*	0.219	1												
Cu	0.493	–0.658*	0.358	0.213	0.927**	0.684*	0.046	0.377	0.365	0.554	1											
Zn	0.423	–0.589	0.283	0.211	0.875**	0.691*	0.020	0.390	0.389	0.532	0.960**	1										
Mo	–0.260	0.766**	–0.376	–0.864**	–0.520	–0.274	0.191	–0.224	0.291	–0.738*	–0.612	–0.556	1									
Ni	0.907**	–0.924**	0.877**	0.223	0.793**	0.260	–0.441	–0.290	–0.171	0.132	0.731*	0.614	–0.567	1								
As	0.666*	–0.457	0.636*	–0.091	0.153	–0.282	–0.434	–0.615	–0.395	–0.347	0.168	0.294	–0.029	0.423	1							
Cd	0.301	–0.539	0.197	0.276	0.641*	0.374	0.365	0.454	0.159	0.678*	0.863**	0.781**	–0.697*	0.577	0.015	1						
Co	–0.543	0.755*	–0.714*	–0.647*	–0.262	0.087	0.790**	0.500	0.641*	0.012	–0.173	–0.205	0.553	–0.519	–0.510	–0.033	1					
Cr	0.985**	–0.847**	0.970**	0.065	0.598	0.018	–0.595	–0.603	–0.333	–0.162	0.482	0.390	–0.326	0.923**	0.597	0.290	–0.595	1				
Pb	–0.352	0.450	–0.520	–0.456	–0.117	0.000	0.914**	0.537	0.441	0.233	0.111	0.033	0.210	–0.246	–0.320	0.373	0.785**	–0.387	1			
Se	0.546	–0.111	0.559	–0.421	–0.333	–0.750*	–0.330	–0.918**	–0.598	–0.784**	–0.387	–0.424	0.392	0.203	0.592	–0.363	–0.227	0.508	–0.174	1		
Sr	0.175	–0.523	0.309	0.673*	0.543	0.599	–0.704*	0.067	0.025	0.312	0.315	0.338	–0.521	0.353	–0.040	–0.009	–0.599	0.258	–0.705*	–0.425	1	
B	–0.862**	0.626	–0.924**	0.016	–0.146	0.407	0.703*	0.912**	0.640*	0.501	–0.005	0.056	0.070	–0.652*	–0.672*	0.116	0.618	–0.867**	0.511	–0.814**	–0.094	1

注：**为极显著相关（P<0.01），*为显著相关（P<0.05）。下同。

与 As 呈显著正相关，表现为协同作用，与 Si、B 呈显著负相关，表现为抑制作用。Si 与 Mo 呈极显著正相关，与 Co 呈显著正相关，与 Al、Ni、Cr 呈极显著负相关，与 Cu、Mg 呈显著负相关。Al 与 Ni、Cr、Fe 呈极显著正相关，与 As 呈显著正相关，与 Si、B 呈极显著负相关，与 Mn、S、Co 呈显著负相关。Mg 与 Na、Cu、Zn、Ni 呈极显著正相关，与 Cd 呈显著正相关。Na 与 Ti 呈极显著正相关，与 S、Cu、Zn 呈显著正相关，与 Se 呈显著负相关。Mn 与 Co、Pb 呈极显著正相关，且与 Pb 的相关系数达 0.914，与 S、B 呈显著正相关。S 与 B 呈极显著正相关，与 Ti、Cl 呈显著正相关，与 Se 呈极显著负相关关系。Cu 与 Zn、Cd 呈极显著正相关，与 Ni 呈显著正相关。另外，Zn 与 Cd、Ni 与 Cr、Co 与 Pb 间有较好的协同作用；B 与 Cr、Se 间有较强的抑制作用。

探讨土壤矿质元素间的相关关系，可防止由单一元素作为营养指标而带来的误判。徐慧等（2014）研究发现，各种矿质元素之间通过协同调控作用影响果实的生长发育和品质。陈春宏等（1992）研究 Fe、Mn 相互作用及其对植物生理生化的影响表明，Fe 与 Mn 之间存在拮抗作用，本研究结果与之一致。研究区 Fe 与 Al、Ni、Cr 呈极显著正相关，且相关系数均在 0.907 以上，表明土壤中 Fe 能有效活化其他元素。Zn、Mg、Cu 两两之间呈极显著正相关，且相关系数大于 0.875，说明元素间协同性大，彼此间存在增效作用。土壤 Ca 与 Fe、Mn，Mn 与 Fe、Mg、Cu、Zn，B 与 Fe、Mg、Cu 均呈负相关关系，表明矿质元素间存在此消彼长的特征。

7.2　火龙果地不同养分管理的土壤肥力质量与调控

火龙果主要分布在海南、广东、贵州、广西等地，是热带、亚热带地区产业结构调整较为理想的水果之一（黄艳芳等，2017），是喀斯特典型石漠化地区发展第一产业的特色产品（梅再美，2017）。干热河谷石漠化区土壤生产力在不同土地利用方式及施肥结构下响应不同（刘艳等，2014；钟欣平等，2019）。Liu 等（2011）研究了不同养分管理制度下的土壤肥力特征，表明与农户传统管理相比，根据作物目标产量确定氮肥施用量的高效养分模式下，SOC、TN、AP、AK 相对升高。陈欢等（2014）通过研究不同施肥方式对土壤肥力的贡献率，发现肥料结构是决定土壤肥力水平的关键因素。不同施肥处理对土壤基本理化性质、养分可持续性指数影响均不同（黄东风等，2014；刘彦伶等，2017）。合理的养分管理方式能够实现土壤肥力改良，提高土壤养分供应潜力。化党领等（2005）研究了有机肥施用对石灰性土壤理化性质的长期影响，得出该种施肥处理能显著提高 SOC 含量（陈晓芬等，2015；温延臣等，2018）。杨玉海等（2005）研究表明套种紫花苜蓿能增加土壤 TN、TP 含量，促进 SOC 的累积（伏兵哲等，2018）。刘中良等（2011）、孙薇等（2013）研究表明长期施用生物有机肥可提高土壤 TN、TP 与 TK 含量，对 SOC 含量增效显著。杨万勤等（2007）研究表明凋落物对 SOC 形成、养分供给影响显著，在土壤生态过程中发挥重要作用（张伟东等，2009）。农家肥、套种紫花苜蓿、生物有机肥、凋落物等的使用均有助于改善土壤肥力。

目前有关干热河谷石漠化区火龙果地养分管理方式对养分积累方面的研究较少，石漠化区退化土壤生态系统恢复与特色水果可持续经营缺乏相关理论研究的科学支撑，限制了当地特色产业的发展。本节拟阐明不同养分管理方式下土壤矿质养分变化特征，揭示人为干预引起土壤质量演变的机理，旨在为火龙果地养分高效利用提供科学依据。

7.2.1 研究方法

（1）实验设计与样品采集

实验共设置 4 种不同养分管理方式的样地（表 7-4），大小为 20 m×20 m，每种方式设置 3 次重复。4 种养分管理方式为：①农家肥。每年 4 月中下旬在火龙果母株 0～60 cm 周围均匀撒施由腐熟猪粪和油枯发酵制成的农家肥，每株用量 2.5 kg。②绿肥。2016 年 4—6 月雨后在距火龙果母株 40～50 cm 的周围分四穴点播紫花苜蓿种子，深度为 2～3 cm，待长至 40～60 cm 时进行采收，留茬 5 cm 左右。③生物有机肥。每年 4 月中下旬在火龙果母株 0～60 cm 周围均匀撒施在贵州省六枝特区购买的有机肥（有机质≥40%，NPK≥4%）与腐熟猪粪和油枯发酵制成的农家肥混合而成的专用肥（质量比为 1∶2）。④凋落物覆盖。选取区域内主要生态经济树种柚木的凋落物（SOC、TN、TP、TK 依次为 427.70 g/kg、6.50 g/kg、1.07 g/kg、1.08 g/kg），覆盖于火龙果母株周围，覆盖量为 900 kg/hm^2。

表 7-4 样地基本概况

养分管理方式	经度	纬度	坡度/（°）	土壤类型	土壤厚度/cm	海拔/m
农家肥	105°66′36.82″	25°67′54.38″	＜5	石灰土	50	557
绿肥	105°66′37.26″	25°67′47.58″	＜5	石灰土	45	555
生物有机肥	105°66′33.62″	25°67′50.83″	＜5	石灰土	40	555
凋落物覆盖	105°66′31.95″	25°67′51.70″	＜5	石灰土	50	554

采样时间为火龙果树盛果期后（2018 年 9 月），选择样地中作物长势良好的地块作为采样点，除去土体表面枯枝落叶，使用铁铲采集表层 0～20 cm 的土样，采用 S 形五点混合采样，每个点取 400 g 左右土样，每种类型取 2 kg 样品混匀，挑出根系及石砾，装入塑料密封袋带回实验室，自然风干、研磨，依次过 2 mm 和 0.15 mm 筛备用。

（2）指标选取与测定方法

选取反映土壤理化性质、供肥能力、养分状况等的 13 项指标，包括 pH、SOC、TN、TP、TK、速效氮（Available nitrogen，AN）、AP、AK、速效硼（Available boron，AB）、速效锌（Available zinc，AZn）、速效锰（Available manganese，AMn）、速效铁（Available iron，AFe）、速效铜（Available copper，ACu）。其中 pH 通过影响土壤有机质分解及元素的有效状况，从而对土壤肥力产生作用（邓欢等，2007）；SOC 是衡量土壤肥力高低的一个重要指标，其含量与土壤理化性状和保墒、保肥能力密切相关（张玉铭等，2011）；大量元素及微量元素与土壤结构、理化性状联系密切（温延臣，2016）。

pH 测定方法见第 4 章“4.2.1 研究方法”中第（2）部分，SOC、TN、AN、TP、AP、TK、AK 测定方法见第 4 章“4.1.1 研究方法”中第（2）部分；AB 采用沸水浸提-甲亚胺比色法提取；AZn、AMn、AFe、ACu 含量的测定采用二乙三胺五乙酸（DTPA）浸提法。

（3）数据处理

原始数据通过 Excel 2010 软件整理，采用 SPSS 20.0 软件对土壤肥力指标进行描述性统计分析，采用单因素方差分析（one-way ANOVA）对土壤肥力指标进行差异性检验，使用最小显著性差数（LSD）法进行多重比较，采用 Pearson 相关系数分析土壤肥力指标间的相关性，并采用主成分分析法（PCA）对土壤质量综合指数进行计算。利用 Origin 8.6 制图。

土壤质量综合指数（IFI）计算方式见第 4 章“4.2.1 研究方法”中第（4）部分。

7.2.2 不同养分管理方式对土壤肥力的影响

（1）土壤 pH

如图 7-3 所示，FM、AF、BOF、LC 四种养分管理方式的 pH 分别为 7.36、7.11、7.55、6.89，均呈显著差异。仅 LC 方式下的土壤 pH 低于 7，呈弱酸性。

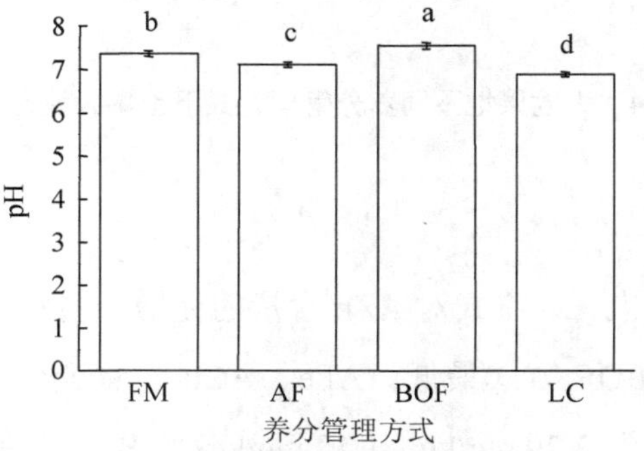

图 7-3 火龙果地不同养分管理方式下土壤 pH

注：FM 为施用农家肥；AF 为套种生物肥；BOF 为施用生物有机肥；LC 为凋落物覆盖。不同小写字母表示差异达显著水平（$P<0.05$）。下同。

（2）大量元素

如图 7-4 所示，在 4 种养分管理方式下，大量元素的变化规律不完全一致。SOC 含量以 LC 方式最高（29.80 g/kg）、BOF 方式最低（9.16 g/kg）；SOC、TN、AN、AP 含量在 4 种方式之间均呈现显著差异；LC 和 BOF 方式下 TP 的积累显著高于 FM 与 AF；FM 和 BOF 方式下 TK 的积累显著高于 AF 与 LC。总体看来，LC 方式下 SOC、AP 含量最高，FM 和 BOF 方式下 SOC、速效态养分含量均较低；AF 方式对 AN、AK 含量的积累促进作用最大，对 SOC、TN 含量提升效果较小。

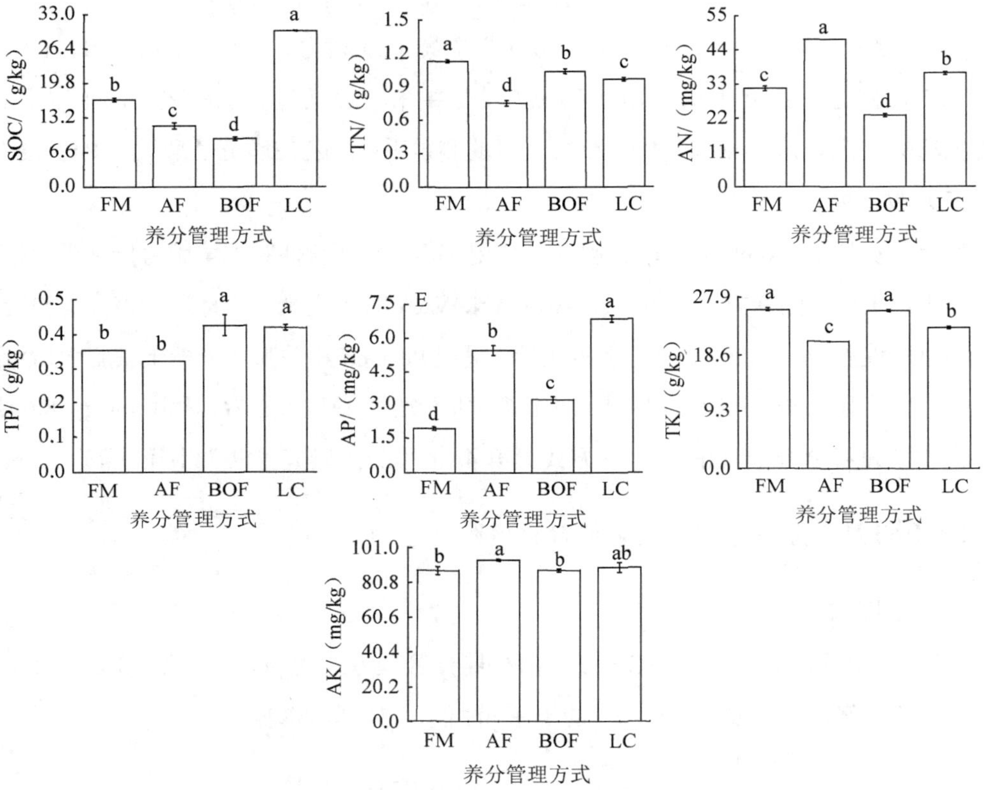

图 7-4　火龙果地不同养分管理方式下土壤大量元素含量

（3）微量元素

如图 7-5 所示，FM 与 LC 方式对 AZn 含量的促增作用大于 AF 与 BOF 方式；AMn 含量以 LC 方式最高、BOF 方式最低；AFe、ACu 含量变化趋势均表现为 AF＞LC＞BOF＞FM，最大值分别为 2.29 mg/kg、1.13 mg/kg；AB 含量在 BOF 方式下显著高于其他处理方式。总体看来，除 AB 方式以外，LC 方式对其他微量元素含量提升效果较好。

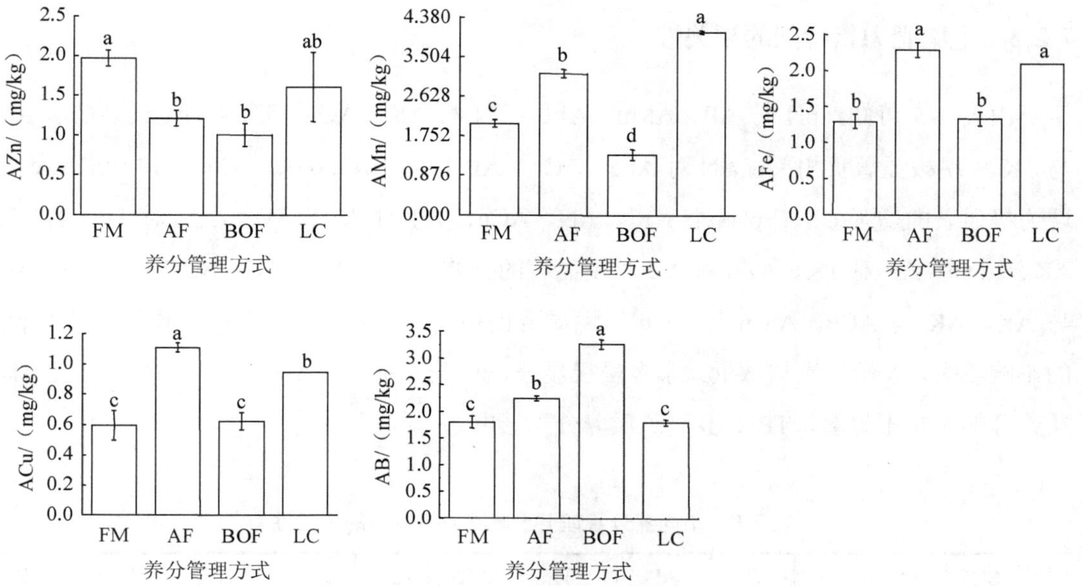

图 7-5 火龙果地不同养分管理方式下土壤微量元素含量

土壤理化性质的变化受诸多因子的影响，如土地利用方式、作物种类、成土母质、施肥结构与产量等（岳跃民等，2008；田有国等，2010；魏猛等，2017）。本研究发现不同养分管理方式的火龙果地在土壤养分含量上存在显著差异。LC方式对 SOC、TP、AP、AK 及多数微量元素的含量增效显著，表明凋落物覆盖对土壤养分含量的积累有正效应，原因可能是凋落物覆盖长期处于自然状态下，人为干扰少，养分输入量大于输出量，加之柚木凋落叶储量丰富，促进腐殖层积累，土壤生物及微生物活跃分解速率快，对土壤养分含量提高有较好的作用。AF 方式下 AN、AFe、ACu 含量较高，而 SOC、TN 含量较低，这与马其东等（1999）研究结果不一致，其主要原因可能是紫花苜蓿种植时间短，侧根发育不完全，根土互作效应不明显，固 N 能力弱，向土壤输送的养分较少（吴旭东等，2013）。FM 处理下 SOC、AN、AP 的含量提升效果不显著，这与 Melero 等（2006）、李江涛等（2011）结论不一致，表明喀斯特地区土壤养分受成土母质、地形地质、风化程度的影响（韩美荣等，2012），与他人研究存在差异（田小明等，2012；孙薇等，2013）。本研究中 BOF 方式对土壤理化性质的改善作用相对较低，原因可能是施用生物有机肥显著提高作物产量，土壤养分输出较多；加之生物有机肥种类较多，投入量及原料导致土壤养分含量存在差异。

7.2.3 土壤肥力指标间的相关性

由表 7-5 可知，pH 与 AP、AMn、AFe，TN 与 AK、ACu，TK 与 AFe、ACu，AN 与 TK 呈现极显著负相关；AN 对 AFe、ACu，AP 对 AMn、AFe、ACu，AMn 对 AFe 表现为极显著的增强效应；pH 对 SOC、AN、ACu，TN 对 AN、AFe，AN 对 TP，TK 对 AK、AMn，AP 对 TK，AZn 对 AB 呈现显著的抑制作用；pH 与 TK，SOC 与 AMn，AN 与 AK，AK 与 ACu，AMn 与 ACu 呈现显著正相关。总体来看，土壤速效养分受到 pH 的影响较大，大量元素与微量元素多呈极显著正相关关系，除 AMn 以外，SOC 对其他矿质养分的影响不显著，TP 对多数矿质养分无影响。

表 7-5 不同养分管理下土壤肥力指标间的相关性

因子	SOC	TN	AN	TP	AP	TK	AK	AZn	AMn	AFe	ACu	AB
pH	-0.746^{*}	0.542	-0.765^{*}	0.189	-0.850^{**}	0.758^{*}	−0.502	−0.251	-0.993^{**}	-0.881^{**}	-0.805^{*}	0.718^{*}
SOC		0.117	0.170	0.325	0.582	−0.150	−0.096	0.513	0.781^{*}	0.416	0.258	−0.703
TN			-0.823^{*}	0.466	−0.674	0.953^{**}	-0.866^{**}	0.486	−0.512	-0.823^{*}	-0.891^{**}	−0.001
AN				-0.714^{*}	0.586	-0.914^{**}	0.812^{*}	0.064	0.704	0.837^{**}	0.871^{**}	−0.536
TP					0.109	0.463	−0.580	−0.177	−0.084	−0.246	−0.346	0.364
AP						-0.788^{*}	0.500	−0.193	0.878^{**}	0.912^{**}	0.841^{**}	−0.256
TK							-0.833^{*}	0.256	-0.729^{*}	-0.940^{**}	-0.976^{**}	0.270
AK								−0.414	0.437	0.648	0.712^{*}	−0.121
AZn									0.231	−0.081	−0.170	-0.792^{*}
AMn										0.876^{**}	0.793^{*}	−0.683
AFe											0.979^{**}	−0.387
ACu												−0.318

注：**为极显著相关（$P<0.01$），*为显著相关（$P<0.05$）。下同。

7.2.4 不同养分管理的土壤肥力质量评价

（1）影响土壤肥力质量指标的主成分分析

将标准化数据进行主成分分析，得到因子载荷矩阵和各主成分的贡献率、特征值（表 7-6）。按照特征值大于 1 的原则抽取了 3 个主成分，其特征值分别为 7.81、3.03、1.77，对土壤肥力的贡献依次为 54.74%、24.20%、18.04%，累计贡献率达 96.98%，表明这 3 个主成分已提供了 96.98%的原始数据信息量，能够充分解释原始数据。第 1 主成分与 AP、AFe 和 ACu 显著相关，因子载荷系数均大于 0.940；第 2 主成分在 SOC、AZn 上的负载较大，说明其是 SOC、AZn 等的综合反应；第 3 主成分主要受 TP 含量支配，说明其在 P

含量上对火龙果地土壤养分的供给发挥重要作用。

表 7-6　因子载荷矩阵及主成分贡献率

因子	第 1 主成分	第 2 主成分	第 3 主成分
pH	−0.834	−0.546	0.004
SOC	0.387	0.755	0.498
TN	−0.854	0.309	0.407
AN	0.759	0.239	−0.603
TP	−0.129	−0.137	0.973
AP	0.952	0.106	0.265
TK	−0.931	0.029	0.355
AK	0.710	−0.215	−0.543
AZn	−0.289	0.928	−0.091
AMn	0.839	0.532	0.100
AFe	0.964	0.163	−0.103
ACu	0.946	0.055	−0.228
AB	−0.204	−0.935	0.218
特征值	7.809	3.032	1.766
贡献率/%	54.735	24.203	18.042
累计贡献率/%	54.735	78.938	96.980

（2）不同养分管理的土壤肥力综合质量指数

将主成分分析得到的各主成分特征向量（表 7-7）与标准化数据加权，得出不同养分管理方式各主成分因子得分，进一步将主成分因子得分与方差贡献率加权得到土壤质量综合指数（表 7-8）。土壤质量综合指数能直观地表征土壤肥力质量（王博文等，2006）。从表 7-8 可以看出，不同养分管理方式的土壤质量综合指数不同，从大到小为 LC（1.793）、AF（0.949）、FM（−0.995）、BOF（−1.747），表明火龙果地不同养分管理方式下 LC 方式的土壤肥力质量较好，AF、FM 方式次之，BOF 方式对土壤养分的积累效应最低。

表 7-7　土壤肥力指标主成分特征向量

因子	第 1 主成分	第 2 主成分	第 3 主成分
pH	−0.299	−0.313	0.003
SOC	0.138	0.434	0.375
TN	−0.306	0.177	0.307
AN	0.272	0.137	−0.454
TP	−0.046	−0.079	0.732

因子	第 1 主成分	第 2 主成分	第 3 主成分
AP	0.341	0.061	0.200
TK	−0.333	0.017	0.267
AK	0.254	−0.123	−0.409
AZn	−0.103	0.533	−0.069
AMn	0.300	0.305	0.075
AFe	0.345	0.094	−0.078
ACu	0.339	0.032	−0.172
AB	−0.086	−0.537	0.164

表 7-8　不同养分管理方式的因子得分及土壤质量综合指数

养分管理方式	因子得分			土壤质量综合指数
	第 1 主成分	第 2 主成分	第 3 主成分	
农家肥	−2.278	0.794	0.328	−0.995
绿肥	2.888	−0.214	−3.213	0.949
生物有机肥	−2.604	−2.726	1.877	−1.747
凋落物覆盖	1.994	2.146	1.008	1.793

刘世梁等（2006）提出 pH、SOC、TN、TP、TK、AP、AK 的高低是各指标相互影响的结果，且存在较大相关性，从众多指标中筛选出具有代表性、独立性、主导性的因子是定量、准确评价土壤质量的关键。本研究 AN、AP、AFe、ACu、AMn 之间均呈极显著的正相关，说明这些指标变化一致，可以相互代表作为评价土壤肥力高低的指标。目前，有关土壤 pH 与养分指标含量间相关性的报道不一。祖超等（2012）研究土壤 pH 与其他养分肥力指标的相关性时发现，土壤 pH 与 AK、AMn 含量有显著正相关关系，与 SOC、AN、AP 含量相关性不显著；戴万宏等（2009）研究中国地带性 SOC 含量与 pH 的关系，表明表层 SOC 含量随 pH 的升高而显著降低；甲卡拉铁等（2011）研究了土壤 pH 与速效养分的相关性，发现土壤 pH 与 SOC、AN、AK、ACu、AZn、AFe、AMn 呈极显著负相关，与 AP、AB 的相关性不显著。本研究结果显示，土壤 pH 与 SOC、AN、ACu、AB 之间呈显著负相关关系，与 AP、AMn、AFe 呈极显著负相关关系，表明 pH 对调节火龙果地土壤养分平衡具有重要作用。朱超等（2014）研究了土壤微量元素的分布特征，得出 Fe 与 N 表现出极显著负相关，与 SOC 呈显著负相关，Zn 与 Mn、N 表现出极显著正相关；江叶枫等（2018）通过分析土壤速效态微量元素含量空间变异特征得出，局部范围内 SOC 增加对微量元素的增加具有促进作用，但大幅度提高 SOC 含量可能对微量元素有一定的负作用。与之研究结果不同，本研究显示不同养分管理方式下 SOC

与 AMn 间呈显著正相关关系；AN 与 AFe、ACu，AP 与 AMn、AFe、ACu 间呈极显著正相关关系，说明土壤大量元素与微量元素之间多具有协同促进作用。

7.2.5　火龙果地养分管理对策

养分管理对土壤各肥力指标有不同的促增作用，对土壤肥力质量影响显著（马宁宁等，2010；温延臣等，2015）。本节结果表明，火龙果地不同养分管理方式下各指标含量存在差异，土壤肥力综合质量指数呈现高低不同的状态，应采取相应的培肥措施，增加土壤养分含量，保持土壤养分平衡。Mikkelsen（2011）研究“4R”养分管理框架（即正确的来源、比例、时间、地点）得出，适宜的施肥量是果树优化养分管理的重要决策，是获得环境生态效应的有效措施，根据养分带走量预测施肥量具有一定的科学依据（刘秀春，2015）。凋落物覆盖因火龙果采收而带走的土壤养分含量约为：Ca 1.248 kg/hm^2、Mg 3.264 kg/hm^2、K 25.38 kg/hm^2、蛋白质（Protein，PR）140.4 kg/hm^2，而施用生物有机肥为：Ca 2.6 kg/hm^2、Mg 6.8 kg/hm^2、K 52.87 kg/hm^2、PR 292.5 kg/hm^2。相比较而言，施用生物有机肥后，土壤养分含量向植株转运量较高，故土壤质量指数最低。结合土壤肥力和作物生长养分需求，可通过增加生物有机肥施用量及频次来改善土壤养分供应状况。下一步研究中，可深入探讨凋落物与其他肥料混合使用对养分积累的影响效应，并调控光照、温度、湿度等生态因子，以创造更为适宜的栽培环境。套种紫花苜蓿时，其土壤质量主要受 SOC、TN、TK 等肥力指标影响，可适当增加种植年限或者施用有机肥，以培肥土壤。

7.3　小结

研究选择干热河谷火龙果地不同耕作方式、不同养分管理方式的土壤为研究对象，阐明土壤矿质养分变化特征，分析元素间的相关关系，探讨不同利用方式下的土壤肥力质量。

结果表明 5 种耕作方式中，施有机肥的矿质元素补给最为丰富，施用化肥与农药次之，地膜覆盖居中，套种紫花苜蓿最次；与无措施相比，其他耕作方式的 Ca、Si、Mn 等含量均不同程度增加，Fe、Mg、Al 等含量降低，Na 含量无显著差异。在火龙果栽培时，应向土壤添加 Fe、Mg、Al、Na 等矿质元素，促进其生长发育，提高产量和品质。矿质元素之间表现出一定程度的相关性，存在增强或抑制效应，尤以 Al、Si、S、Ni 元素与其他元素之间的关系较密切。

不同养分管理方式的土壤理化性质变化规律各异，在凋落物覆盖方式下 pH 低于 7，呈弱酸性；其余养分管理方式下 pH 均呈弱碱性。凋落物覆盖对 SOC、AP、AMn、AFe 等土壤养分增效显著，套种绿肥对 SOC、TN、TK 增效作用较弱，FM 以及 BOF 方式下 SOC 及多数速效态元素含量相对较低，土壤速效养分受到 pH 的影响较大，大量元素与微量元素多呈极显著正相关。不同养分管理方式的土壤质量综合指数表现为凋落物覆盖（1.793）＞套种绿肥（0.949）＞施用农家肥（–0.995）＞施用生物有机肥（–1.747），凋落物覆盖为土壤养分积累较为适宜的管理方式，施用生物有机肥对土壤养分的积累效应最低，但其对提高作物产量具有较好的作用。

参考文献

[1] 曹永庆，姚小华，任华东，等，2015. 油茶果实成熟过程中内源激素和矿质元素含量的变化特征[J]. 北京林业大学学报，37（11）：76-81.

[2] 常磊，韩凡香，柴雨葳，等，2018. 秸秆带状覆盖对半干旱雨养区冬小麦田地温和产量的影响[J]. 应用生态学报，29（9）：2949-2958.

[3] 陈春宏，张耀栋，张春兰，等，1992. 铁、锰相互作用及其对植物生理生化的影响[J]. 土壤肥料，（6）：9-12.

[4] 陈欢，曹承富，张存岭，等，2014. 基于主成分-聚类分析评价长期施肥对砂姜黑土肥力的影响[J]. 土壤学报，51（3）：609-617.

[5] 陈晓芬，李忠佩，刘明，等，2015. 长期施肥处理对红壤水稻土微生物群落结构和功能多样性的影响[J]. 生态学杂志，34（7）：1815-1822.

[6] 戴万宏，黄耀，武丽，等，2009. 中国地带性土壤有机质含量与酸碱度的关系[J]. 土壤学报，46（5）：851-860.

[7] 邓欢，张斌，王会利，等，2007. 侵蚀红壤区不同人工植被恢复下的土壤肥力比较[J]. 中国农业科技导报，9（3）：79-85.

[8] 邓妍，高志强，孙敏，等，2014. 夏闲期深翻覆盖对旱地麦田土壤水分及产量的影响[J]. 应用生态学报，25（1）：132-138.

[9] 伏兵哲，高雪芹，蔡伟，等，2018. 宁夏引黄灌区种植不同苜蓿品种对土壤速效养分的影响[J]. 中国草地学报，40（2）：20-26.

[10] 付威，樊军，胡雨彤，等，2017. 施肥和地膜覆盖对黄土旱塬土壤理化性质和冬小麦产量的影响[J]. 植物营养与肥料学报，23（5）：1158-1167.

[11] 高明，车福才，魏朝富，等，2000. 长期施用有机肥对紫色水稻土铁锰铜锌形态的影响[J]. 植物营养与肥料学报，6（1）：11-17.

[12] 韩美荣，宋同清，彭晚霞，等，2012. 喀斯特峰丛洼地土壤矿物质的组成特征与作用[J]. 应用生态学报，23（3）：685-693.

[13] 化党领，介晓磊，张一平，等，2005. 有机肥对石灰性土壤肥力属性的长期影响[J]. 生态学杂志，

24（9）：1053-1057.

[14] 黄东风，王利民，李卫华，等，2014．培肥措施培肥土壤的效果与机理研究进展[J]．中国生态农业学报，2014，22（2）：127-136.

[15] 黄霄，姚丹，陆爱华，等，2018．江苏不同产地‘白玉’枇杷果实品质与果实和土壤中矿质元素含量的相关性分析[J]．植物资源与环境学报，27（2）：85-92.

[16] 黄艳芳，秦媛媛，阮晓静，等，2017．广西火龙果产业发展现状及可持续发展对策研究[J]．热带农业科学，37（6）：97-105.

[17] 霍颖，张杰，王美超，等，2011．梨园行间种草对土壤有机质和矿质元素变化及相互关系的影响[J]．中国农业科学，44（7）：1415-1424.

[18] 甲卡拉铁，李桂珍，尧美英，等，2011．攀西杧果园土壤 pH 值与有效养分的相关性研究[J]．中国南方果树，40（4）：8-12.

[19] 江肖洁，耿春女，韩建秋，等，2016．增温对长白山苔原植物叶片和土壤矿质元素含量的影响[J]．生态学报，36（7）：1928-1935.

[20] 江叶枫，钟珊，饶磊，等，2018．江西省耕地土壤有效态微量元素含量空间变异特征及其影响因素[J]．长江流域资源与环境，27（5）：1159-1169.

[21] 李江涛，钟晓兰，赵其国，2011．畜禽粪便施用对稻麦轮作土壤质量的影响[J]．生态学报，31（10）：2837-2845.

[22] 李艳梅，陈奇伯，梁茂，等，2016．干热河谷水电建设干扰对表土层土壤养分及微生物的影响[J]．水土保持学报，30（1）：147-152.

[23] 李艳琼，邓湘雯，易昌晏，等，2016．湘西南喀斯特地区灌丛生态系统植物和土壤养分特征[J]．应用生态学报，27（4）：1015-1023.

[24] 李玉洁，王慧，赵建宁，等，2015．耕作方式对农田土壤理化因子和生物学特性的影响[J]．应用生态学报，26（3）：939-948.

[25] 刘赫，李双异，汪景宽，2009．长期施用有机肥对棕壤中主要重金属积累的影响[J]．生态环境学报，18（6）：2177-2182.

[26] 刘群龙，郝燕燕，郝国伟，等，2015．叶面喷硒对梨果实矿质元素积累和贮藏特性的影响[J]．植物生理学报，51（5）：655-660.

[27] 刘世梁，傅伯杰，刘国华，等，2006．我国土壤质量及其评价研究的进展[J]．土壤通报，37（1）：137-143.

[28] 刘秀春，2015．南果梨养分吸收积累分配特征与施肥调控研究[D]．北京：中国农业大学，14-29.

[29] 刘彦伶，李渝，张雅蓉，等，2017．长期氮磷钾肥配施对贵州黄壤玉米产量和土壤养分可持续性的影响[J]．应用生态学报，28（11）：3581-3588.

[30] 刘艳，宋同清，蔡德所，等，2014．喀斯特峰丛洼地不同土地利用方式土壤肥力特征[J]．应用生态学报，25（6）：1561-1568.

[31] 刘中良，宇万太，周桦，等，2011．不同有机厩肥输入量对土壤团聚体有机碳组分的影响[J]．土壤学报，48（6）：1149-1157.

[32] 马宁宁，李天来，武春成，等，2010．长期施肥对设施菜田土壤酶活性及土壤理化性状的影响[J]．应用生态学报，21（7）：1766-1771.

[33] 马其东，高振生，洪绂曾，等，1999．黄河三角洲地区苜蓿生态适应性研究[J]．草地学报，7（1）：28-38.
[34] 麦克拉伦 A D，1984．土壤生物化学[M]．闵九康，译．北京：农业出版社.
[35] 毛红玲，李军，贾志宽，等，2010．旱作麦田保护性耕作蓄水保墒和增产增收效应[J]．农业工程学报，26（8）：44-51.
[36] 毛庆功，鲁显楷，陈浩，等，2015．陆地生态系统植物多样性对矿质元素输入的响应[J]．生态学报，35（17）：5884-5897.
[37] 梅再美，2017．试论喀斯特石漠化产业的构建：以贵州省为例[J]．贵州师范大学学报（自然科学版）. 35（6）：1-8.
[38] 潘海发，徐义流，张怡，等，2011．硼对砀山酥梨营养生长和果实品质的影响[J]．植物营养与肥料学报，17（4）：1024-1029.
[39] 秦红灵，高旺盛，马月存，等，2007．免耕对农牧交错带农田休闲期土壤风蚀及其相关土壤理化性状的影响[J]．生态学报，27（9）：3778-3784.
[40] 任天祥，牟绪赞，张华，等，2006．DZ/T 0167—2006 区域地球化学勘查规范[S]．北京：中国标准出版社.
[41] 宋少华，刘勤，李曼，等，2016．甜柿果实矿质元素与品质指标的相关性及通径分析[J]．果树学报，33（2）：202-209.
[42] 孙萌，刘洋，李保国，等，2017．核桃园行内地面覆盖的土壤微域生态效应[J]．生态学报，37（13）：4434-4443.
[43] 孙薇，钱勋，付青霞，等，2013．生物有机肥对秦巴山区核桃园土壤微生物群落和酶活性的影响[J]．植物营养与肥料学报，19（5）：1224-1233.
[44] 田小明，李俊华，危常州，等．2012．连续 3 年施用生物有机肥对土壤有机质组分、棉花养分吸收及产量的影响[J]．植物营养与肥料学报，18（5）：1111-1118.
[45] 田有国，张淑香，刘景，等，2010．褐土耕地肥力质量与作物产量的变化及影响因素分析[J]．植物营养与肥料学报，16（1）：105-111.
[46] 王彬，郑伟，蔡永强，2015．火龙果果实发育期间营养元素含量的变化[J]．热带作物学报，36（7）：1242-1246.
[47] 王博文，陈立新，2006．土壤质量评价方法述评[J]．中国水土保持科学，4（2）：120-126.
[48] 王飞，林诚，李清华，等，2012．长期不同施肥对南方黄泥田水稻子粒与土壤锌、硼、铜、铁、锰含量的影响[J]．植物营养与肥料学报，18（5）：1056-1063.
[49] 魏彬萌，王益权，石宗琳，等，2015．渭北苹果园土壤钙素退化状态[J]．中国农业科学，48（11）：2199-2207.
[50] 魏猛，张爱君，诸葛玉平，等，2017．长期不同施肥对黄潮土区冬小麦产量及土壤养分的影响[J]．植物营养与肥料学报，23（2）：304-312.
[51] 温延臣，李燕青，袁亮，等，2015．长期不同施肥制度土壤肥力特征综合评价方法[J]．农业工程学报，31（7）：91-99.
[52] 温延臣，张曰东，袁亮，等，2018．商品有机肥替代化肥对作物产量和土壤肥力的影响[J]．中国农业科学，51（11）：2136-2142.

[53] 温延臣，2016．不同施肥制度潮土养分库容特征及环境效应[D]．北京：中国农业科学院．

[54] 吴旭东，张晓娟，谢应忠，等，2013．不同种植年限紫花苜蓿人工草地土壤有机碳及土壤酶活性垂直分布特征[J]．草业学报，22（1）：245-251．

[55] 奚小环，任天祥，陈国光，等，2014．DZ/T 0258—2014 多目标区域地球化学调查规范（1∶250 000）[S]．北京：中国标准出版社．

[56] 徐慧，陈欣欣，王永章，等，2014．'富士'苹果果实矿质元素与品质指标的相关性与通径分析[J]．中国农学通报，30（25）：116-121．

[57] 许进龙，黎谚桦，余海芯，等，2015．广西亚热带喀斯特岩溶石山区农业可持续发展道路探析——以平果县火龙果产业为例[J]．热带农业科学，35（8）：103-108．

[58] 闫帮国，何光熊，史亮涛，等，2016．元谋干热河谷燥红土和变性土上植物叶片的元素含量及其重吸收效率[J]．应用生态学报，27（4）：1039-1045．

[59] 杨道富，林旗华，谢鸿根，等，2012．盐碱环境下火龙果生长过程中果实主要营养元素含量变化[J]．热带作物学报，33（11）：1954-1959．

[60] 杨霖，杨程，朱同彬，等，2017．岩溶区原始林土壤微量元素含量与有效特征[J]．中国岩溶，37（1）：59-66．

[61] 杨万勤，邓仁菊，张健，2007．森林凋落物分解及其对全球气候变化的响应[J]．应用生态学报，18（12）：2889-2895．

[62] 杨玉海，蒋平安，艾尔肯，等，2005．种植苜蓿对土壤肥力的影响[J]．干旱区地理，28（2）：248-251．

[63] 喻阳华，秦仕忆，钟欣平，2018．喀斯特干热河谷花椒林母岩化学组成与元素含量随海拔的分异[J]．贵州师范大学学报（自然科学版），36（2）：9-14．

[64] 岳学文，潘志贤，史亮涛，等，2016．金沙江干热河谷典型灌木群落的土壤养分特征[J]．西南农业学报，29（11）：2665-2668．

[65] 岳跃民，王克林，张伟，等，2008．基于典范对应分析的喀斯特峰丛洼地土壤-环境关系研究[J]．环境科学，29（5）：1400-1405．

[66] 张伟东，汪思龙，颜绍馗，等，2009．杉木根系和凋落物对土壤微生物学性质的影响[J]．应用生态学报，20（10）：2345-2350．

[67] 张玉铭，胡春胜，毛任钊，等，2011．华北山前平原农田土壤肥力演变与养分管理对策[J]．中国生态农业学报，19（5）：1143-1150．

[68] 钟欣平，喻阳华，杨丹丽，等，2019．干热河谷石漠化区火龙果地不同耕作方式的土壤矿质元素特征[J]．广西植物，39（8）：1050-1058．

[69] 周鑫斌，石孝均，孙彭寿，等，2010．三峡重庆库区柑橘园土壤养分丰缺状况研究[J]．植物营养与肥料学报，16（4）：817-823．

[70] 朱超，戴全厚，王玲玲，2014．贵州草海湿地典型集水区土壤微量元素分布特征研究[J]．农业现代化研究，35（3）：362-366．

[71] 朱先进，马强，周桦，等，2010．不同施肥处理对农田生态系统微量元素收支及循环率的影响[J]．生态学杂志，29（3）：491-497．

[72] 祖超，邬华松，谭乐和，等．2012．海南胡椒优势区土壤 pH 值与养分肥力指标的相关性分析[J]．热带作物学报，33（7）：1174-1179．

[73] Awe G O，Reichert J M，Wendroth O O，2015. Temporal variability and covariance structures of soil temperature in a sugarcane field under different management practices in Southern Brazil[J]. Soil and Tillage Research，150：93-106.

[74] Brennan E B，Boyd N S，Smith R F，et al.，2011. Comparison of rye and legume-rye cover crop mixtures for vegetable production in California[J]. Agronomy Journal，103（2）：449-463.

[75] Camara K M，Payne W A，Rasmussen P E，2003. Long-term effects of tillage，nitrogen，and rainfall on winter wheat yields in the Pacific Northwest[J]. Agronomy Journal，95（4）：828-835.

[76] Huang S，Rui W Y，Peng X X，et al.，2010. Organic carbon fractions affected by long-term fertilization in a subtropical paddy soil[J]. Nutrient Cycling in Agroecosystems，86（1）：153-160.

[77] Jin Z Z，Lei J Q，Xu X W，2008. Evaluation of soil fertility of the shelter-forest land along the Tarim Desert Highway[J]. Chinese Science Bulletin，53（2）：125-136.

[78] Liu X L，Jia L L，Han B W，et al.，2011. Effects of different nutrient management systems and cultivation methods on crop yield and soil fertility[J]. Agricultural Science and Technology，12（11）：1674-1679.

[79] Lyman，1982. The cacti of the United States and Canada[M]. Stanford：Stanford University Press.

[80] Melero S，Porras J C R，Herencia J F，et al.，2006. Chemical and biochemical properties in a silty loam soil under conventional and organic management[J]. Soil and Tillage Research，90（1-2）：162-170.

[81] Mikkelsen R L，2011. The “4R” nutrientste wardship framework for horticulture[J]. Horttechnology，21（6）：658-662.

[82] Tenore G C，Novellino E，Basile A，2012. Nutraceutical potential and antioxidant benefits of red pitaya（*Hylocereus polyrhizus*）extracts[J]. Journal of Functional Foods，4（1）：129-136.

[83] Xiong Z T，Liu C，Geng B，2006. Phytotoxic effects of copper on nitrogen metabolism and plant growth in *Brassica pekinensis* Rupr[J]. Ecotoxicology and Environmental Safety，64（3）：273-280.

第 8 章　火龙果套种与修枝技术

火龙果对光照、热量的要求较高，通常在海拔 650 m 以下的温暖湿润、光线充足环境下迅速生长，水分充足时根系保持旺盛生长状态；不耐水淹，土壤水分含量过高时应及时排水。火龙果的茎缠绕在岩石或柱体上即可生长，植株抗风力强。火龙果生长的最适温度为 25～30℃，尤以腐殖质多、保水保肥的中性土壤和弱酸性土壤为宜。火龙果通常在每年 6—11 月挂果，可采摘 4～6 茬。近年来，由于地膜、化肥、农药、植物生长调节剂等的大量使用，造成土壤板结，有机质含量下降，土壤保水保肥能力减弱，作物产量和品质降低，肥料流失的同时又加剧了环境污染。大力发展推广火龙果地套种技术，对改良土壤结构、提高土壤肥力、实现火龙果产量和品质提升具有重要意义。本章重点介绍了火龙果地的几个套种技术与火龙果修枝技术，旨在提高火龙果品质，实现生态产业可持续经营。

8.1　火龙果栽培地套种紫花苜蓿

8.1.1　研究背景

火龙果，又称红龙果、龙珠果、仙蜜果，因其外表肉质鳞片似蛟龙外鳞而得名，属仙人掌科三角柱属植物，为热带、南亚热带水果，是多年生攀缘性植物。果实呈椭圆形，直径 10～12 cm，外观多为红色，表层还有绿色圆角三角形的叶状体，果肉有白色、黄色和红色之分。果实营养丰富，富含蛋白质、花青素、碳水化合物、粗纤维、多种维生素和矿物质等成分，营养价值较高，具有高纤维、低脂肪、低热量等特点。火龙果对生长发育的条件要求不高，高温耐旱好气，适应性和抗逆性较强，昼夜温差越大、光照越足越有利于植株生长发育和开花结果。

火龙果定植的株行距约为 3 m×3 m，选择高度 2～2.5 m 的水泥方桩立柱建架，火龙果苗种植在柱子的 4 个方向，每柱种 4 苗。火龙果盛花挂果期主要在 6—11 月，其余时间土地处于闲置状态，土壤无覆盖，自然含水率较低，不利于充分挖掘土地的生产潜力，开展火龙果栽培地套种是提高土地利用效能的重要手段。

紫花苜蓿属多年生豆科牧草，是世界上栽培利用最广的牧草，因其适应性较强、栽培区域广泛、产草量高、营养价值高，被称为“牧草皇后”。紫花苜蓿起源于伊朗，已广泛分布于世界各地的温带、亚热带气候区，在我国西北、东北、华北、西南等地区已有大面积种植，推广种植已取得成功。紫花苜蓿的适应性较强，喜温暖半干旱气候，生长的最适温度为 15～25℃，保证发育的温度为 10～30℃，适宜的土壤 pH 为 6.5～8.0，生长需水量较大又最忌积水，若连续淹水 1～2 天即可能发生大面积死亡现象。紫花苜蓿可制作草粉、草捆、草颗粒等草产品，用于饲喂家畜。

在火龙果地覆盖牧草，可以为天敌提供栖息场所，丰富生物多样性水平。通过草本植物的覆盖作用，可以降低水土流失和土壤水分蒸发散失，有利于蓄存干热地区的土壤水，起到保温保湿的作用，动态调节气态水和液态水的数量与比例，进而提高火龙果产量，实现果农增产增收。

目前未见火龙果栽培地套种紫花苜蓿方法的文献或报道，这不利于提高火龙果栽培地的利用效率。因此，本节着重介绍火龙果栽培地套种紫花苜蓿的方法，旨在构建稳定的人工生态系统。

8.1.2 技术体系

本技术的目的是提供一种火龙果栽培地套种紫花苜蓿的方法，以实现果草双丰收，推动山区生态畜牧业发展，实现精准扶贫和产业脱贫。本技术方案主要是在火龙果母株周围分四穴点播紫花苜蓿种子，并通过调控火龙果和紫花苜蓿的种间关系，构建结构完善、功能稳定的复合生态系统。

具体包括如下步骤：

①种子来源：选用市售的三得利紫花苜蓿品种，种子经过专业处理，有包被物，目的是提高种子的发芽率。

②紫花苜蓿适宜播种时间：每年 4—6 月的雨后，土壤含水量较低时不宜进行播种，否则会影响种子的发芽情况。

③紫花苜蓿的种植方法：在距火龙果母株 40～50 cm 的周围分四穴点播紫花苜蓿种子，播种深度为 2～3 cm，以浅埋为主。

④水肥施用方法：播种时浇足水分，后期根据土壤自然含水率补足水分。由于紫花

苜蓿为固氮植物，应适当补充磷肥以促进氮磷生态化学计量平衡，可以选择磷肥或磷矿渣。

⑤紫花苜蓿的采收管理：紫花苜蓿长至 40～60 cm 高时及时进行采收，留桩 5 cm 左右，利于下一茬生长；紫花苜蓿应勤割勤收，以提高总产量；6—10 月火龙果成熟采收期应人工控制紫花苜蓿的高生长。

⑥杂草清理：及时人工清除杂草，防止杂草对水分和养分的竞争，便于火龙果进行品质积累。

本技术具有以下有益效果：①火龙果栽培地套种紫花苜蓿的方法操作方便、容易实施，可供果农学习和借鉴。②紫花苜蓿是固氮植物，在火龙果栽培地套种紫花苜蓿，可以达到培肥地力、改良土壤、实现养分平衡的目的。③火龙果与紫花苜蓿套种，可以充分挖掘空间潜力，增强对光照、热量、气态水等资源的利用能力，提高土地生产力，还有利于火龙果气生根生长，提高火龙果的产量。④实施本技术时，可通过刈割紫花苜蓿来人为调控生长周期和速率，不会影响火龙果盛花期对光照的捕获与利用，且火龙果与紫花苜蓿的生长习性使其形成不同的资源位。综上可知，该技术具有良好的生态效益和经济效益，可以进行推广、应用。

8.1.3　技术应用

本书通过具体的实施案例，进一步对技术环节进行详细说明，辅助读者加强对该技术的理解和运用，提高技术使用的成效。

（1）实施例 1

①种子来源：选取市售的三得利紫花苜蓿品种，种子经过专业处理，有包被物，直接用于播种。

②紫花苜蓿的播种时间：5 月的雨后，此时土壤较为湿润。

③紫花苜蓿的种植方法：在距火龙果母株 40 cm 的周围分四穴点播紫花苜蓿种子，播种深度为 2～3 cm，播种后覆盖原土。

④水肥施用方法：播种时浇足水分，生长期土壤自然含水率低于 30%～40%时及时补足水分。后期追施牛粪于火龙果母株附近，肥效具有环状辐射效应。

⑤紫花苜蓿的采收：紫花苜蓿长至 40～60 cm 高时进行刈割，留桩 5 cm 左右，以待下一茬生长。5 月下旬至 6 月上旬，火龙果进入盛花挂果期，应人为控制紫花苜蓿生长。

⑥杂草清理：及时人工清除杂草，防止杂草对水分和养分的竞争。全过程均不使用除草剂，避免造成土壤污染和农产品质量下降。

（2）实施例 2

①种子来源：采用市售的三得利紫花苜蓿品种，种子经过专业处理，有包被物，直接用于播种。

②紫花苜蓿的播种时间：4 月的雨后，此时土壤较为湿润，土壤含水量在 35%以上。所实施的区域气候较为干热，雨后种植有利于种子发芽。

③紫花苜蓿的种植方法：在距火龙果母株 45 cm 的周围分四穴点播紫花苜蓿种子，播种深度为 2～3 cm，播种后覆盖原土。

④水肥施用方法：播种时浇足水分，生长期土壤自然含水率低于 30%～40%时及时补足水分，火龙果的滴灌系统可以解决紫花苜蓿的部分水分需求。后期追施牛粪于火龙果母株周围，同样可使紫花苜蓿吸收到养分。

⑤紫花苜蓿的采收：紫花苜蓿长至 40～60 cm 高时进行刈割，留桩约 5 cm，以待下一茬生长。5 月下旬至 6 月上旬，火龙果进入盛花挂果期，应人为控制紫花苜蓿生长，防止与火龙果形成养分、光照等竞争。

⑥杂草清理：及时人工清除杂草，消除的杂草既可以饲喂家畜或制作肥料，降低土壤承载力负荷，又可以防止其对水分和养分的竞争。

实施例 1 和实施例 2 是按照本技术方法在火龙果栽培地套种紫花苜蓿，播种后 30 天紫花苜蓿高度为 20～30 cm，45～60 天即可收割，年亩产量 5 000～6 000 kg，市价达到 0.8～1.0 元/kg，生态效益、经济效益较为可观，激发了农民的积极性，有力地推进了山区精准扶贫和产业脱贫。通过本技术的运用，促进了实验示范区生态畜牧业的发展，推动了生态循环农业的实施。

8.2 火龙果栽培地套种饲用豌豆

8.2.1 研究背景

火龙果栽培地存在的主要问题有：一是土壤裸露面积较大，导致水分蒸发迅速，尤其是旱季土壤缺水严重，造成土壤板结，降低了土壤质量性状，限制其功能的发挥；二是土壤无覆盖，未能给土壤动物提供栖息场所，影响土壤动物活动，造成土壤结构紧实，进而限制了根系对养分的吸收和运输；三是生态系统单一，降低了养分的循环速率，进而对火龙果产量和品质产生一定的影响。因此，采取具有科学性、生态性和系统性的措施对火龙果地进行覆盖，能够获得较好的生态效益和经济效益。

豌豆是长日照植物，具有豆科植物典型的直根系和根瘤菌，根系发达，有固氮功能，可使火龙果地土壤疏松，改善土壤团粒结构，达到培肥改土的目的。豌豆可以食用或饲用，适时采收将具有较高的品质和产量。火龙果地冬季裸露无覆盖，水分蒸发较快，种植豌豆可以达到保墒的目的；同时可以解决冬季青饲料短缺的问题，使畜禽养殖饲料搭配更加合理，营养结构更加优化。

目前尚未见到火龙果地套种饲用豌豆方法的公开报道。因此，本节对火龙果栽培地套种豌豆的技术进行详细说明，在收获优质果品的同时，促进优质饲料的生产，提升土地生产力水平。

8.2.2　技术体系

本技术的目的是提供一种火龙果栽培地套种饲用豌豆的方法，以实现果草双丰收，推动山区生态养殖的饲料结构优化，实现饲料的合理搭配，推动生态畜牧业发展。技术方案主要是在火龙果母株周围穴播饱满的豌豆种子。具体包括如下实施步骤。

①整地。清除杂草和砾石、平整土地，修剪火龙果的病腐枝条，为豌豆生长创造适宜的空间。整地是较为常规的技术，主要目的是便于豌豆下种。

②植穴。在距离火龙果母株 50～60 cm 的周围，按照 30～40 cm 的间距植深度、直径均为 10～15 cm 的播种穴。

③底肥。每穴施用 0.4～0.6 kg 充分发酵、腐熟并晒干的猪粪作底肥，翻动土壤与猪粪充分混合均匀，以增加根系的吸收面积。同时可以采用牛粪等其他畜禽粪便替代猪粪，但在实际使用时要调整用量和比例。

④播种。待雨后土壤湿润时，每穴播种 2～3 粒饱满的种子，同一穴内每粒种子间隔 1～3 cm，以提高种子萌发率。播种时间为 10—12 月，生长期应避开火龙果挂果、采摘期。

⑤去除杂草。豌豆生长初期应及时采取人工方法去除杂草，将除草、松土等过程有机结合起来。应控制农药使用量，以免其对豌豆种子萌发和土壤生物产生不利影响，同时防止土壤板结，抑制土壤通气状况。

⑥水分管理。豌豆萌芽后，应根据天气状况和土壤水分状况及时补足水分，土壤含水量在 30%～40%为宜，以防止幼苗萎蔫死亡。同时，也要防止栽培地长期淹水，影响根系呼吸作用，进而影响生理活动和产量。

⑦豌豆高度达 50～60 cm 时，整株收获用作畜禽养殖饲料。应防止豌豆徒长与火龙果植株竞争生态资源。

本技术能够实现生态位在空间上的交叉和分离，提高资源利用效率。本技术还具有以下有益效果：

①火龙果地套种豌豆可以实现土地的高效利用。火龙果挂果时间通常为 6—11 月，豌豆生长期通常为 11 月至次年 2 月，时间上并未完全重叠，资源利用上存在生态位分离，不影响火龙果挂果和果实发育。

②实现火龙果地土壤改良。套种措施较好地实现了土壤固氮和保墒，并为土壤动物提供了栖息场所，增加了土壤动物的活动范围，达到了改良土壤的目的，减缓了土壤水分蒸发速率，实现了火龙果地冬春季节蓄水。

③改善了饲料营养结构。通常夏秋季青饲料过剩而冬春季青饲料偏少，造成饲料营养结构失衡，火龙果地套种豌豆较好地解决了冬春季牧草搭配问题，为冬季提供了丰富的鲜料，优化了饲料结构。

④增加收益。火龙果栽培地套种饲用豌豆可以提高土地收益和养殖收入，助推山区百姓脱贫致富奔小康。

8.2.3 技术应用

实施例：

①整地：清除杂草和砾石、平整土地，修剪火龙果的病腐枝条和残存枝条，提高下层采光率。实施例的面积为 1 hm^2。

②植穴：在距离火龙果母株 60 cm 的周围，按照 30 cm 的间距植深度、直径均为 10～15 cm 的播种穴。

③底肥：每穴施用 0.5 kg 充分发酵、腐熟并晒干的猪粪作底肥，猪粪充分捣碎使其不成团状，翻动土壤使其与猪粪充分混合均匀，以提高根系的吸收面积和养分利用效率。整个生长过程未施用化肥。

④播种：待雨后土壤湿润时，每穴播种 2 粒饱满的豌豆种子，穴内每粒种子间隔 2 cm 以上，确保种子发芽率较高，并预防出苗后豌豆根系因窝根而过度竞争养分。播种时间为 12 月下旬。

⑤去除杂草：豌豆苗期及时采取人工方法去除杂草。不能使用农药除杂草，避免对豌豆种子萌发和土壤生物产生不良影响。

⑥水分管理：豌豆萌芽后，根据天气状况和土壤含水量及时补足土壤水分，土壤含水量在 40%以内为宜，防止幼苗萎蔫死亡。

⑦豌豆高度达 50～60 cm 时整株收获，粉碎用作青饲料。对于富余的饲料，自然干

燥后用作干饲料，实现饲料的季度调配。

实施例的出苗率在 70%以上，播种两周以后豌豆苗的高度达到 5～8 cm，出苗较整齐；30 天后苗高 15～20 cm，50 天左右即可陆续收割。收割后与青贮混合作为肉牛、肉猪养殖饲料，优化原料配比。豌豆生长期未施用化肥、未使用农药，采用生态、环保的套种方法，既保证了饲料质量，又维护了土壤健康。

8.3　火龙果栽培地套种红薯

8.3.1　技术措施

火龙果套种红薯的技术包括以下技术环节（根据梁春林的发明专利《一种火龙果套种红薯的栽培方法》进行改进）。

①在距离火龙果母株 70～80 cm 的垄上两边挖穴，或在两根柱子间每隔 30～40 cm 处挖穴，在穴中放入有机肥，种入红薯的优良种薯或红薯苗。在土壤瘠薄、水分含量较低、蒸发量大的干热河谷石漠化地区，可以优先选择红薯作为种源。套种时间通常在 4 月中下旬，选择土壤湿润时进行，若土壤较为干燥，要补充水分，使含水量在 35%～40%。

②选用红薯苗时，将苗的根部埋入到穴坑内，然后用土将根部压实，将红薯苗的中部轻压在地面上，并用浮土压住红薯苗中部，避免红薯苗弹起，用浮土支撑住红薯苗的上部，保证红薯苗上部竖直。

③选用红薯时，挖掘直径、深度均为 15～20 cm 的种植穴，选择无病害、无腐烂的红薯进行栽培，将分蘖朝上。每穴放一个红薯，若未发芽可以采取红薯苗补植措施。种植后将浮土与有机肥充分混合均匀，浇足水分。每穴有机肥用量为 1.5～2 kg，可以适当补充少量复合肥，采用有机-无机配合的施肥方式。

④田间管理上，在定植后中耕除草、深耕追肥，合理灌水，做好病虫害预防和防治工作，不能使用除草剂清除杂草，以免伤害火龙果的须根。红薯生长期间不需要单独补充有机肥和浇水，以向火龙果母株补充肥料、水分为主，主体是火龙果的经营与管理。由于红薯生长与火龙果挂果同期，降低了人工管理成本。

⑤ 10—11 月陆续收割薯藤和红薯，薯藤可视具体情况收割 3～4 次。通过加工制得饲料，发展生态畜牧业，实现养分的生物小循环。

8.3.2 效益分析

①调节土壤温度与湿度。单纯种植火龙果的土壤，地表无植被覆盖，土壤表层温度较高，由于水分蒸发散失快，导致土壤湿度较低。通过套种红薯，可以调节土壤温度和湿度，改善小生境状况。

②增加土壤动物的活动范围和程度。栽培地覆盖后，为土壤动物提供了栖息场所，增加了土壤动物的活动空间与活跃程度；通过土壤动物的机械运动和残体分解，可以辅助土体有机重构。

③植物根系的生态效应明显。植被参与后，根系的活动可以创造适宜的土壤容重、土壤孔隙度，有利于培育土壤团粒结构，加速有机质的矿化，协调土壤水、气、热之间的关系，提高土壤的保水蓄水和保肥能力。

④达到培肥地力、改良土壤的目的。火龙果栽培地套种红薯后，能够达到改良生境、培肥地力等目的，进而实现火龙果的增收和品质提升，这对土壤肥力中等的地区种植火龙果提供了可行条件，有利于改良土壤性状。

⑤本技术提出的火龙果套种红薯的栽培方法操作较为方便、容易实施。套种后，可以充分挖掘空间潜力，增强对光照、热量、气态水等资源的利用能力，提高土壤生产力。套种还有利于火龙果气生根生长，提高火龙果产量。

⑥通过该技术，薯藤亩产鲜重可达到 700～1 000 kg，红薯鲜重达到 400～600 kg，红薯和薯藤可以作为良好的饲料，并提高了土地资源的利用效率。

8.4 火龙果修枝技术

8.4.1 修剪枝条的选择与时间确定

（1）修剪枝条的选择原则

①腐烂枝条。这部分枝条没有挂果能力或挂果量较低，应当予以清除，以便为其他枝条腾出空间，提高植株整体产量。②重叠度较高的枝条。通常情况下，高度重叠的枝条对生态资源的竞争较为激烈，导致部分枝条难以吸收到充足的光、温、水、气、热等资源，应当将位于下方的枝条予以清理。③遭受病虫害严重的枝条。这部分枝条的挂果率较低、果实偏小，甚至不挂果，应当根据其遭受的病虫害程度及时修剪，保留健壮的枝条。④残枝。残枝不能挂果且占据较大空间，影响其他枝条的正常生长，应进行修剪。

⑤干枝。这部分枝条多因折断、受损后缺水所致，丧失挂果能力，应予以清除。⑥缺口多的枝条。火龙果采摘时，会在枝条上留下缺口，干枯后则变成更大的缺口，若缺口太多会影响挂果情况，要及时清理。⑦长势差的枝条。这部分枝条通常不挂果或者挂果的直径较小、色泽灰暗、抗病虫害能力较差，不宜保留。⑧嫩苗。火龙果开始采摘后，若枝条上仍有新生长的幼苗，应马上去除，通常只留春季长出的嫩苗。

（2）修枝时间

火龙果枝条每年修剪 2 次，时间分别为：① 2 月中下旬，以修剪枝条为主，旨在为新枝条、健壮枝条的生长留出充足的空间。② 7—8 月起的火龙果采摘期，以修除嫩苗为主，这个阶段长出的嫩苗多为徒长枝，需要消耗大量的养分，且距离挂果还有较长的时间，要进行清理。

8.4.2　修枝关键技术

修剪枝条时，应根据前述原则及时清理腐烂、病害、干枯的枝条，为其他枝条生长留足充足的空间，便于更好地分配资源。在剪枝过程中，保留健壮、健康的枝条，可为来年火龙果高产奠定基础。在实际工作中，也要根据具体情况进行修剪，若健壮枝条过多，亦可进行适当清理，以留足更多的空间。

一株母株可留 22～26 条枝条，以提高火龙果的挂果率和产量。若枝条过多，容易导致资源过度竞争，影响火龙果的产量和果实色泽、大小等；若枝条过少，又造成资源浪费，不利于提高单位土地面积火龙果的产量。

修枝时，应在顶端留足方圆 2～3 cm 的空隙 4～6 个，确保降水能够沿着火龙果主干进入土壤，提高土壤水肥耦合程度，直接对火龙果吸收养分的效率产生影响。否则降水、喷灌水等易在火龙果枝条表面产生径流，顺着枝条表面流出，导致母株周围 60 cm 以内较难吸收到水分，影响土壤性状和肥效，形成土壤水肥耦合亏缺。

修枝结束后要及时施肥，以促进枝条生长。修除老枝后，要及时施肥，特别是有机-无机复合肥配合施用，为火龙果生长提供充足的养分，促进火龙果开花和挂果，提高火龙果的产量和果品质量，施肥后应当浇足水分。

8.4.3　修枝的效应评估

降低枝条截留形成的径流损失，减少水分浪费。修枝后，从垂向空间上看，大大降低了枝条密度，增加了顶端空隙，降水能够通过空隙进入到母株周围的土壤，而这又是火龙果须根分布较为集中的部分，在较大程度上实现了水肥耦合供应，为养分溶解、元素循环提供了介质和场所，有利于促进火龙果植株生长。同时，通过喷灌为火龙果补充水分时，亦可降低因枝条截留而造成的损失，实现水分低效利用。

减少水分蒸腾。火龙果枝条含水量高、蒸腾量大，加速了土壤水和气态水的交换与转换。清除部分枝条后，能够降低植物蒸腾作用，有利于土壤水分保蓄。火龙果通常在高温干旱、土壤瘠薄的生境栽培，这些地区保水蓄水压力较大，修剪枝条有利于降低蒸腾效应，实现土壤水分的保持。

防止过度竞争资源。修剪部分枝条后，能够降低不同枝条之间对土壤养分、生态因子等竞争的激烈程度，使其他枝条能够获得更为充足的养分和生态资源，同时使不同资源得到合理、高效利用，为火龙果产量和品质提升奠定基础。

提高火龙果产量和品质。由于修枝后较好地实现了水肥耦合，抑制了蒸腾作用，降低了顶端优势，减小了土壤水分损失，留足了充足的空隙，便于矿质养分的运输、循环和吸收，以及生态因子的流通，在一定程度上提高了火龙果的产量和品质，进一步巩固了生态产业的稳定性，实现了乡村产业振兴。

第 9 章　不同植物类型的土壤理化性状与调控

喀斯特高原峡谷地区由于生态环境退化以及严重的石漠化现象，其植物种植类型十分受限，农地作物以火龙果、玉米和花椒为主，林地主要树种为核桃和柚木，灌丛以金银花为主。这 6 种植物类型作为喀斯特地区重要的生态恢复措施，对该区植被恢复、水土保持效果具有显著影响（鲍乾等，2017）。近年来，由于不科学的耕作方式与粗放的管理模式，使得相关生态经济产业呈退化趋势，土壤质量逐年下降。而土壤作为植物生长发育所需养分的主要来源，其质量状况直接影响喀斯特峡谷区域生态恢复效果。不同植物类型间的土壤理化性质与生态过程存在差异（马芊红等，2018），因地制宜地选择植物种植不仅可以改良土壤理化性状，还能协调水、肥、气、热，提高土壤资源的利用效率（胡江玲等，2010）。因此，本章对喀斯特高原峡谷 6 种典型植物类型的土壤理化性质进行分析，评价其土壤质量状况，并提出调控土壤质量的对策。

研究区选择在贵州省关岭县与贞丰县交界处的北盘江花江河段干热河谷流域两岸，流域内以喀斯特地貌为主，境内海拔高度为 500～1 000 m。该区域属典型的南亚热带干热河谷气候，光热资源十分充沛，年平均气温 18.4℃，年极端最高气温为 32.4℃，≥10℃积温为 6 542℃，平均相对湿度为 80%。该区域降水时空分布极其不均，降雨集中在 5—10 月，可达全年总降雨量的 83%（唐国勇等，2015）。研究区域内的岩石以白云岩和泥质白云岩为主。各植物类型样地基本信息见表 9-1。

表 9-1　不同植物类型的基本特征

植物类型	经度	纬度	海拔/m	坡度/（°）	土壤厚度/cm	土壤类型
玉米	105°37′22.08″	25°41′45.6″	856	＜5	20	石灰土
柚木	105°39′46.69″	25°40′29.74″	555	28	16	石灰土
火龙果	105°39′47.15″	25°40′28.45″	570	＜5	23	石灰土
花椒	105°38′37.54″	25°39′24.18″	768	14	12	石灰土
金银花	105°38′35.37″	25°39′22.62″	789	11	5	石灰土
核桃	105°38′35.58″	25°37′29.22″	793	20	10	石灰土

9.1 不同植物类型的土壤质量评价

土壤质量是维持生物生产力、环境质量以及促进生命健康的能力，其质量状况是保证植物生长的重要前提（Doran et al.，2000；刘洁等，2017）。随着人地矛盾及环境污染问题的加剧，土壤质量的研究已受到国内外学者的广泛关注（陈美军等，2011；Shahbazi et al.，2013；Hao et al.，2014）。土壤作为一个复杂的功能实体，其质量不能直接测定，但可以通过土壤质量指标来推测（刘占锋等，2006）。学者们把土壤微生物、土壤酶活性、土壤物理特征和大量元素作为指标应用于土壤质量评价（李媛媛等，2010；李菡等，2010；胡举伟等，2013），其中土壤大量元素是土壤质量评价中较常见的指标。张璐等（2014）运用大量元素的含量研究湘南红壤丘陵区不同植被类型下的土壤肥力特征，发现自然植被恢复比人工植被更有利于土壤肥力的提高。王钰莹等（2016）对陕南秦巴山区厚朴群落土壤养分含量的分析表明，土壤肥力会随林龄的增大呈下降趋势。李菡等（2010）分析鲁西黄河冲积平原农田不同种植模式下土壤大量元素的含量发现，农户对农田的投入与管理水平是导致土壤养分含量存在显著差异的主要原因。干热河谷石漠化区气候干旱，水热分布不均，土壤贫瘠且不连续，土壤养分随水土流失严重，由于不合理的资源开发利用，加剧了生态功能退化，出现严重的石漠化，导致该区土壤保水保肥能力下降，可耕地面积和植物多样性减少（刘成刚等，2011；唐国勇等，2015）。近些年，干热河谷石漠化区针对其土壤特性，采取了一系列生态恢复措施，其中花椒、金银花和火龙果的种植模式已得到广泛认可（龙健等，2006）。但由于干热河谷石漠化区恶劣的生态环境、不合理的耕作制度与管理措施，导致花椒、金银花和火龙果等物种呈退化趋势，该种植模式对生态环境的恢复效果逐年下降，物种退化与土壤养分退化成为限制该区土地资源利用的重大生态环境问题。然而，关于干热河谷石漠化区的土壤研究多集中于植物多样性、不同植被恢复模式、植被养分的分布格局与土壤理化性质的关系等方面（胡宁等，2014；盛茂银等，2015；李艳琼等，2016），对不同植物类型的土壤质量系统研究相对较少。因此，本节以干热河谷石漠化区花椒、火龙果、核桃、金银花、玉米和柚木 6 种植物类型为对象，测定其土壤物理指标、土壤化学指标，分析不同植物类型下土壤的质量特征，以期为干热河谷石漠化区土地生产力恢复、土壤科学研究和农业可持续发展提供科学依据。

9.1.1 研究方法

（1）样品采集方法

在不同植物类型的样地中，按 S 形选取 5～7 个样点，取样深度为 0～20 cm，不足 20 cm 的以实际深度为准。采样时，先去除土体表面的枯枝落叶、动物残体和石砾，将 5～7 个样点的样品混制成 1 个土壤样品，装入自封袋保存并带回实验室。样品于室内自然风干、研磨至 95%通过 2 mm、0.15 mm 筛保存备用。

（2）样品分析与指标计算方法

土壤孔隙度（Soil porosity）通过比重瓶法测得的比重换算得出，土壤容重（Bulk density，BD）采用环刀法测定，pH 测定方法见第 4 章“4.2.1 研究方法”中第（2）部分，土壤有机碳（Soil organic carbon，SOC）测定方法见第 5 章“5.1.1 研究方法”中第（2）部分，全氮（Total nitrogen，TN）、速效氮（Available nitrogen，AN）、全磷（Total phosphorus，TP）、速效磷（Available phosphorus，AP）、全钾（Total potassium，TK）、速效钾（Available potassium，AK）测定方法见第 4 章“4.1.1 研究方法”中第（2）部分。

土壤质量指数计算方式见第 4 章“4.2.1 研究方法”中第（4）部分。

（3）数据处理方法

采用 SPSS 20.0、Excel 2010 和 Origin 8.6 进行数据处理和制图。Excel 2010 进行前期数据处理；采用多元方差分析，运用最小显著性差数（LSD）法分析不同植物类型的土壤质量指标间的差异；采用 Pearson 相关系数分析土壤质量指标间的相关性；采用主成分分析确定各主成分贡献率和各植物类型主成分因子得分，计算土壤质量指数；利用 Origin 8.6 制图。

9.1.2 土壤理化性质

（1）土壤容重

图 9-1 为不同植物类型的土壤理化性质。

由图 9-1 土壤容重数据看出，6 种植物类型的土壤容重以柚木地最高（1.40 g/cm^3），之后依次为火龙果地（1.20 g/cm^3）、核桃地（1.12 g/cm^3）、玉米地（1.09 g/cm^3）、金银花地（1.03 g/cm^3），花椒地土壤容重最低，为 1.00 g/cm^3。柚木地、火龙果地与其他植物类型均达显著差异（$P<0.05$，下同）。

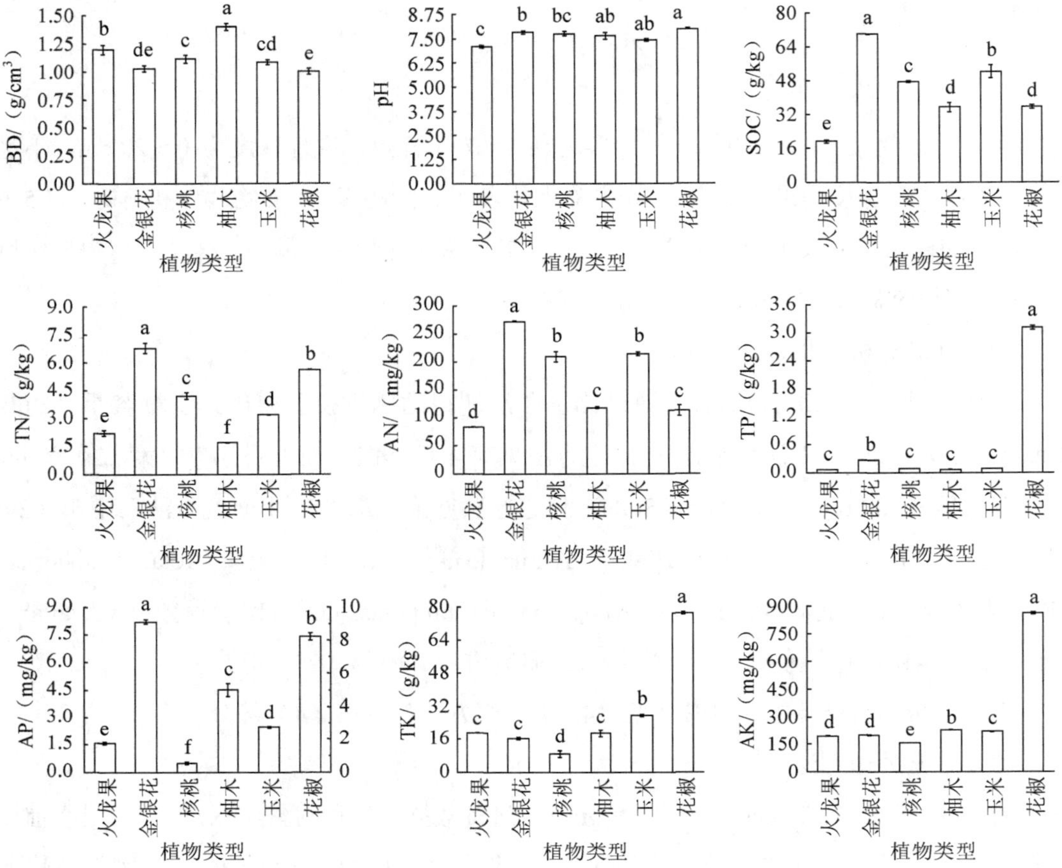

图 9-1 不同植物类型的土壤理化性质

注：图中不同小写字母表示不同植物类型间差异达显著水平（$P<0.05$）。

（2）土壤 pH

由图 9-1 可以看出，6 种植物类型的土壤 pH 为 7.11～8.00，均呈弱碱性，其中以花椒地 pH 最高，为 8.00；火龙果地和玉米地土壤 pH 分别为 7.11 和 7.44，低于其余 4 种植物类型。

（3）土壤养分组成

6 种植物类型样地大量元素的含量表现出不同程度的差异（图 9-1）。SOC 含量以金银花地最高，为 70.17 g/kg，其次为玉米地、核桃地，两者含量均显著高于柚木地与花椒地，且柚木地与花椒地间 SOC 含量无显著差异。与其他 5 种植物类型相比，火龙果地的 SOC 含量最低，为 19.16 g/kg。

TN 含量在不同植物类型间均表现出显著差异，总的趋势为金银花地＞花椒地＞核桃地＞玉米地＞火龙果地＞柚木地。AN 含量变化规律与 SOC 含量变化存在一定的相似性，其含量以金银花样地最高（273.20 mg/kg），且显著高于其余 5 种植物类型；火龙果样地最低，为 83.58 mg/kg。

AP 含量在任意 2 种植物类型间差异均显著，且以金银花地含量最高，是含量最低的核桃地的 17 倍，为 8.21 mg/kg。不同植物类型的 TP 含量与 AP 变化规律不同，其差异性主要表现在花椒地、金银花地与其余 4 种植物类型间。TK 与 AK 的含量均以花椒地最高，核桃地最低，其中 TK 含量在火龙果地、金银花地和柚木地间无显著差异。AK 在火龙果地与金银花地间无显著差异，含量依次为花椒地＞柚木地＞玉米地＞金银花地＞火龙果地＞核桃地。

土壤 pH 和 BD 通过影响土壤养分的形成、转化和有效性，使土壤质量产生差异。本研究中，6 种植物类型的土壤 pH 存在不同程度的差异，其中以金银花地和花椒地的 pH 较高，可能是由于金银花地凋落物数量大，花椒地伴生植物丰富，均利于微生物活动，腐殖质数量较多。腐殖质是一种带负电荷的胶体，可吸附土壤中的交换阳离子，避免阳离子流失，从而减弱土壤中 H^+的活性，同时，腐殖质具有较强的吸附性能和阳离子代换能力，可有效缓解土壤酸化（刘逊等，2012）。火龙果地无凋落物的同时长期施用化肥，加之强烈的人为干扰，导致土壤板结，土壤透气性下降，加速了土壤酸化（戴万宏等，2009），因而 pH 较低。通过分析不同植物类型的土壤 BD 表明，花椒地土壤 BD 最小，即土壤疏松，这可能与花椒是浅根植物且根系发达有关；而火龙果样地在管理与采摘期受人为踩踏影响，导致土壤板结严重，因而具有较大的 BD。

土壤养分含量组成表明，SOC 与土壤 AN 表现出耦合关系，不同植物类型的 SOC 与 AN 含量分布趋势相对一致。本研究中，金银花地的 SOC 和 AN 含量显著高于火龙果地，可能是受到凋落物归还量的影响。另外，SOC 含量受气温、降雨量和坡度等因素的影响。因此，6 种植物类型海拔和坡度的差异必将导致 SOC 含量的差异。

土壤 TP 含量来源比较单一，且受成土母质影响较大（Chen et al.，2003），6 种植物类型的成土母质一致，但花椒地的 TP 含量显著高于其余 5 种植物类型，其原因是否与该地区长期单一种植花椒以及花椒对 TP 的吸收量有关尚待深入研究。土壤 AP 含量在任意两种植物类型间差异均显著，而长期大量施用有机肥能够在很大程度上提高土壤 P 有效养分的含量（陈贵等，2017），因此，花椒地距离居民区较近、还土有机肥较多，可能是花椒地土壤 AP 含量较高的主要原因。地表覆盖的差异使得土壤水分蒸发量不同，而水分的增加会减少磷肥的固定（陈贵等，2017），因此，高密度的地表覆盖可能是导致金银花地土壤 AP 含量处于较高水平的重要原因。

6种植物类型的土壤TK含量与土壤AK含量均以核桃样地最低，分别为8.58 g/kg、154.80 mg/kg，可能是由于核桃林为经果林，对养分的需求量较大，加之从未追肥，只能从土壤中获取生长所需元素，导致土壤中K元素含量较少，因此，该区在核桃生长过程中应注重K肥的施用。

9.1.3 土壤理化指标之间的相关性

土壤质量指标间的相关性因植物类型不同而产生差异（表9-2）。由表9-2可知，土壤BD与TN呈极显著负相关（P<0.01，下同）；土壤pH与除BD外的其他指标均呈正相关，其中，与TN间为极显著正相关，与AP间为显著正相关；土壤TP与TK、AK间，AN与SOC间，TK与AK间均达极显著正相关，且相关系数较大，均在0.960以上；TN与SOC、AN、AP间均表现为显著正相关，相关系数为0.594～0.673。

表9-2 土壤质量指标间的相关系数矩阵

因子	BD	pH	SOC	TN	AN	TP	AP	TK	AK
BD	1								
pH	−0.397	1							
SOC	−0.461	0.493	1						
TN	−0.826**	0.708**	0.673*	1					
AN	−0.461	0.359	0.965**	0.594*	1				
TP	−0.490	0.567	−0.170	0.463	−0.323	1			
AP	−0.330	0.627*	0.404	0.665*	0.183	0.551	1		
TK	−0.433	0.426	−0.226	0.324	−0.381	0.964**	0.516	1	
AK	−0.417	0.520	−0.223	0.378	−0.385	0.993**	0.543	0.983**	1

注：*表示在P<0.05水平上显著相关，**表示在P<0.01水平上极显著相关；BD为容重，SOC为有机碳，TN为全氮，AN为速效氮，TP为全磷，AP为速效磷，TK为全钾，AK为速效钾。下同。

土壤作为生态系统的组成部分，是发生一系列理、化、生反应的重要场所，其理化性质的改变会对元素的积累和循环产生重大影响（王果，2009；李红林等，2015）。本研究中，土壤BD和pH是影响TN与AP含量的主要原因，其中土壤BD与TN含量呈极显著负相关，即TN含量随土壤BD的增加而减少，研究结果与李红林等（2015）对塔里木盆地北缘绿洲土壤N含量与其理化因子关系的研究结论一致。土壤BD影响植物根系生长、凋落物分解和微生物活动，导致元素在土壤生态过程中的迁移和积累数量产生差异，土壤BD愈大，土壤愈紧实，不利于植物根系伸展及微生物活动，同时减弱凋落物分解程度，阻碍元素间的交流，进一步减少TN含量。土壤的酸碱性对土壤元素的转换、释放及有效性有密切关系（张晶等，2014）。本研究结果显示，pH 与 TN 呈极显著正相关，与 AP 呈显著正相关，这与刘兴华（2013）研究湿地土壤 C、N 和 P 生态化学计量特征的结果相似，即 pH 是影响 N 和 P 含量的关键因素之一。TP 与 TK、AK 均呈极显著正相关，这是由于 K 元素与 P 元素的主要来源均为成土母质，导致 K 元素与 P 元素含量同时增减。SOC 与 TN 呈显著正相关，与 AN 呈极显著正相关，原因可能是大量 N 元素参与有机质的合成，可降低 N 元素的矿化效率，加之土壤有机质中含有大量富 N 物质，导致土壤 N 含量随 SOC 的增多而增大（Mclauchlan et al.，2006；许艳等，2017）。

9.1.4　土壤质量综合评价及管理策略

通过对 9 个土壤质量指标进行 Bartlett 球形检验得知，显著系数为 0.00，小于 0.05，表明数据适合做因子分析。采用最大方差法对数据进行旋转，得到相关系数矩阵、特征值、各主成分贡献率和因子载荷矩阵（表 9-3）。

表 9-3　因子载荷矩阵及主成分贡献率

因子	第 1 主成分	第 2 主成分	公因子方差
BD	−0.402	−0.673	0.614
pH	0.503	0.650	0.675
SOC	−0.256	0.940	0.950
TN	0.380	0.880	0.918
AN	−0.419	0.892	0.971
TP	0.990	0.094	0.989
AP	0.566	0.536	0.607
TK	0.974	−0.007	0.948
AK	0.995	0.020	0.991
特征值	4.586	3.076	
贡献率/%	44.872	40.265	
累计贡献率/%	44.872	85.137	

由表 9-3 看出，土壤 AP 的公因子方差最小，为 0.607，AK 的公因子方差最大，为 0.991。按特征值大于 1 的原则，提取出 2 个主成分，特征值分别为 4.586 和 3.076，2 个主成分累计贡献率达 85.137%，表明这 2 个主成分已提供了 85.137%的原始数据信息量，能够充分解释原始数据。因子载荷矩阵显示，第 1 主成分与 TP、TK 和 AK 显著相关，因子载荷系数均大于 0.970；第 2 主成分主要受 SOC、TN 和 AN 支配，因子载荷系数均大于 0.880。

将主成分特征向量（表 9-4）与标准化数据加权，得出不同植物类型各主成分因子得分（表 9-5），进一步将各主成分因子得分与方差贡献率加权，得到不同植物类型的土壤质量综合指数（图 9-2）。

表 9-4 土壤质量指标主成分特征向量

因子	BD	pH	TOC	TN	AN	TP	AP	TK	AK
第 1 主成分	–0.188	0.235	–0.120	0.177	–0.196	0.462	0.264	0.455	0.465
第 2 主成分	–0.384	0.371	0.536	0.502	0.509	0.054	0.306	–0.004	0.011

表 9-5 不同植物类型主成分因子得分

因子	火龙果	金银花	核桃	柚木	玉米	花椒
第 1 主成分	–1.052	–0.109	–1.156	–0.861	–0.851	4.030
第 2 主成分	–2.796	3.309	0.331	–1.905	0.129	1.056

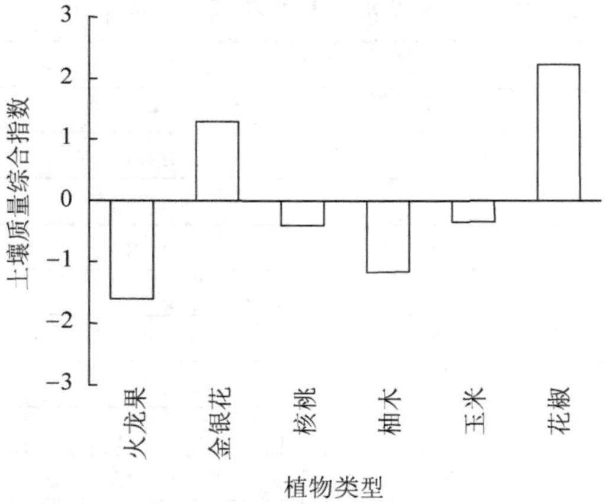

图 9-2 不同植物类型的土壤质量综合指数

由图 9-2 看出，干热河谷石漠化区不同植物类型的土壤质量综合指数不同，依次为：花椒（2.334）＞金银花（1.283）＞玉米（–0.330）＞核桃（–0.386）＞柚木（–1.153）＞火龙果（–1.598）。

在不同植物类型下，不同农作物的根系活动深度不同，对养分的需求和吸收程度不同（刘逊，2012），导致土壤养分存在差异。本研究结果表明，6 种植物类型的土壤养分存在不同程度的亏缺，具体表现为：①除花椒地外，其余 5 种植物类型土壤的 TP、TK、AK 含量普遍较低；②花椒地的 C、N 元素含量较低；③火龙果地和柚木地的各土壤养分元素均处于较低水平。因此，采取合理的施肥方式及耕作制度，对控制养分分布、促进作物生长具有重要的现实意义。

长期使用有机肥可提高土壤有机质含量，增加养分含量，减少 N 元素的损失，缓解土壤污染（陈贵等，2017），在花椒栽培管理过程中应适量增加有机肥的施用量，提高花椒产量的同时改善其土壤养分分布，预防土壤污染。施化肥是提高 P 元素和 K 元素含量的最高效措施，但不合理的化肥施用并不能有效促进养分含量的提高，反而会使土壤板结、酸化，甚至导致土壤污染加剧（陈贵等，2017）。因此，在施用化肥改善土壤 P 元素和 K 元素含量时，应充分掌握不同土地植被类型的需肥规律，按合理的 P、K 配比施肥更有利于作物生长。

9.2　不同植物类型的土壤养分及其生态化学计量特征

生态化学计量学是结合生物学、化学和物理学的基本原理，研究生物系统能量平衡和多重化学元素平衡的科学（Elser et al.，1996；贺金生等，2010），是研究土壤科学的重要手段之一。而土壤作为生态系统的重要组成部分，是植物正常生长发育所需营养元素的主要来源，其通过控制养分含量的分布和多少影响着不同植物类型的种植结构和生产力水平（王维奇等，2011；贡璐等，2012；马志敏等，2013），探讨其生态化学计量特征，对揭示土壤养分分布和影响因素以及科学调整植物的种植结构具有重要现实意义。近些年，土壤养分急剧退化，导致土壤功能发生显著变化，而土壤生态化学计量学作为研究土壤元素平衡的有效工具，受到国内外学者的广泛关注（Tian et al.，2010；Fu et al.，2010；吕金林等，2017）。朱秋莲等（2013）研究黄土丘壑区不同植被区土壤生态化学计量特征，认为土壤养分含量及生态化学计量特征受土层、植被类型和坡向的影响。江叶枫等（2017）探讨江西省耕地土壤 N、P 化学计量空间变异特征及影响因素，表明 N 肥的施用量是引起江西省耕地土壤 N、P 生态化学计量空间变异的主要因素。李丹维等（2017）分析太白山不同海拔土壤 C、N、P 含量及生态化学计量特征，发现温度、含水量、海拔和植被对土壤 C、N、P 化学计量特征具有重要影响。喻阳华等（2017）研究赤水河上游土壤生态化学计量特征，认为丰富的水热条件可加快有机质分解速率。土壤生态化学计量特征对揭示土壤质量起到关键作用（陶冶等，2016），上述研究均只探明了环境因子对生态化学计量特征的作用机制以及养分元素间的循环机制。然而，将小生境与生态化学计量特征相结合，探讨土壤质量变化规律及其如何影响植物类型的研究较少。干热河谷石漠化区旱季持续时间长，降水时空分布不均且土壤侵蚀严重，由于丰富的光照和热量资源，该区人口分布较为集中，强烈的人为活动和不合理的土地利用，导致该区土壤蓄水、保肥能力下降（刘成刚等，2011；秦纪洪等，2016）。种植花椒、火龙果和金银花是干热河谷石漠化区水土保持和脆弱生态环境重建的重要措施，该措施实施初期在提高土地生产力的同时有效地缓解了生态功能的退化（龙健等，2006）。但由于干热河谷石漠化区严重的水土流失，加剧了 C、N、P、K 元素的流失，导致花椒、金银花和火龙果等群落呈退化趋势，林下土壤养分含量下降，物种退化和土壤养分退化成为限制该区土地资源利用的主要生态环境问题（盛茂银等，2013；鲍乾等，2017）。目前，对干热河谷石漠化区土壤科学的研究多集中于植物多样性、不同植物群落恢复模式、养分的分布格局与土壤理化性质的关系方面（胡宁等，2014；盛茂银等，2015；李艳琼等，2016），而从生态化学计量学角度出发，研究土壤质量及其如何指导土地资源管理与高效利用的报道尚不多见。因此，本研究选择干热河谷石漠化区花椒、火龙果、核桃、金银花、玉米、柚木 6 种不同植物类型，测定土壤中 SOC、TN、TP、TK 的含量，探讨不同植物类型的土壤养分及生态化学计量特征，揭示土壤 C、N、P、K 的循环及其作用机制，以期为干热河谷石漠化区土壤健康经营和土地资源利用管理提供科学依据和理论支撑。指标测定和数理统计方法与本章 9.1.1 相同，化学计量采用质量比。

9.2.1 养分元素统计性描述

由表 9-6 可知，干热河谷石漠化区典型植物类型的土壤中 SOC、TN、TP、TK 含量差异较大。SOC 和 TN 均以金银花地最高，分别为 70.17 g/kg、6.79 g/kg。土壤 TP 以花椒地最高（3.12 g/kg），是火龙果地 TP 含量（0.06 g/kg）的 52 倍。土壤 TK 以花椒地的 77.04 g/kg 为最高，以核桃地的 8.60 g/kg 为最低。不同植物类型中各土壤养分含量的变异程度不同，除核桃地 TK 与柚木地 TP 含量呈中等变异（10%～30%）外，其余样地的养分含量均呈弱变异（0～10%）。

表 9-6 土壤养分元素描述性特征

元素	类型	极小值/(g/kg)	极大值/(g/kg)	极差/(g/kg)	均值/(g/kg)	标准差/(g/kg)	变异系数/%
SOC	Ⅰ	18.63	19.69	1.06	19.16 a	0.75	3.9
	Ⅱ	70.03	70.31	0.29	70.17 a	0.20	0.3
	Ⅲ	47.21	47.89	0.68	47.55 c	0.48	1.0
	Ⅳ	33.98	37.00	3.03	35.49 d	2.14	6.0
	Ⅴ	50.16	54.44	4.28	52.30 e	3.03	5.8
	Ⅵ	34.81	36.18	1.37	35.50 d	0.97	2.7

元素	类型	极小值/（g/kg）	极大值/（g/kg）	极差/（g/kg）	均值/（g/kg）	标准差/（g/kg）	变异系数/%
TN	Ⅰ	2.12	2.32	0.20	2.22 a	0.14	6.4
	Ⅱ	6.59	6.99	0.40	6.79 b	0.29	4.2
	Ⅲ	4.08	4.34	0.25	4.21 c	0.18	4.3
	Ⅳ	1.68	1.70	0.02	1.69 d	0.01	0.8
	Ⅴ	3.17	3.20	0.03	3.18 e	0.02	0.6
	Ⅵ	5.61	5.63	0.02	5.62 f	0.01	0.3
TP	Ⅰ	0.06	0.06	0.001	0.06 a	0.001	1.2
	Ⅱ	0.26	0.27	0.003	0.26 b	0.002	0.8
	Ⅲ	0.09	0.09	0.006	0.09 a	0.004	4.3
	Ⅳ	0.06	0.07	0.01	0.07 a	0.007	11.0
	Ⅴ	0.09	0.10	0.003	0.10 a	0.002	2.2
	Ⅵ	3.08	3.15	0.07	3.12 c	0.05	1.6
TK	Ⅰ	18.75	19.06	0.31	18.91 a	0.22	1.1
	Ⅱ	15.75	16.68	0.93	16.22 a	0.66	4.1
	Ⅲ	7.37	9.84	2.47	8.60 b	1.75	20.3
	Ⅳ	17.60	19.86	2.25	18.73 a	1.59	8.5
	Ⅴ	27.38	28.24	0.86	27.81 c	0.61	2.2
	Ⅵ	76.59	77.48	0.89	77.04 d	0.63	0.8

注：Ⅰ为火龙果，Ⅱ为金银花，Ⅲ为核桃，Ⅳ为柚木，Ⅴ为玉米，Ⅵ为花椒。不同小写字母表示差异显著。下同。

9.2.2　生态化学计量特征

如图 9-3 所示，土壤 C∶N 在金银花地与核桃地间无显著差异，与其余 4 种植物类型均呈显著差异。核桃地、柚木地和玉米地的土壤 C∶P 无显著差异，变化范围在 523.74～552.31，且均显著高于其余 3 种植物类型。土壤 C∶K 与 N∶P 均以核桃地最高，分别为 5.65、46.35，花椒地最低，分别为 0.07、1.80；C∶K 在火龙果地、柚木地和玉米地间无显著差异，与其余 3 种植物类型差异显著；N∶P 在火龙果地与玉米地、金银花地与柚木地间无显著差异，与其余 2 种植物类型差异显著。土壤 N∶K 在金银花地和核桃地间无显著差异，与其余 4 种植物类型呈显著差异。土壤 P∶K 以花椒地最高（0.04），以火龙果地、柚木地和玉米地较低（依次为柚木地＞玉米地＞火龙果地），且在火龙果地、柚木地和玉米地间无显著差异。

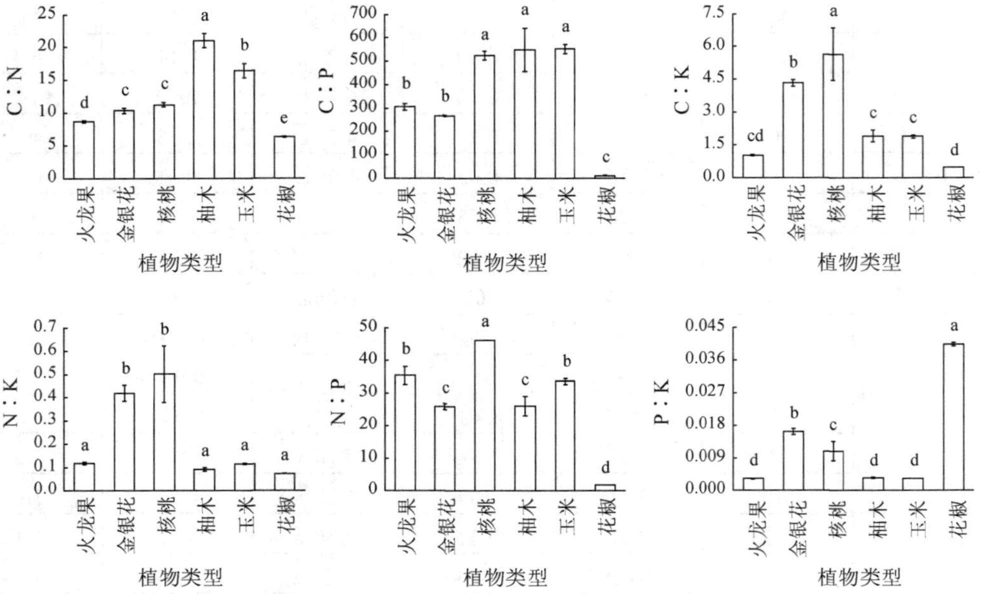

图 9-3 不同植物类型的土壤生态化学计量特征

土壤生态化学计量比主要受区域水热条件和成土作用特征的控制，由于气候、地貌、植被、母岩、年代、土壤动物等土壤形成因子和人类活动的影响，导致土壤 C：N：P 的空间变异性较大（王绍强等，2008）。本研究中，不同植物类型土壤 C：N 的变异系数均小于 10%，表明土壤 C：N 维持相对稳定，这与 Tian 等（2010）对全国土壤 C：N：P 的研究一致。相对稳定的 C：N 符合生态化学计量学的基本原则，即有机物质的形成需要一定数量的 N 和其他营养成分与其相应的相对固定比率的 C（朱秋莲等，2013）。

土壤 C：N 反映了 C、N 间的平衡关系，低 C：N 时土壤 N 的矿化速率会加快，高 C：N 时微生物同化量则会超过矿化作用提供的 N 含量，造成植物缺 N（杜威等，2017）。与全国土壤 C：N 平均水平（10～12）相比（Tian et al.，2010），本研究中火龙果地与花椒地 C：N 分别为 8.64、6.32，处于较低水平，柚木地与玉米地分别为 21.02、16.43，处于较高水平。玉米地长期翻耕种植，而长期翻耕有利于有机质的形成与土壤质量的提高（杜威等，2017）。因此，造成 C：N 在不同植物类型间差异显著的原因可能是耕作程度的差异。

较低的 C：P 有利于促进微生物分解与有机质释放养分，促进土壤中速效 P 含量的增加，高 C：P 会导致土壤微生物与植物竞争土壤无机 P，不利于植物的生长（王建林等，2014）。本研究区火龙果地、核桃地、金银花地、柚木地和玉米地的土壤 C：P 为 266.62～

552.31，显著高于全球土壤 C∶P 均值（186）（Tian et al.，2010），表明干热河谷石漠化区土壤总体缺 P；而花椒地土壤 C∶P 最低，为 11.40，与黄土丘陵区土壤 C∶P（13.2）相对一致（赵一娉等，2017），但显著低于广西喀斯特地区土壤 C∶P（61）（曾昭霞等，2015），说明花椒地土壤速效 P 含量较高。不同作物类型下土壤 C∶P 不同，可能是由于植物生长发育的必需营养元素主要来源于土壤，而不同植物对土壤养分的吸收强度不同，导致土壤养分含量存在差异，进而导致生态化学计量比存在差异。

土壤 N∶P 是当前限制性养分判断的重要指标之一，可间接预测土壤对植物养分的供应水平和限制水平（白小芳等，2015）。本研究中，花椒地 N∶P 平均值为 1.80，低于全球平均值（13.1）及全国平均水平（9.3）（Tian et al.，2010；王建林等，2014）。造成花椒 N∶P 处于低水平的原因可能是花椒对土壤中 P 的消耗相对较弱，导致花椒地 P 含量更高。火龙果地、核桃地、金银花地、柚木地和玉米地的土壤 N∶P 均显著高于全球与全国土壤 N∶P 平均水平（Tian et al.，2010；王建林等，2014），这 5 种植物类型的土壤 N∶P 处于较高水平的原因可能与该区降雨时空分布有关，干热河谷石漠化区降雨集中且降雨量大，土壤受淋溶冲刷作用影响，不利于 P 的积累。

表 9-7 干热河谷石漠化区与其他研究区域的土壤 C、N、P 化学计量特征

研究区域	C/（mg/g）	N/（mg/g）	P/（mg/g）	C∶N	C∶P	N∶P	参考文献
贵州干热河谷地区	43.4	3.9	0.6	12.3	367.9	28.2	本研究
广西喀斯特地区	92	6.4	1.5	15.3	61	4	曾昭霞等，2015
黄土丘陵区	6.8	0.6	0.53	10.7	13.2	1.2	赵一娉等，2017
全国	11.2	1.1	0.7	10～12	136	9.3	Tian et al.，2010
全球	—	—	—	14.3	186	13.1	王建林等，2014

注：“—”表示未找到相关数据。

9.2.3 养分含量及生态化学计量比的相关关系

（1）全量养分与化学计量比的相关分析

表 9-8 显示，SOC 与生态化学计量比之间均呈正相关，其中，与 C∶K、N∶K 呈显著正相关；TN 与 C∶N、C∶P 呈显著负相关，与 P∶K 呈显著正相关；TP 与 C∶P、N∶P 表现为极显著负相关，与 P∶K 为极显著正相关；TK 与 P∶K 呈极显著正相关，与 C∶P、N∶P 呈极显著负相关，与 C∶K 呈显著负相关。总体而言，SOC 对 C∶K、N∶K，TN、TP、TK 对 P∶K 均存在增强效应；TN 对 C∶N、C∶P，TP 对 C∶P、N∶P，TK 对 C∶P、N∶P、C∶K 均存在抑制效应。

表 9-8 土壤养分含量与化学计量比之间的相关性分析

	C∶N	C∶P	C∶K	N∶P	N∶K	P∶K
SOC	0.105	0.137	0.634*	0.085	0.606*	0.068
TN	−0.601*	−0.595*	0.350	−0.386	0.501	0.699*
TP	−0.558	−0.823**	−0.469	−0.871**	−0.339	0.948**
TK	−0.442	−0.758**	−0.645*	−0.893**	−0.540	0.847**

注：*表示在 $P<0.05$ 水平上显著相关，**表示在 $P<0.01$ 水平上极显著相关。下同。

（2）化学计量比间的相关分析

由表 9-9、图 9-4 可知，除 C∶K 与 N∶P 呈 S 函数关系外，其余计量比间均表现为一元二次函数关系，函数的拟合度（R^2）越高表明两者间关系越密切。土壤 C∶N 与 C∶P 存在极显著正相关关系，且相关系数较大（为 0.809）；N∶P 与 C∶P 表现为极显著正相关，与 C∶K 表现为显著正相关，且 N∶P 与 C∶K 的 S 函数拟合度（0.828）大于 N∶P 与 C∶P 的一元二次函数拟合度（0.795）；N∶K 与 C∶K 达极显著正相关，相关系数为 0.967；P∶K 与 C∶N 呈显著负相关，与 C∶P、N∶P 均表现为极显著负相关，但 P∶K 与 C∶N 的一元二次函数拟合度（0.647）小于 P∶K 与 C∶P、N∶P 的一元二次函数拟合度。

表 9-9 土壤生态化学计量比间的相关系数

	C∶N	C∶P	C∶K	N∶P	N∶K	P∶K
C∶N	1					
C∶P	0.809**	1				
C∶K	0.055	0.405	1			
N∶P	0.297	0.783**	0.610*	1		
N∶K	−0.191	0.186	0.967**	0.517	1	
P∶K	−0.649*	−0.848**	−0.196	−0.802**	−0.042	1

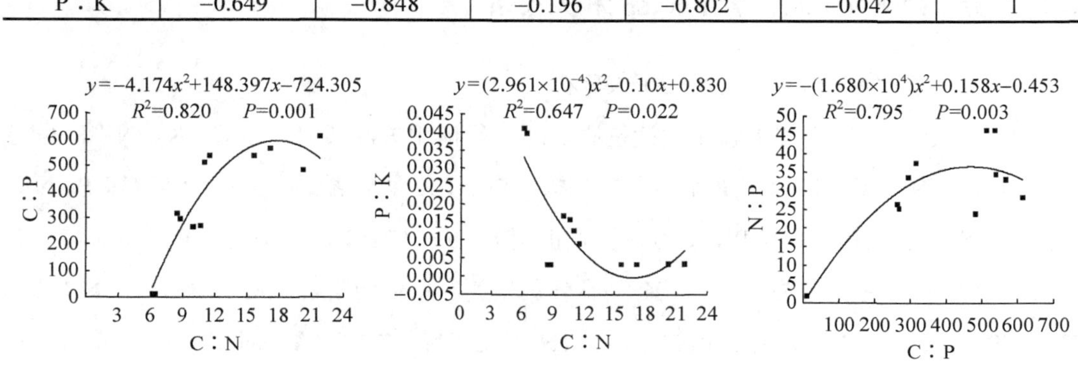

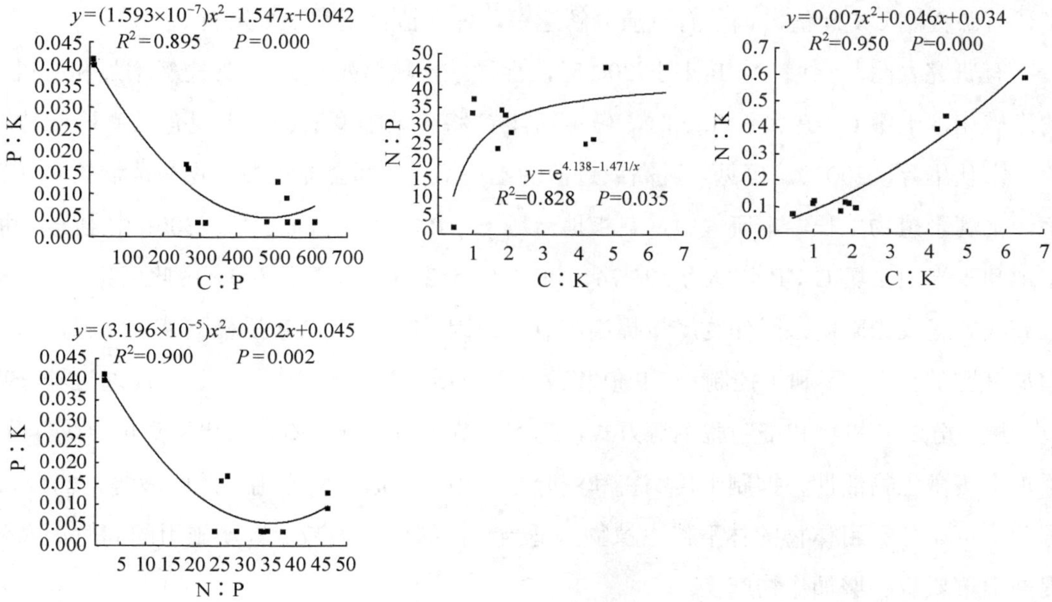

图 9-4 土壤生态化学计量比间的相关函数

9.2.4 生态化学计量特征对土地资源管理的指示作用

本节对干热河谷石漠化地区 6 种不同植物类型的土壤生态化学计量特征进行了研究，通过与其他地区的 C、N、P 化学计量比值进行对比表明（表 9-7），研究区 C：N 大于黄土丘陵和全国 C：N 平均值（Tian et al.，2010；赵一娉等，2017），小于广西喀斯特地区和全球土壤 C：N 平均值（王建林等，2014；曾昭霞等，2015）；该地区的土壤 C：P 和 N：P 均显著大于广西喀斯特地区、黄土丘陵区、全国和全球土壤 C：P 和 N：P（Tian et al.，2010；王建林等，2014；Zhao et al.，2015；赵一娉等，2017）。

土壤生态化学计量比是 C 元素、N 元素和 P 元素总质量的比值，而 C、N 元素主要来源于有机质分解，土壤 P 主要来源于岩石风化（王绍强等，2008；陶冶等，2016），因此 C：N 能有效反映土壤有机质的分解速率。研究表明，有机质分解速率与 C：N 呈反比（王绍强等，2008），当土壤 C：N 值大于 25 时，有机质分解速率降低；C：N 值小于 25 时，有机质分解速率增大（孙向阳，2004）。研究区土壤 C：N（6.32～21.03）小于 25，表明研究区土壤有机质分解速率过快，容易使土壤养分产生无益消耗。因此，可向土壤中施加 N 肥，控制有机质分解速率。其他研究表明，C：N 小于 30 时，硝酸盐淋溶风险显著增高（孙超，2012），易导致 N 元素损失，而长期单施有机肥也会导致 N 元素损失。因此，在进行土壤质量管理时，应合理掌控无机肥与有机肥的配比，提高 N 元素利用效率，有效控制 C∶N 值，调节有机质分解速率，保证植物正常生长发育。

有研究表明，土壤 C∶P 小于 200 时，会导致土壤微生物体 C 的短暂增加和有机 P 的净矿化，土壤 C∶P 大于 300 时，微生物体 C 将会大幅度增加，出现有机 P 净固持现象（宋秋华等，2003）。可见，过高或过低的土壤 C∶P 都会导致微生物与植物的养分竞争，不利于植物生长。本研究中，花椒地土壤 C∶P 为 11.40，远低于 300；核桃地、柚木地和玉米地土壤 C∶P 分别为 523.74、547.78、552.31，远高于 300。由此可见，P 元素过高或缺乏成为限制该区作物产量提高的重要原因。TP 与 C∶P 呈极显著负相关，单独增加 P 肥的投入，不利于控制 C∶P 值和改良土壤质量，而绿肥生长过程中能通过养分吸收、根系分泌有机物和细胞脱落等方式，起到调节土壤养分平衡、活化和富集土壤养分、增加土壤微生物活性、抑制土传病害和消除土壤中不良成分的作用（陈晓波等，2011）。因此，可充分利用作物的林下伴生植物，适当翻压绿肥，在减少农药施用的同时，高效提高土壤质量，增加作物产量。

9.3 不同植物类型的土壤亲合性元素特征

长期以来，黔中喀斯特峡谷在作物栽培与管理过程中，化肥用量过大，较少施用有机肥或未按合理的配比施肥，导致土壤质量逐渐退化（杨丹丽等，2018）。土壤矿质元素亏缺，已成为黔中石漠化区农业可持续发展的限制因子。因此，协调土壤矿质元素的输入与输出，维护该区土壤养分平衡，是黔中喀斯特峡谷农业可持续发展的关键措施。土壤环境变化会对土壤元素的化学行为产生深远影响，化学行为的消极变化将破坏土壤微量矿质元素平衡，而元素亲合性作为土壤元素的一种化学行为（戚长谋，1991；谢佰承等，2007），与维持土壤矿质元素平衡密切相关。因此，土壤中不同亲合性元素的含量、分布及其影响因素一直是生态学家的研究热点（武婕等，2014；王壮等，2018）。

姜悦等（2013）研究耕层土壤微量元素空间特征及其影响因子，认为需结合不同耕作制度、土壤类型及其质量分数丰缺水平对秦巴山区进行分区培肥与管理；徐烨等（2018）通过对比分析云南小江流域不同土地利用类型土壤微量元素得出，依据地貌和土壤类型的分布，合理布局土地利用类型，调整耕作及施肥等管理方案，可防止该区生态退化，提高土壤肥力；王玉军等（2017）研究徐州农田土壤养分和重金属的含量与分布，表明应采取相应的施肥、耕作管理或污染修复措施，改善农田土壤养分和重金属含量的空间差异。元素的亲合性是制约各种地质作用中元素地球化学行为的基本属性（戚长谋，1991）。因此，不同亲合性元素与离子、单质的结合倾向不同，进而影响元素在土壤中的存在形态（戚长谋，1991），导致土壤元素有效态含量存在差异；同一元素与不同伴随阴离子结合，其化学性质也存在较大差异。土壤作为植物正常生长发育所需元素的主要来源，其通过调控元素含量、分布特征、赋存形态等，影响植物群落类型（王维奇等，2011；贡璐等，2012；马志敏等，2013）与作物产量、品质（孙彦铭等，2016）。然而，以往的研究方法多以土壤元素含量水平为主，鲜有按元素结合倾向差异进行研究的方法，因此分类探讨元素含量特征及种植不同植物对不同亲合性元素的影响机理具有重要的理论和实践意义。

喀斯特石漠化区土壤贫瘠且易随水流失，种植火龙果、花椒、玉米、柚木、金银花、核桃作为该区生态恢复措施，对石漠化区植被修复与土壤改良具有促进作用，但由于其恶劣的生态环境，土壤中不同亲合性元素逐渐退化（杨丹丽等，2018）。目前，关于喀斯特石漠化区土壤元素亲合性的研究鲜见报道，特别是基于不同植物类型尺度，通过分析不同亲合性元素含量变化规律，探究如何科学、高效地调控土壤矿质元素含量水平的研究则更少。基于此，本研究选择黔中喀斯特石漠化区适宜性较强的火龙果、花椒、玉米、柚木、金银花、核桃 6 种典型植物利用类型的土壤为研究对象，测定土壤中 Fe、Ca、Cu 等 23 种亲合性元素的含量，探讨不同亲合性元素的变化特征，揭示不同植物类型对土壤元素的影响规律，为实现土壤养分可持续供给、提高土地生产力和综合治理石漠化奠定科学依据。研究方法与本章 9.1.1 相同。

9.3.1　各植物类型土壤不同亲合性元素的特征

（1）亲铁元素

不同植物类型土壤的亲铁元素特征如图 9-5 所示。Fe 含量以金银花地最高（63.12 g/kg）、花椒地最低（5.04 g/kg），且在柚木地和火龙果地间无显著差异。Ni 含量在玉米地和花椒地间无显著差异，且含量较高，在柚木地、火龙果地和金银花地间差异不显著，且含量均较低。Co、Mo、Pb 含量在各植物类型间变化趋势大体一致，其含量均在核桃地、金银花地和花椒地间无显著差异，且 Co、Mo 含量均以火龙果地最高。TC 含量在各植物类型间的变化幅度为 19.16～70.17 g/kg，其中以金银花地含量最高、火龙果地含量最低，且在柚木地和花椒地间无显著差异。相较其余 5 种植物类型，玉米地的亲铁元素含量最高。

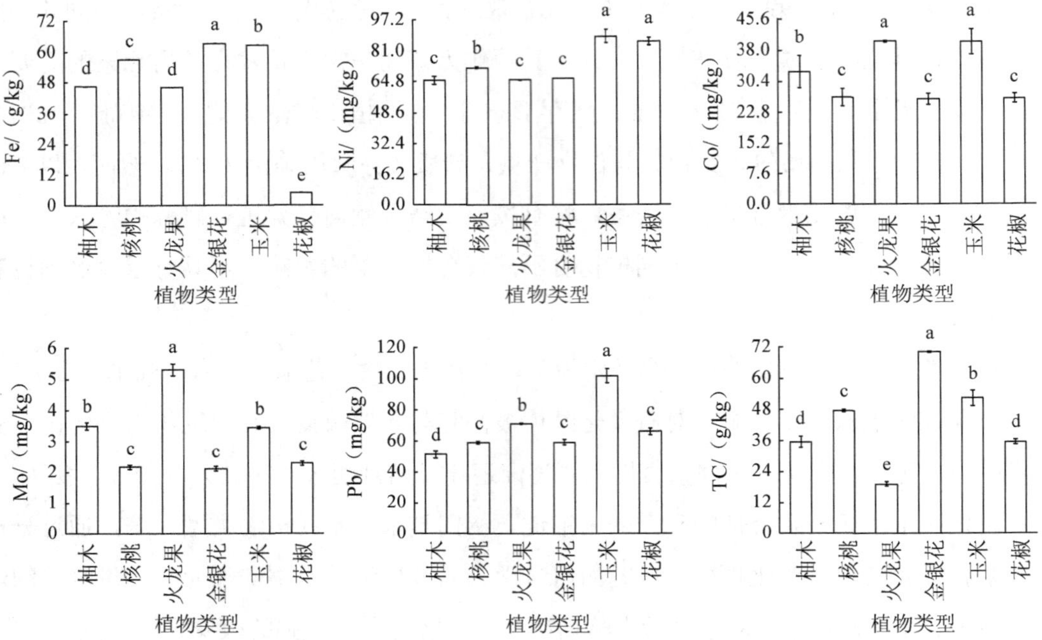

图 9-5 不同植物类型土壤的亲铁元素含量

注：不同小写字母表示差异显著。下同。

（2）亲石元素

6 种植物类型土壤的亲石元素含量表现出不同程度的差异（表 9-10）。Ca 含量在核桃地最高，为 77.33 g/kg，火龙果地最低，为 6.41 g/kg，在柚木地、火龙果地、玉米地和花椒地间差异不显著。Na 含量变化范围为 0.59～1.95 g/kg，且在柚木地、火龙果地、玉米地、金银花地间均无显著差异。Al 和 Cr 含量均以花椒地最高，分别为 125.79 g/kg、187.79 mg/kg，火龙果地最低，分别为 81.59 g/kg、95.35 mg/kg。B 含量以花椒地最高、核桃地最低，在其余 4 种植物类型间均无显著差异。Mg、Mn、Ti、Si、Sr 含量均在任意两种植物类型间差异显著。总体而言，亲石元素在 6 种土地利用类型间均存在差异，且花椒地利于亲石元素富集。

表 9-10 不同植物类型土壤的亲石元素含量

元素	柚木	核桃	火龙果	金银花	玉米	花椒
Ca/（g/kg）	9.7±0.01cd	77.33±0.62a	6.41±0.17d	43.83±0.14b	12.26±0.20c	8.61±5.21cd
Mg/（g/kg）	8.74±0.09e	26.14±0.09a	6.66±0.05f	17.69±0.09b	9.24±0.09d	13.57±0.17c
Na/（g/kg）	1.53±0.08cd	1.95±0.05a	1.62±0.12bc	1.75±0.01b	1.43±0.06d	0.59±0.01e
Al/（g/kg）	85.67±0.16d	105.85±0.25b	81.59±0.19e	105.39±0.17b	95.78±0.15c	125.79±1.38a

元素	柚木	核桃	火龙果	金银花	玉米	花椒
Mn/（g/kg）	3.73±0.04c	1.87±0.01f	5.36±0.02b	2.37±0.04e	6.05±0.04a	2.85±0.07d
Ti/（g/kg）	4.70±0.02f	6.43±0.02d	5.27±0.01e	7.21±0.02b	6.67±0.02c	7.61±0.03a
Si/（g/kg）	127.84±0.06b	81.76±0.02f	134.26±0.08a	91.35±0.01e	117.83±0.02c	95.87±0.23d
B/（mg/kg）	57.78±0.81b	29.94±0.42c	52.67±10.37b	55.79±0.38b	53.47±0.37b	89.21±0.68a
Cr/（mg/kg）	97.06±4.04c	146.3±10.59b	95.35±3.00c	151.72±12.69b	148.59±0.79b	187.79±079a
Sr/（mg/kg）	58.85±0.01e	69.93±0.04b	65.15±0.01d	68.57±0.01c	72.05±0.07a	42.82±1.05f

（3）亲气元素

土壤亲气元素在各植物类型间的变化特征见图 9-6，Cl 含量以核桃地最高（0.10 g/kg）、玉米地最低（0.06 g/kg），在柚木地、火龙果地、玉米地、花椒地间无显著差异。

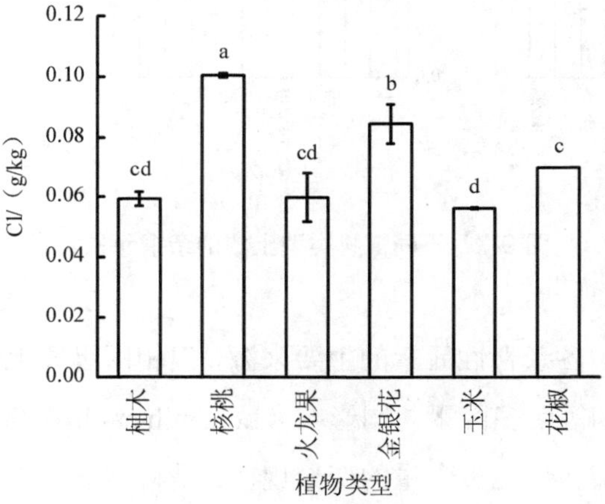

图 9-6　不同植物类型土壤的亲气元素含量

（4）亲铜元素

不同植物类型土壤的亲铜元素特征见图 9-7，Cu 和 As 含量变化趋势一致，均以玉米地含量最高，且在核桃地、金银花地和花椒地间无显著差异，在柚木地和火龙果地间差异不显著。Zn 在金银花地和花椒地间无显著差异，且含量较高，在核桃地和玉米地间无显著差异，在柚木地和火龙果地间无显著差异，且含量最低。Cd 含量在柚木地和金银花地间无显著差异，且以玉米地最高、核桃地最低，分别为 3.48 mg/kg、1.53 mg/kg。Se 含量在柚木地、核桃地、火龙果地和玉米地间均无显著差异，以花椒地最高、金银花地最低，且花椒地的 Se 含量是金银花地的 16.56 倍。S 含量在金银花地最高、柚木地最低，在火龙果地和花椒地间无显著差异。6 种植物类型中，柚木地亲铜元素较为亏缺。

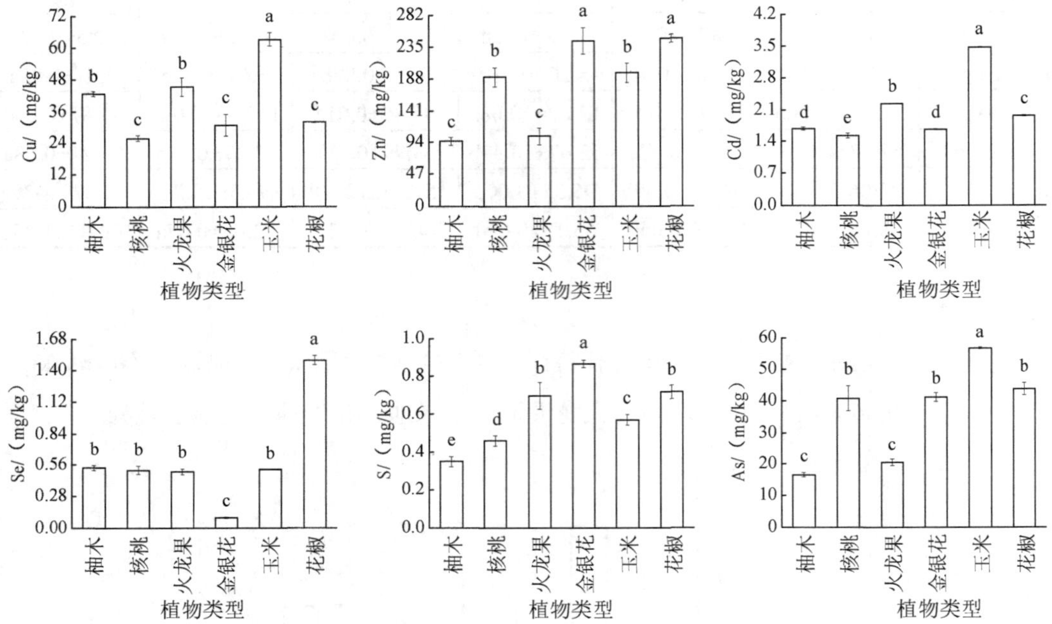

图 9-7 不同植物类型土壤的亲铜元素含量

成土母质是土壤中各亲合性元素的主要来源，但相同母质上的土壤元素含量受气候、植被、生物、人为活动等诸多因素共同影响（Lemenih et al.，2005；Hardy et al.，2015）。探讨植物类型间不同亲合性元素含量的变异规律，是科学管理土壤矿质养分的理论基础。本研究中，Fe、Mn、B、Mo、Zn 是植物体内酶、内源激素、维生素的重要组分，在植物生长、生理、生态过程中发挥着不可替代的作用，其亏缺状况会直接影响植物的生理代谢功能（张晓霞等，2010；赵串串等，2017）。因此，本节选择 Fe、Mn、B、Mo、Zn 等对植物生长、生理具有较为重要作用的元素进行讨论。

Fe 是形成叶绿素的必需元素，植物缺 Fe 会产生叶绿症；在酸性土壤中，Fe 过量积累会导致植物受 Fe 胁迫，影响植物正常生长（孙文广等，2013）。本研究中，花椒林土壤 Fe 含量为 5.04 g/kg，显著低于其余 5 种植物类型土壤的 Fe 含量，且其含量不足金银花地的 10%。邹元春等（2009）的研究结果表明，土壤粒级越小，越利于 Fe 的积累。本研究区金银花地土壤凋落物数量大、分解快，加速了团粒结构培育，便于养分积累，提高了土壤养分保育和水分蓄存功能；而花椒林地凋落物数量少、分解慢，养分回归速率低，生物小循环途径受阻，导致 Fe 元素含量较低。

Mn 可促进碳水化合物和 N 的代谢，且与多种酶合成密切相关，是合成脱氧酶、脱羧酶、激酶等的活化剂（孙文广等，2013）。在 6 种植物类型中，以玉米地 Mn 含量最高，为 6.05 g/kg，核桃地 Mn 含量最低，为 1.87 g/kg。造成玉米地与核桃地 Mn 含量差异显著的原因可能是玉米地秸秆归还量较大，有机质含量丰富，而有机质与金属元素之间亲合性较强（Singer et al.，1974；Aiken et al.，1985），导致玉米地有机质对 Mn 元素的吸附能力较强，利于 Mn 元素富集。

B 可促进花粉萌芽和花粉管的生长，也可促进植物体内糖的运输，改善植物体内有机物质的供应（任鹏等，2015）。本节中，核桃地 B 含量为 29.94 mg/kg，低于中国土壤 B 含量背景值（47.80 mg/kg），且显著低于其余 5 种植物类型土壤的 B 含量。研究显示，B 元素分布特征与生物量有关（秦胜金等，2006），地上生物量越高，植物群落对土壤中 B 元素的吸收量越大，地下生物量越大，植物群落对土壤中 B 元素的吸收范围越大（任鹏等，2015）。核桃地种植密度较小，因而伴生植物种类丰富，加之核桃根系伸展空间较大，利于土壤动物活动，增强了 B 元素的流动性，更有利于伴生植物对土壤中 B 元素的吸收，导致核桃地 B 元素含量处于较低水平。

Mo 对植物的生理功能主要表现在 N 代谢方面，充足的 Mo 能够提高固 N 含量及蛋白质含量，促进光合作用以及消除酸性土壤中活性 Al 在植物体内的毒害作用（黄建国，2004）。本研究显示，核桃地、金银花地、花椒地的 Mo 含量均处于较低水平，火龙果地的 Mo 含量最高。原因可能是火龙果果园进行了土地整理，地势较为平坦，土壤中 Mo 元素不易随水土流失；另外，火龙果作为经济作物，肥料施用量大、养分周转快、耕作程度高，导致 Mo 元素在火龙果地积累量大。

Zn 元素可促进生长素合成，能够调节植物体内有机 N 与无机 N 的配比，提高抗干旱、抗低温的能力，促进枝叶正常生长（黄建国，2004）。本研究表明，Zn 元素在金银花地和花椒地中含量较高，在柚木地与火龙果地中含量较低，可能是由于火龙果地产出大，作物根系对 Zn 元素的吸收导致了火龙果地 Zn 元素含量较低。

9.3.2　不同亲合性元素的相关性分析

表 9-11 显示，亲铁元素间仅 Ni 与 Pb、Co 与 Mo 呈极显著正相关关系，TC 与 Mo 呈极显著负相关关系，其余元素间相关性较小；亲铁元素仅 Fe、Co、Mo 与亲铜元素表现出较强的相关性；亲铁元素 Ni、Pb 对亲石元素有增强效应，亲铁元素 Co、Mo 则对亲气元素有抑制效应。亲铜元素间仅 Mn、Si、Cr、Sr 与其余元素有较强的相关性；亲铜元素 Cu、Zn、Se、As 与亲石元素相关关系较强。亲石元素间 Ca、Mg、Mn、Si 与其余亲石元素相关性较强；亲铜元素间仅 Zn 与 Cu、As 表现出极强的正相关关系，亲铜元素仅 Cu 与亲气元素呈极显著负相关关系。

表 9-11　不同亲合性元素间的相关关系

元素		亲铁元素						亲石元素						亲石元素				亲铜元素						亲气元素
		Fe	Ni	Co	Mo	Pb	TC	Ca	Mg	Na	Al	Mn	Ti	Si	B	Cr	Sr	Cu	Zn	Cd	Se	S	As	Cl
亲铁元素	Fe	1																						
	Ni	-0.344	1																					
	Co	0.272	0.115	1																				
	Mo	0.091	-0.264	0.835**	1																			
	Pb	0.191	0.713**	0.652*	0.268	1																		
	TC	0.507	0.107	-0.437	-0.713**	0.066	1																	
亲石元素	Ca	0.431	-0.222	-0.567	-0.594*	-0.323	0.521	1																
	Mg	0.169	-0.049	-0.736**	-0.763**	-0.362	0.517	0.952**	1															
	Na	0.899**	-0.594*	0.074	0.055	-0.17	0.335	0.634*	0.377	1														
	Al	-0.562	0.545	-0.720**	-0.799**	-0.074	0.346	0.261	0.531	-0.554	1													
	Mn	0.170	0.266	0.940**	0.784**	0.755**	-0.380	-0.699*	-0.823**	-0.111	-0.598*	1												
	Ti	-0.261	0.605*	-0.513	-0.703*	0.239	0.564	0.254	0.455	-0.411	0.884**	-0.367	1											
	Si	0.043	-0.189	0.822**	0.903**	0.253	-0.621*	-0.783**	-0.922**	-0.064	-0.793**	0.821**	-0.745**	1										
	B	-0.810**	0.408	-0.137	-0.093	0.028	-0.198	-0.671*	-0.433	-0.931**	0.483	0.052	0.368	0.101	1									
	Cr	-0.401	0.697*	-0.535	-0.760**	0.198	0.461	0.224	0.463	-0.508	0.945**	-0.405	0.949**	-0.746**	0.420	1								
	Sr	0.971**	-0.247	0.345	0.156	0.317	0.420	0.457	0.193	0.871**	-0.535	0.238	-0.21	0.028	-0.850**	-0.356	1							
亲铜元素	Cu	0.272	0.361	0.831**	0.587*	0.785**	-0.154	-0.617*	-0.731**	-0.06	-0.522	0.938**	-0.286	0.710**	0.007	-0.310	0.302	1						
	Zn	-0.182	0.52	-0.611*	-0.776**	0.148	0.663*	0.329	0.517	-0.321	0.871**	-0.449	0.976**	-0.790**	0.301	0.912**	-0.162	-0.313	1					
	Cd	0.18	0.661*	0.721**	0.366	0.972**	-0.007	-0.476	-0.524	-0.197	-0.194	0.850**	0.098	0.418	0.086	0.067	0.273	0.897**	0.024	1				
	Se	-0.942**	0.590*	-0.193	-0.144	0.039	-0.462	-0.371	-0.108	-0.891**	0.611*	-0.074	0.332	-0.096	0.718**	0.508	-0.873**	-0.124	0.247	0.032	1			
	S	-0.114	0.054	-0.154	-0.095	0.123	0.29	-0.076	-0.004	-0.271	0.356	-0.066	0.615*	-0.235	0.344	0.410	-0.083	-0.157	0.576	0.038	-0.028	1		
	As	0.09	0.792**	-0.146	-0.537	0.634*	0.607*	0.243	0.346	-0.175	0.595*	0.001	0.817**	-0.548	0.068	0.777**	0.169	0.163	0.800**	0.521	0.138	0.287	1	
亲气元素	Cl	0.214	-0.155	-0.679*	-0.689*	-0.381	0.495	0.922**	0.944**	0.421	0.446	-0.787**	0.408	-0.858**	-0.404	0.387	0.236	-0.764**	0.440	-0.546	-0.199	0.051	0.269	1

注：*表示在 $P<0.05$ 水平上显著相关，**表示在 $P<0.01$ 水平上极显著相关。下同。

9.3.3　土壤矿质元素综合管理策略

研究显示，亲铁元素与 Fe 元素的结合能力较强，亲石元素与氧元素表现出较强的亲合性（韩吟文，2003），亲铜元素倾向与 S 元素结合（孙赫等，2009），而亲气元素与土壤通气性有关，且易溶易挥发，流动性较大，利于矿质元素富集与迁移（地质矿产部地质辞典办公室编辑，2005）。因此，本研究中亲铁、亲石、亲铜元素含量特征与亲气元素分布特征大致保持一致。柚木地亲铜元素、花椒地亲铁元素均处于较低水平，而 Fe 元素与 S 元素呈正相关关系，因此，可通过调控土壤中 Fe 元素或 S 元素的分布，对亲铁元素和亲铜元素进行管理。柚木地亲石元素含量较低，改善土壤通气性有利于增加土壤中氧气的含量（雷宏军等，2017），从而提高亲石元素含量。玉米地亲气元素含量较低，而亲气元素主要以气态形式存在，因此，改善土壤通气性是控制土壤中亲气元素分布的重要途径，进而影响其他矿质元素的富集程度。

9.4　土壤性状调控措施

9.4.1　施肥方式

目前，主要的施肥措施有施用复合肥、有机肥、生物肥、绿肥和矿肥等。其中复合肥主要是补充 N、P、K 等大量元素；有机肥主要是从生物小循环的角度实现养分全面供应；生物肥是采取生物措施改良土壤质量性状；绿肥是通过培育绿肥植物以提升土壤肥力水平；矿肥是利用矿物、尾矿或废渣中元素含量状况进行矿质元素的补充；有机肥是目前主要推荐使用的肥料，目的是加大生物小循环的回补量，使元素含量维持在相对稳定的水平，实现农产品品质的提升。由于喀斯特地区土层浅薄、土壤养分流失量大，导致 N、P、K 等大量元素损失，微量元素含量较低，建议采用有机肥+复合肥的施肥方式，并以有机肥为主。有条件的地区可以套种绿肥，比如紫花苜蓿、花生、大豆等，特别是人工纯林林下可以套种绿肥等矮秆植物，以提高土壤养分质量水平。有机肥的主要来源之一是畜禽粪便，因此发展生态畜牧业，利用畜禽粪便制备有机肥是喀斯特山区解决肥料问题的出路之一，也是推动乡村产业振兴的关键措施。

9.4.2　土壤保水

现有的土壤保水措施包括薄膜覆盖、枯落物覆盖、石板覆盖、生物覆盖和施用保水剂等，这些措施都能不同程度地抑制土壤水分损失，具有一定的蓄水保墒功能。其中薄膜覆盖简易但容易因农膜残留而造成土壤污染；枯落物覆盖能够为土壤提供部分有机肥且具备一定的保水保肥功能；石板覆盖主要是控制土壤水分蒸发并调节土壤温度变化差；生物覆盖是利用生物层的作用抑制土壤水分散失且有一定的肥效；保水剂是具有超级吸水和保水能力的高分子聚合物。针对喀斯特区域的生境特征，建议采用枯落物覆盖、生物覆盖或施用保水剂等单一或组合方式，如枯落物覆盖+生物覆盖、枯落物覆盖+保水剂等。草本层建植能够增加土壤水分含量、改善土壤容重、增加土壤动物的活动空间，但是草本层与其他植物之间为养分竞争还是互利关系需要深入分析，即应当进一步研究不同生态效应之间的权衡与协同关系。保水剂包括钙型保水剂和钠型保水剂，钠型保水剂容易造成植物根系失水死亡，因而推荐采用钙型保水剂。

9.4.3 水肥耦合

水肥耦合是借用物理学的概念，指水分与肥料之间或水分与肥料中的 N、P、K 等营养元素之间相互作用对植物生长、生理、生化、生态等特征及其利用效率的影响，水肥耦合亏缺是喀斯特石漠化地区生态恢复的关键障碍之一。水肥耦合是一个相对简单、便于理解的概念，但是操作起来难度较大，尤其是在喀斯特地区，要厘清水肥耦合配置的比例，需要在不同条件、不同尺度、不同群落下开展试验研究。该地区土壤养分含量较低，多数营养元素处于亏缺状态，并且常发生工程性缺水，因此协调好水分和养分之间的关系尤为重要，是确保生态产业健康可持续发展的前提条件。由于水分是养分溶解的溶剂和矿物质运输的载体，植物对 N、P、K 等营养元素的吸收会随着土壤水分的降低而降低，当水分含量降低时养分扩散亦会受到影响；肥料中包含了构成生命体的大量元素，因此在生态恢复过程尤其是人工林植被建植过程中，应当协调好水分和养分的关系。此外，在喀斯特地区建设适当的水利工程和新建必要的灌溉设施，能够解决季节性缺水问题，为生态产业发展提供稳定的水源保障，是农业生产的关键要素。

9.4.4 套种绿肥

绿肥是一种养分丰富的生物肥料，也是目前化学肥料零增长计划和土壤有机质提升计划的重要替代能源，对农业可持续发展具有显著意义（包明等，2018）。种植绿肥是加快生地土壤熟化的重要措施，绿肥对土壤培肥和作物增产具有显著的促进作用（童文彬等，2019）。绿肥作物包括紫云英、黑麦草、饲料油菜等，绿肥还田具有提高土壤肥力、改善土壤细菌群落结构、提高生物多样性等功能，套种绿肥能够显著改良土壤性状，提高土壤通透性。喀斯特地区土壤肥力水平整体偏低，土壤质量状况欠佳，加之不合理的种植结构导致土壤肥力持续降低，种植绿肥能够充分利用水、土、热等资源，在空闲时期或空闲地块培肥地力；同时，喀斯特地区水热资源丰富，杂草生长较为迅速，这给人工除草带来了较大的压力，套种绿肥不仅能够实现生态控草、减少除草剂和化肥的用量，还能为下茬作物生长提供充足的养分（苏瑶等，2019）。但是，绿肥作物要与施肥和栽培管理等措施相结合，只有合理的耕作措施才能取得良好的效益，盲目种植绿肥可能适得其反。

9.4.5 秸秆还田

农作物秸秆中含有丰富的有机质，对其进行资源化利用能够显著改良土壤肥力，提高土壤矿质养分含量，同时避免因秸秆焚烧等带来的环境污染。秸秆还田是重要的 C 投入方式，可以改善土壤微生物生物量 C、N 水平，提高土壤中各种胞外酶的活性，具有良好的生态效益。对秸秆中的养分进行再利用，能够极大地降低化肥用量，从而减少农业面源污染，同时避免土壤结构退化和功能降低。秸秆还田前，应当进行粉碎或充分发酵，不同植物秸秆、不同粒径、不同发酵环境、不同发酵时间和不同耕作方式等，均会对秸秆还田肥效产生影响，在使用过程中应当结合实际情况针对性地进行分析。秸秆还田前应充分腐熟，可以与有机肥共同使用，并确保水分含量充足，避免发生烧根等现象。同时，秸秆还田应当结合气候条件和土壤肥力水平，因地制宜、因地施策。此外，秸秆还田可能造成土壤重金属污染，造成汞、甲基汞等在植物体内积累（陈宗娅等，2016），增加食物链暴露风险，诱发粮食安全和食品质量问题，因而应当对秸秆施用可能发生的重金属污染等进行综合评估与防控，确保不引起新的生态环境问题。

9.5 小结

本章选择喀斯特高原峡谷地区玉米、金银花、火龙果、核桃、柚木、花椒 6 种植物类型的土壤为研究对象，分析各植物类型的理化性质，探讨土壤养分循环机制。研究结果显示，6 种主要植物类型的土壤均存在 N 元素亏缺，火龙果地、核桃地、柚木地和玉米地还表现出 P 元素亏缺，喀斯特峡谷土壤有机质分解速率较快，导致 N、P 养分元素大量损失；土壤质量综合指数为花椒（2.334）＞金银花（1.283）＞玉米（–0.330）＞核桃（–0.386）＞柚木（–1.153）＞火龙果（–1.598）。在土地资源管理过程中应注重外源 N、P 元素的添加与输入。不同土壤质量指标间存在相关关系，应注重化肥与有机肥、化肥与绿肥的配合施用，调节养分动态平衡。

不同亲合性元素在各植物类型间也存在差异，亲铁元素在玉米地含量较丰富，亲铜元素在玉米地、金银花地含量较高，亲气元素在核桃地和金银花地积累较多，亲石元素在花椒地与核桃地含量较高，说明不同植物类型对不同亲合性元素的富集与迁移程度存在差异。不同元素间的相关关系有差异，其中，Mn、Ca、Al 与其他元素关系较密切。改善土壤通气性、调整土壤 Fe、S 元素含量水平，是管理不同矿质元素含量的途径之一。

参考文献

[1] 白小芳，徐福利，王渭玲，等，2015．华北落叶松人工林土壤碳氮磷生态化学计量特征[J]．中国水土保持科学，13（6）：68-75.

[2] 包明，何红霞，马小龙，等，2018．化学氮肥与绿肥对麦田土壤细菌多样性和功能的影响[J]．土壤学报，55（3）：734-742.

[3] 鲍乾，杨瑞，聂朝俊，等，2017．贵州喀斯特高原花江峡谷区不同恢复模式的土壤养分特征[J]．生态学杂志，36（8）：2094-2102.

[4] 鲍士旦，2008．土壤农化分析：第 3 版[M]．北京：中国农业出版社．

[5] 曾昭霞，王克林，刘孝利，等，2015．桂西北喀斯特森林植物-凋落物-土壤生态化学计量特征[J]．植物生态学报，39（7）：682-693.

[6] 陈贵，赵国华，张红梅，等，2017．长期施用有机肥对水稻产量和氮磷养分利用效率的影响[J]．中国土壤与肥料，（1）：92-97.

[7] 陈美军，段增强，林先贵，2011．中国土壤质量标准研究现状及展望[J]．土壤学报，48（5）：1059-1071.

[8] 陈晓波，官会林，郭云周，等，2011．绿肥翻压对烟地红壤微生物及土壤养分的影响[J]．中国土壤与肥料，（4）：74-78.

[9] 陈宗娅，王永杰，舒瑞，等，2016．秸秆覆盖还田对稻麦轮作体系中土壤及作物甲基汞累积的影响[J]．农业环境科学学报，35（10）：1931-1936.

[10] 戴万宏，黄耀，武丽，等，2009．中国地带性土壤有机质含量与酸碱度的关系[J]．土壤学报，4（5）：851-861.

[11] 邓继峰，丁国栋，吴斌，等，2014．宁夏盐池地区 3 种林分枯落物层和土壤水文效应[J]．北京林业大学学报，36（2）：108-114.

[12] 地质矿产部地质辞典办公室编辑，2005．地质大辞典（二）矿物、岩石、地球化学分册[M]．北京：地质出版社．

[13] 杜威，王紫泉，和文祥，等，2017．豆科绿肥对渭北旱塬土壤养分及生态化学计量学特征影响[J]．土壤学报，554（4）：999-1008.

[14] 贡璐，张雪妮，吕光辉，等，2012．塔里木河上游典型绿洲不同土地利用方式下土壤质量评价[J]．资源科学，34（1）：120-127.

[15] 韩吟文，2003．地球化学[M]．北京：地质出版社．

[16] 贺金生，韩兴国，2010．生态化学计量学：探索从个体到生态系统的统一化理论[J]．植物生态学报，34（1）：2-6.

[17] 胡江玲，张高，赵枫，等，2010．新疆精河流域不同土地利用方式对土壤质量的影响[J]．水土保持研究，17（4）：92-95+99.

[18] 胡举伟，朱文旭，张会慧，等，2013．桑树/大豆间作对植物生长及根际土壤微生物数量和酶活性的影响[J]．应用生态学报，24（5）：1423-1427.

[19] 胡宁，袁红，蓝家程，等，2014．岩溶石漠化区不同植被恢复模式土壤无机磷形态特征及影响因素[J]．生态学报，34（24）：7393-7402.

[20] 黄建国，2004．植物营养学[M]．北京：中国林业出版社.

[21] 江叶枫，叶英聪，郭熙，等，2017．江西省耕地土壤氮磷生态化学计量空间变异特征及其影响因素[J]．土壤学报，54（6）：1527-1537.

[22] 姜悦，常庆瑞，赵业婷，等，2013．秦巴山区耕层土壤微量元素空间特征及影响因子——以镇巴县为例[J]．中国水土保持科学，11（6）：50-57.

[23] 雷宏军，胡世国，潘红卫，等，2017．土壤通气性与加氧灌溉研究进展[J]．土壤学报，54（2）：297-308.

[24] 李丹维，王紫泉，田海霞，等，2017．太白山不同海拔土壤碳、氮、磷含量及生态化学计量特征[J]．土壤学报，54（1）：160-170.

[25] 李菡，孙爱清，郭恒俊，2010．农田不同种植模式与土壤质量的关系[J]．应用生态学报，21（2）：365-372.

[26] 李红林，贡璐，朱美玲，等，2015．塔里木盆地北缘绿洲土壤化学计量特征[J]．土壤学报，52（6）：1345-1354.

[27] 李艳琼，邓湘雯，易昌晏，等，2016．湘西南喀斯特地区灌丛生态系统植物和土壤养分特征[J]．应用生态学报，27（4）：1015-1023.

[28] 李媛媛，周运超，邹军，等，2010．黔中石灰岩地区典型灌木林土壤酶活性与植物物种多样性研究[J]．水土保持研究，17（3）：245-250.

[29] 刘成刚，薛建辉，2011．喀斯特石漠化山地不同类型人工林土壤的基本性质和综合评价[J]．植物生态学报，35（10）：1050-1060.

[30] 刘洁，李茗，吴立潮，2017．南方红壤区油茶林土壤肥力质量指标及评价[J]．西北林学院学报，34（2）：73-80.

[31] 刘兴华，2013．黄河三角洲湿地植物与土壤 C、N、P 生态化学计量特征研究[D]．泰安：山东农业大学.

[32] 刘逊，邓小华，周米良，等，2012．湘西植烟土壤有机质含量分布及其影响因素[J]．核农学报，26（7）：1037-1042.

[33] 刘占锋，傅伯杰，刘国华，等，2006．土壤质量与土壤质量指标及其评价[J]．生态学报，26（3）：131-134.

[34] 龙健，李娟，江新荣，等，2006．喀斯特石漠化地区不同恢复和重建措施对土壤质量的影响[J]．应用生态学报，17（4）：615-619.

[35] 吕金林，闫美杰，宋变兰，等，2017．黄土丘陵区刺槐、辽东栎林地土壤碳、氮、磷生态化学计

量特征[J]．生态学报，37（10）：3385-3393.

[36] 马芊红，张光辉，耿韧，等，2018．黄土高原纸坊沟流域不同土地利用类型土壤质量评价[J]．水土保持研究，25（4）：30-42.

[37] 马志敏，吕一河，孙飞翔，等，2013．黑河中游荒漠绿洲区土地利用的土壤养分效应[J]．生态学报，33（19）：6328-6334.

[38] 戚长谋，1991．元素地球化学分类探讨[J]．长春地质学报，21（4）：361-365.

[39] 秦纪洪，黄雪菊，陈蓓，等，2016．干湿交替格局对川西南干热河谷土壤碳氮释放的影响[J]．水土保持学报，30（3）：250-254.

[40] 秦胜金，刘景双，孙志高，2006．三江平原湿地小叶章群落磷素积累动态与生物量动态分析[J]．生态学杂志，25（6）：646-651.

[41] 任鹏，孙志高，赵全升，等，2015．黄河口盐沼土壤硼和铝的分布特征[J]．湿地科学，13（6）：728-734.

[42] 盛茂银，刘洋，熊康宁，2013．中国南方喀斯特石漠化演替过程中土壤理化性质的响应[J]．生态学报，33（19）：6303-6313.

[43] 盛茂银，熊康宁，崔高仰，等，2015．贵州喀斯特石漠化地区植物多样性与土壤理化性质[J]．生态学报，35（2）：434-448.

[44] 宋秋华，李凤民，刘洪升，等，2003．黄土区地膜覆盖对麦田土壤微生物体碳的影响[J]．应用生态学报，14（9）：1512-1516.

[45] 苏瑶，何振超，杨艳华，等，2019．绿肥-小麦套作生态控草技术初探[J]．浙江农业科学，60（8）：1280-1282，1287.

[46] 孙超，2012．基于生态化学计量学的草地退化研究[D]．长春：吉林大学.

[47] 孙赫，唐冬梅，秦克章，等，2009．亲铜元素的地球化学行为研究进展及其在岩浆硫化物矿床中的应用[J]．地质论评，55（6）：840-850.

[48] 孙文广，甘卓亭，孙志高，等，2013．黄河口新生湿地土壤 Fe 和 Mn 元素的空间分布特征[J]．环境科学，34（11）：4411-4419.

[49] 孙向阳，2004．土壤学[M]．北京：中国林业出版社.

[50] 孙彦铭，刘克桐，贾良良，等，2016．河北省冀中南平原区典型农田土壤肥力演变特征[J]．中国农学通报，32（9）：164-169.

[51] 唐国勇，高成杰，李昆，2015．植被恢复对干热河谷退化土壤改良的影响[J]．生态学报，35（15）：5157-5167.

[52] 陶冶，张元明，周晓兵，2016．伊犁野果林浅层土壤养分生态化学计量特征及其影响因素[J]．应用生态学报，27（7）：2239-2248.

[53] 童文彬，王建红，张海燕，等，2019．红壤生地种植不同品种绿肥的产量和养分累积差异[J]．浙江农业科学，60（8）：1329-1331.

[54] 王果，2009．土壤学[M]．北京：高等教育出版社.

[55] 王建林，钟志明，王忠红，等，2014．青藏高原高寒草原生态系统土壤碳磷比的分布特征[J]．草业学报，23（2）：9-19.

[56] 王绍强，于贵瑞，2008．生态系统碳氮磷元素的生态化学计量学特征[J]．生态学报，28（8）：3937-3947.

[57] 王维奇，徐玲琳，曾从盛，等，2011．河口湿地植物活体-枯落物-土壤的碳氮磷生态化学计量特征[J]．生态学报，31（23）：7119-7123.

[58] 王玉军，欧名豪，2017．徐州农田土壤养分和重金属含量与分布研究[J]．土壤学报，54（6）：1438-1449.

[59] 王钰莹，孙娇，刘政鸿，等，2016．陕南秦巴山区厚朴群落土壤肥力评价[J]．生态学报，36（16）：5133-5141.

[60] 王壮，杨万勤，吴福忠，等，2018．高山森林林窗对苔藓及土壤微量元素含量的影响[J]．生态学报，38（6）：2111-2118.

[61] 魏孝荣，邵明安，2007．黄土高原沟壑区小流域坡地土壤养分分布特征[J]．生态学报，27（2）：603-612.

[62] 武婕，李玉环，李增兵，等，2014．南四湖区农田土壤有机质和微量元素空间分布特征及影响因素[J]．生态学报，34（6）：1596-1605.

[63] 谢佰承，张春霞，薛绪掌，2007．土壤中微量元素的环境化学特性[J]．农业环境科学学报，26（S）：132-135.

[64] 徐烨，邓艳，曹建华，等，2018．云南小江流域不同土地利用类型土壤微量元素的对比分析[J]．中国岩溶，37（5）：752-760.

[65] 许艳，张仁陟，2017．陇中黄土高原不同耕作措施下土壤磷动态研究[J]．土壤学报，54（3）：670-681.

[66] 杨丹丽，喻阳华，钟欣平，等，2018．干热河谷石漠化区不同土地利用类型的土壤质量评价[J]．西南农业学报，31（6）：1234-1240.

[67] 喻阳华，刘桂华，杨苏茂，2017．赤水河上游水源涵养林的土壤特征[J]．贵州师范大学学报（自然科学版），35（4）：23-30.

[68] 张晶，濮励杰，朱明，等，2014．如东县不同年限滩涂围垦区土壤 pH 与养分相关性研究[J]．长江流域资源与环境，23（2）：225-230.

[69] 张璐，文石林，蔡泽江，等，2014．湘南红壤丘陵区不同植被类型下土壤肥力特征[J]．生态学报，34（14）：3996-4005.

[70] 张晓霞，李占斌，李鹏，2010．黄土高原草地土壤微量元素分布特征研究[J]．水土保持学报，24（5）：45-48.

[71] 赵串串，王媛，高瑞梅，2017．青海省黄土丘陵区主要林分土壤微量元素丰缺状况研究[J]．干旱区资源与环境，31（3）：130-135.

[72] 赵一娉，曹扬，陈云明，等，2017．黄土丘陵沟壑区森林生态系统生态化学计量特征[J]．生态学报，37（16）：5451-5460.

[73] 朱秋莲，邢肖毅，张宏，等，2013．黄土丘陵沟壑区不同植被区土壤生态化学计量特征[J]．生态学报，33（15）：4674-4682.

[74] 邹元春，吕宪国，姜明，等，2009．典型湿地植物与湿地农田作物铁含量的季节变化特征[J]．生态学杂志，28（2）：216-222.

[75] Aiken G R，Mc Knight D M，Wershaw R L，et al.，1985. Humic substance in soil，sediment，and water：Geochemistry，isolation，and characterization[M]. New York：John Wiley&Sons.

[76] Chen X W，Li B L，2003. Change in soil carbon and nutrient storage after human disturbance of a primary Korean pine forest in Northeast China[J]. Forest Ecology and Management，186（1-3）：197-206.

[77] Doran J W，Zeiss M R，2000. Soil health and sustainability：managing the biotic component of soil quality[J]. Applied Soil Ecology，15（1）：3-11.

[78] Elser J J，Dobberfuhl D R，Mackay N A，et al.，1996. Organism size，life history，and N：P stoichiometry[J]. BioScience，46（9）：674-684.

[79] Fu X L，Shao M A，Wei X R，et al.，2010. Soil organic carbon and total nitrogen as affected by vegetation types in Northern Loess Plateau of China[J]. Geoderma，155（1-2）：31-35.

[80] Hao Y J，Chang Q R，Li L H，et al.，2014. Impacts of landform，land use and soil type on soil chemical properties and enzymatic activities in a Loessial Gully watershed[J]. Soil Research，52（5）：453-462.

[81] Hardy A，Langley-Turnbaugh S J，Murphy D，2015. Trace elements in high-elevation soils on six mountains in Maine，USA[J]. Soil Horizons，56（2）.

[82] Jin Z Z，Lei J Q，Xu X W，et al.，2008. Evaluation of soil fertility of the shelter-forest land along the Tarim Desert Highway[J]. Chinese Science Bulletin，53（S2）：125-136.

[83] Lemenih M，Karltun E，Olsson M，2005. Assessing soil chemical and physical property responses to deforestation and subsequent cultivation in smallholders farming system in Ethiopia[J]. Agriculture，Ecosystems & Environment，105（1）：373-386.

[84] Mclauchlan K K，Hobbie S E，Post W M，2006. Conversion from agriculture to grassland builds soil organic matter on decadal timescales[J]. Ecological Applications，16（1）：143-153.

[85] Shahbazi F，Aliasgharzad N，Ebrahimzad S A，et al.，2013. Geostatistical analysis for predicting soil biological maps under different scenarios of land use[J]. European Journal of Soil Biology，55：20-27.

[86] Singer P，Fal'kovich L N，1974. Trace metals and metal-organic interactions in natural waters[M]. Ann Arbor，M：Ann Arbor Science.

[87] Tian H Q，Chen G S，Zhang C，et al.，2010. Pattern and variation of C：N：P ratios in China's soils：a synthesis of observational data[J]. Biogeochemistry，98（1-3）：139-151.

[88] Zhao F Z，Sun J，Ren C J，et al.，2015. Land use change influences soil C，N，P Stoichiometry under 'Grain-to Green Program' in China[J]. Scientific Reports，5：10195.

第 10 章　生态恢复原理与对策研究

生态恢复是根据生态学原理，通过生物、生态以及工程技术与方法，人为改变和切断导致生态系统退化的主导因子或过程，调整、配置和优化系统内部及其与外界的物质、能量和信息流动过程及其时空秩序，使生态系统结构和组成保持一定的完整性，生态功能稳定持续发挥（何兴元，2004）。喀斯特生态系统是地球表层系统的重要组成部分，我国西南喀斯特地区是世界上著名的生态脆弱区，土地退化严重、人地矛盾突出，区域发展可持续性弱，退化生态系统的恢复与重建是国家重大需求（万军等，2003）。喀斯特退化生态系统恢复重建应依据恢复生态学、系统动力学、景观生态学、生态经济学、产业生态学等的理论和原则，从移除持续干扰、加速系统正向演替、构建生态系统结构和功能、恢复主导因子、优化土地利用方式和调整经济产业结构等方面进行研究（王荣等，2010）。因而在科学研究的基础上，阐明生态恢复的理论、方法、技术和模式，提出喀斯特地区生态恢复的模式和技术，对该区生态系统恢复具有科学参考。

10.1　优势树种叶片功能性状

植物功能性状是植物遗传基因与外界环境共同作用过程中，植物通过形成不同形态、生理、物候等属性以适应其生存环境（Reich et al.，2003；孟婷婷等，2007；Violle et al.，2007；金银根，2010；孙梅等，2017），是植物联系环境与生态系统的桥梁（Reich et al.，2003；Violle et al.，2007），能够揭示植物对特殊环境的适应方式与途径。叶片是与环境接触面最大、对环境因子最敏感的光合器官，具有较强的形态结构可塑性，其功能性状易于测定且更能反映植物适应环境变化的不同权衡策略（Sack et al.，2013；孙梅等，2017）。基于叶片功能性状选择适宜的生态恢复物种，是确保恢复效果的前提之一。

诸多学者致力于植物功能性状的研究。杨锐等（2015）研究表明元谋干热河谷植物由于高低海拔水分的不同，植物功能性状及其性状组合具有显著差异。郄亚栋等（2018）

阐明草本和乔木的叶片厚度随土壤水盐梯度降低而升高，叶片面积、比叶面积呈下降趋势，而灌木叶片厚度呈倒“V”形，叶片面积、比叶面积呈“V”形变化的特征。陈思思等（2018）将常绿与落叶植物的功能性状进行对比，揭示了常绿植物与落叶植物对不同气候带的适应能力。余娇娥等（2019）提出自然群落抗旱能力要高于人工桉树林群落。在对喀斯特区叶片功能性状研究后发现，植物通过低叶片面积与高叶片干物质含量的协调来适应高温干旱的环境（庞志强等，2019），植物生理变化对环境极为敏感（容丽等，2007），区域种内与种间性状变异可反映植物对环境以及资源竞争的响应（Albert et al.，2010；钟巧连等，2018）。另外，干旱地区植物常形成厚叶以适应水分亏缺胁迫的环境（钟巧连等，2018）。由此可见，探讨植物叶片功能性状特征可以揭示环境变化如何驱动植物功能性状发生变异，为改变资源利用方式及提高利用效率奠定了基础，使植物更好地生存和繁衍（Chave et al.，2009），对探究区域植物群落形态特征与优势树种适应机理具有重要意义。但是，对于以上植物功能性状适应环境的协调与组合特征是否存在于干热河谷石漠化区的植物这个问题还需深入研究。

本节以贵州花江峡谷为研究区，通过样带法调查甄选出 13 个优势树种为研究对象，测定叶片厚度、叶片面积、比叶面积等 5 个叶片功能性状，分析不同优势树种叶片功能性状以及叶片功能性状间的相关关系，探究区域优势树种采用何种策略来适应干热河谷石漠化的生境，试图揭示该区优势树种的适应机理，以期为干热河谷石漠化区生态恢复树种选择和优化配置提供理论参考。

10.1.1 研究方法

（1）优势树种甄别

2018 年 8 月，在大范围踏查的基础上进行野外植物群落结构调查，设置 20 m×20 m 典型样地共 8 个。进行木本植物调查，采集区域林木数据，记录树种名称、数量、高度、生活型等，上述调查完成后测定各样地的经度、纬度、海拔高度等环境因子。在此基础上通过数量分类与排序的方法（王景升等，2016），甄选出代表干热河谷石漠化区的优势树种共 11 科 13 属 13 种，将这 13 个优势树种作为研究对象，采样点概况如表 10-1 所示。

表 10-1 采样点概况

<table>
<tr><th>样地</th><th>海拔/m</th><th>经度</th><th>纬度</th><th>树种</th><th>科属</th><th>生活型</th></tr>
<tr><td>1</td><td>554</td><td>105°39′36″</td><td>25°40′48″</td><td>柚木</td><td>马鞭草科柚木属</td><td>落叶阔叶</td></tr>
<tr><td rowspan="2">2</td><td rowspan="2">663</td><td rowspan="2">105°36′36″</td><td rowspan="2">25°41′24″</td><td>香椿</td><td>楝科香椿属</td><td>落叶乔木</td></tr>
<tr><td>毛桐</td><td>大戟科野桐属</td><td>落叶乔木</td></tr>
</table>

样地	海拔/m	经度	纬度	树种	科属	生活型
3	839	105°38′24″	25°39′36″	构树	桑科构属	落叶乔木
				核桃	胡桃科胡桃属	落叶乔木
4	841	105°37′48″	25°41′24″	枇杷	蔷薇科枇杷属	常绿乔木
5	928	105°37′48″	25°42′00″	柑橘	芸香科柑橘属	常绿乔木
6	954	105°39′00″	25°39′00″	红背山麻杆	大戟科山麻杆属	落叶灌木
				盐肤木	漆树科盐肤木属	落叶乔木
7	1 134	105°38′24″	25°37′48″	火棘	蔷薇科火棘属	常绿灌木
8	1 191	105°37′12″	25°42′00″	白刺花	豆科槐属	常绿灌木
				桉树	桃金娘科桉属	常绿乔木
				柏木	柏科柏木属	常绿针叶

（2）叶片功能性状测定方法

每个优势树种选取 5 株成熟且长势良好的植株，采集各个方向上冠层叶片完全展开、无病虫害、未被遮阴的叶片 10 片，分别编号放入自封袋带回实验室进行叶片功能性状的测定。其中叶片鲜重与叶片厚度现场测量。

测定叶片面积、厚度、鲜重、干重等指标，计算叶片含水率、比叶面积和干物质含量，方法见第 5 章 5.2.1 节。由于不同人测定可能产生测定误差，所以由同一人完成测定。可塑性指数为极大值和极小值之差与极大值的比值（李颖等，2014；王秋玲等，2015；刘贵峰等，2017）。

（3）数据处理与分析

用 Excel 2010 进行数据整理；使用 SPSS 22.0 统计软件对数据进行分析；采用 Pearson 法对树种叶片功能性状各指标进行相关性分析；采用单因素方差分析（one-way ANOVA）进行显著性检验并用最小显著差数（LSD）法进行多重比较，结果数据表达为平均值±标准差；用 Origin 8.6 软件绘图。

10.1.2 不同优势树种叶片的功能性状

（1）全部树种

由表 10-2 可以看出，13 个优势树种的叶片功能性状之间存在显著差异。叶片自然含水率为 58.06%～75.45%，枇杷最低，毛桐最高；叶片厚度为 0.14～0.55 mm，柚木最大，白刺花最小；叶片面积为 2.99～474.09 cm^2，柚木最大，火棘最小；比叶面积为 76.25～370.58 cm^2/g，毛桐最大，枇杷最小；叶片干物质含量为 24.55%～41.94%，枇杷最高，毛桐最低。

表 10-2 不同优势树种的叶片功能性状

树种	叶片自然含水率/%	叶片厚度/mm	叶片面积/cm^2	比叶面积/（cm^2/g）	叶片干物质含量/%
柚木	62.33±1.83fgh	0.55±0.06a	474.09±124.40a	95.05±19.57fg	37.67±1.83cd
香椿	63.22±4.93efg	0.23±0.01g	27.39±1.84fg	166.20±14.86cd	34.74±1.51de
毛桐	75.45±3.31a	0.25±0.04fg	200.75±53.54b	370.58±80.75a	24.55±3.31h
构树	70.70±1.86b	0.50±0.07b	179.85±40.93b	185.43±30.88c	29.30±1.86g
核桃	58.78±2.50hi	0.25±0.02fg	124.15±26.52cd	125.31±13.20ef	41.21±2.50ab
枇杷	58.06±1.99i	0.40±0.07d	97.13±21.27de	76.25±7.76g	41.94±1.99a
柑橘	66.49±2.34cde	0.30±0.03e	28.35±2.26fg	95.44±9.31fg	33.51±2.34ef
红背山麻杆	61.86±0.96gh	0.32±0.03e	154.20±26.39bc	142.77±14.03de	38.14±0.96bcd
盐肤木	68.69±1.58bcd	0.33±0.02e	57.47±5.77ef	154.76±5.13cde	31.31±1.58efg
火棘	59.07±2.93hi	0.23±0.01g	2.99±0.28g	134.34±10.26de	40.93±2.93abc
白刺花	69.69±1.99bc	0.14±0.01h	6.32±1.58g	219.79±46.85b	30.31±1.99fg
桉树	61.38±1.53ghi	0.29±0.02ef	38.51±7.99fg	135.79±14.45de	38.62±1.53abc
柏木	65.89±7.90def	0.45±0.06c	10.34±6.34fg	84.83±15.07g	34.11±7.90e

注：同一列不同小写字母表示树种间的差异显著（$P<0.05$）。下同。

（2）不同海拔叶片功能性状的分析

叶片自然含水率随海拔升高而降低，但未达显著水平；叶片厚度在同一海拔范围内变异较大，但未随海拔梯度发生显著变化；叶片面积在海拔 500～800 m 与海拔 800～1 000 m 之间差异不显著，海拔 500～800 m 叶片面积显著高于海拔 1 000～1 200 m 叶片面积；海拔 500～800 m 树种比叶面积显著高于其他 2 个海拔梯度，总体随海拔升高而先降低后升高；叶片干物质含量在不同海拔之间差异不显著（图 10-1）。

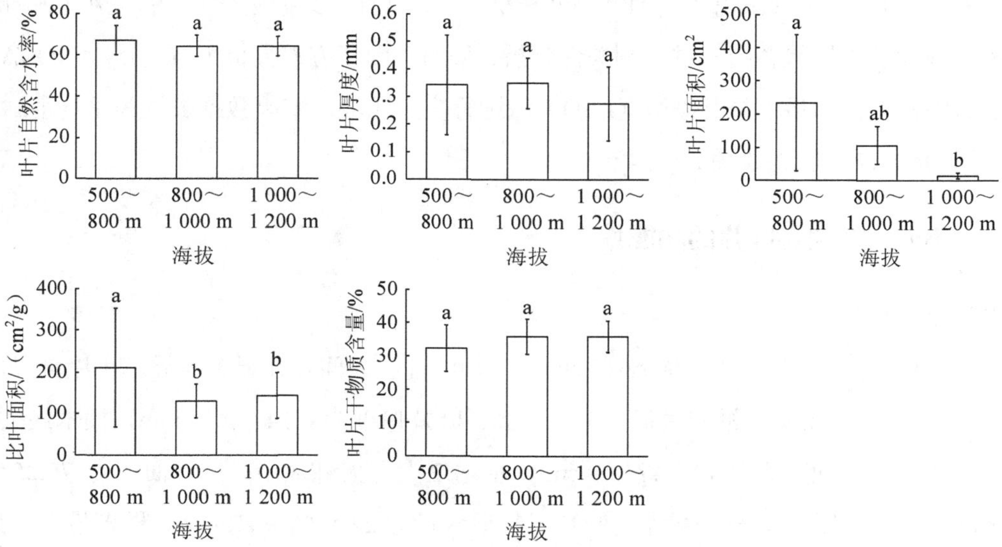

图 10-1 不同海拔树种的叶片功能性状

注：不同小写字母表示差异达显著水平（$P<0.05$）。下同。

（3）不同生长型叶片功能性状的比较

乔木与灌木的叶片自然含水率分别为 65.10%±5.46%和 63.54%±5.51%，两者间变化不明显；乔木叶片厚度较大，灌木叶片厚度较小，但未发生显著变化；乔木叶片面积显著大于灌木叶片面积；乔木与灌木的比叶面积、叶片干物质含量具有相似的变化规律，均无显著差异（图 10-2）。

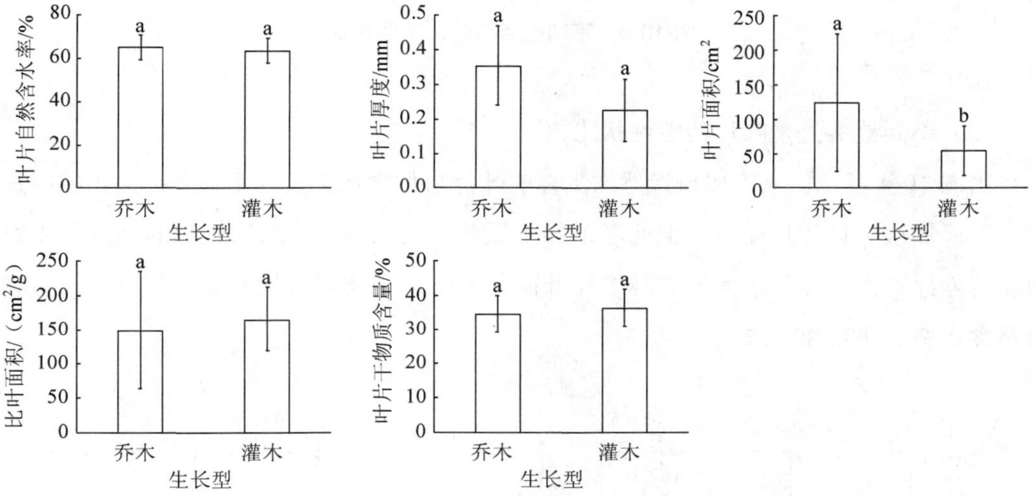

图 10-2　不同生长型叶片功能性状

（4）不同生活型叶片功能性状的比较

由图 10-3 可知，常绿树种的叶片自然含水率低于落叶树种（63.43%±4.62%），但两者差异不显著（$P>0.05$，下同），与比叶面积变化趋势一致，与叶片干物质含量变化相反；常绿树种与落叶树种的叶片厚度无显著差异，常绿树种叶片厚度较低（0.30 mm±0.11 mm）；叶片面积在不同生活型间差异显著（$P<0.05$），落叶树种大于常绿树种。

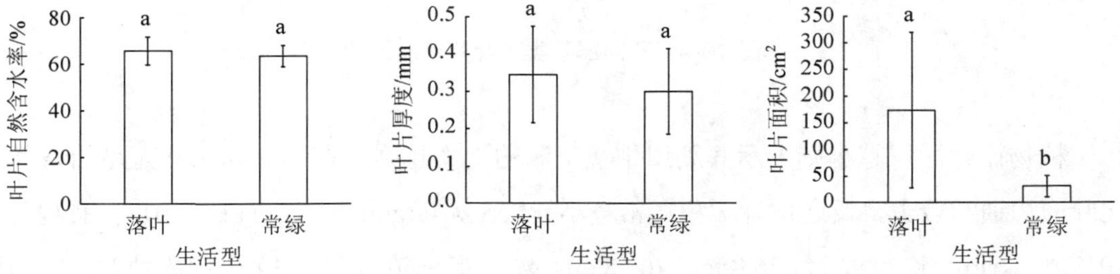

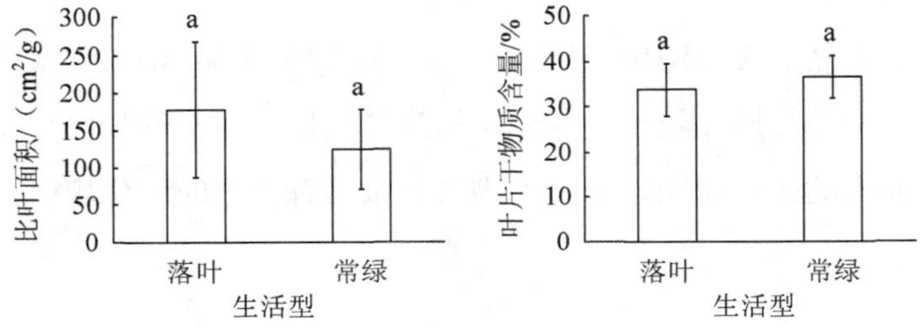

图 10-3 不同生活型叶片功能性状

（5）不同群落类型叶片功能性状比较

由图 10-4 可知，人工林与天然次生林的叶片自然含水率差异不显著；人工林叶片厚度高于天然次生林叶片厚度，但两者差异不显著；人工林与天然次生林的叶片面积表现出显著差异；人工林与天然次生林的比叶面积与叶片干物质含量均无显著差异，与叶片自然含水率变化规律一致。

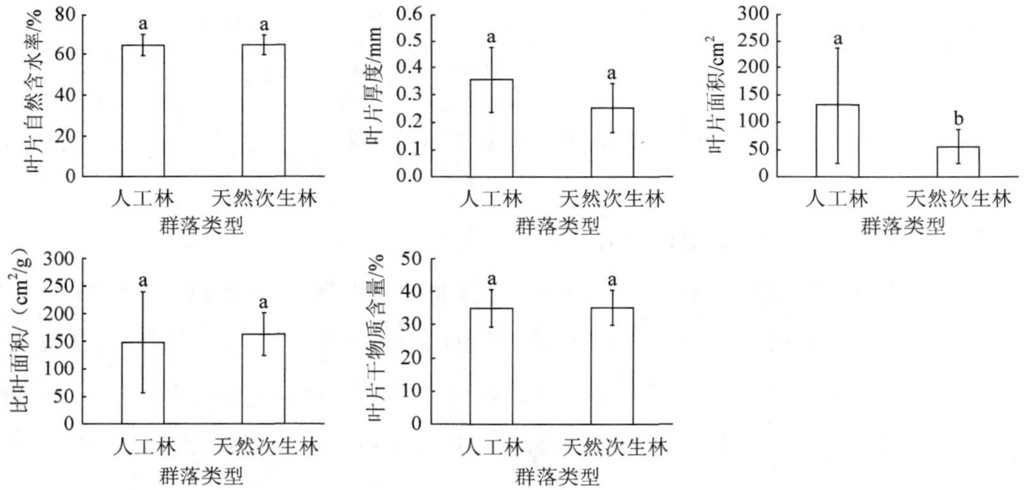

图 10-4 不同群落类型叶片功能性状

植物比叶面积越小则表示其利用生境资源的能力越强，在养分和水分充足的条件下比叶面积通常较大，反之比叶面积通常较小（Pérez-Harguindeguy et al.，2013；孙梅等，2017）。本研究比叶面积为 76.25～370.58 cm²/g，与黑河流域中游 14 个优势种的比叶面积（13.70～102.60 cm²/g）（李善家等，2013）、粤东地区 89 种植物的比叶面积（92.58～2 246.79 cm²/g）（陈文等，2016）相比存在显著差异，其差异产生的原因可能与水分有关。

黑河流域中游荒漠区极端干旱，水分亏缺程度高，植物保水能力较强；粤东地区气候温和，光照充足，雨量充沛，植物可利用资源十分丰富。而本研究区为喀斯特干热河谷区，水分介于粤东地区与黑河流域中游地区之间。

叶片干物质含量能够反映植物保持养分的能力（喻阳华等，2018），其值高表明该区植物对叶片组织构建投入较多，养分积累量高，抗逆性强（李颖等，2014；钟巧连等，2018）。陈文等（2016）研究表明粤东地区叶片干物质含量为 3%～51%；钟巧连等（2018）对黔中喀斯特地区的研究表明叶片干物质含量为 28%～69%；喀斯特干热河谷的叶片干物质含量为 25%～42%。粤东地区属于非喀斯特区，气候、水文、土壤条件优越，其植物用于构建叶片组织的比例较低，用于加速植物生长的养分消耗较高，因此用于合成叶片干物质的养分较少，叶片干物质含量低。而黔中喀斯特与本研究区均属于喀斯特区，土层浅薄，但叶片干物质含量较高，侧面说明喀斯特干热河谷石漠化区植物养分积累丰富，适应贫瘠生境的能力较强。

10.1.3　不同优势树种的叶片可塑性分析

由表 10-3 可知，不同树种的叶片可塑性指数存在差异。叶片自然含水率与叶片干物质含量的可塑性指数以柏木最大，值分别为 0.27 和 0.45，红背山麻杆最小，值分别为 0.04 和 0.07；叶片厚度的可塑性指数以构树最大（0.37）、火棘最小（0.08）；叶片面积的可塑性指数以柏木最大（0.75）、香椿最小（0.15）；比叶面积的可塑性指数以白刺花最大（0.48）、盐肤木最小（0.09）。从整体上看，13 个优势树种叶片面积的可塑性指数最大，比叶面积次之，叶片自然含水率最小。

表 10-3　不同优势树种的叶片可塑性指数

树种	叶片自然含水率	叶片厚度	叶片面积	比叶面积	叶片干物质含量
柚木	0.08	0.23	0.48	0.42	0.12
香椿	0.20	0.16	0.15	0.24	0.11
毛桐	0.09	0.30	0.53	0.38	0.24
构树	0.06	0.37	0.43	0.35	0.15
核桃	0.12	0.19	0.43	0.26	0.16
枇杷	0.09	0.36	0.45	0.27	0.12
柑橘	0.08	0.21	0.21	0.23	0.16
红背山麻杆	0.04	0.19	0.36	0.24	0.07
盐肤木	0.05	0.17	0.24	0.09	0.11
火棘	0.13	0.08	0.20	0.18	0.17

树种	叶片自然含水率	叶片厚度	叶片面积	比叶面积	叶片干物质含量
白刺花	0.07	0.20	0.43	0.48	0.16
桉树	0.07	0.13	0.47	0.23	0.11
柏木	0.27	0.36	0.75	0.33	0.45
均值	0.10	0.23	0.39	0.29	0.16

10.1.4 不同优势树种叶片功能性状间的关系

不同优势树种叶片功能性状的相关分析结果表明（表 10-4），叶片自然含水率与比叶面积呈极显著正相关，与叶片干物质含量呈极显著负相关，相关系数分别为 0.684、–0.972；叶片厚度与叶片面积呈极显著正相关，与比叶面积呈极显著负相关，相关系数分别为 0.544、–0.407；比叶面积与叶片干物质含量具有极显著的负相关关系，相关系数为–0.705；其余叶片功能性状间的相关性均不显著。这就表明，叶片自然含水率越高，比叶面积越大、叶片干物质含量越低；叶片越厚，叶片面积越大、比叶面积越小。

表 10-4 不同优势树种叶片功能性状的相关性

因子	叶片自然含水率	叶片厚度	叶片面积	比叶面积
叶片厚度	–0.033	1		
叶片面积	0.054	0.544**	1	
比叶面积	0.684**	–0.407**	0.086	1
叶片干物质含量	–0.972**	0.057	–0.039	–0.705**

注：**为极显著相关（$P<0.01$），*为显著相关（$P<0.05$）。下同。

叶片功能性状间的关系能够指示植物对生境资源的利用效率，叶片干物质含量高、比叶面积低表示植物利用资源效率越高，抵抗严酷生境的能力越强（杨锐等，2015；郄亚栋等，2018）。李善家等（2013）对黑河流域中游的叶片功能性状的研究、庞志强等（2019）对滇中喀斯特叶片功能性状的研究以及陈文等（2016）对粤东地区叶片功能性状的研究均表明比叶面积与叶片干物质含量呈显著负相关关系，这在干热河谷石漠化地区优势树种叶片功能性状的研究中再次得到证实（表 10-4）。此外，叶片厚度与植物获取、利用资源方面关系密切（Vile et al.，2005；罗璐等，2011），优势树种的叶片厚度与比叶面积呈极显著负相关（表 10-4），与钟巧连等（2018）的研究结果一致，植物叶片越厚，其比叶面积越小。由于植物光合产物用于构建叶片组织或增加叶肉组织密度投入较多（钟巧连等，2018），叶片厚度与叶片干物质含量增加，比叶面积减少，使叶片内部水分向叶片表面扩散的距离或阻力增大，从而减少植物内部水分散失（Wilson et al.，1999），提高植物水分利用效率，有助于植物适应干热的生境。

10.1.5 喀斯特干热河谷植物对环境的适应对策

本研究植物来自同一地点，具有相似的资源环境条件，但研究结果表明，不同优势树种 5 个叶片功能性状指标存在显著差异，表明植物即使在相似的环境中生长、发育或繁殖也会表现出不同的生理学特征，能够采取不同的生态对策以适应环境（容丽等，2007；尧婷婷等，2010）。

生境中水热组合随海拔梯度的变化而变化（李善家等，2013），随海拔的升高，温度降低，湿度增大，水分胁迫减小。本研究区植物比叶面积随海拔升高先降低后升高、叶片干物质含量逐渐升高，与极地、热带和温带地区的乔木和灌木的比叶面积随海拔增加而减小的变化趋势不同（Körner，2003），原因可能是不同地区水分随海拔的变化规律具有差异。干热河谷区随着海拔的升高，植物叶肉组织密度增加、叶片组织构建投入增多，树种保水能力增强，以适应干热的环境。此外，不同生活型与生长型植物由于林下环境与叶片习性的不同（钟巧连等，2018），其叶片面积存在显著差异，说明不同种类的植物因为捕光性能、储存养分与水分能力大小的不同，表现出的适应机制也有所差异。

喀斯特区与非喀斯特区（马姜明等，2012；陈文等，2016；许洺山等，2016）相比，植物比叶面积与叶片干物质含量表现出显著差异性。花江峡谷喀斯特区植物的比叶面积与叶片干物质含量低于非喀斯特区植物，而叶片干物质含量高于非喀斯特区植物；普定（钟巧连等，2018）与花江峡谷植物的比叶面积低于粤东地区植物（陈文等，2016），叶片干物质含量高于粤东地区植物。非喀斯特区植物通常具有较大的比叶面积，而喀斯特地区以高温干旱为主要特点，降水季节分配不均，光热资源充沛，水分季节亏缺大，因此经过长期筛选，区域植物为适应干旱的环境形成了比叶面积小、叶片干物质含量高的性状组合。较小的比叶面积有利于减少植物的蒸腾作用，以保持水分，较高的叶片干物质含量则有利于植物储存营养物质（Wilson et al.，1999）。

10.2 人工林土壤矿质元素特征与调控

矿质元素是影响土壤质量的主要因子之一（Joimel et al.，2016），在植物生长、生理、生化过程中发挥着重要作用，与植物产量、品质和风味物质的形成密切相关（Qin et al.，2017），是土壤质量与健康程度的重要决定指标。矿质元素的供应失衡会对植物的生长和群落组成产生一系列影响，而植物体内元素的失衡与系统元素限制的平衡被打破有关（毛庆功等，2015），如 N 元素输入过量会诱发植物体内元素失衡，导致光合 N 利用效率下降，生长放缓甚至树木寿命下降（Aber et al.，1995；Whytemare et al.，1997）。有研究显示，矿质元素对花生生长表现出协同效应，不同元素之间表现出互作效应（王丽香等，2013），说明矿质元素对花生的生长、生理状况产生了显著的影响；施用硅肥促进了大葱的生长和对其他矿质元素的吸收（李炜蔷等，2016），表明矿质元素之间还表现出较强的协同效应；矿质元素与油茶生长发育、产量、品质形成与风味都有直接相关关系，是重要的决定性因素（曹永庆等，2015）；适宜的 P、K、Mg、Al、Zn 含量能够促进茶树形成优质茶叶（任明强等，2010）；合理调节 Cu、Zn、Fe 等元素的施肥配比，能够改善库尔勒香梨品质（位杰等，2019）。因此，系统研究土壤矿质元素含量特征，对于揭示植物生理、生态特征和产量、品质的形成机理具有重要意义，能够科学指导植物群落健康、可持续经营。

目前关于植被土壤质量特征的研究主要集中在 C、N、P、K 等大量元素（张璐等，2014；黄钰辉等，2017），以及生物学特性上（Govaerts et al.，2006；刘丽等，2013），对中量元素、微量元素的研究报道较为鲜见（王飞等，2015；邓绍欢等，2016），而中量元素、微量元素在调控植物生长发育及其产量、品质方面具有不可替代的作用，因而忽视对中量元素、微量元素的研究不利于集成品质维持与提升的技术体系。因此，阐明典型人工林的土壤矿质元素特征，对于科学管理土壤养分具有较强的理论和实践意义，能够为土地深度开发利用及土地整理和耕地培肥提供依据。基于此，本节以贵州喀斯特山区典型人工林为对象，采用环境矿物学的研究方法，探讨土壤中量、微量等矿质元素特征及其变化规律，揭示不同元素之间的相关性。通过上述科学问题的阐释，可以了解养分元素的积累特征与调控规律，为人工林的生态恢复管理提供基础资料，建立科学培肥制度。

10.2.1 研究方法

（1）实验设计

选取桉树（*Eucalyptus robusta*）林、柏木（*Cupressus funebris*）林、枇杷（*Eriobotrya japonica*）林、香椿（*Toona sinensis*）林、核桃（*Juglans regia*）林、栾树（*Koelreuteria paniculata*）林 6 种典型人工林（基本概况见表 10-5），每一人工林设置 3 个 10 m×10 m 的样地，每一个样地采用“S”形土壤样品采集的方法挖取 5 个土壤剖面，采集 0～20 cm 的土壤（不足 20 cm 的以实际深度为准）。样品充分混合后，按照四分法取出 1 kg 左右样品，剔除石砾和动植物残体，带回实验室用于元素分析。

表 10-5　典型人工林的基本特征

群落类型	经度	纬度	海拔/m	坡度/（°）	密度/（株/hm²）	年龄/a	平均树高/m	盖度/%
桉树林	105°37′12″	25°42′15″	1 157	26	450	26	14	95
柏木林	105°37′13″	25°42′16″	1 159	28	600	26	12	95
枇杷林	105°37′58″	25°41′32″	840	18	800	16	6	80
香椿林	105°36′40″	25°41′46″	661	10	400	28	16	85
核桃林	105°38′34″	25°39′30″	721	15	350	26	18	85
栾树林	105°38′18″	25°39′22″	839	10	300	16	16	80

土壤 B、As、Se、Si、Ca、Mg、Na、Al、Fe、Cu、Zn、Pb、Cr、Cd、Ti、Ni、Co、Sr、Mo、Cl、S 具体测定方法见第 4 章“4.1.1 研究方法”中第（3）部分。

（2）数据处理

实验数据采用 Excel 2010 进行预处理、计算与整理，使用 Origin 8.6 作图，使用 SPSS 21.0 进行统计分析；采用单因素方差分析（one-way ANOVA）检验土壤矿质元素指标在不同人工林之间的差异性；运用 Pearson 相关系数法检验土壤矿质元素之间的相关性。显著性水平均设定为 P=0.05，极显著性水平均设定为 P=0.01。

10.2.2　金属元素

（1）重金属元素

由图 10-5 可知，不同人工林土壤的重金属元素含量存在较大差异，同一元素在不同林分之间的变化幅度也存在较大区别。Cu 的含量为 24.01～89.13 mg/kg，以核桃林土壤最低、枇杷林土壤最高；Zn 含量为 148.69～209.53 mg/kg，以香椿林土壤最低、桉树林土壤最高；Pb 的浓度以柏木林土壤最高（109.40 mg/kg）、枇杷林土壤最低（45.67 mg/kg）；Cr 的含量变幅较小，不同人工林土壤类型之间的差异显著性较小；Cd 的浓度为 1.33～2.65 mg/kg，以桉树林土壤最低、栾树林土壤最高；Mn 含量除桉树林土壤和核桃林土壤外，其余人工林土壤之间均为显著差异。

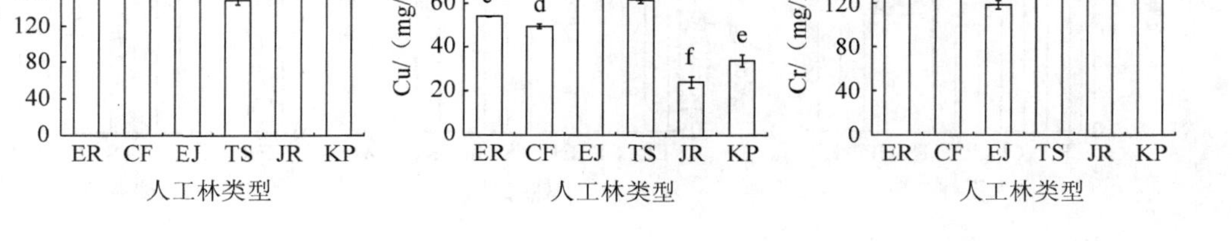

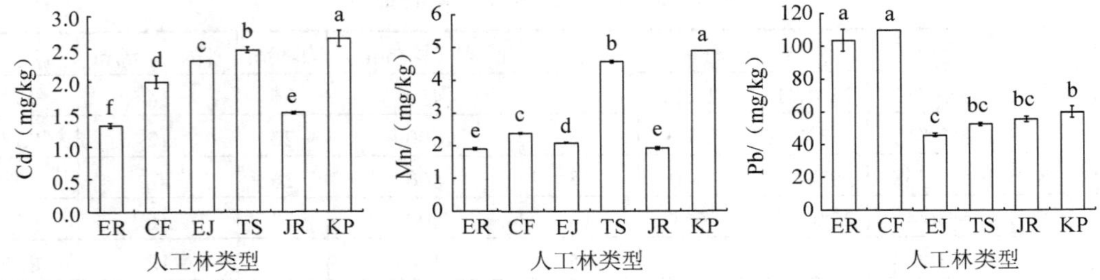

图 10-5 人工林土壤重金属元素含量

注：ER 为桉树林，CF 为柏木林，EJ 为枇杷林，TS 为香椿林，JR 为核桃林，KP 为栾树林。不同小写字母表示差异达显著水平（$P<0.05$）。下同。

（2）非重金属元素

典型人工林土壤非重金属元素（Ca、Mg、Al、Fe、Ti、Ni、Co、Sr、Mo）的含量见图 10-6。由图 10-6 可知，同一元素在不同林地土壤之间表现出较大的差异。总体来看，Fe、Ti、Mg、Al、Ni、Co 的变化规律较为一致，Ca、Sr 的变化趋势较为相似，结果表明矿质元素在不同人工林土壤中有趋同的变化规律。

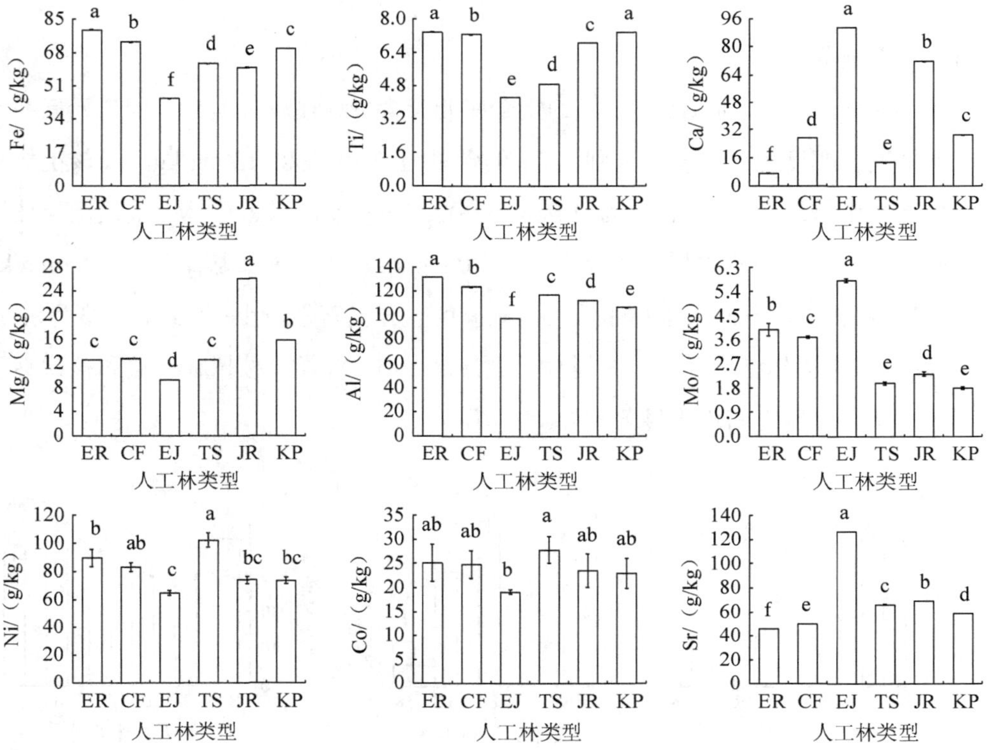

图 10-6 人工林土壤非重金属元素含量

10.2.3　非金属元素

本研究测定的非金属元素与半金属元素有 Na、Se、B、As、Si、Cl、S（本节将半金属元素计入非金属元素）。由图 10-7 可知，As、Se、Si 在桉树林、柏木林和枇杷林中的含量较高，S、Na、Cl 等元素的含量则相反；B 在枇杷林、核桃林和栾树林中的含量较高。不同人工林的非金属元素含量存在显著差异，表征了不同林分的根系对养分的提取和富集能力。

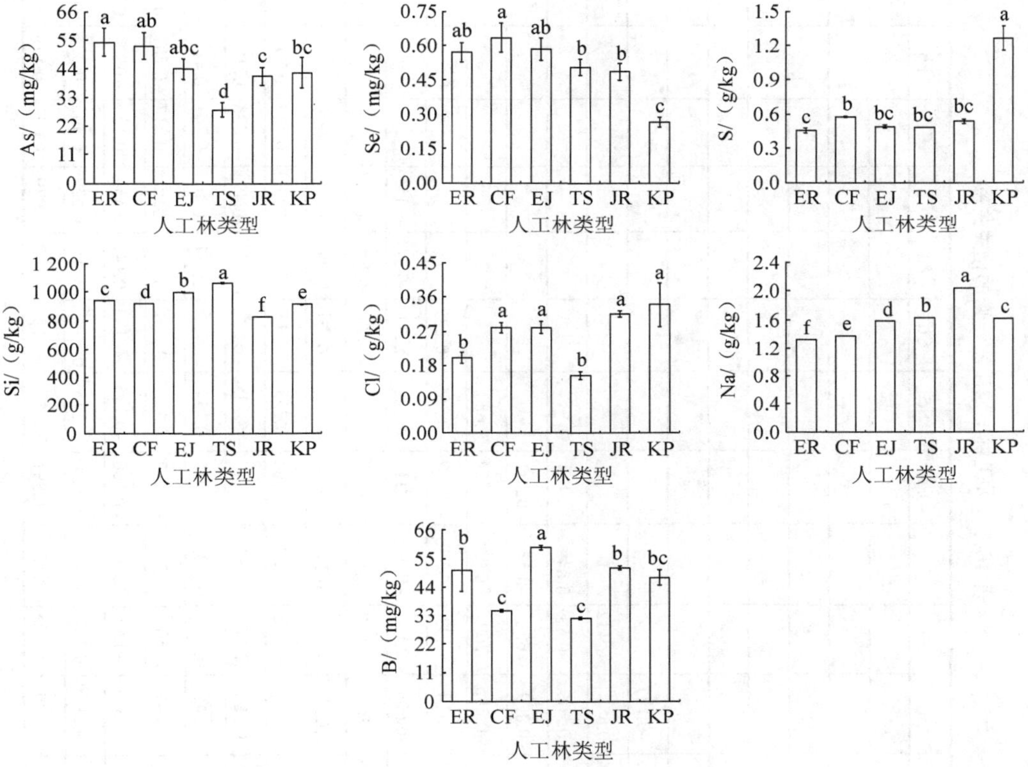

图 10-7　人工林土壤非金属元素含量

10.2.4　元素的相关性分析

由表 10-6 可知，矿质元素之间表现出一定程度的相关性，不同矿质元素间的相关关系各异。Fe 与 Cr、Pb、Ti、Al 呈极显著正相关（$P<0.01$，下同），与 Ca、Sr 呈极显著负相关；Mn 与 Cd 为极显著正相关，与 S 为显著正相关，且对 Mo、As、Se 存在抑制效应；Ti 与 Zn 呈极显著正相关，与 Al、Cr、Pb 呈显著正相关关系，与 Sr、Cu、Si 呈极显

表 10-6 人工林土壤矿质元素的相关关系

指标	Fe	Mn	Ti	Ca	Mg	Al	Mo	Ni	Co	Sr	Cu	Zn	Cd	Cr	Pb	Na	As	Se	B	S	Si	Cl
Fe	1																					
Mn	0.093	1																				
Ti	0.841**	−0.069	1																			
Ca	−0.852**	−0.428	−0.463	1																		
Mg	0.059	−0.125	0.423	0.227	1																	
Al	0.859**	−0.205	0.582*	−0.777**	0.005	1																
Mo	−0.4	−0.667*	−0.402	0.47	−0.567	−0.187	1															
Ni	0.504	0.33	0.038	−0.802**	−0.016 4	0.683*	−0.432	1														
Co	0.485	0.292	0.203	−0.644*	0.08	0.566	−0.53	0.848**	1													
Sr	−0.953**	−0.193	−0.821**	0.833**	−0.267	−0.829**	0.620*	−0.580*	−0.592*	1												
Cu	−0.521	−0.151	−0.782**	0.235	−0.832**	−0.285	0.769**	−0.038	−0.284	0.680*	1											
Zn	0.552	−0.503	0.713**	−0.131	0.01	0.414	0.302	−0.336	−0.342	−0.365	−0.227	1										
Cd	−0.364	0.800**	−0.435	0.028	−0.387	−0.609*	−0.192	−0.066	−0.113	0.322	0.271	−0.524	1									
Cr	0.716**	0.132	0.650*	−0.603*	0.285	0.606*	−0.517	0.494	0.771**	−0.748**	−0.605*	0.138	−0.357	1								
Pb	0.802**	−0.359	0.661*	−0.576	−0.191	0.829**	0.136	0.314	0.305	−0.673*	−0.156	0.706*	−0.517	0.486	1							
Na	−0.486	0.041	−0.144	0.558	0.815**	−0.484	−0.42	−0.296	−0.104	0.253	−0.45	−0.44	−0.002	−0.112	−0.703*	1						
As	0.436	−0.593*	0.548	−0.062	−0.139	0.388	0.479	−0.347	−0.419	−0.235	−0.032	0.962**	−0.498	−0.023	0.710**	−0.523	1					
Se	−0.081	−0.701*	−0.252	0.102	−0.327	0.346	0.657*	0.136	−0.035	0.154	0.511	0.141	−0.467	−0.241	0.417	−0.367	0.337	1				
B	−0.423	−0.466	−0.113	0.654*	0.096	−0.47	0.503	−0.701*	−0.547	0.562	0.168	0.274	−0.255	−0.217	−0.281	0.216	0.228	−0.111	1			
S	0.194	0.653*	0.402	−0.127	0.123	−0.327	−0.47	−0.308	−0.166	−0.195	−0.434	0.141	0.554	0.12	−0.17	0.077	−0.018	−0.838**	0.021	1		
Si	−0.266	0.401	−0.725**	−0.24	−0.784**	−0.097	0.207	0.464	0.164	0.315	0.768**	−0.568	0.529	−0.305	−0.224	−0.414	−0.428	0.194	−0.31	−0.251	1	
Cl	−0.161	−0.084	0.346	0.523	0.424	−0.49	−0.025	−0.774**	−0.391	0.157	−0.422	0.302	0.079	0.04	−0.129	0.367	0.201	−0.416	0.463	0.556	−0.699*	1

注：**为极显著相关（$P<0.01$），*为显著相关（$P<0.05$）。

著负相关，且相关系数均大于 0.700；Ca 与 Al、Ni、Co、Cr 均表现为负相关关系，其中与 Al、Ni 呈极显著负相关，与 Co、Cr 呈显著负相关关系，同时与 B 呈显著正相关关系，与 Sr 呈极显著正相关；Mg 与 Si 表现为极显著负相关关系，与 Na 表现为极显著正相关；Al 与 Ni、Cr、Pb 均呈正相关关系，其中，Al 与 Pb 呈极显著正相关，且相关系数较大，为 0.829；Mo 对 Sr、Cu、Se 均存在增强效应，且对 Cu 的增强效应最大；Ni 仅与 Co 呈极显著正相关关系，与 Sr、B、Cl 均呈显著负相关关系；Co 与 Cr 呈极显著正相关关系，与 Sr 呈显著负相关关系；Sr 对 Cr、Pb 存在抑制效应，对 Cu 存在增强效应；Cu 与 Cr 表现出显著负相关关系，与 Si 呈极显著正相关；Zn 对 Pb、As 均存在增强效应，且对 As 增强效应较大；Se 与 S 呈极显著负相关；Si 对 Cl 表现为抑制效应。

本节的研究结果表明典型人工林土壤矿质元素之间表现出一定的相关关系，说明不同元素之间存在协同或权衡关系，通过综合调控措施对植物发挥作用。Fe 与 Ca、Al、Sr、Cr、Pb 等元素的相关性较高，且多表现为促进效应，而 Mn 与其他元素之间更多表现为抑制效应，说明元素之间的作用规律存在差异，这可能与土壤中 Fe 的丰度较高有关，Fe 元素可以促进其他元素的释放，表明了土壤中全 Fe 含量的重要性。Ca、Mg 元素也与其他元素表现出较强的相关性，Ca 与 Fe、Al、Ni、Co、Sr、Cr、B 等表现出较高的相关性，Mg 与 Cu、Na、Si 表现出显著的相关关系，表明矿质元素之间存在此消彼长的特征。其中，Ca 与 Fe、Sr、Si 之间呈极显著正相关关系，可能原因是硅酸盐矿物风化导致其同步活化；Mg 与 Cu、Si 之间均表现出极显著的负相关关系，表明喀斯特地区较高的 Mg 含量会抑制 Cu、Si 等元素的活化。矿质元素是植物生长所必需的元素，具有重要的生理功能和生态功能，但这些元素发挥生理作用的前提是处于相对平衡与稳定的状态。下一步基于生态化学计量学研究元素平衡关系的维持具有重要价值（Jeyasingh et al.，2009；Elser et al.，2010），能够为元素的营养功能调控提供理论和实践依据。

10.2.5　土壤矿质元素特征分析

土壤肥力是土壤基本属性和本质特征的综合反映，能够为植物生长提供必需的营养元素（Gilliam et al.，2010），矿质元素是土壤肥力的重要组成部分，植物需要从土壤中摄取矿质元素并在体内积累。矿质元素是农作物生长发育、产量和品质形成的物质基础（宋少华等，2016），矿质元素含量的变化还会影响植物的繁殖能力（Brun et al.，2003），因而基于矿质元素的土壤肥力研究有助于评价产品质量形成的机理，合理指导可持续养分管理。石漠化是喀斯特地区重要的生态问题（Wang et al.，2012），会导致土层浅薄且不连续、成土速率慢、水土流失严重（宋同清，2015），因此开展土壤矿质元素评价，能够为水、土资源高效利用提供参考依据。由于本节的矿质元素较多，因此选取与植物生长较为密切的几个元素进行讨论。

本节中，植物生长所必需的矿质元素 Zn 以桉树林土壤含量最高（209.53 mg/kg）、香椿林土壤含量最低（148.69 mg/kg），表明桉树根系对 Zn 的溶解与提取能力更强，这与桉树林凋落物蓄积量高、分解迅速、保水保肥能力强、水分蒸腾量大等有关；而香椿虽然为落叶乔木，但凋落物蓄存量少、适应喀斯特石漠化地区石质生境的能力强，这可能导致根系对元素的提取能力存在差异。从人工林的分布环境来看，桉树林较香椿林具有更高的土层厚度（前者大于 20 cm，后者主要利用裂隙土）和较低的岩石裸露率（分别为 10%、25%），这亦会影响矿质元素的空间分布，表明进行喀斯特地区人工林地土壤保持具有调蓄养分的功能。

B 是植物生长发育必需的微量营养元素，在花器官形成、增加花粉数量、促进授粉受精等方面都发挥着重要作用，能够促进植物生长发育和品质形成。在 6 种典型成熟人工林中，B 元素含量由大到小依次为枇杷林（58.68 mg/kg）、桉树林（56.33 mg/kg）、核桃林（50.83 mg/kg）、栾树林（49.75 mg/kg）、柏木林（34.52 mg/kg）、香椿林（31.68 mg/kg），不同人工林土壤之间表现出差异性。该区域内枇杷品质较佳，研究结果也表明其土壤微量元素含量更丰富，这也可以在一定程度上揭示枇杷品质形成的机理；香椿虽然是该区域的适生乔木树种，但根系的范围小、须根数量少，根系活性可能相对较低，主要以缓慢投入物质积累的策略来适应喀斯特石漠化特殊生境。

Mo 的营养作用突出表现在氮素代谢方面，是硝酸还原酶和固氮酶的成分，还参与根瘤菌的固氮作用，在促进繁殖器官的建成中发挥着特殊功能（陆景陵，2003）。不同人工林土壤的 Mo 元素含量除香椿林和栾树林差异不显著外，其他林分之间呈现显著差异，以枇杷林最高、栾树林最低。

Cl 是植物细胞胞质和液泡中的主要矿质阴离子，土壤中 Cl 元素亏缺会使植物生长受到限制，含量过高则对植物生长产生毒害作用，较多植物都有忌 Cl 的特征。本研究中，土壤 Cl 元素含量为栾树林土壤最高（0.34 g/kg）、香椿林土壤最低（0.15 g/kg），Cl 元素含量大小可能与植物的抗性水平有关；同时，由于栾树林下种植有花椒（*Zanthoxylum planispimum* var. *dintanensis*）、红薯（*Ipomoea batatas*）、玉米（*Zea mays*）和蔬菜等农作物，受到更多的农艺措施干扰，尤其是尿素、氯化钾肥的施用等，这也可能是影响 Cl 元素含量的原因之一。

喀斯特生境具有高钙的特征，土壤 Ca 元素以枇杷林（90.95 g/kg）最高、桉树林（7.06 g/kg）最低。原因是枇杷是退耕还林树种，桉树是封山育林树种，二者所处生境的胁迫程度各异，环境背景值不同；也与不同树种对 Ca 的适应性和吸收、转化能力存在差异有关。由于桉树林以自然生长为主，枇杷林受人工施肥、翻耕、采摘等干扰较大，导致 Ca 含量呈现显著差异，表明喀斯特地区虽然地质环境富 Ca，但并不代表土壤中 Ca 含量丰富，这对该区人工林养分管理提供了理论参考。由前述分析可见，黔中喀斯特山区人工林养分管理应做到定量、精准，这对林分健康经营具有重要的实践价值。

但是，由于目前对土壤矿质元素的研究集中在 N、P、K 等大量元素方面，中量、微量矿质元素的研究报道相对较少，且缺乏统一的质量评价标准体系，因而难以评定各矿质元素的数量丰缺状况，也未将本研究区与其他区域的研究结果进行综合比较。同时，元素之间存在协同、拮抗等联合作用方式，不同浓度的元素组合必将产生不同的效应（王焕校，2012），这也是未来土壤矿质元素和植物营养研究中需要重点关注的科学问题。

10.3 石漠化地区土壤含水率变化动态分析与综合调控

喀斯特石漠化已经成为制约我国西南地区可持续发展的较为严重的生态环境问题（蒋光毅等，2015）。虽然该区降水丰沛，但长期强烈的岩溶作用产生了独特的地表地下二元结构，使水资源漏失、深埋，加之降水时空分布不均匀，以及土层浅薄、土被不连续、土壤持水性能低，因此土壤水分亏缺仍然是该区植物生长发育的主要障碍因子（陈洪松等，2008）。土壤水是土壤的重要组成部分，是作物吸水的最主要来源，通常用土壤含水率来表征土壤水分状况（吕贻忠，2006）。土壤水分不仅是气候、植被、地形及土壤结构等的综合反映（刘发民等，2002），还是土壤侵蚀过程、植被生长与恢复的主要影响因子，对生态系统的水热平衡及稳定起着决定作用（范新瑞等，2009）。因此对石漠化区土壤含水率动态变化的影响因素进行研究，对该区生态系统恢复与重建具有显著意义。有研究表明石丛广泛分布区域的土壤水分含量较低（张伟等，2006；Zhang et al.，2012），喀斯特洼地剖面含水率总体较高，土壤含水率受土壤质地影响（张川等，2013）。不同土地利用类型的土壤水分存在明显差异，土壤含水状况受土地利用方式的影响（傅伟等，2007；Chen et al.，2010），耕作方式、灌溉等人为因素在一定程度上会削弱土壤含水率的空间稳定性（甘磊等，2017）。土壤理化性质是影响土壤含水率的直接因素（付同刚等，2014），土壤容重、孔隙度、黏粒含量与有机质含量是影响土壤含水率的主要因素（蒋光毅等，2015）。土壤湿度的变化与气象要素密切相关，其中降水量、大气温度、大气湿度是土壤含水率的主要控制因子（刘学勤等，1993；袁淑杰等，2018）；西南喀斯特山区土壤水分具有明显的时空异质性，这些特性与该区复杂多变的地形地貌、植被类型和多样的小生境等密切相关（朱守谦等，2000；陈洪松等，2006）。以上研究表明土壤含水率受诸多因素的影响，但针对石漠化区不同土地利用类型对土壤水分的调控效应及其影响机理的研究较少，限制了人们对该区生态系统恢复的调控。阐明喀斯特地区土壤水分动态对土地管理措施的响应规律，探讨引起土壤水分变化的因子及其影响机理，可以为土壤水分综合调控提供科学依据。

10.3.1 研究方法

（1）试验设计

设置草被覆盖和施用有机肥两种类型的处理，每个类型各设置 3 块样地，同时设置地表裸露为对照。在 2018 年 8 月中下旬，于每天的 8 时、10 时、12 时、14 时、16 时、18 时对 3 种处理进行监测，测定土壤含水率、土壤温度、大气温度、大气湿度、光照强度，每块样地在测定前浇足水分，测定初始含水率。

（2）指标测定

土壤含水率、土壤温度、光照强度、大气温度和大气湿度具体测定方法见第 5 章“5.3.1 研究方法”中第（2）部分。

（3）数据分析

采用 Excel 2010 和 SPSS 20.0 对数据进行预处理及统计分析。采用单因素方差分析（one-way ANOVA）对不同处理的土壤含水率、土壤温度、大气温度、大气湿度、光照强度进行差异性检验，使用最小显著性差数（LSD）法进行多重比较，采用 Pearson 法分析所有指标之间的相关性，采用一般线性模型分析连续观测时间内不同处理对土壤含水率动态变化的影响，采用通径分析方法分析土壤温度、大气温度、大气湿度、光照强度对土壤含水率的影响，通径系数表示各指标对土壤含水率的直接作用，间接通径系数表示间接作用。利用 Origin8.6 制图。

线性回归方程模型为：$w = at + b$ （10-1）

间接通径系数：$IP_{xixj} = R_{xixj} \times P_{xi}$ （10-2）

单独决定系数：$D_{xi} = P_{xi}^2$ （10-3）

共同决定系数：$D_{xixj} = 2 \times R_{xixj} \times P_{xi} \times P_{xj}$ （10-4）

式中，w 为土壤含水率；t 为时间；R_{xixj} 为 2 个指标 xi 和 xj 之间的 Pearson 相关系数；P_{xi} 为指标 xi 对土壤含水率的通径系数；P_{xj} 为指标 xj 对土壤含水率的通径系数；IP_{xixj} 为 xi 通过 xj 对土壤含水率的间接通径系数；D_{xi} 为指标 xi 对土壤含水率的决定系数；D_{xixj}

为某 2 个指标 xi 和 xj 对土壤含水率的共同决定系数。

10.3.2　不同管理措施下土壤含水率的动态变化特征

由表 10-7 可知，地表裸露土壤含水率对时间变化的响应无明显规律；施用有机肥与草被覆盖下土壤含水率动态变化特征与时间变化之间呈显著线性关系，将直线方程的斜率定义为土壤含水率对时间的变化幅度，其中施用有机肥变化幅度较大，回归系数为 –0.085；两种处理下土壤含水率随时间变化的解释率分别为 42.2%、31.3%，说明理论模型能较好地反映土壤水分的动态变化特征。

表 10-7　土壤含水率随时间变化的线性回归分析

管理方式	方程	判定系数	显著系数
地表裸露	$w=-0.005t+43.765$	0.004	0.792
施用有机肥	$w=-0.085t+34.859$	0.422	0.001
草被覆盖	$w=-0.048t+43.639$	0.313	0.007

不同土地利用类型因其在拦蓄降水、水分蒸散、土壤改良功能等方面存在差异，导致土壤水分呈现时空异质性（郭欣欣等，2018）。本研究中，在连续监测时间内，地表裸露土壤水分随时间的变化规律不明显，这可能与裸地地表缺乏植物参与水分生态调控有关（邹文秀等，2009）。施用有机肥与草被覆盖处理下，土壤水分变化动态具有可预测性，且有机肥的变幅更大。原因可能是有机肥矿质化与腐殖化过程在改善土壤肥力和土壤团粒结构、提高养分利用效率的同时，也提高了土壤持水性能，增强了对土壤水分的蓄存效应（高会议等，2014；杨封科等，2019）；草被覆盖可以通过冠层截持降雨作用、降温保湿作用、植被蒸腾作用等影响降雨的分配格局、增加其下渗量、减缓土壤水分蒸发速率，从而达到对土壤水分的保蓄、调节作用（胡相明等，2008）。而施用有机肥处理下土壤含水率变幅较大的原因可能是施用有机肥后，在植物蒸腾、土壤蒸发、气候变化等诸多因子的共同作用下，有机肥的多孔性结构导致其与土壤之间存在不确定的水势梯度差异，对土壤水分的吸附、释放作用较为明显，引起土壤水分在较大幅度内波动。

10.3.3　土壤含水率与环境因子之间的相关性

由表 10-8 可知，土壤含水率与各指标之间的相关性表现为大气湿度（0.169）＞光照强度（0.095）＞土壤温度（–0.039）＞大气温度（–0.110），土壤含水率与大气湿度呈显著正相关关系，与其他气象因子之间的相关性不显著。土壤温度、光照强度、大气温度、大气湿度间存在极显著差异，其中光照强度与大气温度、大气温度与大气湿度、土壤温度与光照强度、土壤温度与大气湿度间为反向作用效应，土壤温度与大气温度、光照强度与大气湿度间存在增强效应，且增强效应最大。土壤温度与大气温度、大气湿度，大气湿度与大气温度两者之间的关系最为密切。

表 10-8 土壤含水率与土壤温度、光照强度、大气温度、大气湿度的相关性

指标	土壤含水率	土壤温度	光照强度	大气温度
土壤温度	–0.039	1		
光照强度	0.095	–0.281**	1	
大气温度	–0.110	0.870**	–0.249**	1
大气湿度	0.169*	–0.886**	0.202**	–0.951**

注：**为极显著相关（$P<0.01$），*为显著相关（$P<0.05$）。

10.3.4 基于通径分析的土壤含水率影响因子分析

由表 10-9 可知，大气湿度对土壤含水率的直接作用最大，土壤温度、大气温度次之，对光照强度的效应最小。分析间接通径系数可以发现，各指标通过彼此影响对土壤含水率产生的间接作用各不相同，大气湿度通过土壤温度、大气温度对土壤含水率的间接负作用最大（–0.922、–0.990），土壤温度通过大气温度对土壤含水率的间接正作用最大（0.456）。结合指标之间的相关性得出：与大气湿度相关性越高的指标，大气湿度通过该指标对土壤含水率起作用的间接通径系数越大；与土壤温度相关性越高的指标，土壤温度通过该指标对土壤含水率起作用的间接通径系数也越大。

表 10-9 土壤含水率与土壤温度、光照强度、大气温度、空气相对湿度的通径分析

指标	相关系数	通径系数	间接通径系数			
			土壤温度	光照强度	大气温度	大气湿度
土壤温度	–0.039	0.524	—	–0.411	0.400	–0.922
光照强度	0.095	0.146	–0.147	—	–0.114	0.210
大气温度	–0.110	0.460	0.456	–0.036	—	–0.990
大气湿度	0.169	1.041	–0.464	0.029	–0.437	—

各指标对土壤含水率的决定系数见表 10-10。各指标对土壤含水率的单独决定系数差异显著，大气湿度的决定作用较大（决定系数为 1.084），其次分别为土壤温度、大气温

度，光照强度的决定系数最小（仅为 0.021）。在 2 个指标共同决定系数中，大气湿度与土壤温度、大气湿度与大气温度对土壤含水率的共同决定作用最大，决定系数分别为 –0.967、–0.911。各指标对土壤含水率的总决定系数为 0.119，表明各指标仅解释了土壤含水率 11.9%的变化。

表 10-10 土壤温度、光照强度、大气温度、大气湿度对土壤含水率的决定系数

指标	土壤温度	光照强度	大气温度	大气湿度
土壤温度	<u>0.275</u>	–0.043	0.419	–0.967
光照强度		<u>0.021</u>	–0.033	0.061
大气温度			<u>0.212</u>	–0.911
大气湿度				<u>1.084</u>
总决定系数	0.119			

注：带下划线的数据为各指标对土壤含水率的单独决定系数，其他为 2 个指标对土壤含水率的共同决定系数。

10.3.5 石漠化地区土壤含水率变化影响因素分析

气象因素对土壤含水率的变化常起着决定作用（Cook et al.，2006；王思砚等，2010）。在土壤水分上升、气温持续下降的情况下，降雨、大气温度、土壤温度、大气湿度、太阳辐射是影响土壤水分变化的主要因子（何兴潼等，2018）。本研究中，大气湿度与土壤含水率呈显著正相关关系，且对土壤含水率的直接与间接作用最大。原因可能是本研究观测时间内，受降雨影响，温度下降幅度较大，大气湿度提高（花圣卓等，2016），充足的气态水为土壤水分的蓄存提供充分条件，从而对土壤含水率产生显著的直接影响。同时，大气湿度对土壤含水率产生间接作用的原因为大气湿度通过降低土壤温度减缓土壤水分蒸发、降低植物蒸腾速率，对土壤水分的蓄积产生增强效应，从而提高了土壤含水率。土壤温度是太阳辐射平衡和土壤热量平衡共同作用的结果（校亮等，2018），是影响土壤水分运移的关键因素之一。本研究结果显示，土壤温度与土壤含水率相关性不强，这与前人研究结果不完全一致（Bond et al.，2006；车宗玺等，2018），但其对土壤含水率的直接作用和决定系数较大，这可能与观测期间土壤含水率受降雨影响，土壤温度对含水率的影响效应被削弱有关。降雨天气光照时长较短，太阳辐射通量较低，导致光照强度对该区小气候形成的贡献度不高，进而导致其对土壤含水率的影响不显著。总体上，土壤含水率受各指标共同影响较小，原因可能是喀斯特地区异质性高，引起土壤水分变化的因素包括土壤类型、地形因子、土地利用方式等（Svetlitchnyi et al.，2003；Cosh et al.，2008），小生境的异质性可能是限制土壤水分动态变化的关键因子。因此，下一步研究中

应结合土壤类型、气象要素、地形地貌等因素，综合评价不同环境条件对土壤含水率的影响机理及贡献率。

10.3.6 石漠化生态修复区土地资源高效利用策略

土壤水是喀斯特区植被恢复重建的主要限制因素（范新瑞等，2009），对石漠化地区生态系统恢复及其稳定性起着决定作用（宋同清等，2009）。若土壤水分长期处于亏缺状态，将影响植被生态需水的调节和生态系统的恢复。因此采取措施提高土壤对水分的调蓄能力，对实现石漠化生态修复区土地资源高效利用的意义重大。本研究表明，与地表裸露相比，施用有机肥以及草被覆盖 2 种处理可以有效调控土壤水分的变化，提高土壤持水性。研究表明，种植生态经济型植物有助于改善土壤的结构性能，从而提高土壤的持水性能，进而发挥蓄水保土的生态效益，加速石漠化区域的植被恢复过程（鲍乾等，2017）；在石漠化区水土流失治理模式中，农林混合模式下土壤的理化性质状况、小气候效应等各项指标均较好，有利于喀斯特石漠化的治理（颜萍等，2016）。同时，土壤水分与养分的有效供给密切相关（周炼川等，2011），土壤的理化属性影响其对水分的储蓄能力。因此，将不同植被恢复重建模式和水肥综合管理结合起来进行喀斯特石漠化区治理，可以提高水肥利用效率，改善生态环境条件。

10.4 施肥方式对石漠化地区土地利用的影响及调控

土地作为人类活动的依托和生存之本（陈峰云，2009），其合理利用与否，直接影响着土壤结构体稳定、肥力高低和质量优劣（周义贵等，2014），且土地的生产与土地利用也有着密切关系（Steffen et al.，2007）。由于石漠化区养分流失严重（田小松等，2014），使得土壤生产力下降（张信宝等，2010），作物减产，土壤贫瘠化严重；而科学的施肥不仅是提高作物产量和培肥土壤的举措，也是提高土壤养分、促进农产品安全的重要保障（Galantini et al.，2006；Yang et al.，2006）。近年来，研究者从不同施肥方式角度对土壤培肥作了许多报道（Saleque et al.，2004；Huang et al.，2010；宁川川等，2016），研究的方法和结果也各有不同。在石漠化区，土地利用形态变化较快，土地利用矛盾极为突出（张衍毓等，2010）。王渊刚等（2013）指出对土地的利用是干预土壤肥力最直接的活动，对土地利用的程度过快和大地循环及系统间小循环过程中土壤养分回补缓慢将会造成土壤贫瘠化加快，而施肥能够显著提高土壤有效养分的含量（王树起等，2009）；魏猛等（2017）指出有机肥、化肥施用既可以保证土壤速效养分对作物的供应，又可显著改善土壤质量，提高土壤肥力水平；孙宁科等（2011）和陈鸽等（2017）指出有机肥与化肥长期施用可增加土体结构稳定性，改善土壤肥力。这些研究结果为提高土壤质量提供了有效的支撑，但从施肥方式分析土地利用的生态效益，特别是在石漠化区有机肥、化肥施用对土地利用的影响研究还较为缺乏。由于喀斯特山区土地利用很大程度上决定着土壤质量变化的方向（Kong et al.，2006），而合理的施肥方式不仅对土壤养分、有机质含量有着显著提高作用，同时弥补了土地利用过程中因地质循环养分回补缓慢产生的土壤贫瘠化。因此，石漠化区如何合理施肥、培肥尤为重要。目前有关施肥方式对土壤肥力影响的报道较多（孙宁科等，2011；陈鸽等，2017），但施肥方式对石漠化区土地利用影响的研究鲜有报道。本节通过研究不同施肥方式对作物产量和人类经营活动在土地利用方面的可行性，系统地分析施肥方式与土地利用间的耦合关系，以期为石漠化区土地利用建立起生态效益的利用模式。

10.4.1　研究方法

（1）数据来源与处理

本研究于 2018 年 1 月通过实地走访花江示范区对农户家庭进行随机抽样调查，获取研究所需数据。调查数据过程中利用研究区单元图，以问卷方式，依据抽样的等可能性，均匀抽选各类农户家庭进行访谈。共调查 300 户农户家庭，其中受访者包括户主、其他家庭成员，并估计年内农作物产量、农作物耕地面积及土地支出和畜禽养殖数量为研究的基础数据。回收有效问卷 269 份，根据访问数据类型整理归类，并从归类中筛选出研究所需且数据符合的农户家庭，最终选取 63 份具有代表性的问卷作为本研究最终数据。其中农作物包括粮食作物（谷物）、经济作物（调味品和水果）；土地支出为化肥、农药和劳务支出，依托 3 种支出总支出、耕地面积计算出每公顷农用地支出；畜禽养殖为猪、牛两种畜禽，通过环境影响评价系数计算出猪粪、牛粪年产量。

（2）计算方法

1）农作物支出的计算

依照当地农户对农作物的投入及耕地面积，采用以下计算方法。

农作物支出计算公式如下：

$$F = P_i / N_i \tag{10-5}$$

式中，F 为农作物支出，元/hm^2；P_i 为总支出，元；N_i 为耕地面积，hm^2；i 为各种支出，种。

2）畜禽粪便量的计算

依据原国家环境保护总局公布数据（2004），猪饲养期为 199 天，以出栏量作为饲养量；而牛饲养期大于 365 天，以年底存栏量为饲养量。

畜禽粪便总量计算公式如下（耿维等，2013）：

$$Q=\sum_{i=1}^{n}N_iT_iP_i \tag{10-6}$$

式中，Q 为粪便产生量，kg；N_i 为饲养量，头；T_i 为饲养期，d；P_i 为产生排污系数，kg/d；i 为第 i 种畜禽。

（3）数据分析方法

研究所有数据均使用 Excel 2010 进行统计处理，利用 SPSS 22.0 进行统计分析，指标间相关性用 Pearson 相关系数，拟合关系用回归分析方法，通径分析用多元回归分析方法（喻阳华等，2016），数据标准化用描述统计分析，作图采用 Origin 8.0 软件。

10.4.2 土地利用成本、施肥方式与作物产量间的关系

（1）研究区土地利用现状

通过实地走访调查了解作物产量与耕地面积，结合图 10-8 得出，研究区农作物主要种植粮食作物和经济作物，其中粮食作物耕地面积为 35.73 hm^2，占总耕地面积的 38%，经济作物耕地面积为 58.20 hm^2，占总耕地面积的 62%。但从产量来说，粮食作物产量（390 500 kg）远高于经济作物产量（40 920 kg），且粮食作物产量占作物总产量的 91%，经济作物产量仅占作物总产量的 9%。

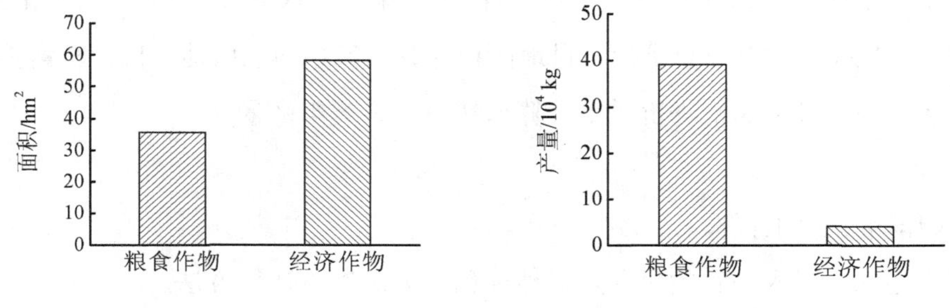

图 10-8 作物耕地面积与产量的关系

（2）施肥方式和土地利用成本与作物产量间的相关性

不同施肥及土地利用成本对作物产量存在差异，由表 10-11、图 10-9 可知，除粮食作物产量与劳务呈二次项函数关系外，其余系数间均表现为幂函数关系，函数拟合度（R^2）

越高表明两者间关系越密切。其中粮食作物产量相关性为：有机肥＞劳务＞化肥＞农药，有机肥、劳务和化肥与粮食作物产量为正效应，显著性最高的为有机肥（0.608），且幂函数拟合度为 0.414，劳务（0.456）次之，农药（–0.074）与粮食作物产量则呈现负效应。经济作物产量相关性为：劳务＞有机肥＞农药＞化肥，且化肥、农药与经济作物产量均呈现负效应（显著性分别为–0.097、–0.071）；劳务（0.306）与经济作物产量显著性最高，但经济作物产量与劳务的幂函数拟合度（0.205）却小于粮食作物产量与劳务的二次项函数拟合度（0.355）。

表 10-11　不同施肥制度和人力支出与作物产量的相关性

	有机肥	化肥	农药	劳务	粮食作物产量	经济作物产量
有机肥	1					
化肥	0.018	1				
农药	–0.041	0.545**	1			
劳务	0.212	0.066	–0.094	1		
粮食作物产量	0.608**	0.057	–0.074	0.456**	1	
经济作物产量	0.227	–0.097	–0.071	0.306*	0.192	1

注：**为极显著相关（$P<0.01$），*为显著相关（$P<0.05$）。

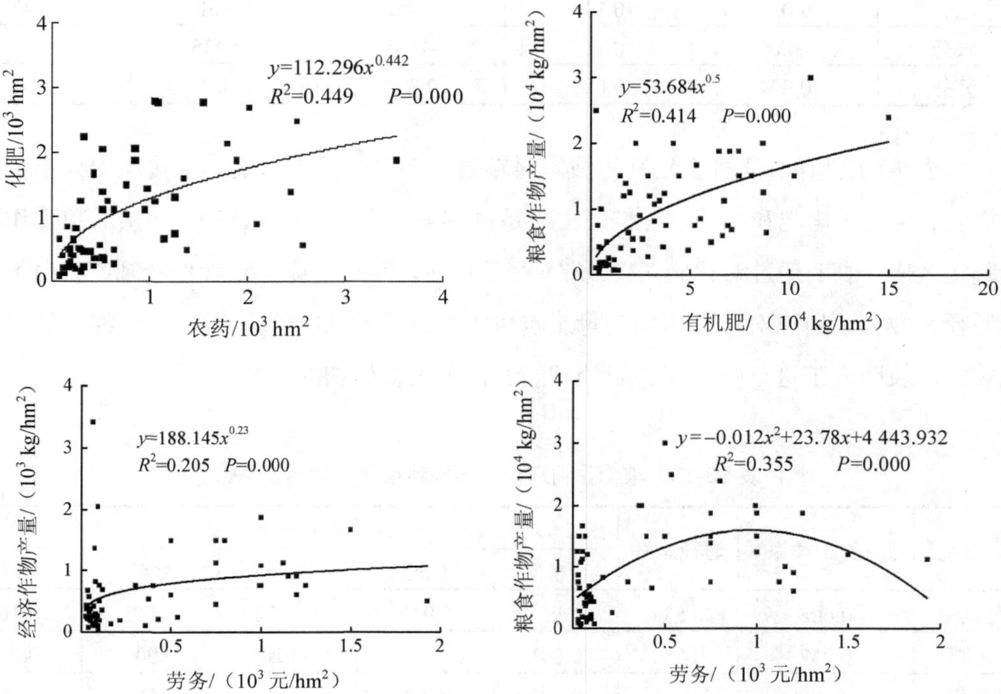

图 10-9　不同施肥制度和人力支出与作物产量的相关函数

由表 10-11、图 10-9 还可看出，有机肥、农药、劳务也存在着差异，其中劳务与有机肥（0.212）呈正相关，与农药（–0.094）呈负相关。化肥与农药显著性高达 0.545，且农药与化肥的幂函数拟合度为 0.449，表明化肥施用量越多，农药的需求量也随之增加。有机肥和化肥也有着一定显著性（0.018），但有机肥与农药却呈现负效应（–0.041）。可见，研究区施肥在作物方面投入水平较高，且劳务对施肥也起着一定正效应。

（3）土地利用成本对作物产量的通径分析

1）粮食作物产量与土地利用成本相关变量的通径分析

由表 10-12 可知，各因数对粮食作物产量的直接影响分别是：有机肥为 0.534，劳务为 0.334，化肥为 0.052，农药为–0.05，可见对粮食作物产量影响最大的是有机肥，其次是劳务，化肥的效益较小，农药则呈现出负效应。模拟方程为 $y=0.534x_1+0.334x_2+0.052x_3-0.05x_4$。式中，$x_1$、$x_2$、$x_3$、$x_4$ 分别代表有机肥、劳务、化肥和农药。

表 10-12 粮食作物产量与土地利用成本的通径分析

模型	非标准化系数		通径系数	t	显著性
	B	标准误差			
常量	2.48×10^{-16}	0.094		0	1
有机肥	0.534	0.097	0.534	5.532	0
化肥	0.052	0.114	0.052	0.461	0.647
农药	–0.05	0.114	–0.05	–0.435	0.665
劳务	0.334	0.098	0.334	3.421	0.001

由表 10-13 可知，4 种土地利用成本对粮食作物产量能力影响的间接作用大小依次为有机肥、劳务、化肥和农药。有机肥主要是对劳务产生影响（0.113），间接对粮食作物产量起正效应；农药通过对化肥（–0.027）产生影响，间接造成了粮食作物减产；由于有机肥通径系数大，所以对粮食作物产量影响也大，且劳务（0.061）对粮食作物产量的影响也较大，表明人工进行管理和施肥处理能够提高粮食作物的产量。

表 10-13 粮食作物产量与土地利用成本的通径系数

自变量	与 y 的相关系数	通径系数	间接通径系数				
			有机肥	化肥	农药	劳务	合计
有机肥	0.608	0.534	—	0.010	–0.022	0.113	0.101
化肥	0.057	0.052	0.001	—	0.028	0.003	0.033
农药	–0.074	–0.05	0.002	–0.027	—	0.005	–0.021
劳务	0.456	0.334	0.071	0.022	–0.031	—	0.061

2）经济作物产量与土地利用成本相关变量的通径分析

由表 10-14、表 10-15 可知，土地利用成本有机肥、化肥、农药、劳务与经济作物产量的通径分析结果显示，经济作物产量与劳务、有机肥、农药和化肥的相关系数分别为 0.306、0.227、–0.071 和–0.097，表明增加 1 单位劳务投入时，经济作物产量随之增加 0.306 个标准单位，而每增加 1 单位化肥投入，经济作物产量则减少 0.097 个标准单位。由其间接通径系数还可看出，有机肥主要通过劳务（0.036）影响经济作物产量，同时，劳务也主要通过有机肥（0.060）影响经济作物，且劳务与化肥（–0.009）和农药（–0.004）呈负效应，而通径分析准确地反映了劳务、有机肥、农药和化肥如何直接和间接影响经济作物的产量。

表 10-14　经济作物产量与土地利用成本的通径分析

模型	非标准化系数		通径系数	t	显著性
	B	标准误差			
常量	-3.31×10^{-16}	0.121		0	1
有机肥	0.171	0.125	0.171	1.369	0.176
化肥	–0.139	0.147	–0.139	–0.948	0.347
农药	0.038	0.147	0.038	0.261	0.795
劳务	0.283	0.126	0.283	2.236	0.029

表 10-15　经济作物产量与土地利用成本的通径系数

自变量	与 y 的相关系数	通径系数	间接通径系数				
			有机肥	化肥	农药	劳务	合计
有机肥	0.227	0.171	—	0.003	–0.007	0.036	0.032
化肥	–0.097	–0.139	–0.003	—	–0.076	–0.009	–0.087
农药	–0.071	0.038	–0.002	0.021	—	–0.004	0.016
劳务	0.306	0.283	0.060	0.019	–0.027	—	0.052

10.4.3　不同培肥模式对作物产量的影响

研究表明石漠化区不同施肥方式对作物产量的影响表现为施用有机肥远高于施用化肥。粮食作物中有机肥与产量间的显著性高达 0.608，化肥与产量显著性仅为 0.057，说明有机肥施用有利于粮食作物对土壤养分的吸收利用，可提高土壤养分的容量和供应强度，还可提高粮食作物产量，是实现农业可持续发展的一种可行方式（祝英等，2015），这与陈贵等（2017）在水稻产量上的研究分析一致。虽然化肥与产量间也有着一定相关关系，但有研究指出长期施用化肥会导致土壤酸化，从而影响作物产量（高菊生等，2008），高洪军等（2015）也分析出施用化肥会使粮食作物产量稳定性减弱、土壤生产贡献率下降；而陈贵等（2017）研究表明长期施用有机肥能够调理土壤酸碱度，防止因长期施用化肥而导致的土壤酸化。因此，有机肥的施用对粮食作物产量有着促进作用，且化肥对作物产量也有着相同结果。从生态效益出发，有机肥施用对粮食作物增产和稳产更有效。

由表 10-11 可知，有机肥与经济作物产量相关性系数为 0.227，化肥与经济作物产量相关性系数为–0.097。施用有机肥对经济作物产量起着正效益，这是因为有机肥中腐解产生的有机酸增加了土壤中有机养分的矿化，进而促进难溶性养分的释放（罗华等，2012），而化肥与经济作物产量表现出负效益，这是由于施用化肥造成土壤养分不平衡和土壤质量退化，致使作物产量降低（Yaduvanshi，2001）。姜蓉等（2016）研究发现有机肥施用不仅可以减少化肥施用量，还可以促进植物对养分的吸收利用，从而提高经济作物产量。整体分析得出，施用有机肥对作物产量起着高产稳产的正效益，施用化肥则表现出减产抑产的负效益，表明合理施用有机肥且减少化肥施用量是提高作物产量的重要手段。

10.4.4 不同培肥模式和劳务投入对土地利用的影响

通径分析是在变量的无量纲化基础上，通过直接通径系数、间接通径系数分析自变量与因变量之间的关系（王丹等，2011）。从表 10-13 可以看出，粮食作物与有机肥的通径系数最大，有机肥可通过劳务（0.113）间接对作物产量产生影响，化肥也可通过劳务（0.003）间接对作物产量产生影响，但影响较小。表 10-15 表明经济作物产量以劳务投入影响为最大（0.306），劳务通过有机肥添加对产量进行增产稳产；化肥通径系数为–0.139，反映出化肥施用造成作物减产抑产。本研究表明，合理的有机肥施用和劳务投入在作物产量方面表现出正效益，这与其他学者的研究结果一致（祝英等，2015）。郝海广等（2015）从劳动力务农机会成本不同的角度分析指出，农户在土地利用方面，因权衡劳动力投入配置和土地利用收益等的关系，导致利用方式较为粗放。李庆等（2013）也指出劳动力投入减少会造成土地闲置或者抛荒。李聪等（2010）对人力流出的研究表明，劳动力投入对作物种植、养殖等有着促进作用。因此，在人工精细化管理下，从有机肥、化肥施用效果可知，施用有机肥更益于土地利用及其产出。本研究分析表明，在作物产量和土地利用方向的调节措施为：合理施用有机肥和劳务投入是作物高产稳产的首选，且有机肥的施用能够提高土壤养分的容量和供应强度，进而增加土壤保肥能力（高洪军等，2015）。

10.4.5 有机培肥的生态效应

喀斯特特殊的地质背景作用是制约研究区农地发展的首要问题，且当前生态环境的影响也是限制农地发展的重要因素（颜萍等，2016）。因此，生态高值农业的发展不仅是克服这些难题的重要途径，也是促进农业可持续发展的主要出路。施肥在农业生产过程中是不可缺少的农事活动，本研究发现施用有机肥显著增加了土壤肥力和作物产量，其中以粮食作物产量与有机肥施用效益最佳，显著性远高于化肥处理。因此，合理施用有机肥可显著降低化肥施用带来的土壤板结、作物减产抑产的问题，同时提高土壤质量（Gaiser et al.，2012），且劳务投入显著提高作物产量，这对石漠化区土地利用与生态可持续发展来说有着重要指导意义。由于本节着重从有机肥和化肥对土地利用的影响进行研究，就施肥量、作物产品品质等问题都缺乏系统性研究，这需要在下一步工作中继续研究补充完善；此外，劳务投入对作物产量也起着一定促进作用，导致作物产量存在差异，因此，针对如何施肥既能有效地提高作物产量又能增加土壤地力这一问题还有待深入研究。

10.5 人工林水肥耦合理论与技术研究

水肥耦合是作物获得较高产量和品质的保证（王铁良等，2012），是水分和肥料之间或者水分与肥料中营养元素之间的相互作用对植物生长、生理、生化、生态特性及其效率的综合影响（Guttieri et al.，1963），协调水分和肥料多因素之间的相互作用对植物生长发育及资源利用效率具有积极的影响效应（Van et al.，2008；华元刚等，2012；Wang et al.，2018）。水肥作为植物生长过程中不可替代且最容易控制的环境要素，其协调问题成为农林业生产中的核心问题（李廷亮等，2011），是提高产量和品质的关键途径（周罕觅等，2015），且水肥之间相互协调、共同促进、互为制约（王晓娟等，2012），表现出拮抗、协同、加和等叠加效应。生产中通常采用灌溉与施肥的方式来满足植物对水分和养分的需求，但是单纯灌溉或施肥难以显著改善植物的生长状况（Al-kaisi et al.，2003；Pirmoradian et al.，2004），甚至会产生新的“最小限制因子”，譬如水分胁迫导致花椒根系生长减少（刘淑明等，2013），盲目的水肥管理会导致林产品的产量和品质下降，造成资源浪费和环境污染（邢英英等，2014），因而制定合理的灌溉施肥技术尤为必要（马建蕊，2018）。研究表明，实现水肥精准化管理，能够提高养分利用效率，发挥苗木生长潜能，其效果优于单纯地进行水分管理或养分管理（Bronson et al.，2006）。通过预测最佳水肥用量耦合模型，定量评价水肥对植物生长的影响程度，探索适合于本地区的优化节水、节肥模型，可为培育优良苗木的节水节肥技术提供科学依据（董雯怡等，2010；王景燕等，2016b；Liu et al.，2018）。本节旨在探讨水肥耦合对不同人工林的综合影响效应，构建具有自稳定、自调节能力的植被系统，阐明水肥耦合下的养分自给特性和植物适应策略，揭示人工林培育机制，有针对性地制定人工林恢复关键技术。

10.5.1 水肥耦合对植株功能性状的影响

植物功能性状反映了其对特定环境的适应对策（Westoby et al.，2013；吴正花等，2018），通过外部形态和内部生理变化来抵御环境胁迫（Budak et al.，2013）。目前，关于植物功能性状对不同水肥耦合处理的响应主要集中在光合作用和蒸腾作用等方面（王景燕等，2016a；侯裕生等，2018；舒正悦等，2018）。王景燕等（2016a）研究显示，在土壤水分含量介于35.9%～46.7%时，可以提高汉源花椒的叶片净光合速率和水分利用效率，并且土壤水分伴随施肥量的增加而增加，适宜的土壤含水量和肥料用量延长了汉源花椒叶片净光合速率达到峰值的时间，对提高叶片光合生产能力和资源利用效率以及植株生长具有明显的促进作用。这为人工林高产、稳产奠定了科学基础，也为人工林植物群落生长衰退防控提供了理论依据。侯裕生等（2018）研究得出，灌水量为820 mm、施肥量为450 kg/hm^2（氮：五氧化二磷：氧化钾为2：1：1.5）是红枣节水节肥的最佳水肥供应模式，并确定了水肥组合水平对红枣光合特性和叶绿素相对含量的影响，为水分、养分的高效利用及资源优化配置提供了参考；舒正悦等（2018）研究显示，60.8%的田间持水量时，243 kg/hm^2 氮、97 kg/hm^2 五氧化二磷、243 kg/hm^2 氧化钾配施能够促进竹叶花椒幼苗生长，提高其抗逆特性，表明水肥合理配置可显著提高植物的生产能力和抵抗环境胁迫的能力。

上述研究均表明，依据最佳水肥耦合方案制定灌溉与施肥制度，可以提高水肥利用效率和人工林生态系统服务价值，为水肥管理提供理论基础（石培君等，2018）。实施合理的水肥定额，可增强植被的生产力、抵抗力和稳定性，实现人工林植物群落可持续经营及生态系统稳定。但是，目前关于水肥耦合对植株或群落的高度、叶面积、比叶面积、相对水分亏缺、解剖结构等性状的影响研究较少，若进一步完善植物功能性状评价指标体系，将更能辅助优化水肥管理制度。此外，人工林根系性状对水肥耦合效应的研究也较为鲜见，限制了人们对不同水肥处理下养分吸收面积、能力与效率等问题的理解，在今后研究中应予以加强。

10.5.2　水肥耦合对土壤肥力与植物养分利用的影响

已有研究表明，水肥耦合会影响土壤肥力质量，促进养分输送与循环，利于植物对土壤养分的吸收、转化和利用，有效协调植物与土壤的关系，实现养分高效利用。由于 N 亏缺是限制人工林生产力的因素之一（Wang et al.，2017），因而合理配施水肥也是获得高产的关键。刘卉等（2014）研究得出，当每株油茶全年施尿素 390 g、钙镁磷肥 705 g、氯化钾 450 g，灌水 29.5 kg 时，其产量可达 3 162.4 g/株的峰值，这表明水肥耦合处理可以改善土壤中可用矿质养分的形态及数量水平，协调养分供应关系。钟爽等（2013）研究得出，同时增加施肥量和灌水量可显著提高植物寄生线虫的成熟度指数，水肥耦合还可以增加土壤中食细菌线虫、食真菌线虫、植物寄生线虫和捕食/杂食线虫的数量，提高土壤生物多样性水平，使土壤肥力发生正向演替，便于培育适宜养分蓄存和植物生长的团粒结构，形成团聚体，构建土壤与生物之间的良性关系。由于水肥耦合对养分质量、生物数量等具有显著影响，因而合理的水肥比例和灌施频次有助于植物对水、N 元素等的吸收，实现养分利用效率的最大化（刘峰等，2019），提高资源利用水平及效率。邱权等（2015）研究也表明，当土壤水分含量为 30%、施 N 量为 6 g/株时，可以大幅增加楸树苗木的 $\delta^{13}C$ 值，提高其水分利用效率。

水肥耦合对林木养分吸收的影响已被学者所关注（Bhat et al.，2009；O'neill，2014），但是目前的研究主要集中在 N、P、K 等植物必需的大量元素上，而对 Ca、Mg、B、Zn、Mo 等中量和微量元素的研究不多，不利于实现土壤养分的全面与均衡供应。关于土壤微生物多样性、类群数量、生物量碳氮磷等性状以及酶活性对水肥耦合响应的公开报道亦不多，限制了人们对水肥耦合与土壤肥力质量变化关系的理解和认识。此外，水肥耦合处理对养分吸收、循环和转化的机理及其机制的研究也应予以加强，以实现对养分供给数量和运移途径的综合调控。

10.5.3　水肥耦合对林产品产量和品质的影响

水肥是农业生产中的两个主要因素，也是调节植被生产力的有效措施。水分可促进土壤矿化，提高土壤可利用养分；土壤养分则可促进根系生长、团粒结构形成等，有利于土壤蓄水保水和植物根系吸水，因此水肥耦合处理能够提高人工林产品的产量和品质。王梓等（2011）研究表明，对欧美 107 杨苗的影响作用由大到小分别为施氮量、灌水量和水肥互作，当施肥量增大时需要提高灌水量，这为水分、养分同步管理提供了理论和实践依据；张锐等（2015）研究显示，灌水定额在 3.41 m^3/株、施肥水平在 2.66 kg/株的高肥高水处理下，核桃完整个数达 923 个/株，产量达 14.34 kg/株，光合速率达 20.31 μmol/（m^2·s），均为最大值，核壳厚度为 0.5 mm，较对照显著降低。这些研究为林产品生产力维持与提升奠定了科学基础，有利于从水分、养分协同供应角度诊断人工林产量降低和品质退化的原因。李双双等（2017）研究表明，在灌水量为 3.75 kg/株，施肥量为硫酸铵 59 g/株、过磷酸钙 10 g/株、硫酸钾 20 g/株的中肥和中高水处理下，蓝莓可溶性固形物、可溶性糖、总酚及类黄酮的含量最高，表明产品产量与品质的形成是以合理的水肥用量为前提。同时，这些影响并不是单一的，而是存在交互效应。例如，当灌水量为 820 mm，施肥量为 200 kg/hm^2 氮、100 kg/hm^2 五氧化二磷、150 kg/hm^2 氧化钾时，对红枣光合能力、水分利用效率及产量等的综合影响效应最佳（扁青永等，2018），这是植物生长、生理、生态等诸多性状之间权衡与协同作用的结果。

目前在水肥耦合引起的人工林产品产量和品质变化研究方面，主要考虑产量、某一个或某几个质量指标的变化，未对生态效应与经济效益之间、产量与质量之间、不同质量指标之间进行权衡与协同，进而集成提高人工林产品产量和品质的技术体系。因此，可根据人工林的特定类型和培育目标，构建关键质量评价指标体系，进行土壤质量和产品品质的全面监测，构建两者之间的数学关系，为土壤养分调控提供基础。

10.5.4 人工林水肥耦合理论与技术研究展望

水肥耦合是生态恢复和治理中的重要技术措施，协调水分和养分供应之间的矛盾，是提高生态修复效果的关键环节。未来需要进一步阐明植物水肥需求规律，揭示水肥耦合对林产品质量形成与植被生长衰退的驱动机制，丰富和完善水肥耦合理论，集成基于水肥耦合的人工林可持续经营技术体系。

（1）结合植物水肥需求规律进行深入研究

目前在对土壤养分的认识方面，一是片面地把土壤养分等同于植物营养，又将植物营养等同于 N、P、K 等，即对大量元素的关注较多，而对其他矿质养分的关注较少，从而导致土壤养分供需失衡，造成产品质量下降，甚至影响人体健康。因此，应从植物需肥规律来认识植物营养，实现养分的形态全面、数量丰富、计量平衡，从而促进植物对养分的吸收。应当明确，虽然 C、N、P 是构成机体的结构性和限制性元素，也是生态系统生产力的主要限制因子（Lü et al.，2015），但是中量元素和微量元素在植物生长、生理和代谢过程中发挥着不可替代的作用，也应予以重视。二是植物并非直接需要有机质，而是通过有机质矿化过程为植物提供养分，因此培肥土壤团粒结构是实现养分储存和转化的前提，可将土壤的矿质化和腐殖化过程有机结合起来，提高土壤肥力质量。

在土壤水分的认识方面，可以借鉴蓝水和绿水的类型划分，拓宽水资源定义范畴，建议基于水足迹理论，对作物生产蓝水和绿水的足迹进行量化（冯变变等，2018），建立植物生长与不同类型水资源之间的关系，从种群、功能群、群落、生态系统、区域等不同尺度揭示水资源供需平衡规律。结合水分和养分范畴深入研究植物水肥需求规律，以更准确地阐明水肥耦合效应，集成高效的定额灌溉制度。

（2）深化水肥耦合对人工林产品质量提升影响的研究

人工林产品质量与人体健康密切相关，获取优质产品成为消费者的追求，这对产业生态化、生态产业化和高效特色林产业规模化经营提出了更高的要求；另外，林产品质量下降又是政府、企业和研究机构共同面临的难题。建议未来深化如下三个方面的研究：一是构建土壤水肥状况与林产品质量的相关关系，揭示产品质量形成的水分与养分机制，诊断影响品质指标的因子，对土壤进行有效调控以解除因子限制。二是人工林难以获得全部效益和质量指标的协同，需要从特定目标与需求出发，进行性状权衡，找出适宜的投入水平，拟合投入与产出模型，提高植物对资源的利用效率。三是产品质量的形成不仅受水肥因子制约，也与光照、温度、大气状况等密切相关，因而应当深入研究不同水肥供给方式、时间、次数、生态因子状况等条件变化对林产品质量的综合影响效应，集成全面、科学的水肥管理制度。

（3）开展水肥耦合对人工林生长衰退影响机制的研究

人工林、人工草生长衰退的典型特征是植被生态退化、生产力下降、功能降低，是退化区域生态恢复的难题（Shangguan et al.，2006；韦景树等，2018；任丽媛等，2019），且具有普遍性与区域性，影响了生态治理成果的巩固。关于人工林生长衰退的原因，不同学科专业、研究尺度、样地类型得出的结论各异，但是土壤质量退化引起人工林生长衰退这一结论为诸多研究者所接受。本研究认为土壤矿质养分退化与水肥供应不协调的叠加效应是人工林生长衰退的主要诱因。由于矿质元素的亏缺是植物生长、生理和代谢减弱的重要驱动机制，这些功能的下降必然引起植物生长退化。在未来研究中，建议根据土壤水肥供应状况，探讨土壤水分和养分亏缺对其团粒结构形成、矿质化和腐殖化过程的影响规律，分析水肥供应不协调对植物养分吸收、转化和循环的限制作用，阐明人工林生长衰退的机理，揭示水分、养分供应对人工林生长衰退的驱动机制，构建人工林复壮技术体系，巩固生态脆弱区植被恢复成果。

10.6 人工林化感效应及防控理论与技术研究

人工林是陆地生态系统的重要组分，驱动生态系统的物质循环与能量流动，对满足木材与生态功能双重需求具有显著意义（梅梦媛等，2019）。同时，林木通过根系分泌、残体分解、雨雾淋溶等途径产生酚类、脂类、萜类等多种化学物质，对其生长、发育总体表现出抑制效应，被认为是造成人工林连作障碍的初始诱因（拱健婷等，2015；Song et al.，2019；童冉等，2019）。Romel 等（2018）研究表明，赤桉（*Eucalyptus camaldulensis*）凋落物对自身种子萌发、幼苗生长、根系发育具有明显的抑制作用，并取决于凋落物的比例与性状；曹光球等（2008）发现 200 mg/mL 的杉木（*Cunninghamia lanceolata*）根际土壤浸提液使其种子发芽势降低 23.28%；廖薇等（2014）研究显示青花椒（*Zanthoxylum schinifolium* Zucc.）叶片水浸液在 1 g/mL 时对小麦种子萌发表现为较强的抑制作用。人工林土壤中化感物质的积累量受林地内生态条件以及土壤对化感物质的吸附与降解能力等影响（王延平等，2008）。综上所述，化感物质及其效应制约着人工林培育的生态学过程，对人工林化感效应的研究可立足于林分、种群等诸多尺度（张柳桦等，2018；石丽娜等，2018；许晓东等，2019），便于全面揭示生态系统结构与功能的关系。

伴随着植物学、环境科学、生态学等学科相关理论与技术的发展，化感效应研究得以全面深入。但是，化感物质的种类多样性、效应综合性、作用过程复杂性，使土壤微生物、酶与人工林化感物质之间耦合关系调控较为困难，限制了对人工林化感效应防控的研究，相关理论亦不能完全支撑人们对化感物质效应研究与防控的理解。鉴于此，本书综述了人工林化感效应及其作用机理，总结了营造混交林、微生物降解、合理施肥等防控措施，分析了人工林化感效应综合防控的不足，提出了人工林化感效应防控对策。

10.6.1 人工林化感物质释放与来源

化感物质释放途径主要包括：①林木地上叶、茎挥发萜烯类等物质后，通过空气传播，并被其他植物吸收。蓝桉（*Eucalyptus globulus*）枝、叶挥发的蒎烯、桉树脑等物质对自身种子发芽率、发芽势与发芽速率的化感效应指数（RI）分别为–0.979、–0.985、–0.979（曹子林等，2011）；巨桉（*Eucalyptus grandis*）叶片挥发的香豆素类物质使玉米种子的萌发率降低 62.85%（唐凤鸾等，2019）。②林木在代谢过程中会分泌激素、氨基酸等微量物质黏附于体表，经雨、雾淋溶到土壤后，被植物根系吸收。李俊等（2013）以蒸馏水为溶剂，模拟自然状态下雨雾淋溶过程，结果表明 10 mg/mL 的侧柏（*Platycladus orientails*）

枝叶浸提液可促进苜蓿发芽，发芽率高达 93%；王俊龙等（2014）研究显示，pH 为 4.0 的模拟酸雨溶液对柳杉（*Cryptomeria fortunei*）根际土壤多酚氧化酶活性的促进作用较对照提高 47.9%。③林木根系常分泌酚酸等物质沉积于土壤（Uddin et al.，2012；Wang et al.，2016）。杨树（*Populus*）根际土壤浸提液在 1.0 g/mL 时对莴苣种子萌发的抑制率达 40%（陆茜等，2017）；巨桉根系土壤浸提液在 5.0 g/mL 时对莴笋种子发芽率的 RI 为–6.25（王玲等，2009）。④林木凋落物或残体分解酚酸等物质，被植物吸收。美洲黑杨（*Populus deltoides*）凋落叶含量达 90 g 时，小白菜的超氧化物歧化酶活性会显著提高以维持活性氧平衡（贺维等，2015）。总体上，导致人工林连作障碍的化感物质主要来源于根系分泌与植物残体分解。

10.6.2　人工林化感效应作用类型

由于化感物质受遗传因素和环境条件共同制约，作为化感效应的化学物质基础，化感物质多样性决定了效应多样性。根据化感物质的作用对象不同，可分为自毒作用和他感作用；根据化感物质的作用形式差异，可分为单一作用与复合作用。

（1）自毒作用与他感作用

自毒作用指植物释放的化学物质对自身或同科植物生长产生的抑制作用（孙婧玨等，2013）。长期以来，速生丰产林培育采用多代连作，自毒作用明显（白小芳等，2016；孟祥江等，2018）。黄浦娜（2014）研究显示，333 g/L 青海云杉（*Picea crassifolia*）凋落物水浸液对自身种子发芽势、发芽率的抑制率分别达 58.10%和 57.76%；俞飞等（2010）发现柳杉未分解凋落物、半分解凋落物与表层土壤浸提液对其种子发芽势的 RI 分别为–0.417、–0.307、–0.251；林武星（2009）阐明，当木麻黄（*Casuarina equisetifolia*）根系与浸提剂质量比为 1∶40～1∶5 时，制得的浸出液使其幼苗叶片中生长素含量降低 37.3%～75.1%，内源激素计量失衡。目前，对林木自毒作用的研究集中在化感物质来源及其对生理生态过程的影响效应上，但人工林自毒作用随生长周期的变化规律及其驱动机理尚不明确，不利于揭示自毒物质的作用机制。

他感作用指植物释放的化学物质对其他植物或土壤微生物产生有利或不利的影响（柴强等，2003）。人工林的他感作用主要分为两类：一类是化感物质对其他植物生长发育的影响（彭少麟等，2001）。30 mg/mL 的沙柳（*Salix cheilophila*）枝叶浸提液使柠条的发芽率、发芽势、发芽指数较对照分别减小 19.0%、22.6%、16.6%，抑制作用明显，并随浸提液浓度升高而增强（多吉杰等，2015）；油松（*Pinus tabulaeformis*）凋落物浸提液在各浓度下对草木犀幼苗株高均有促进作用，10 mg/mL 时其幼苗质量较对照显著提高

25.0%（李俊和刘增文，2013）。另一类是化感物质对土壤微生物的影响（Jilani et al.，2008；刘纯等，2014）。张瑛等（2019）研究表明，杨树人工林连作后，土壤中的对羟基苯甲酸、肉桂酸等化感物质含量显著升高，阿魏酸、香草醛变化则相反，土壤的内假单胞菌属、红假单胞菌属、慢生根瘤菌属、弗兰克氏菌属等 10 种菌属与对羟基苯甲酸、肉桂酸的累积呈显著正相关，与香草醛的变化呈显著负相关；谭秀梅等（2008）探究外源引入酚酸对杨树人工林土壤微生物的影响，发现对羟基苯甲酸对土壤真菌、放线菌和纤维素分解菌以及肉桂酸对纤维素分解菌均表现出抑制效应。目前，人工林他感作用的研究集中在化感物质对土壤微生物种类、数量和分布影响等方面，亦证明化感物质对根际微生物的作用具有专属选择性，未来应加强土壤微生物对不同化感物质降解潜力的研究，揭示二者的内在关联与耦合作用机制。

（2）单一作用与复合作用

单一作用是某种类型的化感物质对植物生长表现出极高的促进或抑制效应。长期以来，学者们对化感效应的研究多检验单一化感物质的作用效应。例如，陈龙池等（2002）发现浓度大于 1 mol/L 的香草醛使杉木幼苗根系活力显著降低，对 NO_3^-、NH_4^+、SO_4^{2-} 等离子的吸收明显减少；杨阳等（2010）研究表明，酚酸在 0.5 mol/L、1.0 mol/L、1.5 mol/L 和 2.0 mol/L 时，使杨树幼苗平均根长分别较对照降低 37.85%、53.71%、82.06%、87.26%，可抑制根系伸长。以上研究以单一化感物质为供体，探究其对受体植物生理代谢过程的作用机制，但化感物质浓度、种类多是人为设定，对自然环境的模拟程度较低，应增加浓度梯度以探讨化感物质毒性效应的阈值。

复合作用是多种化感物质的交互作用，对受体植物产生抑制或促进效应，主要表现为协同、拮抗、加和等。丁国昌等（2008）研究没食子酸、零羟基苯甲酸、肉桂酸对杉木叶片质膜透性的化感效应，当没食子酸浓度小于 28.1 mg/L 时对邻羟基苯甲酸具有增效作用，当肉桂酸浓度小于 50 mg/L 时对邻羟基苯甲酸具有拮抗作用，表明 3 种酚酸交互作用十分明显。苏金豹等（2013）探讨落叶松（*Larix gmelinii*）2,4-二羟基苯甲酸、7-羟基香豆素、阿魏酸和松香酸 4 种根系分泌物对胡桃楸幼苗生长的影响，表明在 2,4-二羟基苯甲酸、阿魏酸和松香酸共同处理下，其苗高较对照增加了 7.1%，三者具有加和作用；其他组合的处理均低于对照，以拮抗作用为主。化感物质交互作用的生态效应具有复杂性，应加强不同人工林化感物质复合作用与林木根系、土壤微生物等互作关系的研究。

10.6.3　人工林化感物质作用效应

对化感物质作用效应的研究多集中于受体植物生长发育的形态指标与生理变化过程，包括对植物光合作用、呼吸作用、种子萌发与胞内酶活性等的影响（Fernandez et al.，2013；徐圆圆等，2016；陈峰等，2017），这些特征多揭示化感效应的表观现象。细胞是生物体形态结构与功能活动的基本单位，随着细胞生物学、分子生物学理论与技术在化感效应中的应用，基于细胞与分子水平的化感效应研究取得了重要进展，已证明细胞毒性是化感物质作用效应的一个重要特性（Vasconcelos et al.，2019）。

（1）化感物质对细胞膜的影响

细胞膜是保持细胞内环境相对稳定的重要屏障，质膜和细胞膜性结构是化感物质的作用位点之一。杨梅等（2006）研究零羟基苯甲酸对 2 个杉木优良无性系组培苗叶片膜质过氧化及渗透物质的影响，结果显示在 40 mg/L、80 mg/L 浓度下，2 个杉木无性系可溶性糖含量的化感效应随时间增加从抑制转为促进，在 120 mg/L 时对二者均表现为抑制作用。化感物质常通过影响细胞膜电位、抑制细胞膜活性、改变细胞膜透性等造成细胞损伤，应深入研究不同环境条件下，占主导地位的作用机理与化感物质种类、浓度的关系，全面揭示化感物质的作用效应。

（2）化感物质对细胞活性氧的影响

研究表明，化感胁迫往往伴随氧化胁迫发生（Hamilton et al.，2012）。为抵御逆境胁迫，植物会在体内形成一套抗氧化防御体系，主要由超氧化物歧化酶、过氧化物酶及过氧化氢酶组成，能有效减缓细胞过氧化作用，提高植株抗逆性，而化感物质可通过破坏植物细胞抗氧化系统来促进活性氧积累，造成化感效应（马丹炜等，2015）。侯林林等（2018）研究铁核桃（*Juglans sigillata*）水浸液对绿豆种子、花生种子抗氧化酶特性的影响，结果显示绿豆幼苗在铁核桃根、叶水浸液处理下，超氧化物歧化酶、过氧化物酶、过氧化氢酶的活性高出花生幼苗 8～40 倍，且在水浸液浓度为 50 mg/mL 时，过氧化物酶含量达到最大值，说明绿豆通过提高抗氧化系统对外来物的选择能力以维持细胞内外电解质的平衡，保证细胞结构的稳定性。当前，关于植物细胞抗氧化系统化感效应的有效浓度方面已取得丰富的研究成果，但在抗氧化系统受影响后，活性氧在不同林木细胞内的信号传导途径、作用机理与驱动机制等尚需深入研究。

（3）化感物质对植物内源激素平衡的影响

植物激素是对植物生长发育产生显著影响的一类微量有机物，在植物对环境胁迫做出适应性响应过程中起着重要作用。环境因子通过调节各激素生物合成与分解代谢来控制激素比例，进而调控种子萌发。李键等（2012）研究表明，在 50 mg/L、100 mg/L、200 mg/L 木麻黄叶片水浸液下，其根系赤霉素含量较对照分别下降了 8.33%、14.42%、23.41%；杨梅等（2011）探讨邻羟基苯甲酸对自毒物质忍耐型与自毒物质敏感型杉木内源激素的化感效应，结果表明，邻羟基苯甲酸对两者的赤霉素与生长素含量均表现为抑制效应，在胁迫第 10 天时，与 40 mg/L 下的 RI 相比，忍耐型的 RI 在 80 mg/L、120 mg/L 下分别上升 19%和 32%，而敏感型的上升幅度分别为 30%和 54%。上述研究从生理角度验证了不同类型林木植物激素化感效应的差异，但对于其他常见人工林树种，如杨树、桉树、松树的内源激素在连栽地受化感效应的有效浓度还有待于林业生产的进一步检验。

综上所述，化感胁迫通过损伤植物细胞、积累活性氧、打破内源激素平衡，从而诱发植物细胞凋亡已成为广大学者的共识（曹光球等，2010；Couée et al.，2013）。而人工林根缘细胞作为化感物质的第一作用位点，在根与环境间构筑了一道物理、化学、生物屏障，具有防御功能。虽已证明化感胁迫可诱导根缘细胞死亡，但其内在机制尚不清楚。探讨化感胁迫下不同人工林根缘细胞、土壤与微生物的根际对话，能更全面地诠释人工林化感物质的作用效应。

10.6.4 人工林化感效应防控研究

（1）营造混交林

自然状态下，混交林较纯林在缓解连作障碍、抵御病虫害、发挥生态效应和经济效益方面具有明显优势（李永进等，2019）。复层、异龄人工混交林可有效防控化感效应。张霖（2015）研究青海云杉水浸液对油松种子萌发和幼苗生长的影响，结果显示 2 mg/mL 果实和叶水浸液对油松种子萌发和幼苗生长促进作用最强，较对照提高了 73.68%和 149.39%；2 mg/mL 根水浸液对油松幼苗根长和鲜重促进作用最强，较对照提高了 66.12%和 163.89%；叶片中的挥发油成分能显著促进油松种子萌发，发芽率较对照提高了 64.22%，仅 30 mg/mL 枝条水浸液对油松种子萌发表现为抑制作用，较对照降低了 24.88%，证明青海云杉与油松混交有利于油松种子萌发与幼苗生长。在林木植物化感作用研究中，水浸液通常对受体植物存在低促高抑现象，因而水浸液在诸多混交林的幼龄阶段呈明显促进作用，但如何通过人为措施降低成熟期与过熟期的抑制效应尚需深入研究。同时，现有的研究样本较少，需要加强不同树种混交的化感效应研究。

（2）利用土壤微生物降解化感物质

土壤为植物生长提供机械支撑和养分供给，植物释放的化感物质均以土壤为主要受体，并在土壤中进行迁移和转化。土壤微生物是土壤有机物质降解的调节器，利用其降解化感物质是削弱化感效应的途径之一（张霖，2015；Lu et al.，2017）。李冠喜等（2013）分析了多噬伯克霍尔德氏菌对杨树根际土壤中香草醛、对羟基苯甲酸、阿魏酸、苯甲酸、肉桂酸等化感物质的降解作用，结果显示降解强度依次为 96.32%、98.73%、53.62%、56.52%、73.91%；王文波等（2016）发现连作杨树人工林土壤内含有的假单胞菌、鲍氏不动杆菌、皮氏罗尔斯顿菌、多噬伯克霍尔德氏菌等降解菌，可降解酚酸类化感物质，但Ⅱ代林降解菌总丰度较Ⅰ代林减少了 9.69%，而Ⅰ代林轮荒地降解菌总丰度又比Ⅱ代林增加了 33.33%，说明微生物的降解能力受连作影响。由于土壤性状与微生物作用效应密切关联，因而研究土壤 pH、含水量和矿质元素含量等对微生物降解化感物质的驱动机制尤为重要。

（3）合理施肥

土壤养分含量与化感效应间存在互作关系（Scavo et al.，2019），施肥或优化营养水平能够削弱化感效应，少量多次施肥的效果更佳。杨珊珊等（2015）探究银木（*Cinnamomum Septentrionale Hand*）凋落叶不同添加量以及施入底肥（1.5 g/盆）和追肥（0.5 g/盆）对玉米生长的影响，各添加处理的玉米株高的 RI 分别为–0.032 6、–0.134、–0.347 8；而在施底肥与追肥时，玉米 RI 则分别为 0.001 4、–0.008 9、–0.112 0 和 0.008 3、–0.037 5、0.090 7，均高于凋落叶添加，说明施肥能有效缓解化感效应；史洪洲等（2017）研究不同施肥状态下每盆 60 g、90 g 核桃凋落叶处理对小麦株高生长的影响，得出未施肥时 50 天的株高较对照减少了 26%、32%，而施入底肥和追肥时 50 天的株高分别增加了 20.4%、29.4%、36.9%。诸多结果表明施肥能有效缓解化感物质对受体生长的抑制，因此为进一步增强林木抗逆性，应加强多种有机肥施用对人工林化感物质协同作用的研究。

10.6.5　人工林化感效应研究展望

基于人工林分稳定性的可持续经营是其生态功能和经济功能提升的前提条件。近几十年来，学者们在化感效应与防控领域进行了诸多有益探索并取得丰富成果，若继续深化研究内容，将推动该领域进一步发展。

（1）加强混交林对化感效应的防控研究。长期以来，各地区以相生为原则营造了大量混交林，但优势种多为 1～2 种，限制了化感效应的协同防控，应研究多树种混交对化感物质的影响效应与机理。同时，为了林分稳定与高效，应采取套种等措施，增加林分结构的复杂性，实现生物多样性保育，提高系统的抵抗力、恢复力和弹力。

（2）深化有机肥施用对化感效应的防控研究。目前，有机肥对化感物质具有防控效应已在学术界达成共识，但化感物质对有机肥种类、配施比例、施肥时间以及林分不同生长阶段响应的差异尚需进一步研究。同时，凋落物作为土壤有机质的主要来源之一，其对化感物质的影响也值得深入研究。

（3）开展微生物与酶对化感效应的综合防控研究。当前，土壤微生物降解化感物质方面的研究已取得重要进展，但非生物环境要素对土壤微生物和酶降解的驱动机制仍不明确，尚需深入研究。同时，还可筛选经土壤微生物降解后仍保持有效浓度和活性的化感物质，测定其在土壤中迁移至作用位点的时间和速率，便于确定引入外源微生物与酶的种类和时间。

10.7 柚木培育技术

柚木是马鞭草科柚木属，属落叶或半落叶高大乔木，是珍贵用材树种，生长快、木材硬，因此备受青睐，在北盘江流域花江段有栽培柚木的历史。该技术主要是根据贵州大学喻理飞教授主持的国家“十五”重大科技攻关课题“喀斯特（岩溶）高原生态综合治理技术与示范”的成果进一步整理而成，主要适用于贵州省西南部低热河谷地区。由于柚木具有较好的水土保持功能，亦是优质木材，在关岭—贞丰花江喀斯特高原峡谷中度—强度石漠化综合治理示范区内得以广泛栽培。

10.7.1 柚木种子采集与处理

（1）采种

育苗用种可在成年老树采集。选择树体健康、健壮、抗逆性强、生长迅速、树干通直、无明显病虫害的植株作为采种母株。柚木种子颗粒较小，千粒重 450～550 g，每千克有种子 1 800～2 000 粒。将采回的种子装在布袋、麻袋或竹箩里反复搓揉，除去种苞，淘汰过小或不良的种子后，放入麻袋置于通风、干燥处贮存备用。种子保存过程中要预防鼠害、虫害、病害等。

（2）种子处理

1）石灰浆沤种

用容器将大于种子体积 1～2 倍的石灰和水混拌成浆，放入种子搅拌均匀，上面再撒少量石灰粉，以不见种子为宜。7 天后取出种子放入臼内，轻轻地边捣边翻动，除去种核外的绒毛，洗净即可播种，发芽率可达 50%～80%，成苗率可达 70%～90%。

2）浸晒法

将种子摊晒于水泥地面，到当日地表温度最高时，收起种子浸入冷水中过夜，反复浸晒一周左右即可播种。摊晒种子时，不能将种子放在室外过夜。

10.7.2　苗圃地选择与整理

（1）苗圃地选择

选择缓坡和平地中土壤疏松、排灌方便的沙壤土地块作苗圃，一般不宜选择熟（旱）地，忌选黏重土壤和积水地。苗圃地应清除杂草、石块、砾石等，并确保土地平整，要防涝。

（2）苗圃地处理

柚木根系含有甜汁液，易受虫害，在作畦前要进行药物消毒处理，每公顷可用呋喃丹 30 kg、壳灰粉 750 kg 防虫害，可用多灵菌与土混合杀菌，两种方法均可防病虫害的发生。对土壤进行消毒后，应适当晾晒 2～3 天。

（3）苗圃地作床

在深挖熟晒的沙质壤土上做播种苗床，床面土壤细致平整，拌入适量复合肥或农家肥，土壤应具有良好的团粒结构，有机质含量丰富，协调好水分、养分和热量之间的关系。根据育苗方式的不同，苗圃地可分为催芽圃和移植圃。

10.7.3　播种

（1）播种时期

选择 5 月中上旬即雨季来临前为柚木的播种期，且种子以当年采当年播为好。播种过早气温偏低，不利于种子发芽；播种过迟影响苗木后期生长。由于干热河谷地区土壤层浅薄，在播种时如遇土壤干燥问题，应当及时补充水分；种子萌发期间要保持土壤湿润，以提高发芽率和幼苗成活率。

（2）播种方法

播种时采用撒播或点播的方式，人力充足的地方建议采用点播。播种时以钙镁磷肥拌种，将处理好的种子均匀撒播于苗床上，密度控制在 1.0 kg/m^2，用平滑的木板将种子压入土中，土上面再覆盖一层 1～2 cm 的细土，以不见种子为宜。畜禽粪便充足的地区，可以将适量的农家肥与土壤混匀后再播种，提高土壤肥力水分和有效养分供应潜力。

（3）播种后管理

播种后，柚木种子进入萌发期，一般 15～20 天后开始发芽，发芽时间通常与土壤水分状况密切相关。播种后，可根据具体情况，在烈日暴晒时浇足水分，以促进种子发芽。至幼苗大部分出土后，改为早、晚浇水，尤其以阴天浇水为宜。待长出 1 对真叶后，应选择在傍晚浇水。播种后水分的管理有助于促进种子的发芽率和幼苗成活率，是柚木培育中较为关键的环节。

当幼苗长到 2 cm 以上时，应进行间苗和除草，除草应做到除早、除小，防止杂草与幼苗竞争养分、水分和光照等资源。间苗应当除去弱苗、病苗等，保留长势较好、健壮的幼苗，并创造适宜的密度。

10.7.4 出苗管理

（1）换床移苗

柚木种子具有 1～4 个胚室，发芽时常有 1～3 株萌芽苗，多者 4 株。通常需要进行换床移苗。尽量在已长成第 1 对真叶，而第 2 对真叶尚未长出时进行。移植苗要进行分级，以便移植后苗木生长整齐，互不压挤。

在移植圃中施足基肥，确保排水良好，修筑苗床，把长有 1～2 对真叶的柚木幼苗按 25 cm×25 cm 的株行距移栽，酷暑天气一般在 15—16 时后移植为好，移栽后即进行低架遮阴，一并浇水，确保成活。移栽要及时，太早、太晚均会影响幼苗成活率，尤其以雨天、阴天移栽更佳。

一周后幼苗成活即可掀去遮阴罩，并进行除草、保水、施肥、防治病虫害等管理，第二年春季苗高可达 1 m 左右、地径在 1.5 cm 以上，这样每公顷可产苗量 15 万株左右。移苗时间以下午或阴天为宜，移后若遇连续高温天气，需进行低架遮阴并浇水。

（2）营养袋育苗

首先按一定的营养比例配制营养土，置于 15 cm×15 cm 规格的塑料容器袋中，然后将两行容器袋靠紧排列于畦内，畦的宽度以能够从畦的两边移植小苗为宜，每两行容器袋间相距 15～20 cm，以使苗木有足够的生长空间。接着挖取畦两边的杂土填平两行容器袋之间的空隙，以免容器袋被晒而散失水分和老化。再把柚木小苗移栽于营养袋内，并进行喷水、遮阴、除草、防治病虫害等管理，小苗成活后掀开遮阴罩。

按照移植苗管理，30～40 天以后，当袋苗高 20～30 cm 时，把叶子剪去 2/3，即可用于定植。

（3）其他

除了换床移苗或营养袋育苗外，也可以直接在苗圃上生长成苗。出苗后及时清除杂草，一般清除 2～3 次。出苗后容易发生地老虎啃咬苗木主根的危害，一经发现应采用人工捕捉或药物扑灭的方法。

10.7.5 苗期管理

一年生柚木苗木的生长可分为 4 个阶段，包括种子萌发期、恢复生长期、迅速生长期和缓慢生长期。不同阶段应采取有针对性的管理措施，以提高苗木质量，为提升造林水平奠定基础。

（1）恢复生长期

此期幼苗正处于扎根蹲苗和恢复生长阶段。为保证成活，除移植时浇头定根水外，其后视具体情况早晚浇水；如遇晴天应给初移幼苗遮阴，待成活后再拆除；发现缺苗要及时补植，以提高苗圃的出苗率。

（2）迅速生长期

迅速生长阶段是决定苗木质量的关键时期，此时气温高、雨水多、苗木生长迅速，高径生长可占当年生长量的 80%以上，是决定苗木质量的关键时期。每月松土除草 1～2 次，适当补充 N、P、K 肥，并优先推荐使用农家肥，注意排除渍水，以防烂根。

（3）缓慢生长期

秋末后，气温下降，雨量减少，苗木长势也明显减弱，进入缓慢生长阶段。此时应停止施肥，控制苗木生长，以提高木质化程度，无需再进行人工管理措施。

10.7.6 苗木出圃及包装

（1）柚木苗木分级

柚木苗木出圃时须按质量进行分级，以利分片造林。柚木适于低截干造林，苗木的根茎是客观反映苗木综合质量又便于现场掌握的量化指标，可分为三个等级：一级苗根茎大于 2.5 cm，主根及侧根发达，木质化程度高；二级苗根茎为 2.5～1.5 cm；三级苗根茎小于 1.5 cm。

（2）苗木出圃

起苗前先灌足水，使土壤充分湿润，以防起苗时伤害根系。起苗时，尽量深刨保全根系，严防劈裂粗根。起苗后从严把好出圃柚木苗的质量，剔除病苗和嫁接未成活苗，然后进行分级并通过检疫。在苗木上系上专用标签，标明品种、等级。不符合规格、树形根系不完整、遭病虫危害、有机械损伤的苗木不出圃。远地外销苗，将其根部用草包包好，内填湿润的锯末屑，以防根系干枯；绑好标签，注明苗木的品种、产地、等级、数量，严格按照《植物检疫条例》执行起运，以符合相关管理规定。

10.7.7 林分抚育

由于干热河谷地区水热条件较好，杂草生长迅速且较高，为防止杂草与柚木植株竞争养分，幼林阶段应及时除草、松土，保持合理的土壤孔隙状况，促进根系向水平和垂直空间生长。

造林后1～3年，若发现植株弯曲、歪斜或生长不良时，可在3—4月进行平茬更新。平茬再生萌条生长迅速，应及时定株。幼林抚育的时间、次数等应根据立地条件、生长状况而定，团粒结构较差的土壤应勤松土、施肥，提高土壤的通透性。

柚木林的凋落物量较大，是养分归还的重要途径，应保护好地表凋落物层，作为新碳和老碳的主要来源。8～10年后，柚木逐渐成林，此时要及时疏伐，创造适宜的林窗，提高生态系统生物量和木材产量。

10.8 小结

本章通过阐明干热河谷石漠化区不同树种的适应机理，不同土地利用方式土壤含水率变化动态，不同施肥方式的土地利用可行性、人工林水肥耦合理论、柚木培育技术，以期探讨干热河谷石漠化区生态恢复策略。研究结果显示，干热河谷石漠化区植物通过形成较低比叶面积、较高叶片干物质含量的性状组合以减少叶片蒸腾作用、储存营养物质，从而提高对干热生境的适应能力。不同人工林土壤矿质元素含量存在较大差异，不同矿质元素随林分类型的变化规律不一致，表明植物根系对养分的提取和富集能力存在差别；元素之间表现出一定程度的相关性，存在此消彼长的关系，尤其以Fe、Ca等元素与其他元素的关系更为密切，说明土壤矿质元素之间存在增强或抑制效应。矿质元素之间的互作效应及其计量平衡关系是未来研究的科学问题之一。

施用有机肥与草被覆盖可以有效调控土壤水分变化幅度，对石漠化生态修复区土壤水分的利用具有重要作用。土壤温度、大气温度、大气湿度、光照强度对土壤含水率的影响差异显著，总决定系数为0.119，表现为大气湿度＞土壤温度＞大气温度＞光照强度；大气温度与土壤温度对土壤含水率的共同影响最大。鉴于石漠化区生态环境的复杂性与异质性，应综合考虑地形地貌、气象要素、土壤类型等因素对土壤水分动态变化的影响，并结合不同植被覆盖、水肥优化组合，探讨适应石漠化生态修复区的农业工程措施和生态重建模式。

施用有机肥和劳务处理显著增加了作物产量，施用化肥、农药处理显著降低了作物产量。通径分析结果显示，粮食作物产量的直接影响为有机肥（0.534）＞劳务（0.334）＞化肥（0.052）＞农药（–0.435），经济作物产量的直接影响为劳务（0.283）＞有机肥（0.171）＞农药（0.038）＞化肥（–0.139），有机肥和劳务与作物产量呈正效应，化肥、农药与作物产量呈负效应。结果表明合理的有机肥施用和人工精细化管理是提高土地利用和促进作物高产、稳产的重要举措。

我国水肥耦合的相关研究还需要不断推进和深入，为集成基于水肥耦合的人工林可持续经营技术体系，未来需要加强以下三个方面的工作：一是结合植物水肥需求规律深入研究；二是深化水肥耦合对人工林产品质量提升的影响研究；三是揭示水肥耦合对人工林生长衰退的影响机理与驱动机制。

参考文献

[1] 白小芳，徐福利，王渭玲，2016．我国落叶松人工林地力衰退与施肥研究综述[J]．世界林业研究，29（1）：75-79.

[2] 鲍乾，梁建发，王棋，等，2017．花江喀斯特石漠化区不同经济型植物的土壤蓄水特征[J]．水土保持研究，24（1）：18-24.

[3] 扁青永，王振华，胡家帅，等，2018．水肥供应对南疆沙区滴灌红枣生理、生长及产量的影响[J]．干旱地区农业研究，36（4）：165-171.

[4] 曹光球，刘学芝，林思祖，等，2008．腐解 6 个月后杉木枯枝落叶及腐殖土中的化感成分对杉木种子的化感效应[J]．植物资源与环境学报，17（2）：39-43.

[5] 曹光球，杨梅，林思祖，等，2010．邻羟基苯甲酸对不同化感型杉木无性系抗氧化酶活性的化感效应[J]．中国生态农业学报，18（6）：1267-1271.

[6] 曹永庆，姚小华，任华东，等，2015．油茶果实成熟过程中内源激素和矿质元素含量的变化特征[J]．北京林业大学学报，37（11）：76-81.

[7] 曹子林，王晓丽，谌永蕾，等，2011．蓝桉枝、叶气态挥发物对种子萌发的自毒作用[J]．甘肃农业大学学报，46（5）：81-85.

[8] 柴强，黄高宝，2003．植物化感作用的机理、影响因素及应用潜力[J]．西北植物学报，23（3）：170-175.

[9] 车宗玺，李进军，汪有奎，等，2018．祁连山西段草地土壤温度、水分变化特征[J]．生态学报，38（1）：105-111.

[10] 陈峰，孟永杰，帅海威，等，2017．植物化感物质对种子萌发的影响及其生态学意义[J]．中国生态农业学报，25（1）：36-46.

[11] 陈峰云，2009．湖北省土地利用/覆被变化及其对自然环境要素的影响[D]．武汉：华中农业大学.

[12] 陈鸽，汤春纯，李祖胜，等，2017．不同施肥措施对洞庭湖区旱地肥力及作物产量的影响[J]．中国生态农业学报，25（5）：689-697.

[13] 陈贵，赵国华，张红梅，等，2017. 长期施用有机肥对水稻产量和氮磷养分利用效率的影响[J]. 中国土壤与肥料，3（1）：92-97.

[14] 陈洪松，傅伟，王克林，等，2006. 桂西北岩溶山区峰丛洼地土壤水分动态变化初探[J]. 水土保持学报，20（4）：136-139.

[15] 陈洪松，王克林，2008. 西南喀斯特山区土壤水分研究[J]. 农业现代化研究，29（6）：734-738.

[16] 陈龙池，廖利平，汪思龙，等. 2002. 酚类物质对杉木幼苗 ^{15}N 养分吸收、分配的影响[J]. 植物生态学报，26（5）：525-532.

[17] 陈思思，黄秀清，2018. 中国东部海岛植物功能性状及其影响因子[J]. 生态学报，38（21）：7699-7707.

[18] 陈文，王桔红，马瑞君，等，2016. 粤东 89 种常见植物叶功能性状变异特征[J]. 生态学杂志，35（8）：2101-2109.

[19] 邓绍欢，曾令涛，关强，等，2016. 基于最小数据集的南方地区冷浸田土壤质量评价[J]. 土壤学报，53（5）：1326-1333.

[20] 丁国昌，林思祖，曹光球，等，2008. 环境胁迫下邻羟基苯甲酸对杉木幼苗电导率的影响[J]. 福建林学院学报，28（4）：343-346.

[21] 董雯怡，赵燕，张志毅，等，2010. 水肥耦合效应对毛白杨苗木生物量的影响[J]. 应用生态学报，21（9）：2194-2200.

[22] 多吉杰，廖超英，高智辉，等，2015. 毛乌素沙地沙柳对花棒和柠条的化感作用[J]. 西北林学院学报，30（4）：39-44.

[23] 范新瑞，苏维词，鄢贵权，等，2009. 黔中典型喀斯特地区土壤水分时空特性分析[J]. 中国岩溶，28（1）：69-73.

[24] 冯变变，刘小芳，赵勇钢，等，2018. 陕西省作物生产蓝绿水足迹核算及影响因素分析[J]. 水土保持研究，25（4）：200-206.

[25] 付同刚，陈洪松，张伟，等，2014. 喀斯特小流域土壤含水率空间异质性及其影响因素[J]. 农业工程学报，30（14）：124-131.

[26] 傅伟，陈洪松，王克林. 2007，喀斯特坡地不同土地利用类型土壤水分差异性研究[J]. 中国生态农业学报，15（5）：59-62.

[27] 甘磊，郑思文，黄太庆，等，2017. 桂林喀斯特地区干湿循环过程中土壤水含量的空间变异[J]. 南方农业学报，48（9）：1587-1593.

[28] 高洪军，彭畅，张秀芝，等，2015. 长期不同施肥对东北黑土区玉米产量稳定性的影响[J]. 中国农业科学，48（3）：4790-4799.

[29] 高会议，郭胜利，刘文兆，等，2014. 不同施肥土壤水分特征曲线空间变异[J]. 农业机械学报，45（6）：161-176.

[30] 高菊生，李菊梅，徐明岗，等，2008. 长期施用化肥对红壤旱地作物和水稻产量影响[J]. 中国农学通报，24（1）：286-292.

[31] 耿维，胡林，崔建宇，等，2013. 中国区域畜禽粪便能源潜力及总量控制研究[J]. 农业工程学报，29（1）：171-179.

[32] 拱健婷，张子龙，2015. 植物化感作用影响因素研究进展[J]. 生物学杂志，32（3）：73-77.

[33] 郭欣欣，付强，卢贺，等，2018. 东北黑土区农林混合利用坡面土壤水分空间异质性及主控因素[J]. 农

业工程学报，34（19）：123-130.
[34] 国家环境保护总局，2004．关于减免家禽业排污费等有关问题的通知[S]．环境经济，（5）：22.
[35] 郝海广，李秀彬，张慧远，等，2015．劳动力务农机会成本对农地边际化的驱动作用[J]．干旱区资源与环境，29（3）：50-56.
[36] 何兴潼，袁淑杰，谷晓平，等，2018．贵州省喀斯特区域土壤水分持续上升时期气象要素对土壤水分的影响[J]．水土保持通报，38（2）：87-94.
[37] 何兴元，2004．应用生态学[M]，北京：科学出版社.
[38] 贺维，陈刚，陈洪，等．2015．美洲黑杨凋落叶分解初期对小白菜生长的影响[J]．生态学报，35（7）：2067-2075.
[39] 侯林林，张文娥，李菲，等，2018．铁核桃根与叶水浸提液对果园间作绿肥植物的化感作用及其生理机制[J]．西北植物学报，38（4）：713-722.
[40] 侯裕生，王振华，李文昊，等，2018．水肥耦合对南疆沙区滴灌红枣光合特性及叶绿素相对含量的影响[J]．排灌机械工程学报，36（9）：914-919，924.
[41] 胡相明，赵艳云，程积民，等，2008．云雾山自然保护区环境因素对土壤水分空间分布的影响[J]．生态学报，28（7）：2964-2971.
[42] 花圣卓，蔡昕，余新晓，2016．平坦下垫面植被蒸散特征及对气象因素的响应研究[J]．水土保持学报，34（3）：344-354.
[43] 华元刚，罗微，林钊沐，等，2012．水肥耦合对橡胶树根系垂直分布的影响[J]．热带作物学报，33（8）：1342-1347.
[44] 黄浦娜，2014．青海云杉根际土壤及凋落物浸提液对种子萌发的自毒作用[J]．陕西林业科技，（2）：10-13.
[45] 黄钰辉，张卫强，甘先华，等，2017．南亚热带杉木林改造不同树种配置模式的土壤质量评价[J]．中国水土保持科学，15（3）：123-130.
[46] 姜蓉，徐智，汤利，等，2016．化肥减量配施生物有机肥对设施菊花养分吸收转运及产量的影响[J]．云南农业大学学报（自然科学版），31（5）：910-916.
[47] 蒋光毅，黄先智，史东梅，等，2015．石漠化区桑树地埂的土壤水分特征研究[J]．水土保持学报，29（6）：215-221.
[48] 金银根，2010．植物学：第 2 版[M]．北京：科学出版社.
[49] 李聪，李树茁，梁义成，等，2010．外出务工对流出地家庭生计策略的影响[J]．当代经济科学，32（3）：77-85.
[50] 李冠喜，吴小芹，叶建仁，2013．杨树根际土自毒物质的积累、毒害及生物修复[J]．南京林业大学学报（自然科学版），37（3）：71-76.
[51] 李键，谢海慧，刘奕，等，2012．两种木麻黄化感物质对其水培幼苗根系活力及内源激素含量的动态影响[J]．热带作物学报，33（11）：2091-2097.
[52] 李俊，刘增文，田楠，等，2013．黄土高原人工林枯落叶对苜蓿的化感效应[J]．草地学报，21（1）：92-99.
[53] 李俊，刘增文，2013. 4 种针叶纯林枯落叶对 3 种豆科灌草的化感效应[J]．草业科学，30（7）：1057-1065.

[54] 李庆，林光华，何军，2013．农民兼业化与农业生产要素投入的相关性研究——基于农村固定观察点农户数据的分析[J]．南京农业大学学报（社会科学版），13（3）：27-32.
[55] 李善家，苏培玺，张海娜，等，2013．荒漠植物叶片水分和功能性状特征及其相互关系[J]．植物生理学报，49（2）：153-160.
[56] 李双双，王德炉，赵迪，2017．水肥耦合对蓝莓果实产量及品质的影响[J]．西北林学院学报，32（6）：131-139.
[57] 李廷亮，谢英荷，任苗苗，等，2011．施肥和覆膜垄沟种植对旱地小麦产量及水氮利用的影响[J]．生态学报，31（1）：212-220.
[58] 李炜蔷，张逸，石健，等，2016．硅对大葱矿质元素吸收、分配特性及产量和品质的影响[J]．植物营养与肥料学报，22（2）：486-494.
[59] 李颖，姚婧，杨松，等，2014．东灵山主要树种在不同环境梯度下的叶功能性状研究[J]．北京林业大学学报，36（1）：72-77.
[60] 李永进，汤玉喜，唐洁，等，2019．中亚热带 4 种混交幼龄人工林生态系统碳贮量特征[J]．中南林业科技大学学报，39（5）：56-62.
[61] 廖薇，张健，杨婉身，2014．青花椒叶片水浸液的成份鉴定及其化感作用的生物测定[J]．北京联合大学学报（自然科学版），28（3）：42-46.
[62] 林武星，2009．木麻黄自毒作用物对其幼苗内源激素的影响[J]．中国农学通报，25（19）：100-103.
[63] 刘纯，刘延坤，金光泽，2014．小兴安岭 6 种森林类型土壤微生物量的季节变化特征[J]．生态学报，34（2）：451-459.
[64] 刘发民，张应华，仵彦卿，等，2002．黑河流域荒漠地区梭梭人工林地土壤水分动态研究[J]．干旱区研究，19（1）：27-31.
[65] 刘峰，仲俊桥，于景麟，等，2019．水肥耦合对杨树根区水、氮运移及吸收的影响研究进展[J]．世界林业研究，32（1）：42-47.
[66] 刘贵峰，刘玉平，达福白乙拉，等，2017．大青沟自然保护区主要森林群落优势种的叶性状[J]．生态学报，37（14）：4646-4655.
[67] 刘卉，郭晓敏，涂淑萍，等．2014．水肥耦合对油茶林地土壤全氮和产量的影响研究[J]．土壤通报，45（4）：897-902.
[68] 刘丽，徐明恺，汪思龙，等，2013．杉木人工林土壤质量演变过程中土壤微生物群落结构变化[J]．生态学报，33（15）：4692-4706.
[69] 刘淑明，孙佳乾，邓振义，等，2013．干旱胁迫对花椒不同品种根系生长及水分利用的影响[J]．林业科学，49（2）：30-35.
[70] 刘学勤，奥小平，何力春，1993．宜林荒山春季土壤含水率与气象因子的相关分析[J]．北京林业大学学报，15（3）：26-33.
[71] 陆景陵，2003．植物营养学：第 2 版[M]．北京：中国农业大学出版社.
[72] 陆茜，张金池，孟苗婧，2017．长期连栽杨树林根际土壤自毒作用的生物测定[J]．生态学报，37（12）：4053-4060.
[73] 罗华，李敏，胡大刚，等，2012．不同有机肥对肥城桃果实产量及品质的影响[J]．植物营养与肥料学报，18（4）：955-964.

[74] 罗璐，申国珍，谢宗强，等，2011. 神农架海拔梯度上 4 种典型森林的乔木叶片功能性状特征[J]. 生态学报，31（21）：6420-6428.

[75] 吕贻忠，2006. 土壤学[M]. 北京：中国农业出版社.

[76] 马丹炜，王亚男，王煜，等，2015. 化感胁迫诱导植物细胞损伤研究进展[J]. 生态学报，35（5）：1640-1645.

[77] 马建蕊，2018. 盐池县膜下滴灌玉米作物-水模型及作物-水肥耦合模型试验研究[D]. 银川：宁夏大学.

[78] 马姜明，张秀珍，梁士楚，等，2012. 桂林尧山常见植物叶片性状研究[J]. 广西师范大学学报（自然科学版），30（1）：77-82.

[79] 毛庆功，鲁显楷，陈浩，等，2015. 陆地生态系统植物多样性对矿质元素输入的响应[J]. 生态学报，35（17）：5884-5897.

[80] 梅梦媛，雷一东，2019. 我国人工林新时代发展形势分析[J]. 世界林业研究，32（3）：73-77.

[81] 孟婷婷，倪健，王国宏，2007. 植物功能性状与环境和生态系统功能[J]. 植物生态学报，30（1）：150-165.

[82] 孟祥江，何邦亮，马正锐，等，2018. 我国马尾松林经营现状及近自然育林探索[J]. 世界林业研究，31（3）：63-67.

[83] 宁川川，王建武，蔡昆争，2016. 有机肥对土壤肥力和土壤环境质量的影响研究进展[J]. 生态环境学报，25（1）：175-181.

[84] 庞志强，卢炜丽，姜丽莎，等，2019. 滇中喀斯特 41 种不同生长型植物叶性状研究[J]. 广西植物，39（8）：1126-1138.

[85] 彭少麟，邵华，2001. 化感作用的研究意义及发展前景[J]. 应用生态学报，12（5）：780-786.

[86] 郄亚栋，蒋腊梅，吕光辉，等，2018. 温带荒漠植物叶片功能性状对土壤水盐的响应[J]. 生态环境学报，27（11）：2000-2010.

[87] 邱权，李吉跃，王军辉，等，2015. 水肥耦合效应对楸树苗木叶片 $\delta^{13}C$ 的影响[J]. 西北植物学报，35（11）：2290-2298.

[88] 任丽媛，李宗善，王晓春，2019. 基于根部年轮与导管特征的黄土高原苜蓿生长衰退分析[J]. 生态学报，39（3）：1-11.

[89] 任明强，赵宾，赵国宣，等，2010. 不同叶位新梢绿茶的品质及其影响因素探讨[J]. 贵州农业科学，38（12）：77-79.

[90] 容丽，王世杰，杜雪莲，2007. 贵州花江峡谷区常见乔灌植物叶片 $\delta^{13}C$ 值对喀斯特石漠化程度的响应[J]. 林业科学，43（6）：38-44.

[91] 石丽娜，林开敏，陈梦瑶，等，2018. 近自然杉木林经营对土壤微生物量碳氮特征的影响[J]. 土壤通报，49（1）：52-59.

[92] 石培君，刘洪光，何新林，等，2018. 水肥耦合对滴灌矮化密植大枣生理变化及产量影响[J]. 核农学报，32（1）：177-187.

[93] 史洪洲，汪扬媚，胡庭兴，等，2017. 核桃凋落叶分解对小麦生长的影响及施氮的缓解效应[J]. 应用与环境生物学报，23（5）：818-825.

[94] 舒正悦，王景燕，龚伟，等，2018. 淹水对水肥耦合管理竹叶花椒幼苗渗透性物质含量的影响[J]. 应用与环境生物学报，24（5）：1139-1145.

[95] 宋少华，刘勤，李曼，等，2016．甜柿果实矿质元素与品质指标的相关性及通径分析[J]．果树学报，33（2）：202-209.
[96] 宋同清，彭晚霞，曾馥平，等，2009．喀斯特木论自然保护区旱季土壤水分的空间异质性[J]．应用生态学报，20（1）：98-104.
[97] 宋同清，2015．西南喀斯特植物与环境[M]．北京：科学出版社.
[98] 苏金豹，王东亮，杨立学，2013．落叶松四种根系分泌物对胡桃楸根系活力和菌根侵染率的影响[J]．生态学杂志，32（10）：2659-2664.
[99] 孙婧珏，孙跃志，2013．林木根系分泌物的化感作用[J]．世界林业研究，26（3）：21-26.
[100] 孙梅，田昆，张赟，等，2017．植物叶片功能性状及其环境适应研究[J]．植物科学学报，35（6）：940-949.
[101] 孙宁科，索东让，2011．有机肥与化肥长期配施对作物产量和灌漠土养分库的影响[J]．水土保持通报，31（4）：42-46.
[102] 谭秀梅，王华田，孔令刚，等，2008．杨树人工林连作土壤中酚酸积累规律及对土壤微生物的影响[J]．山东大学学报（理学版），43（1）：14-19.
[103] 唐凤鸾，陈月圆，赵健，等，2019．不同树龄巨尾桉叶片挥发物及水提物的化感作用[J]．贵州农业科学，47（4）：8-12.
[104] 田小松，陈龙，周瑞荣，等，2014．喀斯特地区不同茎形态植物的水土保持和养分截留效果研究[J]．水土保持研究，21（4）：64-68.
[105] 童冉，周本智，姜丽娜，等，2019．我国杉木人工林可持续经营面临的问题及发展策略——基于全国分布区的调查[J]．世界林业研究，32（2）：90-96.
[106] 万军，蔡运龙，2003．喀斯特生态脆弱区的土地退化及生态重建——以贵州省关岭县为例[J]．中国人口・资源与环境，13（2）：52-56.
[107] 王丹，王兵，戴伟，等，2011．杉木人工林土壤系统有机碳相关变量的通径分析[J]．土壤通报，42（4）：822-826.
[108] 王飞，李清华，林诚，等，2015．福建冷浸田土壤质量评价因子的最小数据集[J]．应用生态学报，26（5）：1461- 1468.
[109] 王焕校，2016．污染生态学（第3版）[M]．北京：高等教育出版社.
[110] 王景升，姚帅臣，普穷，等，2016．藏北高原草地群落的数量分类与排序[J]．生态学报，36（21）：6889-6896.
[111] 王景燕，龚伟，包秀兰，等，2016a．水肥耦合对汉源花椒幼苗叶片光合作用的影响[J]．生态学报，36（5）：1321-1330.
[112] 王景燕，唐海龙，龚伟，等，2016b．水肥耦合对汉源花椒幼苗生长、养分吸收和肥料利用的影响[J]．南京林业大学学报（自然科学版），40（3）：33-40.
[113] 王俊龙，王丹，俞飞，等，2014．模拟酸雨与凋落物对柳杉幼苗根际土壤酶活性的影响[J]．浙江农林大学学报，31（3）：373-379.
[114] 王丽香，陈虎，郭峰，等，2013．镉胁迫对花生生长和矿质元素吸收的影响[J]．农业环境科学学报，32（6）：1106-1110.
[115] 王玲，郑荣周，李贤伟，等，2009．巨桉叶、凋落物、根的水浸液对莴笋的化感效应[J]．四川林

业科技，30（3）：55-60.

[116] 王秋玲，周广胜，麻雪艳，2015．夏玉米叶片含水率及光合特性对不同强度持续干旱的响应[J]．生态学杂志，34（11）：3111-3117.

[117] 王荣，蔡运龙，2010．西南喀斯特地区退化生态系统整治模式[J]．应用生态学报，21（4）：1070-1080.

[118] 王树起，韩晓增，乔云发，等，2009．不同土地利用和施肥方式对土壤酶活性及相关肥力因子的影响[J]．植物营养与肥料学报，15（15）：1311-1316.

[119] 王思砚，苏维词，范新瑞，等，2010．喀斯特石漠化地区土壤含水量变化影响因素分析——以贵州省普定县为例[J]．水土保持研究，17（3）：171-180.

[120] 王铁良，周罕琳，李波，等，2012．水肥耦合对树莓光合特性和果实品质的影响[J]．水土保持学报，26（6）：286-290.

[121] 王文波，马雪松，董玉峰，等，2016．杨树人工林连作与轮作土壤酚酸降解细菌群落特征及酚酸降解代谢规律[J]．应用与环境生物学报，10（5）：815-822.

[122] 王晓娟，贾志宽，梁连友，等，2012．旱地施有机肥对土壤水分和玉米经济效益影响[J]．农业工程学报，28（6）：144-149.

[123] 王延平，王华田，2008．连作人工林化感效应研究综述[J]．世界林业研究，21（4）：25-30.

[124] 王渊刚，罗格平，冯异星，等，2013．近 50 a 玛纳斯河流域土地利用/覆被变化对碳储量的影响[J]．自然资源学报，28（6）：994-1006.

[125] 王梓，马履一，贾忠奎，等，2011. 1 年生欧美 107 杨地上生物量水肥耦合效应[J]．东北林业大学学报，39（3）：49-51.

[126] 韦景树，李宗善，冯晓玙，等，2018．黄土高原人工刺槐林生长衰退的生态生理机制[J]．应用生态学报，29（7）：2433-2444.

[127] 位杰，蒋媛，林彩霞，等，2019. 6 个库尔勒香梨品种果实矿质元素与品质的相关性和通径分析[J]．食品科学，40（4）：259-265.

[128] 魏猛，张爱君，诸葛玉平，等，2017．长期不同施肥方式对黄潮土肥力特征的影响[J]．应用生态学报，28（3）：838-846.

[129] 吴正花，喻理飞，严令斌，等，2018．三叶木通叶片解剖结构和光合特征对干旱胁迫的响应[J]．南方农业学报，49（6）：1156-1163.

[130] 校亮，熊东红，张宝军，等，2018．葛藤覆被下干热河谷冲沟沟岸土壤水热变化特征[J]．生态学报，38（2）：646-656.

[131] 邢英英，张富仓，张燕，等，2014．膜下滴灌水肥耦合促进番茄养分吸收及生长[J]．农业工程学报，30（21）：70-80.

[132] 徐圆圆，叶绍明，赵毅辉，等，2016．对羟基苯甲酸和阿魏酸对柳杉幼苗生长及其叶片生理指标的影响[J]．江西农业大学学报，38（1）：27-33.

[133] 许洺山，赵延涛，杨晓东，等，2016．浙江天童木本植物叶片性状空间变异的地统计学分析[J]．植物生态学报，40（1）：48-59.

[134] 许晓东，刘丽婷，邓海燕，等，2019．桉树人工林抚育间伐调控技术研究[J]．中南林业科技大学学报，39（4）：52-58.

[135] 颜萍，熊康宁，檀迪，等，2016．喀斯特石漠化治理不同水土保持模式的生态效应研究[J]．贵州

师范大学学报（自然科学版），34（1）：1-7，21.
[136] 杨封科，何宝林，张国平，等，2019．土壤培肥与覆膜垄作对土壤养分、玉米产量和水分利用效率的影响[J]．应用生态学报，30（3）：893-905.
[137] 杨梅，曹光球，黄燕华，等，2011．邻羟基苯甲酸对不同化感型杉木无性系内源激素含量的化感效应[J]．中国生态农业学报，19（1）：124-129.
[138] 杨梅，林思祖，黄燕华，等，2006．邻羟基苯甲酸胁迫对不同杉木无性系叶片膜质过氧化及渗透调节物质的化感效应[J]．西北植物学报，26（10）：2088-2093.
[139] 杨锐，张博睿，王玲玲，等，2015．元谋干热河谷植物功能性状组合的海拔梯度响应[J]．生态环境学报，24（1）：49-56.
[140] 杨珊珊，王茜，胡红玲，等，2015．银木凋落叶分解对玉米生长的影响及施肥的缓解作用[J]．应用与环境生物学报，21（4）：770-776.
[141] 杨阳，王华田，王延平，等，2010．外源酚酸对杨树幼苗根系生理和形态发育的影响[J]．林业科学，46（11）：73-80.
[142] 尧婷婷，孟婷婷，倪健，等，2010．新疆准噶尔荒漠植物叶片功能性状的进化和环境驱动机制初探[J]．生物多样性，18（2）：201-211.
[143] 余娇娥，司宏敏，吴雪涛，等，2019．元谋干热河谷桉树人工林内坡柳叶片功能性状的变化[J]．西部林业科学，48（1）：100-105.
[144] 俞飞，候平，宋琦，等，2010．柳杉凋落物自毒作用研究[J]．浙江林学院学报，27（4）：494-500.
[145] 喻阳华，李光容，皮发剑，等，2016．赤水河上游主要树种冠层持水能力[J]．西北林学院学报，31（2）：8-14.
[146] 喻阳华，钟欣平，程雯，2018．黔西北地区优势树种叶片功能性状与经济谱分析[J]．森林与环境学报，38（2）：196-201.
[147] 袁淑杰，何兴潼，谷晓平，等，2018．贵州喀斯特区域土壤湿度持续下降时期气象要素对土壤湿度影响研究[J]．土壤通报，49（2）：320-328.
[148] 张川，陈洪松，聂云鹏，等，2013．喀斯特地区洼地剖面土壤含水率的动态变化规律[J]．中国生态农业学报，21（10）：1225-1232.
[149] 张霖，2015．青海云杉不同器官水提物对油松种子萌发和幼苗生长的化感作用[J]．西北林学院学报，30（6）：22-27.
[150] 张柳桦，齐锦秋，柳苹玉，等，2018．林分密度对桉树人工林群落结构和物种多样性的影响[J]．西北植物学报，2018，38（1）：166-175.
[151] 张璐，文石林，蔡泽江，等，2014．湘南红壤丘陵区不同植被类型下土壤肥力特征[J]．生态学报，34（14）：3996-4005.
[152] 张锐，张琦，陈加利，等，2015．水肥耦合对核桃光合特性与品质的影响[J]．果树学报，32（6）：1170-1178.
[153] 张伟，陈洪松，王克林，等，2006．喀斯特地区典型峰丛洼地旱季表层土壤水分空间变异性初探[J]．土壤学报，43（4）：554-562.
[154] 张信宝，王世杰，曹建华，等，2010．西南喀斯特山地水土流失特点及有关石漠化的几个科学问题[J]．中国岩溶，39（3）：274-279.

[155] 张衍毓，刘彦随，2010. 大城市边缘区统筹城乡土地利用战略探讨——以天津市东丽区为例[J]. 中国土地科学，24（2）：3-8.

[156] 张瑛，马雪松，敬如岩，等，2019. 基于宏基因组测序技术分析连作对杨树人工林土壤微生物群落的影响[J]. 山东大学学报（理学版），54（1）：36-46.

[157] 钟巧连，刘立斌，许鑫，等，2018. 黔中喀斯特木本植物功能性状变异及其适应策略[J]. 植物生态学报，42（5）：562-572.

[158] 钟爽，臧小平，曾会才，等，2013. 水肥耦合对香蕉园土壤线虫群落结构及多样性的影响[J]. 农业工程学报，29（23）：130-139.

[159] 周罕觅，张富仓，Roger K，等，2015. 水肥耦合对苹果幼树产量、品质和水肥利用的效应[J]. 农业机械学报，46（12）：173-183.

[160] 周炼川，陈效民，李孝良，等，2011. 西南喀斯特地区典型石漠化阶段土壤水肥关系研究[J]. 南京农业大学学报，34（2）：97-100.

[161] 周义贵，郝凯婕，李贤伟，等，2014. 川西亚高山不同土地利用类型对土壤微生物量碳动态特征的影响[J]. 自然资源学报，29（11）：1944-1956.

[162] 朱守谦，祝小科，喻理飞，2000. 贵州喀斯特区植被恢复的理论和实践[J]. 贵州环保科技，6（1）：31-35，41.

[163] 祝英，王治业，彭轶楠，等，2015. 有机肥替代部分化肥对土壤肥力和微生物特征的影响[J]. 土壤通报，46（5）：1161-1167.

[164] 邹文秀，韩晓增，李良皓，等，2009. 黑土区不同土地利用方式土壤水分动态变化特征研究[J]. 水土保持学报，23（2）：236-239.

[165] Aber J D，Magill A，Mcnulty S G，et al.，1995. Forest biogeochemistry and primary production altered by nitrogen saturation[J]. Water Air and Soil poll，85（3）：1665-1670.

[166] Albert C H，Thuiller W，Yoccoz N G，et al.，2010. Intraspecific functional variability：Extent，structure and sources of variation[J]. Journal of Ecology，98（3）：604-613.

[167] Al-kaisi M M，Yin X H，2003. Effects of nitrogen rate，irrigation rate，and plant population on corn yield and water use efficiency[J]. Agronomy Journal，95（6）：1475-1482.

[168] Bhat R，Sujatha S，2009. Soil fertility and nutrient uptake by arecanut（*Areca catechu* L.）as affected by level and frequency of fertigation in a laterite soil[J]. Agricultural Water Management，96（3）：445-456.

[169] Bond L B，Brown K M，Carol G，et al.，2006. Spatial dynamics of soil moisture and temperature in a black spruce boreal chronosequence[J]. Canadian Journal of Forest Research，369（11）：2794-2802.

[170] Bronson K F，Booker J D，Bordovsky J P，et al.，2006. Site-specific irrigation and nitrogen management for cotton production in the southern high plains[J]. Agronomy Journal，98（1）：212-219.

[171] Brun L A，Corff J L，Maillet J，2003. Effects of elevated soil copper on phenology，growth and reproduction of five ruderal plant species[J]. Environmental Pollution，122（3）：361-368.

[172] Budak H，Kantar M，Kurtoglu K Y，2013. Drought tolerance in modern and wild wheat[J]. The Scientific World Journal，（1）：1-17.

[173] Chave J，Coomes D，Jansen S，et al.，2009. Towards a worldwide wood economics spectrum[J]. Ecology Letters，12（4），351-366.

[174] Chen H S，Zhang W，Wang K L，et al.，2010. Soil moisture dynamics under different land use on karst hillslope in northwest Guangxi，China[J]. Environmental Earth Sciences，61（6）：1105-1111.

[175] Cook H F，Valdes G S B，Lee H C，2006. Mulch effects on rainfall interception，soil physical characteristics and temperature under *Zea mays* L[J]. Soil and Tillage Research，91（1/2）：227-235.

[176] Cosh M H，Jackson T J，Moran S，et al.，2018. Temporal persistence and stability of surface soil moisture in a semi-arid watershed[J]. Remote Sensing of Environment，112（2）：304-313.

[177] Couée I，Serra A A，Ramel F，et al.，2013. Physiology and toxicology of hormone-disrupting chemicals in higher plants[J]. Plant Cell Reports，32（6）：933-941.

[178] Elser J J，Sterner R W，Gorokhove E，et al.，2000. Biological stoichiometry from genes to ecosystems[J]. Ecology Letters，3：540-550.

[179] Fernandez C，Santonja M，Gros R，et al.，2013. Allelochemicals of *Pinus halepensis* as drivers of biodiversity in mediterranean open mosaic habitats during the colonization stage of secondary succession[J]. Journal of Chemistry Ecology，39（2）：298-311.

[180] Gaiser T，Stahr K，Bernard M，et al.，2012. Changes in soil organic carbon fractions in a tropical Acrisol as influenced by the addition of different residue materials[J]. Agroforestry Systems，86（2）：185-195.

[181] Galantini J，Rosell R，2006. Long-term fertilization effects on soil organic matter quality and dynamics under different production systems in semiarid Pampean soils[J]. Soil and Tillage Research，87（1）：72-79.

[182] Gilliam F S，Dick D A，2010. Spatial heterogeneity of soil nutrients and plant species in herb-dominated communities of contrasting land use[J]. Plant Ecology，209（1）：83-94.

[183] Govaerts B，Sayre K D，Deckers J，2006. A minimum data set for soil quality assessment of wheat and maize cropping in the highlands of Mexico[J]. Soil and Tillage Research，87（2）：163-174.

[184] Guttieri M J，Mclean R，Stark J C，et al.，1963. Managing irrigation and nitrogen fertility of hard spring wheats for optimum bread and noodle quality[J]. Crop Science，45（5）：2049-2059.

[185] Hamilton C E，Gundel P E，Helander M，et al.，2012. Endophytic mediation of reactive oxygen species and antioxidant activity in plants：a review[J]. Fungal Diversity，（54）：1-10.

[186] Huang S，Rui W Y，Peng X X，et al.，2010. Organic carbon fractions affected by long-term fertilization in a subtropical paddy soil[J]. Nutrient Cycling in Agroecosystems，86（1）：153-160.

[187] Jeyasingh P D，Weider L J，Stener R W，2009. Genetically-based trade-offs in response to stoichiometric food quality influence competition in a keystone aquatic herbivore[J]. Ecology Letters，12（11）：1229-1237.

[188] Jilani G，Mahmood S，Chaudhry A N，et al.，2008. Allelochemicals：sources，toxicity and microbial transformation in soil：a review[J]. Annals of Microbiology，58（3）：351-357.

[189] Joimel S，Cortet J，Jolivet C C，et al.，2016. Physico-chemical characteristics of topsoil for contrasted forest，agricultural，urban and industrial land uses in France[J]. Science of the Total Environment，545-546：40-47.

[190] Kong X B，Zhang F R，Wei Q，et al.，2006. Influence of land use change on soil nutrients in an intensive agricultural region of North China[J]. Soil and Tillage Research，88（1-2）：85-94.

[191] Körner C，2003. Alpine Plant Life：Functional Plant Ecology of High Mountain Ecosystems：Second

Edition[M]. New York：Springer Berlin.

[192] Liu X，Li M，Guo P，et al.，2018. Integrated optimization of water and fertilizer coupling system under uncertainty[J]. Desalination and Water Treatment，126：268-277.

[193] Lu F L，Zheng L L，Chen Y Y，et al.，2017. Soil microorganisms alleviate the allelopathic effect of *Eucalyptus grandis*×*E.* urophylla leachates on Brassica chinensis[J]. Journal of Forestry Research，28（6）：1203-1207.

[194] Lü X T，Grégoire T F，Elena K，et al.，2015. Contrasting responses in leaf nutrient-use strategies of two dominant grass species along a 30-yr temperate steppe grazing exclusion chronosequence[J]. Plant and Soil，387：69-79.

[195] Mahajan R，Nikitina A，Litti Y，et al. 2016. Autochthonous microbial community associated with pine needle forest litterfall influences its degradation under natural environmental conditions[J]. Environmental Monitoring and Assessment，（188）：417-425.

[196] O'neill M K，Allen S C，Heyduck R F，et al.，2014. Hybrid poplar（*Populus* spp.）adaptation to a semi-arid region：results from Northwest New Mexico（2002—2011）[J]. Agroforestry Systems，88（3）：387-396.

[197] Peng W X，Song T Q，Zeng F P，et al.，2012. Spatial distribution of surface soil water content under different vegetation types in northwest Guangxi，China[J]. Environmental Earth Sciences，69（8）：2699-2708.

[198] Pérez-Harguindeguy N，Díaz S，Garnier E，et al.，2013. New handbook for standardised measurement of plant functional traits worldwide[J]. Australian Journal of Botany，61（3）：167-234.

[199] Pirmoradian N，Sepaskhah A R，Maftoun M. 2004. Deficit irrigation and nitrogen effects on nitrogen-use efficiency and grain protein of rice[J]. Agronomie，24（3）：143-153.

[200] Qin J，Shi A N，Mou B Q，et al.，2017. Genetic diversity and association mapping of mineral element concentrations in spinach leaves[J]. BMC Genomic，18：941-954.

[201] Reich P B，Wrigt I J，Cavender-Bares J M，et al.，2003. The evolution of plant functional variation：traits，spectra，and strategies[J]. International Journal of Plant Sciences，164（S3）：S143-S164.

[202] Romel A，Mohammad S A，Farid U A，et al. 2018. Assaying the allelopathic effects of *Eucalyptus camaldulensis* in a nursery bed incorporated with leaf litter[J]. Journal of Forestry Research，29（3）：593-599.

[203] Sack L，Scoffoni C，Johg G P，et al.，2013. How do leaf veins influence the worldwide leaf economic spectrum？ Review and synthesis[J]. Journal of Experimental Botany，64（13）：4053-4080.

[204] Saleque M A，Abedin M J，Bhuiyan N I，et al.，2004. Long-term effects of inorganic and organic fertilizer sources on yield and nutrient accumulation of lowland rice[J]. Field Crops Research，86（1）：53-65.

[205] Scavo A，Abbate C，Mauromicale G，2019. Plant allelochemicals：agronomic，nutritional and ecological relevance in the soil system[J]. Plant and Soil，（442）：23-48.

[206] Shangguan Z P，Zheng S X. 2006. Ecological properties of soil water and effects on forest vegetation in the Loess Plateau[J].International Journal of Sustainable Development and World Ecology，13（4）：307-314.

[207] Song Q M，Qin F C，He H，et al. 2019. Allelopathic potential of rain leachates from *Eucalyptus urophylla*

on four tree species[J]. Agroforestry System，（20）：115-120.

[208] Steffen W，Crutzen P J，McNeill J P. 2007. The anthropocene：Are humans now overwhelming the great forces of nature?[J]. AMBIO：A Journal of the Human Environment，36（8）：614-621.

[209] Svetlitchnyi A A，Plotnitskiy S V，2003. Spatial distribution of soil moisture content within catchments and its modeling on the basis of topographic data[J]. Journal of Hydrology，277（1-2）：50-60.

[210] Uddin M R，Li X，Won O J，et al. 2012. Herbicidal activity of phenolic compounds from hairy root cultures of *fagopyrum tataricum*[J]. Weed Research，52（1）：25-33.

[211] Van D D R，Thomas B R，Kamelchuk D P. 2008. Effects of N，NP，and NPKS fertilizers applied to four-year-old hybrid poplar plantation[J]. New Forests，35（3）：221-233.

[212] Vasconcelos L C，Santos E D S，Bernardes C D O，et al. 2019. Phytochemical analysis and effect of the essential oil of *Psidium* L. species on the initial development and mitotic activity of plants[J]. Environmental Science and Pollution Research，（26）：26216-26228.

[213] Vile D，Garnier E，Shipley B，et al.，2005. Specific leaf area and dry matter content estimate thickness in laminar leaves[J]. Annals of Botany，96（6）：1129-1136.

[214] Violle C，Navas M L，Vile D，et al.，2007. Let the concept of trait be functional![J]. Oikos，116（5）：882-892.

[215] Wang G L，Liu F，Xue S. 2017. Nitrogen addition enhanced water uptake by affecting fine root morphology and coarse root anatomy of Chinese pine seedlings[J]. Plant and Soil，418（1-2）：177-189.

[216] Wang S J，Zhang D F，Li R L. 2012. Mechanism of rocky desertification in the karst mountain areas of Guizhou province，southwest China[J]. International Review for Environmental Strategies，3（1）：123-135.

[217] Wang Y P，Li C R，Wang Q K，et al. 2016. Enviromental behaviors of phenolic acids dominated their rhizodeposition in boreal poplar plantation forest soils[J]. Journal of Soils and Sediments，16（7）：1858-1870.

[218] Wang Z H，Bian Q Y，Zhang J Z，et al.，2018. Optimized water and fertilizer management of mature jujube in Xinjiang arid area using drip irrigation[J]. Water，10（10）：1-13.

[219] Westoby M，Reich P B，Wright I J. 2013. Understanding ecological variation across species：Area-based vs. mass-based expression of leaf traits[J]. New Phytologist，199：322-323.

[220] Whytemare A B，Edmonds R L，Aber J D，et al.，1997. Influence of excess nitrogen deposition on a white spruce（*Picea glauca*）stand in southern Alaska[J]. Biogeochemistry，38（2）：173-187.

[221] Wilson P J，Thompson K，Hodgson J G. 1999. Specific leaf area and leaf dry matter content as alternative predictors of plant strategies[J]. New Phytologist，143（1）：155-162.

[222] Yaduvanshi N P S. 2001. Effect of five years of rice-wheat cropping and NPK fertilizer use with and without organic and green manures on soil properties and yields in a reclaimed sodic soil[J]. Journal of the Indian Society of Soil Science，49：714-719.

[223] Yang S M，Li F M，Suo D R，et al.，2006. Effect of long-term fertilization on soil productivity and nitrate accumulation in Gansu oasis[J]. Agricultural Sciences in China，5（1）：57-67.